暖暖樂土清爽○○

U0053841

日本東北

2025年新版

青森・岩手・秋田・山形・宮城・福島・新潟

極美風光洗滌心靈 幸福之旅
鮮味刺激悠悠旅行時光 全放鬆

詳細交通，全書景點 **QR Code** 一嘟即帶路
附送**景點**及**自駕遊大地圖**

跨版生活

TRAVEL

- 絕美景致：**銚子大滝、龍泉洞、嚴美溪、藏王樹冰、白神山地**……
- 必嘗美食：**青森蘋果批、松島鰻魚、仙台厚燒牛舌、稻庭烏冬、米棒鍋、牛奶軟雪糕**
- 特備節目：乘**雪花號**觀看美景、**藏王狐狸村**親親狐狸、**男鹿溫泉鄉**體驗惡鬼文化、盛岡手作村、採琥珀化石
- 限定祭典：**睡魔祭、七夕祭、竿燈祭、風箏會戰**……
- 推介 **32** 個賞櫻紅楓熱點，**12** 大人氣溫泉
- 專業繪製 **65** 幅 **地圖、JR 路線圖**乘搭特色 **JR**

景點標誌

MAPCODE®
景點位置碼
(自駕使用)

推介！ 必到！ 必吃！ 人氣！

世界遺產 限定！ 車站/自然 親子 散步

賞櫻 賞楓 泡湯 免費足湯

景點Info Box圖例說明

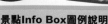

🏠 地址　🚃 前往交通　🕐 營業/開放時間　🅿 泊車費
🏖 休息時間　💲 消費　☎ 電話　🌐 網址　❗ 備註

地圖使用說明

● 書內有介紹的景點
● 書內沒有介紹的景點

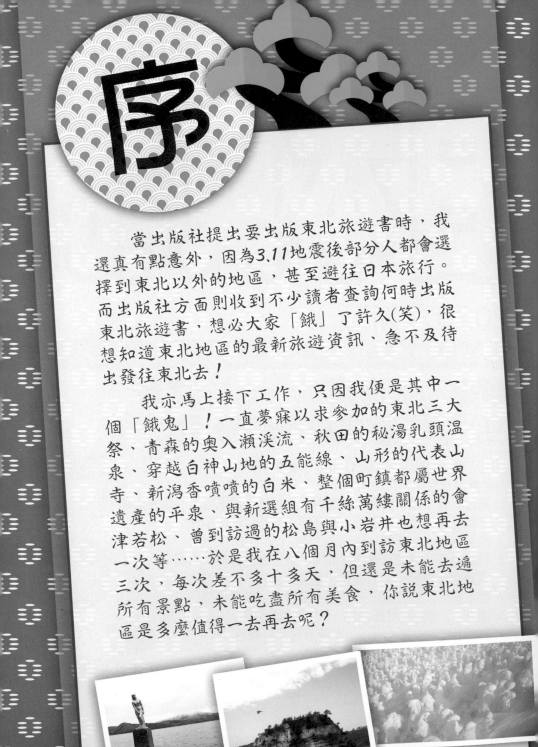

序

　　當出版社提出要出版東北旅遊書時，我還真有點意外，因為3.11地震後部分人都會選擇到東北以外的地區，甚至避往日本旅行。而出版社方面則收到不少讀者查詢何時出版東北旅遊書，想必大家「餓」了許久(笑)，很想知道東北地區的最新旅遊資訊、急不及待出發往東北去！

　　我亦馬上接下工作，只因我便是其中一個「餓鬼」！一直夢寐以求參加的東北三大祭、青森的奧入瀨溪流、秋田的秘湯乳頭溫泉、穿越白神山地的五能線、山形的代表山寺、新潟香噴噴的白米、整個町鎮都屬世界遺產的平泉、與新選組有千絲萬縷關係的會津若松、曾到訪過的松島與小岩井也想再去一次等……於是我在八個月內到訪東北地區三次，每次差不多十多天，但還是未能去遍所有景點，未能吃盡所有美食，你說東北地區是多麼值得一去再去呢？

　　而這三次旅程中最特別的，便是三次旅行都有朋友或家人與我作伴。一人旅行固然有箇中樂趣，但與三五知己或家人把臂同遊，又是另一種快樂體驗。在此特別謝謝這三次旅行中與我出遊的各位，從編寫行程到拍照到充作傭人替我拿行李等等……真的很感謝人生中遇到大家！也要多謝出版社給我機會，讓我「大條道理」不斷出遊！

　　最後給喜歡日本的大家，想必到過日本的朋友都得到過日本人不少幫助，所以我們也要替他們打氣！東北，繼續加油！

Li

作者簡介

　　Li，一個文科生，半途出家成了傳說中的IT人，卻又忘不了筆桿，最後變成一個半調子的文人。喜歡旅行，憑着一股傻勁到了不同的地方擴闊眼界之餘，閒時亦愛看書，尤其是漫畫，因而被人稱為與外表不相符的開朗御宅族。

　　已出版日本旅遊書包括：《北陸古韻峻美山城 Easy GO!──名古屋日本中部》、《藍天碧海琉球風情 Easy GO!──沖繩》、《秘境神遊新鮮嘗 Easy GO!──鳥取廣島》、《玩味泡湯親自然 Easy GO!──九州》、《香飄雪飛趣玩尋食 Easy GO!──北海道》。

目錄 Contents

Part
1
東北 吃喝玩樂 大檢閱

暢遊東北！盡數 11 大必訪 景點

青森縣　十和田市
奧入瀨溪流

　　延綿14公里的奧入瀨溪流步道聞名日本國內外，春季到秋季都有不同景色，城市人來到可洗滌心靈！(P.120)

青森縣　八戶市
種差海岸

　　種差海岸佈滿岩礁、砂浜及被海侵蝕的岩石，形成多樣化的地形，風景怡人，1937年被指定為國家名勝，是個相當適合自駕遊的休閒好去處。(P.134)

岩手縣　岩手郡
小岩井農場

　　全日本最大的民營農場，既有不同體驗工房，又可嘗到新鮮牛奶與烤肉，最適合一家大小同遊！(P.154)

岩手縣　久慈市
小袖海岸

　　由能年玲奈主演的日劇《海女》掀起港台兩地追捧熱潮，來到東北又怎能不到主角阿秋的故鄉——小袖海岸遊覽？(P.177)

宮城縣　松島町
松島

　　松島與京都的天橋立及廣島的宮島被列為日本三景，乘搭遊覽船可飽覽灣內共260個小島嶼，還有海鷗伴你漫遊！(P.201)

新潟縣　妙高市
妙高高原

　　妙高高原周邊有溫泉外，這裏四季各有不同風光，值得一遊。可乘纜車到達山頂，在最佳位置欣賞明媚風光。(P.313)

青森縣　白神山地
青池

　　JR Resort白神號沿海岸線行走，沿途風景美麗，中途下車更可乘接駁巴士前往不同景點，當中顏色變幻莫測的青池為必到之處。(P.141)

山形縣　刈田郡
御釜

　　不同時間呈現不同顏色的御釜被稱為「魔女的眼睛」。(P.249)

秋田縣　橫手市
秋田故鄉村

　　秋田故鄉村是集體驗、手工藝與觀光於一身的主題樂園。村內的星空探險館擁有東北地區最大的天象儀；工藝工房設有多種體驗課程；奇妙城堡內有滑梯與3D視覺藝術館等遊樂設施，小朋友一定喜歡！(P.235)

山形縣　山形市
立石寺

　　山形市最重要景點，至今已有過千年歷史。走過崎嶇山路登上最高峰，看到立石寺的一刻，確實有煩惱盡消的感覺！(P.244)

福島縣　耶麻郡
豬苗代湖

　　有「白鳥之湖」之稱的豬苗代湖，每年都有數千隻天鵝到此過冬，場面十分壯觀。夏天來到的話可泡湖水浴。(P.285)

11大必訪景點

名物巡禮

12大人氣溫泉

櫻花、紅葉名所熱點

經典體驗

特色節慶、盛會

獨有手信及好滋味！東北7大縣

名物巡禮

各縣名物在縣內大部分地方都可買到，不過部分名物或要在特定區域才能入手。

青森縣名物

黑蒜產品

黑蒜是青森人氣生產品之一，是有益身體的手信之選。(P.93)

蘋果批

一包4條 ¥920 (HK$54)

在青森縣各處都可找到蘋果批，當中最具人氣的為「パティシエのりんごスティック」(Pâtissier Apple Stick)，使用新鮮蘋果製成。

朝の八甲田 芝士蛋糕

限：青森市

5個 ¥1,296(HK$76)

朝の八甲田專賣芝士蛋糕，曾創下4日賣出35萬個的紀錄！鬆軟的芝士蛋糕味道濃郁。

醬燒米餅糰

(每份 ¥200，HK$14)

十和田名物「乙女もち」，以帶有甜味的米餅糰加上醬油燒成，頗有風味。(P.125)

津輕塗

縣內最具代表性的傳統工藝品，以植物性原料漆塗在器皿上，至今仍深受當地人歡迎。(P.104)

每隻 ¥1,080(HK$60) 起

盛岡冷麵

限：盛岡市

盛岡三大麵之一的盛岡冷麵，麵條有嚼勁，會依不同季節以不同當造水果伴碟。(p.147)

約¥1,000 (HK$55)

小岩井農場奶製品

軟雪糕¥350(HK$25)

岩手縣不同地區都能嘗到小岩井農場的奶製品，如軟雪糕及牛奶等。(p.154)

一口蕎麥麵

限：盛岡市

試食版(10碗) 每位¥1,650(HK$92)

一口蕎麥麵(わんこそば)可讓你挑戰食量，每碗份量約為一大口，但店家會不斷替你添麵直到你把碗蓋蓋上為止！還吃還可邊添加配菜，如海苔、木魚片等。(p.148)

盛岡炸醬麵

限：盛岡市

約¥650 (HK$38)

盛岡炸醬麵(じゃじゃめん)，麵條伴隨爽脆的青瓜，味道有點像台灣的肉燥拌麵。(p.147)

久慈琥珀

久慈琥珀大部分屬白堊紀世代後期，亦是日本最大的琥珀產地。它的琥珀製品及原始琥珀是到久慈市必買的紀念品。(相片由岩手縣觀光協會提供)(p.176)

¥2,160(HK$120) 起

11大必訪景點

名物巡禮

12大人氣溫泉

櫻花、紅葉名所熱點

經典體驗

特色節慶、盛會

宮城縣名物

萩の月

約 ¥200(HK$11)

仙台著名甜品，蛋糕鬆軟，內餡為香滑的奶黃，與牛舌及魚糕並列為仙台三大名物。

笹かまぼこ（竹葉形魚糕）

這種竹葉形的魚糕（又稱笹蒲鉾），同為仙台三大名物之一。(P.191)

¥108(HK$8) 起

松島蠔

¥500(HK$27)

松島町出產的松島蠔新鮮美味，無論生吃或清蒸都讓人停不了口。(P.203)

松島鰻魚

除了松島蠔，松島鰻魚亦非常有名，最佳品嘗方法是蒲燒後配白飯！(P.202)

¥3,600(HK$234)

厚切烤牛舌

¥950(HK$67) 起

仙台牛舌相信不用多作介紹，厚切的牛舌以炭火燒好後，配上白飯，簡直是最佳拍檔！(P.193)

小芥子

日本傳統玩具小芥子產自鳴子，故鳴子隨處可見這種可愛的小木偶。除了可買來作手信，也可參與體驗課程，繪製小芥子。(P.206)（相片由宮城縣觀光科提供）

秋田縣名物

稻庭烏冬

日本三大烏冬之一，是秋田名物，以滑順聞名。

大館曲げわっぱ

每個 ¥8,100 (HK$450) 起

以薄柳杉與扁柏製成的橢圓形木箱，大多用作盛載米或當作便當盒，為日本傳統工藝品。

きりたんぽ（米棒鍋）

一鍋 ¥1,500(HK$83) 起

秋田著名的鄉土料理，以秋田盛產的米弄成棒狀，再配以雞汁或味噌醬燒烤，或作土鍋烹調。(P.333)

比內地雞仙貝

秋田縣產的比內地雞為日本三大名雞，在縣內除了可吃到新鮮的雞肉料理，以比內地雞製成的仙貝也是手信首選。

每盒 ¥800(HK$44) 起

山形縣名物

尾花澤西瓜

限：尾花澤市

¥1,000(HK$55) 起

尾花澤市出產的西瓜可稱得上日本第一，令人一試難忘。

つや姫玄米茶

一樽約 ¥134
(HK$7)

つや姫為山形縣開發的新米，品質極佳，在縣內隨處都可找到以這種米製成的製品，例如不得不試的つや姫玄米茶。

つや姫雪結晶通粉

100克通粉約
¥480(HK$26)

這種雪晶狀的通粉榮獲日本Good Design獎項。

米沢牛

120克約¥5,200
(HK$306)(各店收費或不同)

日本三大和牛之一，脂肪分佈均勻且極具肉香，是嗜牛朋友必嘗的極品！

玉こんにゃく

每串約¥100(HK$6)

山形名物，以高湯加蒟蒻煮成。
(P.244)

湯之花

限：蔵王溫泉

每塊¥870(HK$48)

湯之花是蔵王溫泉街的名物，由溫泉女結晶而成，有美容的功效。
(P.248)

喜多方拉麵

一盒4包 ¥756
(HK$42)

喜多方拉麵為日本三大拉麵之一，除了可在喜多方市內吃到，福島縣不少店鋪都有預先包裝好的喜多方拉麵，讓你回家後都可品嘗得到。(P.291)

赤べこ（鄉土玩具）

一隻約 ¥760
(HK$42)

「べこ」即是牛，赤べこ為會津地區的傳統鄉土玩具，在許多地方都可找到這種擺設。

会津こづゆ

限：會津地區

會津地區的傳統武家料理，是以乾曬海產煮成的湯汁，每逢新年、辦喜事或喪禮都會以此宴客。

会津ソースカツ丼

限：會津地區

每客約 ¥680
(HK$38)

日本戰後興起的庶民食品，由於生活困苦，當地人就以肉碎作成大塊炸物充當豬扒，再淋上醬汁進食。

一盒兩包 ¥864
(HK$48)

高遠蕎麥麵

限：大內宿

高遠蕎麥麵是大內宿的名物，進食時以大葱作筷子，一邊咬大葱，一邊吃麵，甚有風味。(P.282)

¥1,320(HK$76)

11 大必訪景點

名物巡禮

12 大人氣溫泉

櫻花、紅葉名所熱點

經典體驗

特色節慶、盛會

新潟縣名物

越光米

越光米遠近馳名。手信店提供一些小巧包裝的，方便攜帶，可帶回家與家人一起品嘗。

￥540(HK$30) 起

新潟清酒

新潟縣產的越光米如此有名，用米製成的日本酒當然廣受歡迎！一些知名日本酒品牌，如「菊水」及「上善如水」等均產自新潟。

笹糰子

一包5個￥700 (HK$39)

以竹葉包艾蒿草製成的糰子，內裏是紅豆餡。傳說笹糰子由上杉謙信發明，而由於艾蒿草有殺菌作用，戰國時代軍人會以此作為行軍食物，亦有傳古代日本人以笹糰子作為端午節供品，想起來糰子的外形和糉子真有點相似！

越後姬草莓

Seihyo Sweets Selection

草莓雪糕 ￥324 (HK$18) 起

越後姬草莓是由新潟縣研發的草莓品種，每年1月至6月為收成季節，味道帶有獨特的甘甜味，且形狀較大。它的副製品，如糖果、雪糕等都非常受歡迎，圖為草莓雪糕。

新潟醬油豬扒飯

這是近年縣內很流行的B級美食(平民料理)。薄身豬扒炸至金黃色,加上新潟出產的米飯,吃起來份外美味。(P.301)

¥1,045(HK$61) 起

限:新潟市

新潟壽司

¥108(HK$6) 起

用縣內種植的米飯製成的壽司,當然特別美味!(P.299)

柿の種

¥691(HK$38)

以米磨成細粉再加上醬油燒製的米果,是縣內著名零食,其中以長岡市「浪花屋製菓」出品的最為有名,不同地區更有其特別版包裝。

佐渡金製品

限:佐渡島

金箔美容產品 ¥900 (HK$50) 起

佐渡島的產金量為日本第一,在島上除了可買到以金製成的精品及食品外,還有加入金子的化妝品,甚至是由全金箔製成的面膜!

柿子

¥100(HK$5.5) 起

佐渡島名產之一,每年秋天至翌年2月為收成季節,成熟的柿子比成人拳頭還要大!

限:佐渡島

11 大必訪景點

名物巡禮

12 大人氣溫泉

櫻花、紅葉名所熱點

經典體驗

特色節慶、盛會

鬆一鬆！東北12大
人氣溫泉

1 乳頭溫泉鄉　著名秘湯
～秋田縣　仙北市～

這是國民保養溫泉區，冬天時加上雪景感覺神秘。(P.225)

(相片由秋田縣觀光聯盟提供)

2 酸ヶ湯溫泉
青森縣　青森市

(攝影：蘇飛)

江戶時代已存在的酸ヶ湯溫泉，可治療身體痛症，是第一個被指定為國民保養溫泉地的溫泉。(P.99)

3 鶯宿溫泉
岩手縣　岩手郡

鶯宿溫泉450年前開湯，歷史悠久，提供免費足湯。內裏共有21間溫泉旅館。(P.157)

(相片由岩手縣觀光協會提供)

4 花卷溫泉
岩手縣　花卷市

花卷溫泉有4間溫泉旅館，只要入住其中一間(佳松園除外)就可免費享受另3間的溫泉，可慢慢泡盡各個溫泉。(P.170)

5 鳴子溫泉
宮城縣　大崎市

(相片由宮城縣觀光科提供)

鳴子溫泉自西元826年起便存在，古人會在此調養身體。(P.206)

6 淺虫溫泉　鄉土情懷
青森縣　青森市

▲溫泉區所在的環境相當怡人。

區內共有12家溫泉旅館。(P.96)

⑦ 男鹿溫泉鄉
秋田縣 男鹿市

溫泉區的交流
會館會舉行太鼓表
演,而磯燒料理
是溫泉區的必吃名
物。(P.232)

(相片由男鹿觀光協會提供)

⑧ 藏王溫泉
山形縣 山形市

藏王溫泉區在冬天形成的
樹冰,吸引不少遊客前往觀
賞,在嚴寒下再泡個暖呼呼的
溫泉就再寫意不過。(P.245)

⑨ 銀山溫泉
山形縣 尾花澤市

(攝影:詩人)

日劇《阿信的故事》曾於此取景,而
宮崎駿的電影《千與千尋》(台譯:神隱
少女)也曾以此作為參考場景。(P.256)

⑩ 蘆之牧溫泉   養生保健
福島縣 會津若松市

泉水對肌
肉痛與恢復疲
勞特別有效。
(P.281)

⑪ 湯野上溫泉
福島縣 南會津郡

(相片由福島縣觀光物產交流協會提供)

溫泉區大部分旅館都沿
著大川溪而建,景色漂亮。
(P.280)

⑫ 磐梯熱海溫泉   美人湯
福島縣 郡山市

這是磐越
三美人湯之
一。(P.286)

▲提供免費足湯。(相片由福島縣觀
光物產交流協會提供)

浪漫醉人！
櫻花、紅葉
13 名所熱點

1 弘前城、弘前公園
青森縣 弘前市　 賞櫻　4月底至5月初　 賞楓　10月中至11月初

（相片由弘前市提供）

（相片由弘前市提供）

園內種植了超過2,600棵櫻花樹，每年春天都會舉辦盛大櫻花祭典。這裏亦是賞楓的好地方，每年秋天會舉行「菊和紅葉祭」。(P.103)

2 盛岡城跡公園
岩手縣 盛岡市　 賞櫻　4月中至底　 賞楓　10月中至11月初

（相片由岩手縣觀光協會提供）

（相片由岩手縣觀光協會提供）

春天時，公園內200棵櫻花樹盛開，加上石垣城牆更添美感，晚上還可賞夜櫻！而在秋天，園內300棵樹會掛滿火紅楓葉，如此美景令它在日本旅遊網站Walkerplus被評為紅葉名所。(P.149)

3 北上展勝地
岩手縣 北上市

 賞櫻　4月中至底

（相片由岩手縣觀光協會提供）

來到北上展勝地可以漫步、乘馬車或遊船的方式賞櫻，沿河堤兩旁盛開的櫻花形成一條櫻花路，浪漫氣氛滿溢。(P.183)

4 桧木内川堤旁 秋田縣 仙北市

賞櫻 4月底

　桧木内川堤旁為秋田一級河川，沿河堤種滿2公里的櫻花樹。(P.224)

（相片由秋田縣觀光聯盟提供）

5 花見山公園 福島縣 福島市

賞櫻 4月

（相片由福島縣觀光物產交流協會提供）

　每年4月，花見山公園都吸引成千上萬遊客特地前來賞花，屆時會有專車接載遊客前往，好不熱鬧。(P.270)

6 鶴ヶ城 福島縣 會津若松市　賞櫻 4月中至底　賞楓 10月底至11月中

　鶴ヶ城是東北地區最大型的賞夜櫻場所，共1,000棵櫻花一同盛放，非常壯觀。而秋天時則會紅葉滿開，晚上亦可賞夜楓！(P.276)

（相片由福島縣觀光物產交流協會提供）

（相片由福島縣觀光物產交流協會提供）

7 新潟市歷史博物館 新潟縣 新潟市

賞櫻 4月

（相片由新潟市觀光會議協會提供）

　新潟市歷史博物館除了為綜合觀光設施外，也是賞櫻的好地方，在春天來到時可一併遊覽此美景。(P.302)

8 八甲田山 青森縣 青森市

賞楓 9月底至10月初

（相片由青森縣觀光連盟提供）

　秋天時，楓葉加上湖水映照更添美感。(P.98)

11大必訪景點　名物巡禮　12大人氣溫泉　櫻花、紅葉名所熱點　經典體驗　特色節慶、盛會

9 嚴美渓 岩手縣 一關市

賞楓　10月底至11月初

充滿奇岩怪石的溪流加上紅葉景致,令嚴美渓的秋季風景更動人。(P.180)

11 高田公園 新潟縣上越市

賞櫻　4月初至中

(相片由新潟市觀光會議協會提供)

高田公園共種植4,000棵櫻花樹,是日本三大賞夜櫻場所,更曾被CNN選為世界五大賞花名所之一,所見其櫻花之美是日本數一數二的。(P.309)

10 酒田港 山形縣 酒田市

賞櫻　4月初至中

(相片由酒田觀光物產協會提供)

在著名景點山居倉庫附近乘坐特色屋形船賞櫻,十分悠閒寫意呢!(P.264)

12 裏磐梯地區 福島縣 耶麻郡

賞楓　9月底至10月底

(相片由福島縣觀光物產交流協會提供)

裏磐梯高原的桧原湖附近為紅葉名所,每逢秋天都吸引不少遊客前來登山賞楓。(P.287)

13 鳴子峽 宮城縣 大崎市

賞楓　10月底至11月初

(相片由宮城縣觀光科提供)

可觀賞峽谷的紅葉美景。(P.206)

東北地區櫻花及紅葉情報

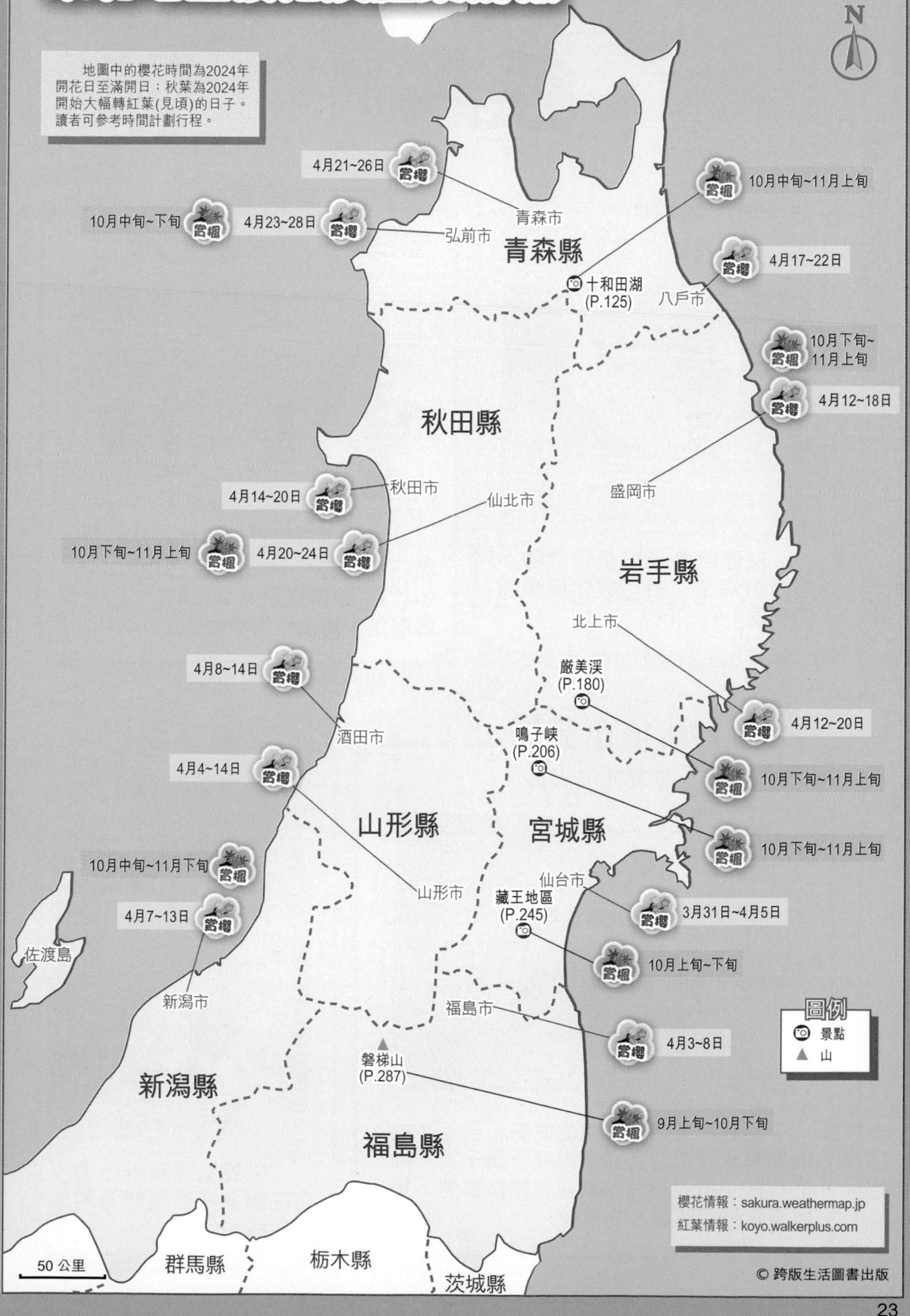

地圖中的櫻花時間為2024年開花日至滿開日；秋葉為2024年開始大幅轉紅葉(見頃)的日子。讀者可參考時間計劃行程。

N

4月21~26日 櫻花

10月中旬~下旬 紅葉　4月23~28日 櫻花

青森市

弘前市

青森縣

10月中旬~11月上旬 紅葉

4月17~22日 櫻花

十和田湖 (P.125)

八戶市

10月下旬~11月上旬 紅葉

4月12~18日 櫻花

秋田縣

盛岡市

4月14~20日 櫻花

秋田市

仙北市

岩手縣

10月下旬~11月上旬 紅葉　4月20~24日 櫻花

北上市

4月8~14日 櫻花

嚴美溪 (P.180)

4月12~20日 櫻花

酒田市

鳴子峽 (P.206)

10月下旬~11月上旬 紅葉

4月4~14日 櫻花

山形縣

宮城縣

10月下旬~11月上旬 紅葉

10月中旬~11月下旬 紅葉

山形市

仙台市

藏王地區 (P.245)

3月31日~4月5日 櫻花

4月7~13日 櫻花

佐渡島

10月上旬~下旬 紅葉

新潟市

福島市

4月3~8日 櫻花

新潟縣

磐梯山 (P.287)

福島縣

9月上旬~10月下旬 紅葉

圖例
- 📷 景點
- ▲ 山

櫻花情報：sakura.weathermap.jp
紅葉情報：koyo.walkerplus.com

50公里

群馬縣　栃木縣　茨城縣

© 跨版生活圖書出版

製造難忘回憶！ 經典體驗

淘金

新潟縣 佐渡島

在佐渡西三川黃金公園，可體驗淘金，還可製作成獨特的手信。(P.318)

滑雪

岩手縣、山形縣、新潟縣

東北有不少地區都可滑雪，例如雫石滑雪場(P.156)、蔵王區(P.245~247)、妙高高原(P.313)等，加上美麗景色，實在是賞心樂事！

佐渡木盆船

新潟縣 佐渡島

全日本獨有的木盆船體驗，坐在木盆內會讓人想起宮崎駿電影《千與千尋》內的情節！撐船娘有時會邀你試試掌船，是非常難得的體驗。(P.319)

摘蘋果

青森縣 弘前市

來到弘前蘋果公園，可在樹上採摘新鮮蘋果。(P.113)

11大必訪景點

名物巡禮

12大人氣溫泉

櫻花、紅葉名所熱點

經典體驗

特色節慶、盛會

期間限定！精彩活動！特色
節慶、盛會

東北地區有不少有趣、盛大的節慶或盛會，遇上這些活動時不妨參與，更深入感受東北！(更多東北地區節慶詳見P.30~31)

睡魔祭始祖 弘前睡魔祭 弘前ねぷたまつり

巡遊路線：地圖 P.102

🏠 青森縣 弘前市 　🕐 每年8月1日至7日

弘前睡魔祭於每年8月初舉行，雖然名氣不及青森睡魔祭，但有說法指弘前的睡魔祭才是眾多睡魔祭的始祖！弘前睡魔祭的燈籠以扇形為主，加上隊伍組成的短笛及太鼓樂團，一邊巡遊一邊大喊着「ヤーヤドー」(Yaa Ya Doo)，場面非常熱鬧。整個遊行隊伍有多達80台燈籠花車(佞武多)，為縣內最多。在1980年，睡魔燈籠更被登錄成為日本重要無形民俗文化財。

▲祭典由巨型太鼓鼓聲帶領下昂然前進。

▲祭典當然少不了路邊攤小吃。除了蘋果，青森縣另一名物就是帆立貝。新鮮炭燒帆立貝每串￥100(HK$6)，實在太便宜！

弘前睡魔祭資訊：

日期	舉行地點	交通	時間
8月1日至4日	土手町前	JR「弘前」站步行約15分鐘	19:00~21:00
8月5日至6日	JR「弘前」站前	JR「弘前」站步行約1分鐘	19:00~21:00
8月7日	土手町前	JR「弘前」站步行約15分鐘	10:00~12:00

▶除了傳統的扇形燈籠，也有立體剪裁的款式，充滿藝術感。

▶弘前的睡魔祭燈籠以扇形為主，與青森的燈籠不太一樣。

◀當中一些睡魔燈籠更可隨人手操作變得更大更高，讓人深深佩服箇中技術。

Info

了解弘前睡魔祭
www.hirosaki-kanko.or.jp/web/edit.html?id=cat02_summer_neputa

Tips!

青森縣的睡魔祭起源

日本東北許多地區都會於夏天舉辦睡魔祭，當中以青森、弘前、五所川原及黑石四處地方最為有名。祭典最初以驅除病魔與睡魔為目的，祭典舉行期間會有不同造型的睡魔燈籠加上舞者巡遊表演，當中以青森市的燈籠較大型及華麗，是東北地區最著名的睡魔祭。

東北三大祭之一 青森睡魔祭 青森ねぶた祭

巡遊路線：地圖 p.89

🏠 青森縣 青森市　🕐 每年8月1日至7日(約18:00~21:00)

青森睡魔祭為東北三大祭之一，至今已有250年歷史，每年吸引逾300萬人前往觀看，1980年更被列為國家重要民俗文化財，可說是東北眾多睡魔祭中最受歡迎的一個。祭典遊行期間，任何人都可隨時加入遊行隊伍跳舞，在街上可購買或租賃「跳人服飾」，每套¥4,000(HK$283)起，讓你親身體驗祭典的熱鬧氣氛。

▲巨型的睡魔燈籠幾乎佔據整條馬路，甚具壓迫感。

▲街上隨處可見穿上跳人服飾的人準備參加祭典，他們會購買鈴鐺掛在身上，在巡遊途中送給觀眾。

▲人們一邊跟隨睡魔燈籠，一邊跳着祭典特定舞步。

▲隨行的鼓手擊着大鼓，現場氣氛急升！

▲街上有攤檔售賣小吃，讓祭典更具氣氛。

▲栩栩如生的睡魔登場！

Tips!

在睡魔祭期間，弦前和青森市都是很難訂到酒店或民宿的，建議越早訂房越好，可能要約半年前預訂才有房間，否則只好住在八戶，然後坐火車往返八戶和青森。

▲除了傳統故事，一些燈籠更以人氣動畫為題材，像近年大熱的《妖怪手錶》也登場了！

Tips!

青森睡魔祭每年都會舉辦燈籠設計比賽，最受歡迎的會獲得「ねぶた大賞」。現在，製作睡魔燈籠已演變成一種藝術與職業，並加入企業元素，成為廣告宣傳的一種方式。

Info

🏠 青森県青森市二丁目至五丁目一帶
🚃 從JR「青森」站步行約10分鐘
🌐 www.nebuta.jp

七彩燈飾高高掛 仙台七夕祭 仙台七夕まつり

地圖 p.188

🏠 宮城縣 仙台市　🕐 每年8月6日至8日

　　仙台七夕祭自伊達政宗時代開始，至今已有400多年歷史。祭典期間，商店街的店鋪都會於門前掛起色彩繽紛的七夕彩球，祭典第一天更會舉行長達2小時的花火祭，每年吸引數以萬計的人前來參觀。

▲市民都換上浴衣參加祭典，很有夏日氣氛。

▲七夕祭的彩球掛滿整條商店街，讓熱鬧的商店街更添生氣。

▲不少人會於七夕期間祈願，會場內設置許願樹與許願卡。

▲祭典當然少不了美食攤檔，圖為售賣糖漬鳳梨和蘋果的攤檔。

▲部分彩球以和紙製成，價值不菲。

▲最頂的是寵物小精靈的精靈球！

Tips!

七夕祭源起

　　七夕祭最初為日本古時貴族的祭祀活動，以紀念牛郎與織女一年一度的相會。到伊達政宗年代則演變成民間節日，並開始有製作掛飾的習俗。至昭和初年，仙台的商會為了吸引顧客，商店都會於門前製作飾物，並於短冊上寫上願望。至今，七夕祭已成為仙台其中一個矚目的盛會。(七夕的彩球飾物日文為「くす玉」)

▲當中一些彩球以紙鶴砌成，祈求世界和平。

Info

🏠 宮城県仙台市一番町通至中央通一帶
🚃 從JR「仙台」站步行約5分鐘
🌐 www.sendaitanabata.com

11大必訪景點

名物巡禮

12大人氣溫泉

櫻花、紅葉名所熱點

經典體驗

特色節慶、盛會

神乎其技！秋田竿燈祭 秋田市竿燈まつり

📍 地圖 P.213

🏠 秋田縣 秋田市　🕐 每年8月2日至6日(約18:15~22:00)

▲會場附近有許多小攤檔，出售祭典常見的食物，如炒麵、串燒等，熱鬧非常。

◀笛子聲響起前，竿燈會橫躺在路上，作最後檢查及準備。

▲放眼望去，沿路兩旁佈滿大小不一的竿燈，場面非常壯觀！

◀除了精彩的竿燈，隨行的花車都別具特色。

秋田竿燈祭為秋田市最矚目的祭典，亦是東北三大祭之一。沿着秋田市二丁目橋至山王十字路上，多達200根大小不一的竿燈隨笛子聲舉起！表演者會以手握、掌握、額撐、肩撐和腰撐來支撐竿燈，把竿燈舉得越高越需要高超技巧，現場觀眾都屏息以待地觀賞表演，場面既熱鬧又緊張！

▲笛子聲一響，巨型的竿燈隨即舉起！

◀即使竹竿彎成這樣，竿燈依舊堅固不倒，這需要舉燈者極高技巧！

▲祭典結束後，遊客可試舉「幼若」拍照。

🎐 **Info**
🏠 秋田県秋田市二丁目橋至山王十字路
🚌 從JR「秋田」站步行約10分鐘；或乘循環觀光巴士ぐるる在「川反入口」站下車(班次見P.211)
☎ 018-888-5602
🌐 www.kantou.gr.jp

🦋 **Tips!**

竿燈祭源起

竿燈祭源自1789年，最初用作祛除盛夏病魔、邪氣與睡魔，至現在則以表演技藝為主。

🦋 **Tips!**

4 種不同竿燈

- 「幼若」：高約5米，重約5公斤，裝有24個小燈籠，多數由小孩負責舉竿。
- 「小若」：高約7米，重約15公斤，裝有24個中燈籠。
- 「中若」：高約9米，重約30公斤，裝有46個中燈籠。
- 「大若」：最巨型的竿燈，高達12米，重量達50公斤，裝有46個大燈籠。

半空中的盛會 會津鹽川熱氣球嘉年華

▶想不到日本都可乘坐熱氣球，甚至有盛大的熱氣球嘉年華！日出之前，嘉年華便已開始舉行。

（相片由福島縣觀光物產交流協會提供）

会津塩川バルーンフェスティバル

🏠 福島縣 喜多方市

🕐 每年 10 月中旬其中一個週六及日
   (熱氣球升空約 06:00~09:00，花火大會約 17:30~18:00)

會津鹽川每年秋天都會舉辦熱氣球嘉年華，來自全日本約30個氫氣球代表集結在日橋川綠地公園，於空中飛舞，晚上還有花火大會。最先抵達的100名參觀人士更可以¥1,000(HK$59)體驗乘坐氫氣球的滋味，機會難逢！

Info
- 🏠 福島県喜多方市塩川町遠田(日橋川綠地公園自由広場)
- 🚃 從JR「塩川」站步行約20分鐘

地圖 p.290

MAPCODE® 97 615 808

你追我逐的風箏大戰！ 白根大風箏會戰 白根大凧合戰

🏠 新潟縣 新潟市　🕐 每年6月第1個週四至一　　地圖 p.297

白根大風箏會戰為每年新潟市的盛事。參賽人士使用7米乘5米的大風箏，或2.8米乘2.2米的卷風箏進行比賽，隊伍分別在中之口川兩岸對戰，最先切斷對方風箏線的就是勝利者。風箏上繪有各種具日本風情的畫像，場面甚為壯觀。

▲ 要控制得好風箏，非常考驗隊伍合作精神。

▲ 大風箏體積甚大，需要數個成人才能抬起來。

Info
- 🏠 新潟県新潟市南区白根地內
- 🚃 從JR「青山」站乘「味方線」(W80號)的新潟交通巴士，於「白根中」站下車，車程約40分鐘(班次見P.296)
- ☎ 025-372-6505
- 🌐 www.shironekankou.jp/kite_battle
- Ⓟ 免費

(相片由新潟市觀光會議協會提供)

Tips!

白根大風箏會戰起源

關於這個活動的起源，至今仍未有確實文獻記載，但最廣為人知的説法，是源自元文2年(1737年)，中之口川兩岸其中一邊的主人玩風箏時，壓毀了對岸人家的屋頂，對岸的人為了報復，便製作更大的風箏以牙還牙，就是這樣，兩岸的人不斷製造巨型風箏互相較量！

11 大必訪景點

名物巡禮

12 大人氣溫泉

櫻花、紅葉名所熱點

經典體驗

特色節慶、盛會

東北全年精彩祭典時間表

網站「東北夏祭」是由仙台商工會議製作，裏面列出東北地區一年四季的祭典舉行日期、地點及內容，讓你更輕鬆計劃祭典之旅！

Info
東北夏祭：www.tohokumatsuri.jp

青森縣

日期	地區	祭典活動內容
2月中旬	弘前市	**弘前城雪燈籠祭：** 弘前四大祭之一，多達 300 個由不同學校團體製作的雪燈籠，並排於弘前公園至弘前城天守閣之間。公園會於晚上免費開放，雪燈籠亦會點上燈光至晚上 21:00，極具浪漫氣氛。(詳見：www.hirosaki-kanko.or.jp/edit.html?id=cat02_winter_yuki）
4月下旬至5月上旬	弘前市	**弘前櫻花祭：** 弘前四大祭之一，於弘前公園舉行，約 2,600 棵櫻花樹一同盛放。櫻花祭典期間，弘前城於晚上會對外開放供遊客賞夜櫻。
8月1日	青森市浅虫溫泉	**浅虫溫泉花火祭：** 當日會於浅虫溫泉海濱公園發放花火，為青森睡魔祭燃點序幕。
8月1至7日	弘前市	**弘前睡魔祭：** 弘前四大祭之一，期間有多達 80 架「佞武多」(祭典花車) 參加巡遊，為東北地區最多佞武多的睡魔祭。(詳見：www.hirosaki-kanko.or.jp/edit.html?id=cat02_summer_neputa)(P.25)
8月2至7日	青森市	**青森睡魔祭：** 東北地區知名度最高的睡魔祭，是東北三大祭之一，每年吸引約 300 萬人前來觀賞，1980 年更被定為國家重要無形民俗文化財。祭典於 8 月 1 至 6 日在晚間舉行巡遊、8 月 7 日則改為中午巡遊，至晚上「佞武多」會移師至海上巡遊，最後更會有盛大花火大會。(www.nebuta.jp)(P.26)
8月4至8日	五所川原市	**立佞武多祭：** 於五所川原市舉辦的睡魔祭，與其他地區的佞武多不同，這裏的「佞武多」為直立式，最高可有 20 米，遠看就像巨人一樣！巡遊前一晚會舉辦盛大的花火大會。
10月中旬至11月上旬	弘前市	**弘前城菊和紅葉祭：** 弘前四大祭之一，期間植物園內會展出以菊花拼湊而成的藝術作品，公園內則會開滿紅葉，非常美麗。

岩手縣

日期	地區	祭典活動內容
2月中旬	橫手市	**かまくら祭：** 以雪堆砌雪屋作為祭壇，再於裏面祭祀水神，屆時在雪地上會有近 800 個迷你雪屋，晚上亮燈時更美麗，成為「日本夜景遺產」。
8月1至4日	盛岡市	**盛岡三颯舞 (盛岡さんさ踊り)：** 獲健力士世界紀錄大全頒為世界第一的太鼓巡遊，在祭典中，多達 3 萬名男女老少均會穿起傳統服裝，一邊巡遊一邊演奏太鼓，途中更會邀請遊客加入。(詳見：www.sansaodori.jp)

宮城縣

日期	地區	祭典活動內容
8月6至8日	仙台市	**仙台七夕祭：** 東北三大祭之一，仙台市中心的商店街會掛滿華麗獨特的七夕裝飾。在正式開始的前一晚 (8 月 5 日) 會舉行七夕前夜祭花火大會，男男女女會穿上傳統浴衣，於街道上歡度佳節。(詳見：www.sendaitanabata.com)(P.27)

秋田縣

日期	地區	祭典活動內容
1 月 17 日	秋田市	**三吉梵天祭：** 日本各地都會舉行梵天祭，當中以秋田縣的三吉梵天祭最為有名。三吉梵天祭於秋田市赤沼太平山三吉神社舉行，為秋田縣獨有的祭典，以祈求商貿亨通及小孩健康成長。人們會爭相成為第一個到達神社的人，場面激烈，令祭典有「吵鬧的梵天」之名。
2 月第 2 個週五至日	男鹿半島	**なまはげ祭：** 男鹿傳說的妖怪「なまはげ」會於真山神社舉行儀式，現場會有傳統的湯之舞・鎮釜祭神樂表演，為陸奧五大雪祭之一。（詳見：oganavi.com/sedo/）
8 月 3 至 6 日	秋田市	**秋田竿燈祭：** 東北三大祭之一，亦是日本三大提燈祭之一。參加者會提起裝有 24~46 個燈籠的燈竿，以身體不同部位支撐着表演，場面壯觀！（詳見：www.kantou.gr.jp）(P.28)
8 月第 4 個週六	大仙市	**全國花火競技大會：** 日本三大花火大會之一，亦稱「大曲之花火」。大會始於 1910 年，一晚內會發放 15,000~20,000 枚花火，吸引超過 80 萬人前往觀賞。（詳見：www.oomagari-hanabi.com）

山形縣

日期	地區	祭典活動內容
4 月 29 日至 5 月 3 日	米澤市	**米沢上杉祭：** 在上杉神社舉辦的例大祭，同時在松川河川敷會有川中島合戰，700 名穿着甲冑的武士會重現上杉武田兩軍當年的激戰，刺激熱鬧。
8 月 5 至 7 日	山形市	**山形花笠祭：** 於市內七日町商店街舉行。祭典源自 1963 年，期間除了有山車巡遊，參加者更會戴上花笠及傳統服飾於街上跳舞。（詳見：www.hanagasa.jp）(路線見 P.242 地圖)

福島縣

日期	地區	祭典活動內容
4 月中旬至 5 月上旬	會津若松市	**鶴ケ城櫻花祭：** 鶴ケ城是日本賞櫻名所 100 選之一，園內有多達 1,000 棵櫻花樹，所以每年櫻花盛開期間都會舉行盛大祭典。
7 月 22 日至 26 日	郡山市	**郡山啤酒祭：** 於郡山市開成山公園舉行，場內有樂隊現場表演，邊聽音樂邊嘗盡來自各地的啤酒，為夏天消暑一下！
7 月 23 日至 25 日	相馬市	**相馬野馬追祭：** 相馬地區為出產馬匹的地方，12 名騎士會於祭典期間換上傳統甲冑，於 1,000 米的賽道上策馬奔馳，活動在 1952 年被指定為國家重要無形民俗文化財。（詳見：soma-nomaoi.jp）
8 月上旬	福島市	**福島草鞋祭 (福島わらじ祭)：** 始於 1970 年，以江戶時代信夫三山曉祭為藍本，遊行隊伍會抬着日本最大草鞋於街上巡遊，加上歌舞表演，祈求雙腳健康，相當有趣。（詳見：www.waraji.co.jp）
10 月中某個週六日	喜多方市	**會津鹽川熱氣球嘉年華 (会津塩川バルーンフェスティバル)：** 每年秋天舉辦的熱氣球嘉年華，來自全日本約 30 個氫氣球集結在日橋川綠地公園升空，晚上再舉行花火大會，非常美麗。(P.29)

新潟縣

日期	地區	祭典活動內容
4 月中旬	新潟市	**春祭：** 白山神社舉行春祭時，除了可於神社及公園一帶賞櫻，還有熱鬧的祭典與美食。（詳見：www.niigatahakusanjinja.or.jp/spring）
4 月下旬至 5 月下旬	新潟市	**鬱金香祭 (チューリップフェスティバル)：** 新潟ふるさと村會舉辦一年一度的鬱金香祭，村內花田上有超過 5 萬朵鬱金香燦爛盛開，免費開放給遊客入場參觀。（詳見：www.city.tainai.niigata.jp/sangyo/nogyo/tulipfesta/tulipfesta2.html）
6 月第 1 個週四至一	新潟市	**白根大風箏合戰 (白根大凧合戰)：** 白根地區的中之口川會舉行白根大風箏戰，兩岸會以巨型風箏對戰，最先切斷對方風箏線的就是勝利者。（詳見：www.shironekankou.jp/tako/)(P.29)

Part 2

實用旅遊資訊

走進日本東北

日本東北地區全境地圖

N

北海道

津輕海峽

青森市
弘前市　青森縣
　　十和田市
　　　八戶市

男鹿半島

久慈市
秋田縣　岩手郡
　　　岩手縣
秋田市　盛岡市
　仙北市
　　花卷市
横手市　北上市

平泉町

最上郡
酒田市　　一關市
山形縣　宮城縣
尾花澤市　大崎市

佐渡島
　松島町
山形市　仙台市

白石市
米澤市
　福島市
喜多方市
新潟市　耶麻郡
　　會津
　　若松市　福島縣
新潟縣

上越市
妙高市

栃木縣

群馬縣

茨城縣

長野縣

埼玉縣

山梨縣　東京都　千葉縣

神奈川縣

50公里

© 跨版生活圖書出版

東北7大縣簡介

日本東北地區一般是指日本本州東北部的7大縣市，從北至南包括：青森縣、秋田縣、岩手縣、山形縣、宮城縣、福島縣、新潟縣，約佔日本本州30%面積，在古時被稱為「奧羽」。由於擁有獨特的地理氣候條件，東北地區出產許多美食名物，如青森有蘋果、秋田及新潟有稻米、岩手沿海有新鮮海產、山形有蕎麥、宮城有牛舌、福島有美酒，都令人垂涎三尺。

此外，每個縣在不同季節都會舉行節慶祭典，如青森睡魔祭、秋田竿燈祭、仙台七夕祭等，吸引海外或日本國內遊客前來一同參與。

各縣特色

青森縣

青森縣位於日本本州最北端，處處盡是豐富的自然景觀，如奧入瀨溪流、十和田湖，及已登錄世界遺產的白神山地。夏季會舉行熱鬧的睡魔祭，每年都吸引數以百萬遊客來到參與。美食方面，當然少不了又大又香甜的青森蘋果！

岩手縣

肥沃的土地令岩手縣的農乳業非常發達，聞名全國的小岩井農場就位於此！此外，這裏可嘗到盛岡三大麵：冷麵、炸醬麵、一口蕎麥麵。光是嘗盡美味的麵食就足夠讓遊客把行程排得滿滿。

宮城縣

在有「食材王國」之稱的宮城縣，可品嘗到聞名的仙台牛、厚切烤牛舌、松島蠔等。除了美食，東北三大祭之一的仙台七夕祭就在縣內仙台市舉行，每年吸引200萬人齊集商店街，看高高掛起的七夕燈籠。

秋田縣

秋田縣充滿熱鬧氣氛，遊客可參與令人讚嘆的竿燈祭、尋訪審判惡鬼「なまはげ」的傳說，或品嘗有名的稻庭烏冬或日本米酒。此外，日本有「秋田美人特別多」的說法，去到當地不妨留意一下！

山形縣

山形縣位於東北地區最西邊，在這裏遊客可乘藏王纜車索道登上藏王連峰，或乘遊覽船遊覽最上川。喜歡戲劇的話，則可造訪《千與千尋》的舞台——銀山溫泉，或《阿信的故事》的取景地——酒田市。

福島縣

深受311大地震影響的福島縣，旅遊業現已逐步復興，每位遊客的光臨就代表對當地人的鼓勵。除了可遊覽福島市內的賞花勝地，也可參觀會津若松市內與「會津之戰」中白虎隊有關的名勝古蹟，或造訪大內宿這個重要傳統建造物群保存地區。

新潟縣

有「雪國」之稱的新潟縣生產有名的越光米，所以米製品，如米飯、米酒等都品質絕佳。在新潟市可乘遊覽船遊覽日本最長河流信濃川，或到一海之隔的佐渡島發掘金礦史跡！

旅行裝備 Checklist

證明文件

- ☐ 身份證
- ☐ 護照(有效期為6個月或以上)
- ☐ 登機證(如已在網上辦理登機)或機票
- ☐ 酒店已訂房證明
- ☐ 青年旅舍證
- ☐ 學生證(某些景點可提供優惠)
- ☐ 長者證(某些景點可提供優惠)
- ☐ 本地車牌/國際車牌/租車證明
- ☐ 旅遊保險單
- ☐ 藥物證明/處方(如需攜帶大量藥物)

個人護理(視乎個別需要)

- ☐ 護膚及化妝用品
- ☐ 防曬乳霜
- ☐ 蚊怕水
- ☐ 眼藥水
- ☐ 隱形眼鏡清潔液/即棄隱形眼鏡/隱形眼鏡
- ☐ 鬚刨
- ☐ 牙刷、牙膏、毛巾、梳、洗澡用品(可向住處查詢有沒有供應)
- ☐ 指甲鉗
- ☐ 紙巾
- ☐ 衛生巾
- ☐ 口罩

旅費

- ☐ 現金
- ☐ 日元(如之前旅行剩下來)
- ☐ 信用卡、提款卡(記得開通海外提款功能)

衣物

- ☐ 睡衣
- ☐ 褲子、上衣、內衣、襪
- ☐ 外套
- ☐ 泳衣(游泳或部分泡湯場需穿着)
- ☐ 收納換洗衣物的環保袋
- ☐ 髮夾

藥物

- ☐ 傷風感冒藥　　☐ 退燒/止痛藥
- ☐ 個人藥物(如血壓藥、哮喘藥)
- ☐ 腸胃藥
- ☐ 藥油
- ☐ 藥水膠布

電器

- ☐ 手機(自拍神器、充電器)
- ☐ 相機(記憶卡、充電器、相機架、後備電池、隨身充電器)
- ☐ 轉換插頭
- ☐ 電腦
- ☐ 鬧鐘
- ☐ 風筒(可向住處查詢有沒有供應)
- ☐ 手錶

其他

- ☐ 購物袋(日本2020年起塑膠袋要收費,商店每個會收￥2~10不等)
- ☐ 雨傘/雨衣、帽
- ☐ 旅遊書(地圖)
- ☐ 記事簿(可收集不同景點的印章)
- ☐ 筆
- ☐ 水樽

天氣

　　東北地區7大縣的天氣四季分明，每個地區於四季都展現不同美態。不過，處於較北位置的青森縣及秋田縣，於夏天都會較為清涼，尤其是青森縣因靠近日本海一帶，更屬多雪地區。

近期年份各縣平均氣溫(上)及總降雨量(下)：

地區	1月	2月	3月	4月	5月	6月	7月	8月	9月	10月	11月	12月
青森	-0.2℃ 133.5mm	1.2℃ 45mm	4.6℃ 56.5mm	9.9℃ 81mm	15.1℃ 69.5mm	15.1℃ 69.5mm	22.8℃ 65mm	23.6℃ 72mm	19.4℃ 65mm	12.2℃ 76.5mm	8.4℃ 147.5mm	3.1℃ 134.5mm
岩手	-0.6℃ 25.5mm	0.6℃ 47.5mm	4.4℃ 129mm	10.5℃ 95.5mm	16.6℃ 61mm	19.3℃ 74mm	24.1℃ 114mm	23.4℃ 134mm	18.7℃ 102.5mm	11.8℃ 103mm	7.5℃ 122.5mm	2.3℃ 85.5mm
宮城	2.6℃ 41.5mm	3℃ 30mm	6.8℃ 184.5mm	11.7℃ 100.5mm	18℃ 45mm	20℃ 130.5mm	24.8℃ 54.5mm	24.3℃ 219.5mm	20.5℃ 441mm	15.5℃ 8mm	10.7℃ 144.5mm	5.9℃ 45mm
秋田	1.2℃ 69mm	2.3℃ 70mm	5.7℃ 103.5mm	10.9℃ 130.5mm	16.7℃ 65.5mm	19.9℃ 114.5mm	23.8℃ 199mm	24.8℃ 146mm	20.1℃ 146.5mm	13.4℃ 155.5mm	9.4℃ 166.5mm	4.3℃ 124mm
山形	-0.2℃ 67mm	0.9℃ 53.5mm	5℃ 112mm	11.6℃ 89.5mm	18.6℃ 40mm	20.6℃ 76mm	25.3℃ 78mm	24.3℃ 101.5mm	19.8℃ 201.5mm	13.7℃ 30.5mm	9.1℃ 87mm	3.7℃ 90.5mm
福島	2.3℃ 56.5mm	2.9℃ 36.5mm	7℃ 100.5mm	13.1℃ 110mm	19.8℃ 50mm	21.3℃ 107.5mm	26.2℃ 140mm	24.7℃ 165.5mm	20.7℃ 328.5mm	15.8℃ 9mm	10.7℃ 125.5mm	5.8℃ 54.5mm
新潟	3.1℃ 114.5mm	3.9℃ 92.5mm	7℃ 117mm	12.1℃ 145mm	18.6℃ 63mm	21.2℃ 50mm	25.2℃ 167mm	25.8℃ 114.5mm	21.1℃ 145.5mm	15.8℃ 106mm	12.1℃ 187mm	7℃ 165.5mm

Info　🌿 國土交通省氣象廳：www.jma.go.jp/jma

簽證

香港旅客

　　香港居民持有有效期為6個月以上的香港特區護照或英國海外國民護照(BNO)，可享免簽證在日本逗留最長90天。要留意，護照有效期必須覆蓋回程的那一天，否則可被拒入境或被要求縮短行程。

台灣旅客

　　台灣旅客持有有效期為6個月以上的中華民國護照，可享免簽證在日本逗留時間最長90天。

內地旅客

　　內地旅客需要前往日本領事館或透過代辦機構辦理日本簽證，最長可逗留90天，詳細資料可參考日本國駐華大使館網站：www.cn.emb-japan.go.jp/consular.htm。

Tips!

　　現時入境日本的旅客均需拍照與記錄手指模。另外，日本會徵收￥1,000(HK$71)國際觀光旅客稅，過境旅客或2歲以下則豁免。

語言

　　與其他日本地區一樣，東北地區以日文為主要語言。較大型的連鎖酒店及熱門旅遊點均有能以簡單英語對答的職員替旅客解答疑難，而大部分主要景點都備有中文地圖或小冊子，讓自由行旅客安心不少。(常用日語見P.42)

時差

　　日本比香港及台灣快1小時，旅客要特別注意航班的時間以當地為準。

電壓

日本的電壓為100V，頻率分50Hz、60Hz，插頭為兩腳扁型，香港旅客宜帶備轉換插頭，台灣旅客則不需。

▶ 日本的兩腳扁型插頭。

日元兌換

日本的貨幣單位為日元(円、￥)，紙幣分為￥10,000、￥5,000、￥2,000與￥1,000。硬幣分為￥500、￥100、￥50、￥10、￥5與￥1。香港大部分銀行均提供日元兌換服務，如旅客為兌換銀行的客戶，部分銀行可豁免手續費。近年日元兌港元和台幣的匯率十分波動，若要查詢即時價位可瀏覽Yahoo!的財經股市網頁，網址是：tw.stock.yahoo.com/currency-converter。

▶ Yahoo! 財經網頁也可以看到日元匯率的走勢圖表。

退税

在日本購物要加10%消費稅，但在個別大型電器店及百貨公司均設遊客退稅優惠，遊客於同一天在同一店鋪內消費滿￥5,000(HK$354)，便可憑護照到店內的退稅櫃位辦理退稅手續退回稅項，退稅商品包括家電用品、服飾、裝飾品、皮包、鞋、藥妝品、食品、酒類、香煙、文具等。但要承諾不拆封物品，並在購買後30天內把物品帶離日本。免稅店只限有 "Japan.Tax-Free Shop" 這標示的店鋪。

除了液體退稅品需按規定寄艙，其他免稅物品必須以手提行李方式帶出境，並於離境時讓海關檢查。

日本法定假期

假期名稱	2024 年	2025 年
元旦 (元日)	1 月 1 日	1 月 1 日
成人之日 (成人の日)	1 月 9 日	1 月 13 日
建國記念日 (建国記念の日)	2 月 11 日	2 月 11 日
天皇誕生日	2 月 23 日	2 月 23 日
春分之日 (春分の日)	3 月 21 日	3 月 20 日
昭和之日 (昭和の日)	4 月 29 日	4 月 29 日
憲法記念日 (憲法記念日)	5 月 3 日	5 月 3 日
綠之日 (みどりの日)	5 月 4 日	5 月 4 日
子供之日 (こどもの日)	5 月 5 日	5 月 5 日
海之日 (海の日)	7 月 17 日	7 月 21 日
山之日 (山の日)	8 月 11 日	8 月 11 日
敬老之日 (敬老の日)	9 月 18 日	9 月 15 日
秋分之日 (秋分の日)	9 月 23 日	9 月 23 日
體育之日 (スポーツの日)	10 月 9 日	10 月 13 日
文化之日 (文化の日)	11 月 3 日	11 月 3 日
勤勞感謝之日 (勤労感謝の日)	11 月 23 日	11 月 23 日

 Info
內閣府：www8.cao.go.jp/chosei/shukujitsu/gaiyou.html

若你希望在外地能使用數據上網及通話漫遊服務，可在出發前向電訊供應商申請，確保在外地能與家人保持聯絡。不過，若怕漫遊服務費太貴，可考慮出發前在當地或到達後在日本購買有通話功能的預付電話卡。香港的電訊商如數碼通、3等都有國際漫遊儲值卡出售，台灣的中華電訊與台灣大哥大等亦有類似產品。

致電方法：

日本 → 香港	電訊供應商的長途電話字頭＋852(香港區號)＋電話號碼
日本 → 台灣	• 電訊供應商的長途電話字頭＋886(台灣國碼)＋手提號碼 (去掉前面的 0) • 電訊供應商的長途電話字頭＋886(台灣國碼)＋區碼 (去掉 0)＋室內電話
香港 / 台灣 → 日本	電訊供應商的長途電話字頭＋81(日本國碼)＋東北地區區號 (去掉0)＋電話號碼，例： • 室內電話：長途電話字頭＋81＋17(青森縣)＋XXXXXXXX • 手提電話號碼：長途電話字頭＋81＋XXXXXXXX
日本當地 → 當地	區號＋電話號碼 (若是同區則不用打區號)

註：書內景點的電話號碼已包含區號。

Tips!

東北各縣區號

青森縣：017　山形縣：023　岩手縣：019　福島縣：024

宮城縣：022　新潟縣：025　秋田縣：018

輕鬆上網

到日本旅遊要輕鬆上網，除了可考慮租用當地Wi-Fi蛋(Wi-Fi Router)，也可考慮購買專為遊客而設的上網卡。不過，若與多名朋友一同出遊，Wi-Fi蛋較為划算。

I. 在香港租買 Wi-Fi 蛋及上網卡

疫情之前不少旅客會選擇租借 Wifi 蛋，在香港機場取機和還機還算方便，但現在有了更多選擇。隨着 eSIM 科技的興起，近年出現了可在世界各國使用的隨身無線路由器，例如 SmartGo Pokefi 便可到埗後開機自動連上當地 4G LTE 網路，無需更換 SIM 卡就可在超過 70 個國家使用。隨機帶有 5GB 全球數據流量，用完可用信用卡在線充值，最高可支援 8 部設備，實測上網速度也不錯，值得一試。不過要隨身多帶一個裝置，便利程度不及換 SIM 卡。香港各大電訊公司都有售賣外遊用的電話卡，例如 3 香港和自由鳥，日本的數據卡每天 HK$12 起，詳情可瀏覽有關公司網頁。

◀ SmartGo Pokefi
隨身無線路由器
(HK$1,180)。

Info

3香港(數據儲值卡)
web.three.com.hk/prepaid/travellerssim/index.html
自由鳥(多國旅遊數據卡)
www.birdie.com.hk/birdiehome
WiFiBB (香港機場租借Wifi蛋)
www.wifibb.com/zh-HK

2. 租借日本的 Wi-Fi 蛋

　　你也可在出發前租借日本的 Wi-Fi 蛋。以 Japan Wireless 為例，其官網提供中英文版本供海外人士租借 Wi-Fi 蛋，以租借最便宜的 95 Mbps Router 來計算，5 日 4 夜的方案只需 ¥5,470(HK$299)，連同 ¥500(HK$31) 運費也不過 ¥5,970(HK$336)，最多可同時連接 5 部裝置。預約方法亦非常簡單，只需填上收取 Wi-Fi 蛋的日本地址 (建議租借前先知會酒店麻煩代收郵包)，到酒店 Check-in 時酒店職員便會轉交郵包給你。

上網租借 Wi-Fi 蛋 (Japan Wireless) 程序：

▲ 先到Japan Wireless的網站，按 "Products & Rates"。

▲ 網站會列出相關的Wi-Fi Router，選取想要租借的型號後按下方 "Order"。

▲ 網站會列出可供租借的Wi-Fi Router型號。填妥下方表格，記住要輸入正確的電郵地址及入住酒店代表人的姓名。

▲ 輸入完畢後，網站會轉至Paypal讓你輸入信用卡資料付款，付款後只需等待確認電郵即可。

▲ 抵達酒店後，酒店職員便會把郵包轉交給你。

▲ 郵包內包括Wi-Fi Router、USB充電線、充電插座及備用電池，並附有一個藍色公文袋，待歸還時把所有配件放進去，再放入就近郵箱即可。

◀ 開啟Wi-Fi Router後，在手機搜尋Router並輸入貼在Router的密碼，即可在日本隨時隨地上網。

Japan Wireless 網站：
japan-wireless.com

3. 香港購買數據漫遊服務

　　除了啟用電訊公司提供的漫遊服務，還可以按個人需要選購漫遊數據，只需到電訊公司的手機 app 或網站即可購買，十分方便快捷。以 3HK 為例，其所提供的「自遊數據王 7 日 PASS」可於 7 日內以 HK$98 在多個國家地區使用 4G 或 5G 數據服務，無需更換 SIM 卡，可保留原本電話號碼，還能將數據分享給朋友。其他電訊公司亦提供類似計劃，詳細及各家公司的優惠可到其網站閱覽。

Info

3香港 自遊數據王
🌐 web.three.com.hk/roaming/ric/index.html
csl. 數據漫遊日費
🌐 www.hkcsl.com/tc/data-roaming-day-pass/
smartone 漫遊數據全日通
🌐 www.smartone.com/tc/mobile_and_price_plans/roa ming_idd/data_roaming_day_pass/charges.jsp

4. b-mobile Visitor SIM 上網卡

b-mobile 為一家日本電訊公司，為遊客提供名為 "b-mobile Visitor SIM " 的上網卡，分為有效期 10 日 5GB 數據流量及有效期 21 日 7GB 數據流量兩種卡。前者售價 ¥1,980(HK$142)，後者為 ¥2,980(HK$214)。有 LTE 或 3G 速度，Size 有普通尺寸、Micro SIM 及 Nano SIM。遊客只需於出發前在網上訂購所需的上網卡，便可於機場或酒店取得 (也可選用 eSim)，隨即就可在日本各處安心上網了！以下為取卡方法：

- 在機場取卡：遊客需於取卡當日的 4 至 14 天前於網上訂購。在東京的成田機場 1 號、2 號候機大樓，或在羽田機場均可取卡，另需收取 ¥370(HK$27) 運送費用。
- 在當地酒店取卡：若安排寄至酒店，需在希望送抵日子的 2 至 12 天前於網上訂購 (寄送至東北較北部的縣宜及早訂購)。訂購後記得通知酒店代為收件。

上網訂購 Visitor SIM 上網卡：

b-mobile 網站：
www.bmobile.ne.jp/english

STEP 1 先到b-mobile的英文網站，選取適合自己的SIM卡類型及取卡地點。

STEP 2 看清楚基本資料及條款細則後，拉至最下按 "OK" 及 "Next"。

STEP 3 填寫個人資料，然後以信用卡付款。完成後會收到確認電郵，記得帶同確認電郵及護照前往機場郵政署取卡，或到酒店登記入住時向職員取卡。各機場郵政位置及營業時間可瀏覽：www.bmobile.ne.jp/english/aps_top.html。

5. 免費 Wi-Fi

部分 JR 東北新幹線的列車設有免費 Wi-Fi。另外，也可在手機下載 "Japan Connected Wi-Fi" 免費連接不同 Wi-Fi 點。

JR 東北新幹線 Wi-Fi 設定及分佈點：
www.jreast.co.jp/e/pdf/free_wifi_02_e.pdf

實用 Apps、網站及電話

App			
	Navitime 可查詢火車即時班次及轉乘資訊。 支援系統：☑iOS ☑android		Japan Travel(iOS) / 日本旅遊 by NAVITIME(android) 查詢現時位置及附近景點的資訊。 支援系統：☑iOS ☑android
	日本旅遊會話一指搞定 提供常用日本旅遊會話及詞語。 支援系統：☑iOS		ピンポイント天気 查詢日本各大城市的天氣狀況。 支援系統：☑android

 下載

網站	
日本國家旅遊局：japan.travel/hk/hk	日本觀光局：visit-japan.jp/tohoku_colors/index.php

緊急求助電話	
日本警察：110(日語)、3501 0110(英語)	香港入境處：(852)1868
火警與召喚救傷車：119	中國駐日本大使館：03-3403-3064

泡湯的基本禮儀

1. 溫泉謝絕有紋身的人進入，來經的女生也應避免泡湯；
2. 在泡湯前要先洗淨身體，而一般溫泉都會提供洗頭水或沐浴露；
3. 泡湯時長髮的女生必須束好或用毛巾包好頭髮；
4. 不可用毛巾圍着身體進入溫泉，一定要赤裸，否則日本人會視為不衛生。　　(文字：Gigi)

正確參拜神社Step by Step

　　日本有很多神社，而東北地區的景點也不乏神社。日本人相當重視禮儀，參拜神社有特定的儀式，要不失禮人前的話，就照着以下步驟祈求神明的保佑吧！

1. 神社內有洗手用的手水舍，參拜神明前要先洗手，代表洗淨你的心靈！

2. 先用右手拿着木杓舀滿水，洗淨左手，再以左手用木杓舀水洗右手。

3. 以右手用木杓載水，將水倒在左手掌心，喝下漱口後吐掉。

4. 把木杓內剩餘的水直立以洗淨木杓的杓柄，並順帶洗淨雙手。

5. 把木杓放回原位，移至本殿參拜。

6. 本殿會有一個木製的賽錢箱，參拜前先投下香油錢。大多數人會用￥5來參拜，只因￥5的日文與「緣」字音調相同，可能取其與神明結緣的意思。

7. 進行「二禮二拍手一禮」的儀式：先以45度鞠躬，上下大力搖動頭頂的鈴鐺，告訴神明你在這裏。神明來了，再以90度鞠一次躬，拍兩下手掌，並默唸自己的願望，最後向賽錢箱再鞠躬一次，這樣便完成整個參拜過程了。

遇上地震須知

　　如果旅遊期間遇上地震，請保持冷靜，看清楚自己身處的地方是否安全，特別要留意從上方掉下來的物件或碎片。

A. 如在酒店或民宿內：

1. 地震劇烈並造成搖晃時，宜躲進廁所內，或找堅固的桌子躲在桌底，或者站在主要柱子旁或水泥牆邊。
2. 不要留在櫥櫃或雪櫃旁邊，也不要站在燈飾或照明裝置的下方。
3. 盡快關掉爐頭、煤氣、電源，並打開大門，以免大門被壓毀，阻礙了逃生出口。
4. 不要赤腳，避免被地上碎片割傷。
5. 劇烈搖晃過後，呼叫同住親友，協助幼童與長者，立即從門口逃生，並關緊大門，避免火災蔓延。
6. 切勿使用電梯離開，應走樓梯逃生，盡量靠牆而行。
7. 立即跑到空曠地方，遠離樹木、建築物、廣告或店鋪招牌、電線、電線桿及燈柱。

B. 如身處公共交通工具內：

　　安靜並聽從職員指示或廣播，下車時切勿爭先恐後。

C. 如在公共場所內：

　　保持冷靜，聽從廣播指引，留意逃生出口位置，不要驚慌及不可推擠。

常用日語

以下為一些簡單的日本旅行基本用語，看到日本人，不妨嘗試跟他們説一句「こんにちわ」(Kon Ni Chi Wa，即「你好」之意)！。

(日語協力：Gigi、Him)

交通

日語	日語讀音	中文意思
方面	hoo-men	列車行駛方向
バス	ba-su	巴士
タクシー	ta-ku-shi	的士
おとな	o-to-na	大人
小児／ことも	go-to-mo	小童
駅員 (えきいん)	e-ki-in	站務員
切符 (きっぷ)	ki-ppu	車票
乗車券 (じょうしゃけん)	jyou-sha-ken	車票
お得	o-to-ku	優惠
整理券 (せいりけん)	sei-ri-ken	整理券 (用於乘搭巴士時計算車資)
バス	pa-su	周遊券、任搭／ 任乘車票 (Pass)
乗り放題 (のりほうだい)	no-ri-hou-dai	任搭
運賃 (うんちん)	un-chin	車資
券売機 (けんばいき)	ken-bai-ki	購票機
チャージ	cha-ji	增值 (用於 SUICA 或 ICOCA 時)
乗り越し精算機 (のりこしせいさんき)	no-ri-ko-shi-sei-san-ki	補車費差額的機器
高速 (こうそく)	kou-sou-ku	高速
普通 (ふつう)	fu-tsuu	普通車 (每站停)
各停 (かくてい)	ga-ku-tei	每站停的列車
快速 (かいそく)	kai-sou-ku	快速 (非每站停)
特急 (とっきゅう)	to-kkyu	特快
特急料金	to-k-kyu ryo-u-kin	特快列車的附加費用
片道 (かたみち)	ka-ta-mi-chi	單程
往復 (おうふく)	ou-fu-ku	來回
ホーム	ho-mu	月台
乗り換え (のりかえ)	no-ri-ka-e	轉車
改札口 (かいさつくち)	kai-sa-tsu-ku-chi	出入閘口

住宿

日語	日語讀音	中文意思	日語	日語讀音	中文意思
ホテル	ho-te-ru	酒店	夕食 (ゆうしょく)	yuu-sho-ku	晚餐
カプセル	ka-pu-se-ru	膠囊	お風呂 (おふろ)	o-fu-ro	浸浴
宿泊 (しゅくはく)	shu-ku-ha-ku	住宿	バス	ba-su	沖涼房
フロント	fu-ron-to	服務台	トイレ	to-i-re	洗手間
鍵 (かぎ)	ka-gi	鎖匙	ボディーソープ	bo-di-so-pu	沐浴乳
予約 (よやく)	yo-ya-ku	預約	シャンプー	shan-pu	洗頭水
チェックイン	che-kku-in	登記入住	インターネット	in-ta-ne-tto	上網
チェックアウト	che-kku-a-u-to	退房	タオル	ta-o-ru	毛巾
部屋 (へや)	he-ya	房間	歯ブラシ (はぶらし)	ha-bu-ra-shi	牙刷
シングル	sin-gu-ru	單人房	スリッパ	su-ri-ppa	拖鞋
ツイン	tsu-in	雙人房	ドライヤー	do-rai-ya	風筒 (吹風機)
タブル	ta-pu-ru	大床房	布団 (ふとん)	fu-ton	被子
素泊まり (すどまり)	su-do-ma-ri	純住宿 (不包早餐和晚餐)			
朝食 (ちょうしょく)	chou-sho-ku	早餐			

日常會話

日語	日語讀音	中文意思
すみません	su-mi-ma-sen	不好意思 （如在街上問路，可先說這句）
ありがとうございます / ありがとう	a-ri-ga-tou-go-za-i-ma-su/ a-ri-ga-tou	多謝（第一個說法較為客氣）
こんにちは	kon-ni-chi-wa	你好 / 午安！（日間時說）
お元気ですか	o-gen-ki-de-su-ka	你好嗎？(How are you?)
さよなら	sa-yo-na-ra	再見！（這說法較為莊重，年輕人常 用「byebye」）
いくらですか	i-ku-ra-de-su-ka	多少錢？
おはようございます / おはよう	o-ha-you-go-za-i-ma-su/ o-ha-you	早晨 / 早安！（第一個說法較客氣）
こんばんは	kon-ba-wa	晚上好！
おやすみなさい / おやすみ	o-ya-su-mi-na-sa-i/ o-ya-su-mi	睡覺前說晚安 （第一個說法較為客氣）
いただきます	i-ta-da-ki-ma-su	我不客氣啦！（用餐前說）
ごちそうさまでした	go-chi-sou-sa-ma-de-shi-ta	謝謝你的招待！
お手洗	o-te-a-rai	洗手間
そうです	sou-de-su	是的
違います（ちがいます）	chi-ga-i-ma-su	不是
大丈夫です（だいじょうぶです）	dai-jyou-bu-de-su	沒問題
できません	de-ki-ma-sen	不可以
わかります	wa-ka-ri-ma-su	明白
わかりません	wa-ka-ri-ma-sen	不明白
観光案内所 （かんこうあんないしょ）	kan-kou-an-nai-sho	觀光介紹所
漢字で書いていただけません か？（かんじでかいていただけ ませんか）	kan-ji-de-kai-te-i-ta- da-ke-ma-sen-ka	可以請你寫漢字嗎？

購物

日語	日語讀音	中文意思
値段（ねだん）	ne-dan	價錢
安い（やすい）	ya-su-i	便宜
中古（ちゅうこ）	chuu-ko	二手
割引（わりびき）	wa-ri-bi-ki	折扣
セール	se-ru	減價
現金（げんきん）	gen-kin	現金
クレジットカード	ku-re-ji-tto-ka-do	信用卡
レシート	re-shi-to	收據
税抜き（ぜいぬき）	zei-nu-ki	不含稅
税込み（ぜいこみ）	zei-ko-mi	含稅

時間和日期

日語	日語讀音	中文意思
今何時ですか？ （いまなんじですか？）	i-ma-nan-ji-de-su-ka	現在幾點？
午前（ごぜん）	go-zen	上午
午後（ごご）	go-go	下午
朝（あさ）	a-sa	早上
今朝（けさ）	ke-sa	今早
昼（ひる）	hi-ru	中午
夜（よる）	yo-ru	晚上
月曜日（げつようび）	ge-tsu-you-bi	星期一
火曜日（かようび）	ka-you-bi	星期二
水曜日（すいようび）	sui-you-bi	星期三
木曜日（もくようび）	mo-ku-you-bi	星期四
金曜日（きんようび）	kin-you-bi	星期五
土曜日（どようび）	do-you-bi	星期六
日曜日（にちようび）	ni-chi-you-bi	星期日
平日（へいじつ）	hei-ji-tsu	平日
週末（しゅうまつ）	shu-ma-tsu	週末

飲食

日語	日語讀音	中文意思
蕎麦（そば）	so-ba	蕎麥麵
寿司（すし）	su-shi	壽司
カレー	ka-re	咖喱
お好み焼き（おこのみやき）	o-ko-no-mi-ya-ki	大阪燒
ミニ盛	mi-ni-mo-ri	迷你份量
小盛	ko-mo-ri	輕盈份量
並盛	na-mi-mo-ri	普通份量
大盛	o-o-mo-ri	加大份量
特盛	to-ku-mo-ri	特大份量
ネギ	ne-gi	葱
玉子（たまご）	ta-ma-go	蛋
ライス	ra-i-su	白飯
味噌汁（みそしる）	mi-so-shi-ru	味噌湯
餃子（ぎょうざ）	gyou-za	餃子
からあげ	ka-ra-a-ge	炸雞
豚	bu-ta	豬
フライドポテト	fu-ra-i-do-po-te-to	薯條
サラダ	sa-ra-da	沙律
替玉（かえたま）	ka-e-ta-ma	加麵
トッピング	to-ppin-gu	配料
ドリンク	do-rin-ku	飲料

Part 3 前往東北 交通三步曲

前往東北的交通略圖

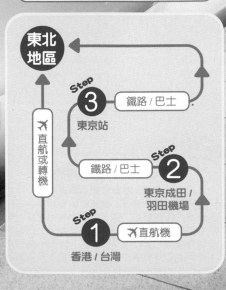

東北地區

Step 3 鐵路 / 巴士
東京站

Step 2 鐵路 / 巴士
東京成田 / 羽田機場

✈直航或轉機

Step 1 ✈直航機
香港 / 台灣

日本入境教學

Visit Japan Web 提交資料

現時入境日本雖也可在搭飛機時填寫入境表格，但要走快速通道要用Visit Japan Web網上提交入境審查表格、海關申報表，然後在過海關時出示Visit Japan Web的QR Code就可以快速通道過關。Visit Japan Web使用步驟如下：

STEP 1

▲進入網頁後要先建立新帳號。

STEP 2

▲同意條款後輸入電郵地址和密碼建立新帳號。

STEP 3

◀返回登入頁面，以新帳號資料登入並填寫個人和同行者資料。下方的「新增登錄」是填寫入境和離境時間及在日本的居住或酒店地址及電話號碼。

STEP 4

◀填好行程後按「返回入境、回國手續」填寫「入境審查及海關申報」，即以前入境卡填寫的資料。

STEP 5

◀最後是填寫海關申報表並取得一個QR碼，入境時顯示給海關人員看就可以了。

Info
Visit Japan Web：www.vjw.digital.go.jp

入境表格：入境記錄卡及海關申告書樣本

外國旅客入境日本需填寫外國人入境記錄與海關申告書。其中外國人入境記錄於入境時與護照一起交給入境處職員便可，而海關申告書則於領取行李後離開時交給海關人員，每組旅客(如一家人)遞交一張便可。

▶外國旅客入境日本需填寫外國人入境記錄。

▲海關申告書 A 面。如所攜帶的物品要報關，便要填背後的 B 面。

▲海關申告書 B 面。

Tips!
在日本要戴口罩嗎？

日本政府並未規定民眾必需戴口罩，但日本人一向有戴口罩的習慣，就算政府沒有強制推行，很多日本人依然會戴口罩。日本政府也建議在室內交談和乘搭大眾交通工具時將口罩戴上，因此遊客最好隨身攜帶口罩以備不時之需。當然，在日本的超市和藥妝店及機場和車站的商店都不難買到口罩。

Step 1 先飛往東京（再前往東北地區）

日本東北地區雖然有機場(如：青森空港、秋田空港、福島空港等)，但香港及台灣直航機往東北的班次就算在疫前也不多，疫後台灣航空公司已復飛仙台機場，但香港仍未有直航。旅客可選擇先直飛東京的成田機場或羽田機場，再轉乘新幹線或高速巴士前往各縣。當然先飛函館再轉乘渡輪到青森市(詳見P.86)也是可行的路線。

🔖 成田國際機場：www.narita-airport.jp/ch2
羽田機場：www.tokyo-airport-bldg.co.jp

比較羽田及成田機場：

成田國際機場 (Narita Airport) 航班較多	羽田機場 (Haneda Airport) 往東京較快
通稱為成田機場，位於千葉縣成田市，是東京對外的主要機場，大部分從香港或台灣出發的航班均以此作為降落點，從成田機場往東京 JR 站需時約 1 小時。飛往成田機場的航班比羽田多，大多廉航也飛往成田。	羽田機場的本名為東京國際機場，為距離東京市中心最近的國際機場，惟對外航班較少，因此大部分旅客還是會使用成田機場前往東京。從羽田機場前往東京 JR 站最快只需 33 分鐘，比成田快了半小時。

疫後買機票經驗談

經過疫情很多國際航班都做了重大調整，無論航線和航班時間都不及以往穩定，想買到性價比高的機票既需要貨比三家，也要在合適的時候及時出手，可參考以下建議：

❶ 善用機票比對網站，大致掌握當前的機票價格。如圖所示，你可選擇「彈性日期」比較前後日子的價格，從而選擇最便宜的。

🔖 Expedia：www.expedia.com.hk
Skyscanner：www.skyscanner.com.hk
priceline：www.priceline.com
Agoda：www.agoda.com/zh-tw/#flights

▶ Expedia 的價格比較功能。

❷ 由於競爭的關係，購票網站會將顯示的價格盡量壓低，我們買票前要特別留意這些和價格相關的項目：是否包括寄倉行李？手提行李限制如何？取消和改期費用多少？可否選擇座位？等等。

❸ 有時機票比對網站也不能列出所有的選擇，若心中有數可直接造訪航空公司的網站，你會發現價格甚至航班都有可能有所不同。

🔖 **航空公司網址**
國泰航空：www.cathaypacific.com
日本航空：www.jal.co.jp/hkl/zhhk
全日空：www.ana.co.jp/zh/hk
香港快運：www.hkexpress.com
台灣虎航：www.tigerairtw.com/zh-tw/

捷星航空：www.jetstar.com
中華航空：www.china-airlines.com
長榮航空：www.evaair.com
樂桃航空：www.flypeach.com/hk

❹ 一般來說，買機票最適合的時間為出發前一兩個月，這時間點較能兼顧航班選擇和價格，太早航班選擇可能較少，太遲買機票會貴。

❺ 航空公司和旅行社常會推出快閃優惠給大家「搶飛」，尤以日本航線最多，建議追蹤有關公司的社交媒體頁面和接收電郵推廣，以在第一時間得知優惠。

❻ 訂好機票後也要留意有無更改取消的消息，而因應機票日期而選訂的酒店最好選擇可免費取消的，以為行程保留彈性。

Part 3 Step 2 東京機場前往東京市區

吃喝玩樂大檢閱　旅遊資訊　前往交通　東北交通　行程

要前往東北市區，如非乘直航機或轉乘內陸機，就要先由東京機場前往東京市區，再在東京站轉乘新幹線或高速巴士。

從成田機場出發

成田機場內共有3座候機大樓(客運大樓)，遊客可乘搭免費穿梭巴士來往各個候機大樓，再選擇以下不同交通方法前往東京站。

1. N'EX (成田特快) 成田エクスプレス

▲在 JR EAST Travel Service Center 買車票。(攝影：Him)

▲N'EX 的座位空間非常寬敞。

N'EX由JR東日本營運，於成田機場1號及2號客運樓均有車站，前往JR東京站需時約1小時20分鐘，班次約半小時一班。選擇在東京逗留數天的遊客，可直接乘至新宿、涉谷、池袋、橫濱等。N'EX全車為指定席，持有JR東日本鐵路周遊券(P.55)或日本鐵路通票(P.54)人士可免費預約乘搭，也可在機場的JR EAST Travel Service Center或JR售票處購買，必須出示護照。另外，建議購買來回票，成人可節省約¥1,000(HK$59)，相當划算。

種類	成人	小童
單程(至JR東京站)	¥3,070(HK$214)	¥1,535(HK$107)
來回(有效期14天)	¥5,000(HK$294)	¥2,500(HK$147)

🕐 約每30分鐘一班
🌐 www.jreast.co.jp/multi/zh-CHT/nex/

N'EX(Narita Express) 路線圖

八王子　国分寺　吉祥寺　新宿
高尾　立川　三鷹　渋谷
武蔵小杉　品川　東京　千葉　四街道　佐倉　成田
横浜
大船　戸塚

✈ 成田空港(1號客運大樓)
✈ 空港第2ビル(2號、3號客運大樓)

© 跨版生活圖書出版

2. TYO-NRT 巴士

2020年2月起，來往機場的京成巴士的Tokyo Shuttle和平和交通的The Access Narita合營改名為AIRPORT BUS TYO-NRT，是來往成田機場及東京站的廉價方便之選，車程約1小時10分鐘，於3個候機大樓均有車站，乘車前在JR高速巴士售票處購買車票，部分班次可在巴士上直接付費。

💲 單程成人 ¥1,300(HK$71)，小童 ¥650(HK$35)
🕐 07:30~19:58，約20分鐘一班，另有深夜班次
🌐 tyo-nrt.com/tw

3. Airport Limousine 巴士

Airport Limousine(利木津)巴士由成田機場3個客運大樓開往東京站附近的「東京駅八重洲北口(鉄鋼ビル)」站，由總站3號客運大樓發車約需1小時50分鐘，車程較長。班次方面，由3號客運大樓發車為06:55~23:25，每小時約1~3班班次。單程車費成人￥3,100(HK$182)，小童￥1,550(HK$91)。

webservice.limousinebus.co.jp/web/en/

從羽田機場出發

雖然羽田機場較接近東京市區，但前往東京的方法較少。要前往東京站，可考慮以下兩種交通方法，並可瀏覽「羽田機場交通指南」(www.haneda-tokyo-access.com/tc)。

1. 東京單軌電車 (Tokyo Monorail) 東京モノレール 快捷之選

東京單軌電車連接羽田機場國際線大樓至JR浜松町站，車程約13分鐘，每4至5分鐘便有一班，班次頻密。乘客在到達「モノレール浜松町」站後轉乘JR山手線至JR東京站。單軌電車有三種列車：空港快速、區間快速以及普通，當中以空港快速列車所停站較少。

由羽田機場至浜松町站的平日全程成人￥500(HK$35)，小童￥250(HK$23)，而逢週六、日及公眾假期部分其他日子提供優惠，例如由羽田機場至山手線任何一個車站(包括東京站)，成人只需￥500(HK$35)，小童￥250(HK$23)。

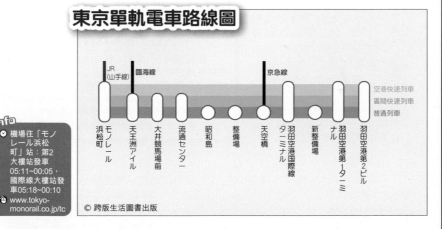

Info
- 機場往「モノレール浜松町」站：第2大樓站發車05:11~00:05，國際線大樓站發車05:18~00:10
- www.tokyo-monorail.co.jp/tc

2. Airport Limousine 巴士

Airport Limousine巴士除了連接成田機場至東京站，也另有巴士連接羽田國際線大樓至東京站附近的「東京駅八重洲北口(鉄鋼ビル)」站，毋須轉車，是前往東京站最直接的交通。車程約需50分鐘，單程車費成人￥1,000(HK$59)，小童￥500(HK$29)。由總站國際線大樓發車時間為08:10~19:50，每小時約1~2班班次，另設有深夜班次。

webservice.limousinebus.co.jp/web/en/

Part 3 Step 3 從東京前往東北地區

JR 鐵路

　　由東京前往東北地區，可在JR東京站乘JR前往。由東京前往新潟地區可乘搭**JR上越新幹線**，而前往其他東北地區可乘搭**JR東北新幹線**(新幹線路線圖見封面裏頁；收費及車程見封面摺頁)。出發前可至JR東日本官網(www.jreast.co.jp，選擇「乘換え・運賃檢索」)查看班次。車票方面，購買火車證(詳見P.54~55)不但可節省旅費，更可免費預約座位，輕鬆前往東北7大縣，火車證已包含東京出發前往東北地區的車費(JR東京站前往東北各縣鐵路資訊見各縣的首頁交通表格)。

▲這列有型的綠色列車，是來往東京至新青森最快的「隼」(はやぶさ)。

乘搭 JR 小知識

1. JR 列車種類

　　JR的列車種類繁多，主要分成普通列車與急行列車兩大類，急行列車需要另購急行券才可乘搭，而手持火車證(詳見P.54~55)則可免卻加購急行券(部分列車除外)的麻煩了！以下詳細介紹普通列車與急行列車：

- 普通列車：普通列車分為「各停」(每站均會停車)、「快速」(部分車站不停站)及「区間快速」(某區域不停站)等。簡單來說除各停外，其他列車都能較快抵達目的地。留意「快速列車」與「急行列車」是不一樣的。

Tips!

特大行李搭新幹線需預約

　　自2020年5月開始，日本JR東海公司要求攜帶長寬高合計大於160厘米、小於250厘米(和搭乘飛機時託運行李的尺寸相若)的特大行李乘坐新幹線時，須在購票時預約特大行李放置處附帶席，如果在沒有事前預約的情況下攜帶特大行李上車，會被收取￥1,000(HK$55)的手續費。

- 急行列車：稱為「急行列車」的班次都必須另購急行券，「特急列車」則需另購特急券，而持有火車證則不需要額外購買也可隨時乘車(留意不是全部急行都可乘搭)。

2. 指定席、自由席的分別

　　一些JR長途列車或新幹線都設有自由席與指定席。**指定席**必須預先在JR售票處(亦稱為綠色窗口，日文為「みどりの窓口」)或JR東日本旅行服務中心(JR East Travel Service Center)預約座位，然後乘車時乘坐指定座位便可以。**自由席**即沒有預約座位，只要持有火車證，自由席車廂內的座位都可以隨便乘坐(像台北的區間車)，旺季時或會出現沒有座位的危機，所以最好事先計劃好行程及預約座位，便萬無一失。為免影響其他旅客，若行程有變的話請到售票處取消座位，好讓其他有需要的乘客能預約座位。

高速巴士

　　東京提供高速巴士前往東北地區，但車程較長，例如前往最近的福島縣福島站東口約5個小時，部分成人車資約￥5,000(HK$277)起，建議還是善用鐵路前往吧。如真的有需要乘高速巴士，可參考以下網址：www.jrbustohoku.co.jp。

Part 4
暢遊東北 主要交通

Tips!

從東京站往東北的JR新幹線班次頗多,若只買單程的話也可到步後才買票。在旺季期間為安全起見,也可在網絡上預訂指定席,JR東日本網絡訂票系統(見下址)的取票截止時間為出發日前一天晚上9點前(日本時間),指定席不能當日出發當日取票,除非你使用日文的えきねっと網站(www.eki-net.com/)才可於當日乘車前取票(23:00前)。另訂票期為出發日前一個月內至前3天的23:40(日本時間)內完成訂票。

訂票網站(中英文)
www.eki-net.com/zh-CHT/jreast-train-reservation/Top/Index

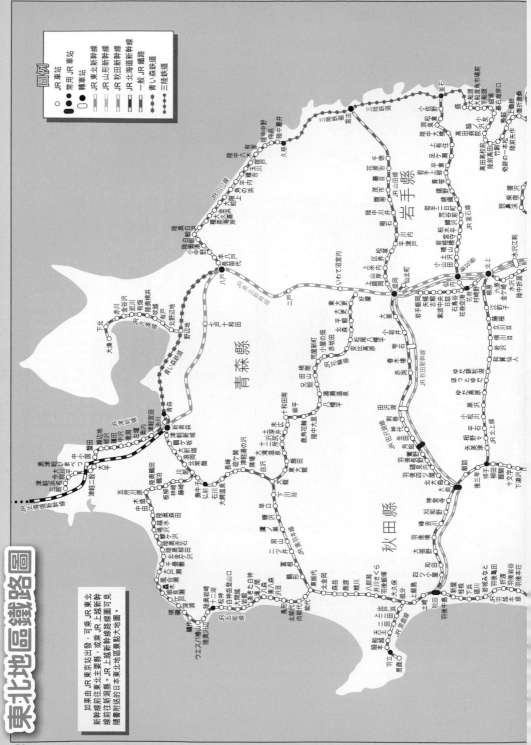

東北地區鐵路圖

圖例

○ JR車站
● 常用 JR 車站
● 轉車站
 JR 東北新幹線
 JR 山形新幹線
 JR 秋田新幹線
 JR 北海道新幹線
 一般 JR 鐵路
 青い森鉄道
 三陸鉄道

如果由 JR 東京站出發，可乘 JR 東北
新幹線前往東北主要縣，或乘 JR 上越新幹
線前往新潟縣。JR 上越新幹線路線圖可見
隨書附送的日本東北地區暨東大地圖。

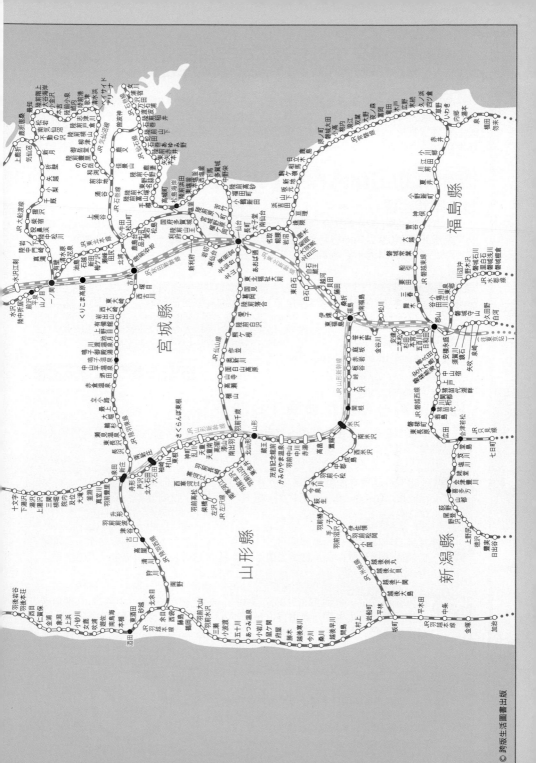

© 跨版生活圖書出版

乘搭 JR 來往東北各縣

來往東北各縣，乘搭JR是最方便的方法，班次準確頻密，是非自駕遊旅客的首選。部分地區還設有特色JR，沿途欣賞美麗風光，相當不錯。不過，JR單程車票價格並不親民，旅客宜利用外國人身分，購買外國人限定的火車證，暢遊東北各大縣！(乘搭JR來往東北各縣市的資訊，詳見各縣市首頁的交通。)

遊東北地區鐵路車票 (火車證)

日本鐵路通票

日本鐵路通票(或稱全國JR Pass、Japan Rail Pass)可謂最強火車證，使用此證能無限次乘搭JR集團6家公司的鐵路及由JR營運的其他交通工具，包括JR巴士及渡輪。火車證分7天、14天及21天，需連續使用。

費用：

種類	綠色車廂 (頭等廂)		普通車廂	
	成人	小童	成人	小童
7 天	¥70,000(HK$4,118)	¥35,000(HK$2,059)	¥50,000(HK$2,941)	¥25,000(HK$1,471)
14 天	¥110,000(HK$6,471)	¥55,000(HK$3,235)	¥80,000(HK$4,706)	¥40,000(HK$2,353)
21 天	¥140,000(HK$8,235)	¥70,000(HK$4,118)	¥100,000(HK$5,882)	¥50,000(HK$2,941)

註：小童指領取火車證時年齡為6~11歲的兒童。

info
🌐 www.japanrailpass.net/zh/about_jrp.html

海外購買日本鐵路通票3步曲

日本境內暫時不會發售這款火車證，遊客必須在出發前自己所在地區的指定銷售店預先購買交換證，抵達當地後再兌換火車證。

 出發前先購買交換證，港澳及台灣銷售點可瀏覽：japanrailpass.net/purchase/overseas/。也可以網上購買，網址為：japanrailpass.net/purchase/online/。

 抵達日本後，憑交換證和護照，於JR主要車站的日本鐵路通票交換所，填寫申請表後便可取得日本鐵路通票。可換證的JR站包括成田機場、羽田機場、東京站、新宿站等。

 換好火車證後，可到JR車站的旅行中心、綠色窗口(みどりの窓口)或JR指定的旅行社出示火車證，領取座位預定券。乘搭鐵路時需通過有職員的出入口出示火車證，不能使用自動檢票口。

旅客不能使用日本鐵路通票乘搭東海道、山陽、九州新幹線的「希望(Nozomi)號」及「瑞穗(Mizuho)號」，如要乘坐必須額外付費。

みどりの窓口

◀ 在 JR 車站見到這個綠色窗口標誌，即代表可在那裏換到座位預定券。

JR 東日本鐵路周遊券 (東北地區 / 長野、新潟地區)

　　由2016年4月開始，原本的JR東日本通票改為JR東日本鐵路周遊券，分「東北地區」及「長野、新潟地區」出售。「東北地區」版適合前往青森、仙台的旅客使用，而「長野、新潟地區」版適合往長野、新潟的旅客使用。

　　兩款周遊券有效期同樣為5天，乘客可在乘搭當天起連續5天無限次免費乘搭覆蓋範圍內的新幹線、特快列車、快速列車或普通列車。

Info
　● JR東日本鐵路周遊券購買網址（2021年4月起日本境內和海外地區已統一票價）：
　　www.eki-net.com/zh-CHT/jreast-train-reservation/reserve/wb/PurchaseTicketSelect/Index

持周遊券可乘搭之鐵路：

鐵路	JR 東日本鐵路周遊券	
	東北地區	長野、新潟地區
JR 東日本線 (含 BRT 公車捷運系統)	✓	✓
伊豆急行線	✓	✓
東京單軌電車	✓	✓
青森鐵路	✓	✗
IGR 岩手銀河鐵路	✓	✗
仙台機場鐵道線	✓	✗
北越急行線	✗	✓
越後心跳鐵道 (直江津站至新井站)	✗	✓

費用：

周遊券種類	12 歲以上成人	6 至 11 歲小童
東北地區	¥ 30,000(HK$1,765)	¥ 15,000(HK$882)
長野、新潟地區	¥ 27,000(HK$1,588)	¥ 13,500(HK$794)

使用周遊券注意事項

- 只有持外國護照的遊客才可購買周遊券。
- 火車證僅限登記人使用，不得轉讓。
- **預購及兌換方法**：先於海外旅行社、日本JR站或官方網站：www.jreast.co.jp/multi/zh-CHT/pass/eastpass_t.html購買周遊券，然後在3個月內前往當地指定的JR車站兌換(如在JR站購票便可直接兌換)，然後連續5天使用。兌換點包括成田機場、羽田機場、東京站等的JR EAST Travel Service Center(JR東日本旅行服務中心)。
- 持JR東日本鐵路周遊券**不能**免費乘搭東海道新幹線及JR巴士。
- 兌換好周遊券，可在綠色窗口(みどりの窗口)或售票處預約指定席。

▲一些較大型的車站內都可找到綠色窗口，較小的車站直接在售票處也可預約座位。

特色 JR 漫遊東北

以下列出數款行走東北地區的特色JR。

沿海岸線前進 JR Resort 白神號 (JR 五能線)
五能線リゾートしらかみ

秋田縣－青森縣

行車路線：日本東北地區景點大地圖

JR Resort白神號自1997年起營運，行走秋田縣及青森縣之間，沿海岸線前進，途經日本海、白神山地(P.140)、十二湖(P.141)及津輕平原等，全長147.2公里，行畢全程需時約5小時30分鐘，為日本其中一條熱門旅遊路線。

▲擁有橙色車身的「くまげら」(熊啄木鳥) 列車。

▲3號線與4號線的列車於「陸奧鶴田」站至「川部」站之間會有津輕三味線演奏，甚有鄉情。

▲擁有綠色車身的「橅」。

▲列車座席全為指定席，空間尚算寬敞，放置中型行李箱也不成問題。

白神號每天上行及下行各有2~3班，共有3款不同列車：分別為「青池」、「くまげら」(熊啄木鳥)、「橅」，被稱為三兄弟列車。遊客可於中途站下車前往其他景點，或轉乘其他列車(非持有鐵路Pass的乘客需另外購票)，一次過遊盡各大觀景區。行駛途中，列車會在某些車站稍作停留，讓乘客閒逛一會。

白神號全車為指定席，沒有鐵路Pass的乘客必須於車站購買指定席車票方能乘搭。注意，部分班次以JR弘前站為總站或發車站，不往或不由青森站出發。

▶鮑魚便當(￥1,250，HK$89)。

▶火車上的雞肉便當(￥1,050，HK$74)，以比內地雞製成，加上白神產的鹽巴，很美味。

Info

🚃 路線：秋田站－青森站
🚃 車程：全程約5小時30分鐘，班次非每天開出，詳見網頁所顯示的運行日
💲 全程成人￥3,880(HK$283)，小童￥1,940(HK$142)
🌐 www.jreast.co.jp/tc/joyful/shirakami.html
❗ 持日本鐵路通票及JR東日本鐵路周遊券(東北地區)可免費乘搭

Tips!

3人以上團體可查詢預訂包廂(ボックス席)，享受私人空間。

▲乘搭白神號的最大樂趣，莫過於可欣賞沿途美麗的海岸線。

🚉 JR 東能代站

🚉 JR 十二湖站

▲由 JR 十二湖站可乘搭巴士往十二湖之一的青池，欣賞其獨特景色。(交通資訊詳見 P.141)

◀能代市有「籃球之街」的稱號。市內的能代工業高中曾勇奪 58 次全國高中籃球冠軍，著名漫畫《男兒當入樽》(Slam Dunk・灌籃高手)的山王工業高校便是以能代工業高校為藍本。來到東能代站可一試身手，成功入籃的話會獲得獎品！

▲ JR 十二湖站獨有的青池軟雪糕 (￥300，HK\$21)，顏色就像青池一樣水藍，吃下去是清爽的乳酪味。

◀站內有出售當地小吃及精品的攤檔。

🚉 JR 千畳敷站

▲部分路線會於 JR 千畳敷站稍作停留，讓乘客下車觀看著名的「千畳敷海岸」。海岸全長約 12 公里，由海浪長期拍打形成不同形狀的岩石奇景。

▲東能代站為 JR 五能線的起點站，當然要下車拍照留念了。

🚉 JR ウェスパ椿山站

▲ JR ウエスパ椿山站旁便是度假村「ウエスパ椿山」，村內設有展望溫泉、物產館、餐廳、玻璃工房等。遊客可於此轉乘巴士前往另一著名景點——黃金崎不老不死溫泉。

▲千畳敷旁有民宿出售現烤魷魚 (￥300，HK\$21)，新鮮的海產最好吃！

吃喝玩樂大檢閱　旅遊資訊　前往交通　東北交通　行程

JR Resort白神號(JR五能線)部分車站班次(非每天開出)：

列車編號	秋田	追分	東能代	十二湖	千畳敷	五所川原	弘前	新青森	青森
				秋田→青森					
1號	8:19 出發	8:30 抵達 / 8:31 出發	9:12 抵達 / 9:19 出發	10:24 抵達 / 10:25 出發	(通過)	12:09 抵達 / 12:10 出發	12:48 到達 / 12:54 出發	13:27 到達 / 13:27 出發	13:34 到達
3號	10:50 出發	11:02 抵達 / 11:03 出發	11:45 抵達 / 11:54 出發	13:03 抵達 / 13:04 出發	13:59 抵達 / 14:14 出發	15:02 到達 / 15:10 出發	15:50 到達	——	
5號	14:00 出發	14:12 到達 / 14:13 出發	14:53 到達 / 14:59 出發	15:57 到達 / 15:57 出發	17:08 抵達 / 17:23 出發	18:14 抵達 / 18:15 出發	18:54 抵達 / 18:58 出發	19:27 抵達 / 19:32 出發	19:38 抵達

列車編號	青森	新青森	弘前	五所川原	千畳敷	十二湖	東能代	追分	秋田
				青森→秋田					
2號	8:09 出發	8:16 出發 / 8:15 出發	8:48 出發 / 8:44 出發	9:27 出發 / 9:26 出發	10:30 出發 / 10:23 出發	11:24 出發 / 11:23 出發	12:25 出發 / 12:19 出發	13:17 出發 / 13:16 到達	13:29 抵達
4號	13:52 出發	13:58 出發 / 13:57 抵達	14:30 出發 / 14:26 抵達	15:11 出發 / 15:09 出發	16:14 出發 / 15:59 抵達	17:05 出發 / 17:05 抵達	18:06 出發 / 18:00 出發	18:48 出發 / 18:46 抵達	19:01 抵達
6號	——	——	16:06 出發	16:47 出發 / 16:45 抵達	(通過)	18:47 出發 / 18:46 抵達	19:49 出發 / 19:42 抵達	20:30 出發 / 20:29 抵達	20:42 抵達

* 表內僅顯示部分車站

經典蒸汽火車 SL磐越物語號

SLばんえつ物語

新潟縣 新津市—會津若松市

行車路線：日本東北地區景點大地圖

　　SL磐越物語號為SL蒸汽火車，行走路線為「新津」站至「会津若松」站，於4月至11月逢週六、日及公眾假期運行，往返各有一班，車程約4小時。列車共有7卡，全為指定席，第1卡是以玻璃製成的展望車廂，第7卡為綠色車廂。列車穿越新津市至会津若松市一帶，風光明媚，是一眾火車迷喜愛乘搭的觀光列車。

SL磐越物語號各站發車時間：

新津→	五泉→	咲花→	三川→	津川→	日出谷→	野沢→	山都→	喜多方→	塩川→	会津若松
10:03 出發	10:20 抵達 / 10:21 出發	10:38 抵達 / 10:39 出發	10:56 抵達 / 10:57 出發	11:11 抵達 / 11:28 出發	11:43 抵達 / 11:45 出發	12:18 抵達 / 12:20 出發	12:42 抵達 / 12:52 出發	13:08 抵達 / 13:10 出發	13:19 抵達 / 13:21 出發	13:36 抵達

会津若松→	塩川→	喜多方→	山都→	野沢→	日出谷→	津川→	三川→	咲花→	五泉→	新津
15:27 出發	(通過)	15:51 出發 / 15:50 抵達	16:06 出發 / 16:05 抵達	16:37 出發 / 16:27 抵達	17:08 出發 / 17:07 抵達	17:36 出發 / 17:21 抵達	17:52 出發 / 17:51 抵達	18:10 出發 / 18:09 抵達	18:27 出發 / 8:25 抵達	18:43 抵達

◄日本國內不少觀光列車皆由蒸汽火車頭推動，極具浪漫情懷。(相片由新潟市觀光會議協會提供)

Info

- 路線：新津站－会津若松站
- 全程約4小時；4月至11月逢週六、日及公眾假期運行，12月聖誕節期間則以SL Christmas Line營運
- 成人￥1,940(HK$142)，小童￥970(HK$71)，指定席費用成人￥520(HK$38)，小童￥260(HK$19)
- www.jreast.co.jp/tc/joyful/c57.html
- 持有JR東日本鐵路周遊券(東北地區)可乘搭野澤至會津若松一段，而持有新潟地區票券可乘搭新津至日出谷一段；持日本鐵路通票可免費乘搭全條鐵路

自駕遊

　　雖然行走東北主要地區的JR東北新幹線發展成熟，但論自由度，始終是自駕遊更勝一籌！日本油費不算貴，與三五知己一起出遊的話，自駕遊隨時比乘搭火車更划算。

申請國際駕駛執照

　　香港的旅客如要在日本自駕遊，必先向運輸署申請國際駕駛執照。香港居民須帶同3個月內發出的住址證明文件、身份證、2張50mm長 X 40mm闊相片與申請費用HK$80，前往各牌照事務處填妥TD51表格辦理手續，可於即日取得執照。如不能親身前往申請的人士亦可透過郵遞或網上申請，需時約10個工作天，運輸署會以掛號形式把國際駕駛執照寄給申請人。執照的有效期限為簽發日期起計1年內。

▲以自駕方式遊東北，可深入不同縣的景點。

Info 運輸署：www.td.gov.hk

租車

　　日本擁有多間租車公司，不少都提供英文甚至中文網頁供旅客使用，部分香港旅行社亦有代客租車的服務。另外，租車時如需購買意外保險，個別保險的細則可參考租車網站，或詢問租車公司職員。部分租車公司可借出ETC卡，配合Tohoku Expressway Pass上高速公路既方便又省錢，詳見P.63。以下介紹不同租車公司：

1. 可靠的 GPS TOYOTA Rent a Car（豐田）

　　豐田為全日本最大型的租車公司，現已推出中文網頁供旅客於網上預約租車。綜合經驗所得，豐田租車的GPS較為可靠，不過價錢亦是最昂貴的，但旅客可挑選自己喜歡的車種，相對其他公司較有彈性。大部分車輛只有日語導航與語音訊息，只有個別分店提供英語和國語導航系統。

Info rent.toyota.co.jp/zh-tw/

教你網上租 TOYOTA

STEP 1

◀前往官網，選擇取車與還車的地點、日期與時間、車輛的類型、變速箱、吸煙或非吸煙車輛、GPS語言與四輪驅動系統等，完成後按「搜尋車輛」。

STEP 2

◀選擇要租借的車輛型號，如 2 人同行的話，一般租 1,000cc~1,300cc 便足夠。要留意車輛只能選擇款式，不能選擇顏色。選擇好心水車輛後按「選擇特定車型」。

STEP 3

▲再選擇特殊要求項目，如添加兒童座椅、加購 ETC 等，然後選擇適合的免責賠償保險方案。

STEP 4

◀最後填寫駕駛者的資料，如聯絡電郵、電話與日本地址等資料後按「最終確認預約」，確認資料後便會收到確認電郵與預約編號，到時至預約取車的營業所取車便可。

2. 方便事前規劃 NISSAN Rent a Car（日產）

除了豐田外，日產亦是日本另一大車廠，近年網站推出中英文版面供海外人士預約租車，價錢比豐田較為便宜。雖然不能選定某些車款，不過部分型號會清楚展示車尾箱大小，多人出遊的話可事前計劃一下行李問題，非常方便！

Info　nissan-rentacar.com/tc/

教你網上租 NISSAN

STEP 1

STEP 2

STEP 3

▲ 前往 Nissan Rent a Car 的網站，選擇取車與還車的地點、日期與時間及車輛的類型，然後按「預約」。

▲ 選擇要租借的車輛型號，如 2 人同行的話，一般租 P 級轎車便可。選擇想選型號的車輛後，再選擇有否其他特殊要求及保險賠償方案，然後按「前往輸入客戶信息」。

▲ 填妥個人資料後再核對一次預約細節，再按「完成預約」，其後 72 小時內 Nissan 會有電郵與你聯絡。

3. 價錢實惠 ToCoo! 租車旅遊網

ToCoo! 是日本綜合租車網站，集合了多間租車公司的汽車。除了提供多個語言的 GPS，還可租到較便宜的豐田或日產車輛。

Info　www2.tocoo.jp/cn/

教你網上租 ToCoo!

STEP 1

STEP 2

STEP 3

▲ 前往 ToCoo! 的網站，在左邊輸入取車與還車的地點、日期與時間、車輛類型，完成後按「搜索我的租車」。

▲ 頁面出現所有合乎你要求的車輛選擇，選定合心意的車輛後按「立即預約」。

▲ 此時可選擇特殊項目如嬰兒或幼兒座椅等，選定後再按「後頁」。

STEP 4

◀ 核對資料並填寫駕駛者的資料，如聯絡電郵、電話與日本地址等，再按「確認」，之後會收到確認電郵與預約的編號。在租車當天到指定的營業所取車即可。

GPS大解構

雖然不同租車公司的GPS系統都略有不同，偶然還會碰上日文版本的GPS，但基本操作方法大同小異。日本的GPS採用輕觸式操控，可透過不同方法找尋目的地，包括電話號碼、マップコード(Mapcode)。只要按照左方步驟，瞬間便可找到前往目的地的路線：

▲按Menu(メニュー)或Navi按鈕，即可看到以上畫面。一般利用「電話番號」(電話號碼)找尋目的地，若沒有提供電話號碼，「マップコード」(Mapcode)便是你自駕的好伙伴。

▲輸入目的地的電話號碼，然後按「檢索」即可，「戻る」即返回上一頁。不小心輸入錯了？按「修正」更改便可。

◀搜尋結果出現後，可按「案內スタート」以現時顯示的路徑出發，或按「別ルート」看看有沒有其他路線亦可。黃色的路線便是即將前往的路線，祝各位一路順風！

Tips!

旅客應於開車前設定好GPS，保障駕駛安全。另外，比起Mapcode，輸入電話號碼能顯示更多資料，例如停車場位置。

自助入油Easy Job!

在日本自駕遊，少不免會遇上需要加油的情況。日本的油站分為傳統與自助形式，傳統的有工作人員為你服務，自助的則需要自己入油。日本的油價比香港略為便宜，不同地區的油站收費亦略有不同。現時日本不少自助入油站都提供中文顯示，大家只要跟着螢幕指示入油便可。下面是螢幕為日文顯示時的入油方法。

◀日本其中一間著名的油站ENEOS。

自助入油6步曲

▲在螢幕上先按「現金」按鈕，表示以現金付款。

▲選擇油種，記着選中間的「レギュラー」喔！

▲選擇要入多少油，上方為以升作為容量，下方為入多少錢，不想麻煩的話就按最左方的「滿タン」，也就是入滿油。

▲筆者選了「滿タン」，先投進¥10,000(HK$730)，然後按確認開始入油吧！

▲別忘了現在是自助入油，所以就要自己打開車子的油箱蓋，再把加油器插進去喇！當然還要按着手掣才能開始加油啦！而螢幕會顯示給油中，請稍候。

▲車子吃飽後便會自動停止給油，你可以從螢幕上看到車子喝了多少油，確認後扣除應收款項就會給你帳單及找續。

安全自駕遊Q&A

Q1. 日本的交通標誌與香港、台灣的有分別嗎?

日本的交通標誌與港台有少許不同，以下是最常見的交通標誌:

 禁止通行

 車輛禁止通行

 禁止超車

 專用通行道

 指定方向以外禁止通行

 單行道

 停車

 禁止暫停或停車

 禁止停車

 限速

 禁止回轉

 國道

更多交通標誌:
rent.toyota.co.jp/
zh-tw/drive/signs.
html

Q2. 取車、還車時有甚麼需要留意?

取車時職員會向客人指出車輛上的刮痕以作記錄，另外也要檢查一下車內裝置如CD播放器、車頭燈等是否操作正常。

大部分租車公司都會要求旅客歸還車輛前，要把油缸注滿，否則會被罰款。另外旅客亦應保留最後的入油單據，以證明在還車前已把油缸注滿(自助入油操作見P.61)。

Q3. 日本人駕車有沒有特別的習慣，或在道路上有甚麼要注意?

日本和香港一樣，也是靠左行駛。交通紅燈亮起時所有車輛都必須停車，除非另有綠色箭頭燈亮着，才可按箭頭方向行駛。不過，在日本某些情況，車輛轉彎的綠燈號及行人綠燈號或會同時亮起，這時候，車輛可依綠燈轉彎，行人亦可依綠燈過馬路，但司機須遵循「行人優先」原則，讓行人過完馬路才繼續行駛。日本人的駕駛態度均十分忍讓，只會在有危險時才響號，不要為了小小的擠塞就沉不住氣喔!

另外，日本對酒後駕駛採取零容忍手段，作為司機又想一嚐美酒，可能要留待晚上回酒店後才可以呢!

Q4. 駕車時不幸遇上意外，該怎麼辦?

駕駛途中萬一遇到意外，必須報警作記錄(日本警察熱線為110)，保險公司才會負責為事故賠償。

Q5. 入油時工作人員都會說日文，那應怎樣回答才好呢?

油站大多會問客人要入哪一款汽油、需要入多少與如何付款等。以下為常用的日語:

· 「レギュラー」即英文的Regular，意即一般汽油，大部分出租車均使用該種汽油。
· **「滿タン」**音為 "Mantan"，即替油缸入滿。
· 「カード」音為 "Kado"，即卡的統稱，購物時指使用信用卡付款。

各縣主要IC(自動車道出入口)距離及普通車收費

青森縣—岩手縣

167.4 1:58	184.3 2:14	76.9 0:53	青森
90.5 1:05	107.4 1:22	十和田	2,250 1,580
119.3 1:28	八戶	3,020 2,110	4,580 3,210
盛岡	3,260 2,280	2,610 1,830	4,240 2,970

宮城縣

50.9 0:43	14.3 0:13	鳴瀨奧松島本線
36.6 0:31	松島海岸	460 330
仙台宮城	1,300 910	1,760 1,240

秋田縣—宮城縣

243.1 2:58	164 2:05	秋田中央
179.7 1:54	盛岡	4,170 2,920
仙台宮城	4,490 3,140	5,720 4,000

宮城縣—山形縣

59.8 0:46	仙台宮城
山形北	1,840 1,290

宮城縣—新潟縣

253.5 3:10	138.4 1:33	116 1:15	77.5 0:52	仙台宮城
176 2:18	60.9 0:41	38.5 0:24	福島西	2,260 1,580
145.1 2:00	30 0:23	郡山	1,210 970	3,200 2,240
115.1 1:37	猪苗代磐梯高原	980 690	1,810 1,270	3,650 2,560
新潟中央	3,180 2,230	3,790 2,650	4,410 3,090	5,910 4,140

岩手縣—福島縣

258.1	219.6	142.1	54.2	花卷南
203.9	165.4	87.9	一関	1,630 1,440
116 1:15	77.5 0:52	仙台宮城	2,540 1,780	3,730 2,610
38.5 0:24	福島西	2,260 1,580	4,200 2,940	5,270 3,690
郡山	1,210 850	3,200 2,240	4,9970 3,480	6,000 4,200

Tips!

了解更多IC資料

如想了解上表行車距離所行走的道路，或想查詢其他IC的距離、收費及行車時間，可瀏覽NEXCO東日本(www.driveplaza.com)，輸入出發及要前往的IC(或需選擇行走路線)，網頁便會顯示相關資料。

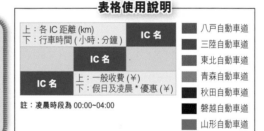

表格使用說明

上：各IC距離(km)
下：行車時間(小時：分鐘)　[IC名]
[IC名]
IC名　上：一般收費(¥)
　　　下：假日及凌晨*優惠(¥)

註：凌晨時段為 00:00~04:00

- 八戶自動車道
- 三陸自動車道
- 東北自動車道
- 青森自動車道
- 秋田自動車道
- 磐越自動車道
- 山形自動車道

自駕遊繳費好幫手：ETC

ETC即"Electronic Toll Collection System"，只要持有ETC卡(車內需有放置ETC卡的裝置)，進出大部分高速公路(自動車道)出入口便不用停車繳費，一些路段還可享有優惠，ETC會紀錄路費，到還車時才付費。旅客如想使用ETC，需向租車店借用，東北可借出ETC卡的租車包括TOYOTA Rent a Car(豐田)、NIPPON Rent-A-Car、Budget Car Rental、Times Car Rental，並只限於它們部分分店，而取車及還車一般需要在同一間店鋪(不過愈來愈多租車公司可異地還車)。

要借用ETC，可在取車時要求，但為免ETC存量不足，可在網上預約租車時選擇借用ETC。不過並非每間租車店的網站都提供借用ETC的選擇，建議旅客透過網上預約。

ETC折扣、Tohoku Expressway Pass

凌晨時分使用ETC付費可享折扣，而平日特定時段使用ETC雖然也有優惠，但必須是ETC卡主已事先登記，並採用事後發放積分的方式提供優惠，一般租借ETC卡的自駕人士是沒法享有優惠。

若想自駕享有優惠，可申請ETC卡Tohoku Expressway Pass，在特定租車店(見官網)租車時申請便可。這款Pass提供2~14天放題式收費，在特定天數可無限次穿梭東北地區(新潟縣除外)的高速公路，相當划算，價錢由¥4,100~12,200(HK$283~850)(費用不含ETC卡租金)。(詳情可瀏覽：tw.driveplaza.com/drawari/tohoku_expass/)

計程車

在日本乘搭計程車的車費頗為昂貴,東北地區也不例外,以下為東北地區各縣的計程車收費。

另外,大家還可在Navitime網站(www.navitime.co.jp/taxi/)查詢計程車收費。以下為各縣或市的小型計程車收費:

縣或市	收費
青森縣內	最初乘搭 1,500 米內 ¥660(HK$47),之後每 339 米或 2 分 5 秒後 ¥90(HK$6)
盛岡市內	最初乘搭 1,000 米內 ¥530(HK$38),之後每 270 米或 1 分 40 秒後 ¥80(HK$6)
盛岡市外岩手縣內	最初乘搭 1,000 米內 ¥530(HK$38),之後每 273 米或 1 分 40 秒後 ¥80(HK$6)
仙台市內	最初乘搭 1,700 米內 ¥670(HK$47),之後每 283 米或 1 分 55 秒後 ¥80(HK$6)
仙台市外宮城縣內	最初乘搭 1,500 米內 ¥670(HK$47),之後每 340 米或 2 分 5 秒後 ¥90(HK$6)
秋田市內	最初乘搭 1,500 米內 ¥710(HK$50),之後每 292 米或 1 分 45 秒後 ¥100(HK$7)
秋田市外秋田縣內	最初乘搭 1,500 米內 ¥710(HK$50),之後每 292 米或 1 分 45 秒後 ¥100(HK$7)
山形市內	最初乘搭 1,500 米內 ¥690(HK$49),之後每 278 米或 1 分 40 秒後 ¥90(HK$6)
山形市、上山市、天童市、東村山郡山邊町外山形縣內	最初乘搭 1,500 米內 ¥690(HK$49),之後每 278 米或 1 分 40 秒後 ¥90(HK$6)
福島縣內	最初乘搭 1,000 米內 ¥510(HK$36),之後每 282 米或 1 分 45 秒後 ¥90(HK$6)
新潟市內	最初乘搭 1,300 米內 ¥620(HK$44),之後每 278 米或 1 分 45 秒後 ¥80(HK$6)
新潟市外新潟縣內	最初乘搭 1,500 米內 ¥680(HK$48),之後每 300 米或 1 分 50 秒後 ¥90(HK$6)

JR 高速巴士

東北各縣之間設有JR高速巴士穿梭各地,為旅客提供JR以外的選擇,不過巴士班次不多,而且大部分巴士都要預約。以下為主要路線資料:

路線	車程	成人	小童
弘前巴士總站—仙台站 (青森縣—宮城縣)	4 小時 35 分鐘	¥5,700(HK$416)	¥2,850(HK$191)
盛岡站—仙台站 (岩手縣—宮城縣)	2 小時 27 分鐘	¥3,300(HK$194)	¥1,650(HK$97)
秋田站—仙台站 (秋田縣—宮城縣)	3 小時 35 分鐘	¥4,500(HK$265)	¥2,250(HK$132)
会津若松站—仙台站 (福島縣—宮城縣)	2 小時 25 分鐘	¥3,300(HK$194)	¥1,650(HK$97)
米沢站—仙台站 (山形縣—宮城縣)	2 小時 16 分鐘	¥2,200(HK$129)	¥1,100(HK$65)
福島站—仙台站 (福島縣—宮城縣)	1 小時 17 分鐘	¥1,300(HK$76)	¥650(HK$38)
新潟站—仙台站 (新潟縣—宮城縣)	4 小時 15 分鐘	¥5,500~3,900 (HK$401~285)	¥2,750~1,950 (HK$201~142)

Info
🌐 www.jrbustohoku.co.jp/express/

Part

5

寫意自在

9個行程推介

Part 5

行程 1 追蹤必吃名物 5天美食之旅

Yummy! 宮城縣 → 福島縣 → 宮城縣

吃喝玩樂大檢閱　旅遊資訊　前往交通　東北交通

行程

N

Day 4
仙台市
(起點)

Day 2
仙台市
(起點)

瑞巌寺、
松島町＝圓通院

Day 1 仙台市
仙台城跡、瑞鳳殿(起點)
Day 5

松島巡迴
觀光船

仙台市

山形縣

宮城縣

Day 3

Day 2

福島縣

白虎隊記念
館、栄螺堂

鶴ケ城

會津若
松市

猪苗代湖

Day 5

蘆之牧溫泉

蘆之牧
溫泉(起點)

Day 3

大内宿

Day 1

© 跨版生活圖書出版

66

Day 1

抵達東京成田/羽田機場

（巴士/鐵道）

東京站

（乘JR新幹線至「仙台」站，約1小時30分鐘）

仙台市(宮城縣)，先到酒店 check in

🈵🈸 喜助(品嘗厚切炭燒牛舌)

住：仙台市

Day 2

①仙台市

（乘JR至「會津若松」站，約2小時8分鐘）

會津若松市(福島縣)

（巴士）

參觀②白虎隊記念館、栄螺堂

🈵🈸 鰻のえびや
(吃炭烤鰻魚飯)

（由餐廳步行或乘巴士）

③鶴ケ城

（巴士）

④蘆之牧溫泉，入住大川荘
(溫泉旅館)，於旅館內享用晚
餐及溫泉

住：蘆之牧溫泉

Day 3

①蘆之牧溫泉

（大部分溫泉旅館願意免費接載住客前往
芦ノ牧溫泉站）

会津鉄道「芦ノ牧溫泉」站

（会津鉄道）

「湯野上溫泉」站

（猿游號巴士）

②大內宿，欣賞區內獨特建築

🈵🈸 三澤屋(吃高遠蕎麥麵)

（傍晚乘巴士＋会津鉄道＋JR）

③仙台市

（步行）

在JR站附近的商場，如S-PAL
和Parco購物

🈵🈸 新古々がみそ(品嘗仙台
鄉土料理)

住：仙台市

Day 4

①仙台市

（乘JR至「松島海岸」站，約40分鐘）

②松島町

（步行）

乘搭③松島巡迴觀光遊船遊松
島灣

🈵🈸 松島魚市場(吃燒烤松
島蠔放題)

（步行）

參觀④瑞巖寺、円通院

（JR）

仙台市

❶ 🈵🈸 彩のごとく
(一嘗馬肉刺身)
或

❷ 若時間尚早，可乘JR至
「中野栄」站，前往三
井Outlet Park仙台港購
物及吃晚餐

住：仙台市

Day 5

早上先辦理酒店check out
手續及寄存行李

（巴士）

參觀①仙台城跡、瑞鳳殿

（乘巴士返回市內）

🈵🈸 伊達の牛たん本舗
(吃牛舌定食)

（JR新幹線）

東京站

（巴士/鐵路）

成田/羽田機場

Part 5

行程 2　動靜皆宜　青森縣 5 天 體驗賞景之旅

吃喝玩樂大檢閱　旅遊資訊　前往交通　東北交通　**行程**

✓ 青森縣

N

ねぶたの家 ワ・ラッセ ❶
(起點)
Day 5

浅虫温泉

青森縣觀光物產館

浅虫水族館 ❶
(起點)
Day 4

三内丸山遺跡

青森市

Day 5

弘前市

弘前城、弘前市立觀光館及津輕藩ねぶた村

Day 3

青森縣

弘前蘋果公園 ❷

Day 4

早上前往①浅虫水族館觀賞海豚表演

(返回 JR「浅虫温泉」站，乘 JR 至「青森」站)

青森市，先在酒店 check in

(步行)

午餐 古川市場(品嘗自選海鮮丼)

(在 JR 站乘巴士至「三内丸山遺跡前」站)

②三内丸山遺跡，遊走這個有 5,500 年歷史的遺跡

(乘巴士返回青森市)

在 JR 站旁的 Lovina 商場購物及吃晚餐

住：青森市

Day 3 泡湯

①八戶市

(乘 JR 至「弘前」站，約 1 小時 15 分鐘)

弘前市

(巴士)

②弘前蘋果公園摘蘋果及午餐

(巴士)

參觀③弘前城、弘前市立觀光館及津輕藩ねぶた村

(乘巴士返回 JR「弘前」站，乘 JR 至「浅虫温泉」站，約 1 小時 26 分鐘)

④浅虫温泉，入住椿館(溫泉旅館)，在此享用晚餐及泡湯

住：浅虫温泉

Day 5

早上先到①ねぶたの家 ワ・ラッセ，觀賞睡魔祭使用的佞武多燈籠

(步行)

吃完午餐，前往②青森縣觀光物產館購買手信

(JR 新幹線)

東京站

(巴士/鐵路)

成田/羽田機場

Day 1

抵達東京成田/羽田機場

（巴士/鐵道）

東京站

（乘 JR 新幹線至「八戶」站，約 2 小時 44 分鐘）

八戶市(青森縣)，先到酒店 check in

晚餐 みろく横丁(屋台村，可感受地道氣氛)

住：八戶市

Day 2

①**八戶市**

（乘巴士至「焼山」站）

②**奧入瀨渓流**，步行或租借單車(腳踏車)遊覽附近一帶

（步行/巴士）

③**十和田湖**，吃過午餐，再遊覽這個日本第三深湖泊

（傍晚乘巴士）

八戶市

晚餐 八食中心(品嘗新鮮海產)

住：八戶市

奧入瀨渓流 2

十和田湖 3

八戶市 (起點)

八戶市 (起點)

八戶市(起點)

八戶市

八戶市

岩手縣

JR 東北新幹線

(往東京)

(由東京返起點)

© 跨版生活圖書出版

行程 3 鄉土情懷 5 天文化之旅

秋田縣 → 岩手縣

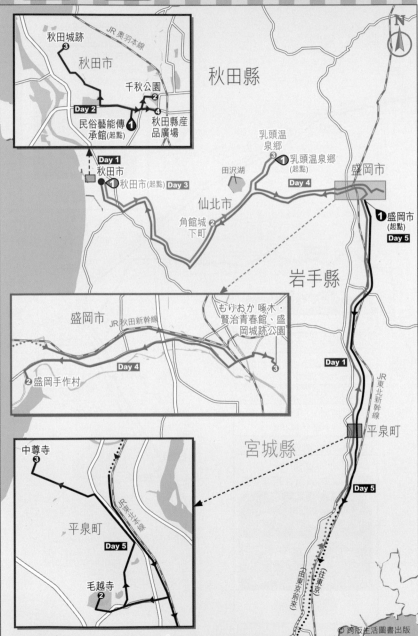

吃喝玩樂大檢閱

旅遊資訊

前往交通

東北交通

行程

© 跨版生活圖書出版

Day 1

抵達東京成田/羽田機場

(巴士/鐵道)

東京站

(乘JR新幹線至「秋田」站,約3小時50分鐘)

秋田市(秋田縣),先到酒店 check in

眠餐 秋田きりたんぽ屋(品嘗 秋田名物米棒鍋及其他 鄉土料理)

住:秋田市

Day 2

早上乘巴士或步行至①民俗 藝能傳承館、②千秋公園

▲民俗藝能傳承館內的竿燈。(相 片由秋田縣觀光聯盟提供)

午餐 秋田市民市場(吃壽 司、燒雞串、水果)

(巴士)

③秋田城跡

(巴士)

④秋田縣產品廣場購買手信

(步行)

眠餐 唐橋茶屋

住:秋田市

Day 3 泡湯

①秋田市

(乘JR至「角館」站,約45分鐘)

仙北市

(步行)

參觀②角館城下町,並在此 午餐

1 返回JR站,乘JR至「田沢湖」站, 約14分鐘,然後乘巴士至「妙乃湯溫 泉」站下車

或

2 可留意4月中旬至5月上旬,羽後交 通巴士設有「乳頭溫泉鄉・角館」線, 由JR「角館」站至乳頭溫泉鄉

③乳頭溫泉鄉,入住妙乃湯 (溫泉旅館),享受美味晚餐及 泡溫泉

住:乳頭溫泉

Day 4

①乳頭溫泉鄉

(乘巴士至JR「田沢湖」站,轉乘JR 至「盛岡」站,JR車程約35分鐘)

盛岡市(岩手縣),於酒店放 下行李

(巴士)

②盛岡手作村,體驗不同課 程及於此午餐

▲製作冷麵的工房。

(巴士)

③もりおか 啄木・賢治青 春館、盛岡城跡公園

(乘巴士返回JR「盛岡」站,再步行 往餐廳)

眠餐 盛楼閣(品嘗盛岡三大 麵之一的盛岡冷麵)

住:盛岡市

Day 5

①盛岡市

(早上乘JR至「平泉」站)

平泉町

(步行/巴士)

參觀②毛越寺、③中尊寺 等歷史宗教名勝及於附近 吃午餐

(JR,約2小時35分鐘)

東京站

(巴士/鐵路)

成田/羽田機場

行程 4　上山下海 5 天 山形縣緊密之旅

✓ 山形縣

N

最上川遊船 ❷

Day 2

尾花澤市

❸ 銀山温泉
❶ 白銀の滝(起點)
Day 3

山形縣

Day 3

立石寺
❷ 山形市
❷ 七日町御殿堰

宮城縣

山形市(起點) ❶ ❶ ❸ 山形市
山形市 ❶ 山形市 Day 1
山形市 (起點/終點) ❶/❹
Day 4
山形市
(起點)
Day 5

Day 4

上杉神社、米沢
市上杉博物館 ❸

Day 1

米澤市

(往東京) Day 5
(由東京前來)

JR東北新幹線

© 跨版生活圖書出版

Day 1

抵達東京成田/羽田機場

（巴士 / 鐵道）

東京站

（乘JR新幹線至「山形」站，約2小時40分鐘）

山形市，先到酒店check in
晚餐 ほっとなる橫丁（屋台村，可嘗嘗山形地道菜）

住：山形市

Day 2 泡湯

①山形市

（乘JR至「古口」站，約1小時39分鐘）

最上郡

（步行）

前往古口港，乘搭**②最上川遊船**，於船上一邊欣賞川景一邊品嘗精美便當（吃便當必須預約）

（如乘遊船前往草薙港，可乘巴士返回JR「古口」站，再乘JR往「大石田」站，JR車程約57分鐘；然後轉巴士至「銀山溫泉」總站下車）

③銀山溫泉，入住藤屋（溫泉旅館），晚上吃過晚餐後享用溫泉

住：銀山溫泉

Day 3

早上遊走風景獨特的銀山溫泉區及觀看瀑布①白銀の滝

▲（攝影：詩人）

（巴士 +JR至「山形」站）

山形市，先到酒店放下行李

（乘JR至「山寺」站，約19分鐘，然後步行前往）

登上②立石寺，走到奧之院眺望山下景色

▶往立石寺本坊的登山口。

▲山形名物「玉こんにやく」。

（乘JR至「山形」站）

③山形市，在市內吃晚餐

住：山形市

Day 4

①山形市

（巴士）

前往②七日町御殿堰觀賞水之町屋的景色

（乘巴士返回JR「山形」站，乘JR至「米沢」站，車程約45分鐘）

米澤市
午餐 米澤牛Dining べこや

（巴士）

③上杉神社、米沢市上杉博物館

▲上杉神社。

▲米沢市上杉博物館。

（巴士）

④山形市

住：山形市

Day 5

在①**山形市**市內吃午餐

（JR，約2小時35分鐘）

東京站，在附近購物

（巴士 / 鐵路）

成田/羽田機場

行程 5 年青一族
5天 新潟縣活力之旅

半自駕 新潟縣 → 福島縣

N

Tips!
佐渡島上有路線巴士，或可利用觀光巴士團或觀光計程車暢遊島上不同景點。

両津港
3
④佐渡金山
Day 2
佐渡島

⑤
佐渡西三川黃金公園
佐渡木盆船
⑥
宿根木集落

Day 2
2 新潟港
1 新潟市
新潟市 新潟市(起點/終點)
Day 1 新潟市(起點)
Day 4
新潟市(起點)
SL磐越物語號

JR上越新幹線

新潟縣

Day 1

(由東京前來)

Day 2
①新潟市
(巴士)
②新潟港
(渡輪)
佐渡島③両津港，到達後租車開始自駕遊
開始自駕
(自駕)
④佐渡金山，在金礦隧道探險→⑤佐渡西三川黃金公園，體驗淘金→小木港附近吃午餐，乘坐⑥佐渡木盆船→⑦宿根木集落
(自駕)
返回両津港附近還車
還車
(渡輪，可於船上或返回市內吃晚餐)
新潟港
(巴士)
新潟市市內
住：新潟市

Day 1
抵達東京成田/羽田機場
(巴士/鐵道)
東京站
(乘JR新幹線至「新潟」站，約2小時)
新潟市(新潟縣)，先到酒店check in
晚餐 にぎわい市場 ピア Bandai (吃壽司及海鮮大餐)
住：新潟市

Day 3行程地圖

Day 3

新潟市水族館 マリンピア日本海 (起點)

新潟市漫畫之家 2

萬代城 Day 3

JR 越後線

JR 上越新幹線　JR 新潟站

JR 越後線

Day 3

新潟市

(巴士)

參觀①新潟市水族館 マリンピア日本海

(巴士)

午餐 本町市場

(步行)

②新潟市漫畫之家

(步行/巴士)

③萬代城，參觀萬代城內的新潟市漫畫・動畫情報館，並在萬代城購物及吃飯

▲動畫情報館側設有大型遊戲機中心。

住：新潟市

Day 4

在①新潟市的JR「新潟」站，乘搭②SL磐越物語號，前往會津若松市(福島縣)(全程約4小時)

▲(相片由新潟市觀光會議協會提供)

會津若松市，於市內午餐

(巴士)

③鶴ケ城

(步行/巴士)

晚餐 鰻のえびや (吃炭烤鰻魚)

住：會津若松市

福島縣

③ 鶴ケ城

① 白虎隊十九士の墓、栄螺堂(起點) Day 5

猪苗代湖

Day 5

前往①白虎隊十九士の墓、栄螺堂，在市內吃午餐

▲白虎隊十九士の墓。

(JR，約2小時40分鐘)

東京站

(巴士/鐵路)

成田/羽田機場

Day 4

Day 5

JR

© 跨版生活圖書出版

行程
6
絕覽美景6天福島精華遊

 自駕遊 ✓福島縣

N

宮城縣

花ももの里 ②

福島市 ④ ①

Day 5
① 花見山公園
(起點)

福島市

四季の里 ③

福島市 (起點)

Day 4

蔵の街、
喜多方蔵の里 ②

耶麻郡

Day 6

喜多方市

JR東北新幹線

Day 3

御藥園、会
津武家屋敷

猪苗代湖 ③

② 野口英世
記念館

Day 4

鶴ヶ城 ③
會津若
松市

猪苗代湖

磐梯熱
海温泉

① 磐梯熱海
④ 温泉

Day 2

① 郡山市 (起點)
郡山市

(起點)
Day 3

郡山市

Day 1

湯野上温泉

福島縣

大内宿 ②
④
Day 4

① 湯野上温泉
(起點)

Day 6

© 跨版生活圖書出版

Day 1

抵達東京成田/羽田機場

(巴士/鐵道)

東京站

(乘JR新幹線至「郡山」站，約1小時18分鐘)

郡山市，先到酒店check in，並於市內吃晚餐

住：郡山市

Day 2 （泡湯）

開始自駕

①郡山市往耶麻郡

②野口英世記念館

▲（相片由福島縣觀光物產交流會提供）

③猪苗代湖上船碼頭，乘天鵝湖船遊湖，並在附近午餐

裏磐梯地區

▲五色沼群。（相片由福島縣觀光物產交流會提供）

晚上入住④磐梯熱海溫泉的溫泉旅館，享用晚餐及溫泉
住：磐梯熱海溫泉

Day 3 （泡湯）

①磐梯熱海溫泉

喜多方市

參觀市內②蔵の街、喜多方蔵の里

▲蔵の街的島慶園。

午餐 食堂なまえ(品嘗喜多方拉麵)

會津若松市

③御薬園、会津武家屋敷

④湯野上溫泉，晚上入住溫泉旅館，享用晚餐及溫泉
住：湯野上溫泉

Day 4

①湯野上溫泉

②大内宿，參觀傳統建築物群

午餐 三澤屋(吃高遠蕎麥麵)

③鶴ケ城

④福島市，在酒店check in

(步行)

在JR站附近購物及吃晚餐
住：福島市

Day 5

早上往①花見山公園賞花

▲ 4月可賞櫻花。（相片由福島縣觀光物產交流協會提供）

回市內午餐

②花ももの里(4月上旬至5月中旬會開滿桃花)

◀（相片由福島縣觀光物產交流協會提供）

③四季の里

▲（相片由福島縣觀光物產交流會提供）

回市內，還車後吃晚餐
還車
住：福島市

Day 6

在①福島市市內吃午餐

(JR，約1小時32分鐘)

東京站，在附近購物

(巴士/鐵路)

成田/羽田機場

Day 1

抵達東京成田/羽田機場

(巴士/鐵道)

東京站

(乘JR新幹線至「八戶」站,約2小時44分鐘)

八戶市(青森縣),在酒店 check in

晚餐 みろく横丁(屋台村)

> 住:八戶市

Day 2

在①八戶市租車

開始自駕

②道の駅くじ やませ土風館 購買各式物產

③久慈琥珀博物館

▲琥珀發掘體驗。(相片由岩手縣觀光協會提供)

在久慈市市內吃午餐

④小袖海岸

⑤盛岡市,在酒店check in

晚餐 やぶ屋(挑戰一口蕎麥麵)

> 住:盛岡市

Day 3 泡湯

早上前往全日本最大的農場①小岩井農場,參加不同工作坊,及品嘗新鮮奶製品及烤肉

1️⃣ ②鶯宿溫泉泡湯休息
或
2️⃣ ②雫石滑雪場滑雪(只在12月至翌年3月開放)

回市內

晚餐 盛岡じゃじゃめん 小吃店(品嘗盛岡炸醬麵)

> 住:盛岡市

Day 4 泡湯

①盛岡市(岩手縣)

仙北市(秋田縣)

遊覽②角館城下町一帶,並在此吃午餐

③田沢湖

④乳頭溫泉鄉,入住其中一間溫泉旅館,享受美味晚餐及泡湯

> 住:乳頭溫泉鄉

Day 5 泡湯

①乳頭溫泉鄉

②宮沢賢治童話村、宮沢賢治記念館

▲ 宮沢賢治童話村。

午餐 山貓軒(和洋式午餐)

③花卷溫泉,入住區內溫泉旅館吃晚餐及泡湯

▲ (相片由岩手縣觀光協會提供)

> 住:花卷溫泉

Day 6

①花卷溫泉

平泉町,參觀②毛越寺、中尊寺

▲中尊寺的金堂。

③一關市

還車

(JR,約2小時33分鐘)

東京站

(巴士/鐵路)

成田/羽田機場

行程 8　冬日暖笠笠 **7天** 溫泉之旅

泡湯　自駕遊　山形縣 → 宮城縣

最上川遊船 ②
道の駅とざわ
モモカミの里
高麗館 ③

鳴子溫泉 ②
鳴子溫泉 ①
(起點)
Day 6

Day 5

N

宮城縣

山形縣

④ 銀山溫泉
Day 3 ①
銀山溫泉
(起點)

尾花澤市

Day 6

仙台泉
Premium
Outlets
③

Day 3

② 立石寺
山形市
飛日町御殿堰

Day 2
山形市(起點) ①

Day 5
仙台城跡、
瑞鳳殿(起點)

仙台市 ①

④
⑥ ①
②
海之杜水族館
仙台市

仙台朝市、ハ
ピナ名掛丁商
店街(起點)

仙台市

Day 1
山形市

蔵王溫泉
④ ①
蔵王溫泉街(起點)
②
③ ④
駒草平
御釜
藏王纜車
索道
藏王狐
狸村 ⑤
Day 4

Day 7

福島縣

桧
原湖

Day 7

Day 1

(由東京前來)
(往東京)

豬苗代湖

© 跨版生活圖書出版

Day 1

抵達東京成田/羽田機場

(巴士 / 鐵道)

東京站

(乘JR新幹線至「山形」站，約2小時40分鐘)

山形市(山形縣)，在酒店 check in

晚餐 ほっとなる横丁(屋台村，嘗嘗山形地道菜餚)

住：山形市

Day 2 泡湯

在①山形市租車

開始自駕

最上郡，乘坐②最上川遊船，並於船上品嘗精美便當(吃便當必須預約)

③道の駅とざわ モモカミの里 高麗館購物

④銀山溫泉，入住藤屋(溫泉旅館)，吃過晚餐後享用溫泉

住：銀山溫泉

Day 3

①銀山溫泉

②立石寺，在立石寺午餐

③七日町御殿堰觀賞水之町屋的景色

傍晚駕車至④蔵王溫泉，入住深山莊 高見屋(溫泉旅館)，在這兒吃晚餐及泡湯

住：蔵王溫泉

Day 4

前往①蔵王溫泉街，再往蔵王纜車索道，把車停在纜車站

乘搭②蔵王纜車索道，欣賞蔵王山的壯麗美景

▶樹冰。
(攝影：Hikaru)

③御釜，並於此午餐

④駒草平

⑤蔵王狐狸村

⑥仙台市(宮城縣)

晚餐 喜助(品嘗牛舌料理晚餐)

住：仙台市

Day 5

早上前往①仙台城跡、瑞鳳殿

午餐 彩のごとく(居酒屋)

②鳴子溫泉，參觀日本小芥子木偶館，晚上入住鳴子溫泉的溫泉旅館，享用晚餐及溫泉

住：鳴子溫泉

Day 6

①鳴子溫泉

東北最大水族館仙台②海之杜水族館

③仙台泉Premium Outlets 吃午餐及購物

回④仙台市市內還車

晚餐 新古々がみそ(享用仙台鄉土料理)

還車

(步行)

AER展望台觀看夜景

住：仙台市

Day 7

早上前往①仙台朝市、ハヒナ名掛丁商店街，買新鮮水果及購物

▲商店街。

午餐 伊達の牛たん本舗(吃炭燒牛舌)

(JR，約1小時30分鐘)

東京站

(巴士 / 鐵路)

成田/羽田機場

行程 9 感受地方活力 **7天夏祭之旅**

時間限定! 8月1至7日　| 青森縣 | → | 秋田縣 | → | 宮城縣 | → | 山形縣 |

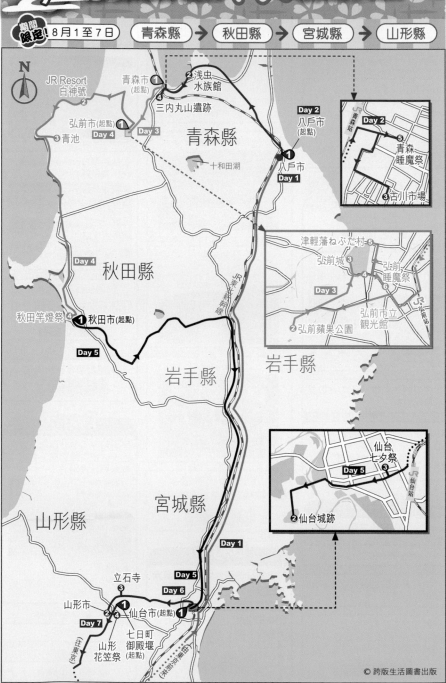

© 跨版生活圖書出版

Day 1 (8月2日)

抵達東京成田/羽田機場

(巴士/鐵道)

東京站

(乘JR新幹線至「八戶」站,約2小時44分鐘)

八戶市(青森縣),在酒店check in
晚餐 八食中心

住:八戶市

Day 2 (8月3日)

①八戶市 慶典 青森睡魔祭

(乘JR至「浅虫溫泉」站,約1小時10分鐘)

②浅虫水族館

(乘JR至「青森」站,約23分鐘)

青森市,在酒店check in

(步行)

③古川市場(品嘗自選海鮮丼)

(巴士)

④三內丸山遺跡

(傍晚乘巴士返回青森市)

參加⑤青森睡魔祭(8月1至7日
約18:00~21:00)

晚餐 JR青森站旁的商場Lovina

住:青森市

Day 3 (8月4日)

①青森市 慶典 弘前睡魔祭

(乘JR至「弘前」站,約37分鐘)

弘前市,在酒店check in

(巴士)

②弘前蘋果公園摘蘋果及午餐

(巴士)

參觀③弘前城、④弘前市立觀光館及⑤津輕藩ねぷた村

(巴士)

⑥弘前睡魔祭(8月1至7日約19:00~21:00)
晚餐 釜飯と串焼とりでん(品嘗不同款式的釜飯)

住:弘前市

Day 4 (8月5日)

①弘前市 慶典 秋田竿燈祭

(乘搭② JR Resort 白神號,一邊吃午餐一邊欣賞沿途美景,至 JR「十二湖」站約3小時30分鐘)

JR「十二湖」站下車,把行李寄存在JR站

(巴士)

③青池,欣賞其不同程度的藍色

(乘巴士返回JR「十二湖」站,再乘JR至「秋田」站,JR車程約2~3小時)

秋田市(秋田縣)

參加④秋田竿燈祭(8月3日至6日約19:00~21:00)

晚餐 秋田きりたんぽ屋(享用秋田名物米棒鍋)

住:秋田市

Day 5 (8月6日)

①秋田市 慶典 仙台七夕祭

(乘JR至「仙台」站,約2小時16分鐘)

仙台市(宮城縣),在JR車站附近逛百貨公司
午餐 彩のごとく(居酒屋)

(巴士)

②仙台城跡

(巴士)

參加③仙台七夕祭(8月6至8日),欣賞美麗又巨大的七夕彩球

晚餐 伊達の牛たん(品嘗厚切炭燒牛舌)

住:仙台市

Day 6 (8月7日)

①仙台市 慶典 山形花笠祭

(乘JR至「山形」站,約1小時23分鐘)

②山形市(山形縣),先到酒店check in放下行李

(乘JR至「山寺」站,約19分鐘,然後步行前往)

登上③立石寺,走到奧之院眺望山下景色,並在附近午餐

(乘JR返回市內)

參加④山形花笠祭(8月5至7日)看山車巡遊
晚餐 ほっとなる横丁(屋台村)

住:山形市

Day 7

早上乘巴士,前往①七日町御殿堰觀賞水之町屋的景色

(巴士)

JR「山形」站

(JR,約2小時40分鐘)

東京站

(巴士/鐵路)

成田/羽田機場

Part 6

青森縣

青森縣位於日本本州最北面，面積為日本第八大，與北海道函館只有一海之隔。提到青森，當然不得不提這裏盛產又香又甜的蘋果！除了農業，因鄰近八戶港，青森縣的捕魚業也十分繁盛。到了夏天，堪稱最能代表東北祭典的睡魔祭於各市舉行，每年吸引國內外人士前來參加。另外，若想看大自然的話，在此可找到世界遺產白神山地、十和田湖及奧入瀨溪流等。

青森縣觀光情報：
www.tcn-aomori.com

各區前往青森縣的交通(目的地以青森市的JR「青森」站為主)：

出發地	交通	車程	車費
JR「東京」站	JR新幹線 + JR奧羽本線	約3小時50分鐘	￥17,470(HK$1,275)
JR「新潟」站	JR新幹線 + JR奧羽本線	約5小時5分鐘	￥23,230(HK$1,720)
JR「福島」站	JR新幹線 + JR奧羽本線	約2小時30分鐘	￥12,860(HK$939)
JR「仙台」站（宮城縣）	JR新幹線 + JR奧羽本線	約2小時43分鐘	￥11,220(HK$819)
JR「山形」站	JR仙山線 + JR新幹線 + JR奧羽本線	約3小時57分鐘	￥11,990(HK$875)
JR「盛岡」站（岩手縣）	JR新幹線 + JR奧羽本線	約1小時30分鐘	￥6,380(HK$457)
JR「秋田」站	JR奧羽本線快速	約2小時55分鐘	￥3,410(HK$201)

註：上述車費大部分為指定席，如乘自由席車費會較便宜。車費及時間謹供參考。

名產
蘋果、帆立貝

睡魔祭熱鬧場地

青森市

　　青森市位於青森縣中央位置，屬津輕與東青地域，是青森縣縣廳所在地。這裏是JR本州線與北海道線的中轉站，同時提供輪船來往青森港與函館港。在2016年春天通車的北海道新幹線從JR新青森站出發，連接本州至新函館北斗站。預計於2031年開通至新小樽站及札幌站。

　　青森市內最著名的觀光地為三內丸山遺跡，而一年一度的睡魔祭亦吸引不少遊客特地前來參加，熱鬧非常。

青森市觀光指南：
www.atca.info/atca_language/index_tc.html

慶典
青森睡魔祭 (P.26)

縣內主要城市 前往青森市的交通：

1. ────── 約 6 分鐘 ： ￥190(HK$13) ⟶

JR 新青森站
（青森市）

JR 青森站

2. ────── 約 38 分鐘 ： ￥680(HK$47) ⟶

JR 弘前站
（弘前市）

JR 青森站

3. ────── 約 44 分鐘 ： ￥3,720(HK$270) ⟶

JR 八戶站
（八戶市）

JR 青森站

註：上述車程摘自 JR 官網較快班次，車費為指定席。留意，不同班次列車的轉車站或不同。
　　以上資料僅供參考，以列車實際運行時間及收費為準。

Part
6
青森縣
岩手縣
宮城縣
秋田縣
山形縣
福島縣
新潟縣

前往交通——渡輪

津輕海峽渡輪
津輕海峽フェリー

MAPCODE® 函館渡輪碼頭(函館ターミナル)86 190 560*60

MAPCODE® 青森渡輪碼頭(青森ターミナル)99 641 221*17

方便自駕

　　自駕人士想從北海道前往青森市,可乘搭能載車的渡輪橫越津輕海峽,欣賞海峽美景。津輕海峽渡輪提供「函館至青森」及「函館至大間」兩條路線,當中「函館至大間」航線,由於前往大間交通不方便(即使自駕,由大間往青森站附近也要3小時),**建議選用「函館至青森」這條航線來往北海道及青森縣,船程約3小時40分鐘。渡輪設計舒適,除了有房間供乘客休息外,還供應食物。**

▲自駕人士需於船尾登船。圖為青森縣的青森渡輪碼頭。

▲船內設有觀景座位,乘客不需到甲板,便可欣賞海峽美景。

◀來到甲板就可看到一望無際的無敵大海景了!

▲船內有各式玩樂設施,不用擔心旅途會無聊。

▲各款售賣小吃和麵飯的自動售賣機。

▶美麗的函館山。

函館山

函館—青森渡輪路線地圖

N

圖例
- 🚢 津輕海峽渡輪碼頭
- --- 津輕海峽渡輪航線 (函館—青森)
- --- 津輕海峽渡輪航線 (函館—大間)
- ▬ JR北海道新幹線
- ▬ JR東北新幹線

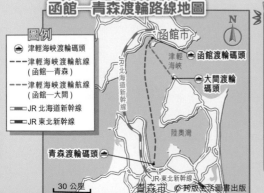

函館市
JR北海道新幹線
津輕海峽
函館渡輪碼頭
大間渡輪碼頭
陸奧灣
青森渡輪碼頭
JR東北新幹線
青森市

30公里

©跨版生活圖書出版

Info

函館 ~ 青森

🏠 **(函館渡輪碼頭)** 北海道函館市港町 3 丁目 19 番 2 号
(青森渡輪碼頭) 青森縣青森市沖館 2 丁目 12 番 1 号

🚗 • 往函館渡輪碼頭:從 JR 函館站或 JR 五稜郭站自駕或乘搭計程車約 15-20 分鐘到達
• 往青森渡輪碼頭:從 JR 青森站轉乘的士前往,單程約 10 分鐘

🕐 船程約 3 小時 40 分鐘,每日有 8 班船來回,每月出航時間略有不同 (出發前宜先瀏覽官網)

💲 一般 ¥2,860(HK$168) 起、學生 ¥2,580 (HK$152) 起,小童半價;小型汽車 ¥16,400 (HK$965) 起;價格隨季節有所變更,以渡輪公司公布為準

☎ (函館)0138-43-4545,(青森)017-766-4733

🌐 www.tsugarukaikyo.co.jp

(攝影:蘇飛)

市內交通——觀光巴士

青森市市內交通主要為巴士，當中以觀光巴士「ねぶたん號」最受遊客歡迎。巴士有數條運行路線，上車前記得看清楚方向。若計劃一整天於青森市內觀光，購買一日乘車券最為划算，車票可直接於巴士上購買。

單程車費成人￥300(HK$22)，小學生￥150 (HK$11)；一日乘車券成人￥700(HK$51)，小學生￥350(HK$26)。

☎ 017-739-9384
🌐 www.aomori-kanko-bus.co.jp

新青森駅東口出發 (2024 年 4 月 1 日至 2025 年 3 月 31 日)：

車站	首發	終發
新青森駅東口 3 番のりば	10:00(9:30)	17:00
県立美術館前	10:11(9:41)	17:11
三内丸山遺跡前	10:13(9:43)	17:13
県立美術館前	10:15(9:45)	17:15
新青森駅東口 3 番のりば	10:30(10:00)	17:30

註：平日每天 8 班，每 60 分鐘一班車，特定日期 * 每天 16 班，每 30 分鐘一班，括號內為首發車。
特定日期包括週六、週日、假日 (4/1-9/30)、黃金週 (4/27-5/6)、6/20-7/2、暑假 (7/20-8/31)。

青森駅西口発出發 (2024 年 4 月 1 日至 2025 年 3 月 31 日)：

車站	1	2	3	4
青森駅西口 2 番のりば	9:00	10:30	13:10	16:10
森林博物館前	9:02	10:32	13:12	16:12
あおもり北のまほろば歴史館前	9:07	10:37	13:17	16:17
津軽海峡フェリーターミナル	9:12	10:42	13:22	16:22
青森港フエリーターミナル	9:14	10:44	13:24	16:24
新青森駅東口 3 番のりば	9:24	10:54	13:34	16:34
県立美術館前	9:35	11:05	13:45	16:45
三内丸山遺跡前	9:39	11:09	13:49	16:49
県立美術館前	9:41	11:11	13:51	16:51
青森駅西口 2 番のりば	10:00	11:30	14:10	17:10

青森市景點地圖

浅虫温泉景點地圖

湯の島
(P.97)

浅虫水族館
(P.97)

道の駅 浅虫
温泉ゆ～さ
浅虫 (P.96)

南部屋・海扇閣
(P.326)

浅虫海釣り公園

椿館
(P.326)

200 米

浅虫温泉站

浅虫温泉
(P.96)

青森灣

奥州街道
陸羽街道

浅虫
温泉站

N

青森渡輪碼頭
(前往函館)

JR青森站景點
地圖(見P.89)

稲荷神社

野内站

矢田前站

JR北海道新幹線

JR津軽線

左堰站

奥内站

津軽
宮田站

油川站

津軽新城站 新青森站

青森站

小柳站

東青森站

JR奥羽本線

県立美術館
前站

三内丸山遺跡
(P.95)

青い森鉄道

青森県立美術館
(P.95)

筒井站

JR鶴ケ坂站

三内丸山
遺跡前站

青森市

青森自動車道

JR・東北新幹線

JR東北新幹線

青森空港

青 森 縣

八甲田纜車
(P.98)

ロープウエー
駅前站

山麓站

山頂公園站

城ヶ倉温泉

酸ヶ湯温泉
(P.99)

地獄沼
(P.99)

城ヶ倉大橋
(P.98)

八甲田山
(P.98)

睡蓮沼
(P.99)

圖例

國道		津軽海峡渡輪碼頭	
縣道		JR 車站	
景點		JR 東北新幹線	
道路休息站		JR 北海道新幹線	
住宿		JR 津軽線	
橋		JR 奥羽本線	
溫泉		青い森鉄道車站	
公園		青い森鉄道	
廟宇 / 神社		八甲田纜車站	
機場		八甲田纜車線	
巴士站		自動車道	
山			

2 公里

© 跨版生活圖書出版

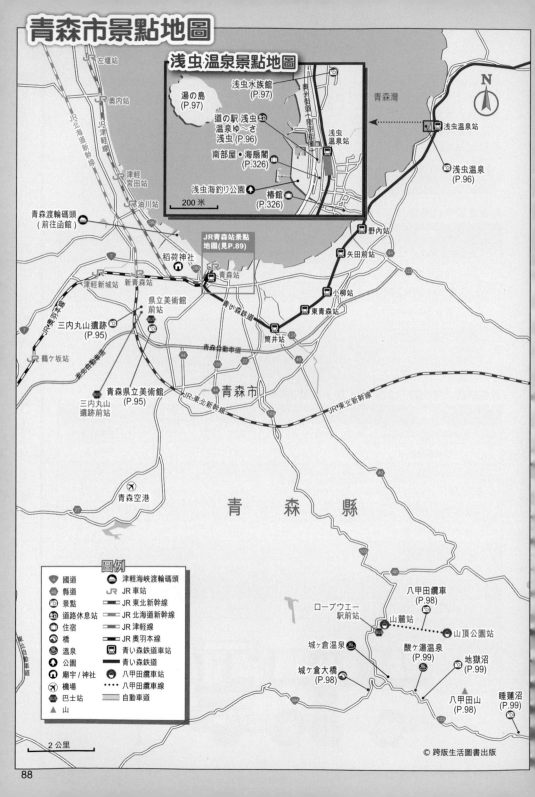

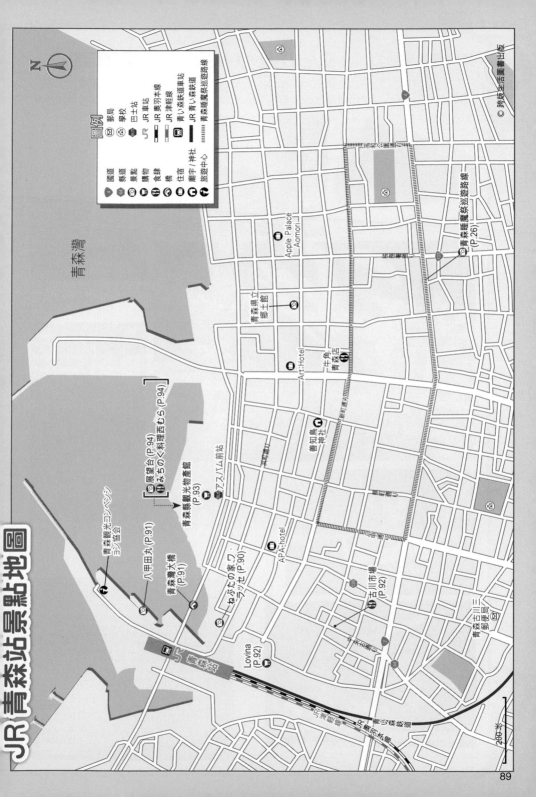

JR青森站景點地圖

青森灣

圖例

- 📮 郵局
- 🏫 學校
- 🚌 巴士站
- JR 🚉 JR車站
- JR奧羽本線
- JR津軽線
- JR青い森鐵道車站
- JR青い森鐵道
- 青森睡魔祭巡遊路線
- 🔺 國道
- 🔺 縣道
- 📷 景點
- 🛍 購物
- 🍴 食肆
- 🌉 橋
- ⛩ 廟宇/神社
- 🏨 住宿
- ❔ 旅遊中心

青森睡魔祭巡遊路線 (P.26)

Apple Palace Aomori

青森縣立鄉土館

Art Hotel

八角 青森店

善知鳥神社

青森觀光コンベンション協会

八甲田丸 (P.91)

青森灣大橋 (P.91)

展望台 (P.94)
みちのく料理西むら (P.94)
青森縣觀光物產館 (P.93)

アスパム前站

ねぶたの家 ワ・ラッセ (P.90)

APA-hotel

Lovina (P.92)

古川市場 (P.92)

青森吉川郵便局

JR青森站

200米

© 跨版生活圖書出版

青森縣

岩手縣

宮城縣

秋田縣

山形縣

福島縣

新潟縣

感受睡魔祭魅力 ねぶたの家 ワ・ラッセ 地圖 p.89

ねぶたの家 ワ・ラッセ(Nebuta House Warasse，睡魔博物館)介紹了睡魔祭的歷史與發展，同時展出每年出陣的部分大型佞武多燈籠，讓未能參加睡魔祭的遊客也能感受熱鬧的節慶氣氛。

▲建築外貌極具時代氣息，內裏展出自古流傳與睡魔祭相關的資料。

◀穿過隧道，細閱睡魔祭的歷史淵源。(攝影：Hikaru)

▲工作人員會定時講解睡魔祭的過程，還會即場表演。(攝影：詩人)

▲佞武多(花車)都製作得栩栩如生，手工極為仔細。(攝影：詩人)

◀館內來個小揭秘，為大家剖析佞武多的製作過程。(攝影：詩人)

▲館內手信。(攝影：蘇飛)

Info

🏠 青森縣青森市安方 1-1-1
🚃 從 JR「青森」站東口步行約 1 分鐘
🕐 5 月至 8 月 09:00~19:00，9 月至 4 月 09:00~18:00，商店營業時間延長多 30 分鐘
🚫 12 月 31 日至翌年 1 月 1 日，8 月 9 日至 10 日(餐廳及商店照常營業)
💲 一般 ￥620(HK\$42)，高中生 ￥460(HK\$32)，初中生及小學生 ￥260(HK\$18)；另設共通券「ねぶたの家＋八甲田丸(右頁)」一般 ￥930(HK\$63)，高中生 ￥620(HK\$42)，初中生 ￥470(HK\$32)，小學生 ￥270(HK\$18)；「ねぶたの家＋八甲田丸(右頁)＋青森縣觀光物產館(P.93)」一般 ￥1,380(HK\$81)，高中生 ￥970(HK\$57)，初中生 ￥770(HK\$45)，小學生 ￥570(HK\$34)
☎ 017-752-1311
🌐 www.nebuta.jp/warasse
🅿 首 1 小時 ￥220(HK\$15)，其後每 30 分鐘 ￥110 (HK\$7)

Online Map

▲館內展出大型的佞武多，甚有壓迫力。(攝影：詩人)

以船為博物館 八甲田丸
青函連絡船メモリアルシップ八甲田丸 地圖 p.89

親子

位於本州的青森市與北海道的函館只有一海之隔。於青函隧道通車前，JR公司設立了青函航道，以船隻貫通兩岸交通，八甲田丸為當時運行的船隻，現今則成為紀念有關航道的博物館。八甲田丸連同地牢共有5層，地牢為主機室及發電機室，3樓遊步甲板展示了昭和時期兩岸人們的生活，4樓為操舵室與通信室，遊客可於此一嘗當當船長的滋味。

▲遊客到了控制室都忙着扮演船長。

▲地牢一排排的發電機，擔任發動船隻的任務。

▲八甲田丸於1963年開始製造，1964年正式航行，至1988年退役成為紀念博物館。

▶3樓展示了昭和時期市內人們生活狀況。

Info

🏠 青森縣青森市柳川1-112-15
🚃 從JR「青森」站東口步行約5分鐘
🕐 4月至10月 09:00~19:00，11月至3月 09:00~17:00
🚫 11月至3月逢週一，12月31日至翌年1月1日，3月第2週的週一至五
💲 一般 ¥500(HK$35)，中學生 ¥300(HK$21)，小學生 ¥100(HK$7)；設有共通券「八甲田丸＋青森縣觀光物產館(P.93)＋淺虫水族館(P.97)」一般 ¥1,600(HK$112)，高中生 ¥1,200(HK$84)，初中生 ¥900(HK$63)，小學生 ¥600(HK$42)；其他共通券見左頁
☎ 017-735-8150
🌐 twitter.com/hakkouda1

Online Map

▲八甲田丸的照片。

▲入口處設有船員服飾，可穿上拍照。

青森港標誌 青森灣大橋
青森ベイブリッジ 地圖 p.89 MAPCODE 99 583 401*80

全長約1.2公里的青森灣大橋坐落在青森的港口，施工時間接近10年，於1994年全線通車。大橋落成，除了可紓緩青森港貨物的運輸外，還成為青森港的標誌。大橋就在ねぶたの家 ワ・ラッセ(左頁)旁，不少人觀看完睡魔祭的佞武多燈籠花車後，會繞道到展館後方，拍攝大橋與八甲田丸(見上)，近攝之下，大橋更震撼！

Info

🏠 青森縣青森市安方1
🚃 從JR「青森」站東口步行約1分鐘

Online Map

▶青森灣大橋及右邊的八甲田丸。

八田甲丸

(撰文：IKiC，攝影：蘇飛)

一齊砌積木 Lovina ラビナ 地圖 p.89

▲ Lovina 在 JR 青森站旁。

青森站大樓Lovina鄰近JR青森站，樓高5層，1樓為出售食品及手信的商店，2樓及3樓以出售服飾為主，5樓設有收費的木育廣場，讓大人與小孩於此玩盡各款木製積木，享受天倫之樂。

Info
🏠 青森県青森市柳川1-2-3
🚃 從JR「青森」站東口步行約1分鐘
🕐 約10:00~20:00(各店營業時間不一)
🚫 木育廣場：週一(遇假日改為翌日)
💲 木育廣場：一般￥500(HK\$35)，小童 ￥300(HK\$21)
☎ 017-734-1211　www.jre-abc.com/wp/lovina/index
Online Map

自由配搭食材 古川市場 地圖 p.89 必吃！

古川市場正名為「青森魚菜中心」，內有接近30間店鋪，出售不同種類的海鮮和美食。這個市場與一般魚市場最大分別在於這裏有可自由配搭的「のつけ丼」！進市場時，先買1張(￥250)，5張(￥1,100)或10張(￥2,000)，職員會收取一張食事券為食客換成白飯，之後便可以拿其他食事券在市場內換取其他配料，製成屬於你獨一無二的のつけ丼。若覺得配料不夠，可隨時加購食事券，讓你的餐點更豐盛！

▲古川市場。

▲購得食事券後，立即去尋找喜歡的食材。

▲看到五花八門的海產，好想全部都選一份！

▲案內所位於市場門口，先在此購買食事券吧。

▲滿滿的のつけ丼完成了，看到就讓人食指大動！

▲換領完，可在市場內的休憩處慢慢享受美食。

▲除了海鮮，部分店鋪有熟食及肉類供應。圖為美味的現烤前沢牛，一大塊需要兩張食事券才能換到。

▲當中一些昂貴食材需要多張食事券才能換到，圖為牡丹蝦。

Info
🏠 青森県青森市古川 1-11-16
🚃 從 JR「青森」站步行約 5 分鐘
🕐 07:00~16:00
🚫 週二、1月1日至2日
☎ 017-763-0085
🌐 nokkedon.jp
Online Map

齊備各式手信 青森縣觀光物產館

地圖 P.89 MAPCODE® 99 584 220

青森県観光物産館アスパム

青森縣觀光物產館距JR青森站約8分鐘路程，館內備有縣內各大熱門手信及土產，是選購手信的首選地方。除了購物，物產館2樓為Panorama映画館(パノラマ映画館)，播放介紹青森縣的20分鐘觀光影片，當中包括熱鬧的睡魔祭、風光明媚的十和田湖及弘前櫻花祭等。13樓則設有展望台(P.94)，讓遊客360度遠眺整個青森市風光。

青森市 弘前市 十和田市 八戶市 白神山地

▶物產館外觀為三角形設計。(攝影：蘇飛)

▲青森縣觀光物產館內可一次過購買青森縣內各大人氣手信。

黑蒜產品

▲青森的黑蒜產品極具名氣，多吃對身體有益，作為手信也不錯。

蘋果汁

▲來到青森不可錯過喝蘋果汁！物產館內的蘋果汁多達數十款，有選擇困難症的朋友要頭疼了。

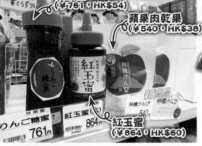

蘋果蜜 (¥761，HK\$54)

蘋果肉乾果 (¥540，HK\$38)

紅玉蜜 (¥864，HK\$60)

▲各式蘋果產品。

推介！

▲以王林青蘋果製成的果實脆條 (¥207，HK\$14)，是店長推薦的手信。

Info

🏠 青森県青森市安方 1-1-40

🚋 從 JR「青森」站東口步行約 8 分鐘；或乘ねぶたん號觀光巴士，於「アスパム前」站下車 (班次見 P.87)

🕐 約 09:30~18:00，各店營業時間不一

💲 A 券 (Panorama 映画館與展望台)¥450~850 (HK\$26~50)、B 券 (Panorama 映画館)¥350~650 (HK\$21~42)、C 券 (展望台)¥200~400 (HK\$13~25)；另有共通券，包括：「A 券 + ねぶたの家 (P.90)」、「A 券 + 八甲田丸 (P.91) + ねぶたの家」，價錢一般 ¥1,070~1,380(HK\$63~81)、小學生至高中生 ¥510~970 (HK\$30~57)

☎ 017-735-5311

🌐 aspm.aomori-kanko.or.jp

Online Map

▲紅玉蘋果糖果 (¥615，HK\$43)，放在網織蘋果形的盒子內，一物兩用！

▲手作編織的布條拖鞋 (¥2,571，HK\$180)，質地柔軟舒服。

Part

6

物產館 館內推介

青森縣

岩手縣

宮城縣

秋田縣

山形縣

福島縣

新潟縣

360度俯瞰青森 展望台 地圖 p.89

　　展望台設於物產館13樓,與其他建築相比,位處51米位置顯然高人一等。無論是青森街景、青森港景色、八甲田丸,還是八甲田山、青森海灣大橋等,都一一收進眼內。遊客可360度遠眺青森的景色,聽說天氣好時可與北海道遙遙對望,而運氣好的話,更可看到來自北海道的渡輪進港!

◀在展望台上可俯瞰青森的景色。(攝影:蘇飛)

▲夕陽下美麗的青森港。(攝影:蘇飛)

▲圖中遠處的山便是浅虫温泉一帶。

Tips!
參觀展望台可免費獲得飲品卡,憑卡到汽水機選擇喜歡的飲料。

Info

🏠 物產館 13 樓
🕐 09:00~18:30
💲 詳見「青森縣觀光物產館」(P.93)的收費

(撰文:IKiC)

味噌燒扇貝 みちのく料理西むら 地圖 p.89 推介!

　　青森市位處港口,海產新鮮美味,有不少餐廳以海鮮料理作招徠,而這家位於物產館內的餐廳,以新鮮海鮮料理及鄉土料理聞名。餐廳最有名氣的菜式是鄉土料理味噌燒扇貝(ほたて貝焼味噌)——在直徑20厘米的扇貝上,放滿混合了秘製味噌的碎扇貝,每一口都是新鮮好味!如想試扇貝,建議點繩文定食,已包括燒扇貝及其他美味的鄉土料理。

▶店內座位分榻榻米及西式餐桌。

▲扇貝定食(ほたてづくし定食),¥2,500(HK$147)。

▲繩文定食,¥2,420(HK$136)。

味噌燒扇貝

◀必試的味噌燒扇貝,單點 ¥1,200(HK$71)。

Info
🏠 物產館10樓
🕐 4月至10月11:00~15:00,17:00~20:00;
　 11月至3月11:00~15:00,16:30~19:00
🛏 不定期休息 　☎ 017-734-5353
🌐 www.michinokunishimura.com

(撰文:IKiC,攝影:蘇飛)

5,500 年前的村落印記 三內丸山遺跡　地圖 p.88　MAPCODE® 99 518 054*71

三內丸山遺跡為繩文時代(約5,500年前)遺留下來的村落遺跡。現時在遺跡發現了半地穴式房址、大型半地穴式房址及墓穴等，並發掘到大量古時遺留下來的陶器及土偶等。遺跡於2000年被列為國家特別史跡，並正在申請成為新一批的世界遺產。

▲ 入口處有繩文時代衣服，穿上後瞬間化身部族人。

▶ 半地穴式房屋以地面坑穴作為地板，再設支柱穩定屋頂。屋頂多以茅草、樹皮及泥土製成。

▶穿過繩文時遊館，展開一段歷史之旅。

◀ 遺跡內復原了3層樓高的大型立柱式建築，非常宏偉。

▲ 屋內空間感十足，更設有圍爐，據研究所知，此處除了作為住所外，更是村民集會的地方。

▲ 史跡內更還原了長達10米以上的大型半地穴式房屋，面積達250平方米，屬日本最大。

Info
- 🏠 青森縣青森市三內字丸山 305
- 🚌 從 JR「青森」站乘ねぶたん號觀光巴士，於「三內丸山遺跡前」站下車 (班次見 P.87)
- 🕐 10 月至 4 月 09:00~17:00，黃金週、6 月至 9 月 09:00~18:00
- 休 每月第 4 個週一 (如遇假期改為翌日)、12 月 30 日至翌年 1 月 1 日
- $ 一般 ￥410(HK$29)，高中生及大學生 ￥200(HK$14)，中學生或以下免費
- ☎ 017-766-8282
- 🌐 sannaimaru yama. pref.aomori.jp

Online Map

奈良美智手筆 青森縣立美術館　地圖 p.88　MAPCODE® 99 489 552*74

青森縣立美術館樓高兩層，除了展出畢卡索及夏卡爾等海外著名畫家的作品，也可欣賞到青森縣內出身的名人，如棟方志功及奈良美智等的作品。當中以出自奈良美智手筆、高達9米的青森犬為最受歡迎展品之一。

▲ 青森縣立美術館。

Info
- 🏠 青森縣青森市安田字近野 185
- 🚌 從 JR「青森」站乘ねぶたん號觀光巴士，於「県立美術館前」站下車 (班次見 P.87)
- 🕐 09:00~17:00
- 休 每月第 2 及第 4 個週一，年末年始
- $ 一般 ￥510(HK$36)，大學生及高中生 ￥300 (HK$21)，初中生及小學生 ￥100(HK$7)
- ☎ 017-783-3000
- 🌐 www.aomori-museum.jp

Online Map

▶由奈良美智設計的《青森犬》，感覺十分悲傷！館內的藝術品除這個外，一律禁止攝影，大家要留意！(攝影：蘇飛)

青森縣
岩手縣
宮城縣
秋田縣
山形縣
福島縣
新潟縣

東北之熱海 浅虫温泉 地圖 P.88 MAPCODE® 99 808 565*81

▲浅虫温泉。

這個溫泉在平安時代由日本高僧慈覺大師(円仁)發現，但只用於蒸煮麻布，而浅虫温泉的名稱亦與蒸煮麻布有關，日語「麻蒸(あさむし)」與「浅虫(あさむし)」同音。到了1190年，円光大師發現受傷的鹿到這裏泡湯，溫泉才開始被人用來泡湯。溫泉區設有大型的溫泉街，充滿舊日情懷，氣氛熱鬧，使之有「東北之熱海」(日本三大溫泉之一)的美稱。有興趣可購買溫泉共通券「麻蒸湯札」，價錢為¥1,500(HK$105)，可泡3個溫泉。溫泉區內還有海水浴場，可感受浅虫温泉的歡樂氛圍。

▶藍天碧海，最適合下海暢泳！

Info
🏠 青森県青森市大字浅虫
🚃 由 JR 青森站乘青森鐵道(青い森鉄道)至「浅虫温泉」站下車
☎ (浅虫温泉観光協会) 017-752-3250
🌐 www.asamushi.com

Online Map

(撰文：IKiC，攝影：蘇飛)

暢遊 浅虫温泉

泡日歸溫泉 道の駅 浅虫温泉ゆ～さ浅虫

地圖 P.88 MAPCODE® 99 808 623*78

這個道路休息站就在溫泉街附近，即使不是自駕的旅客也可輕易前往。ゆ～さ浅虫高5層，1樓有土產售賣處，提供約150種貨品，3樓是餐廳及免費畫廊。這個休息站最受歡迎的是5樓的展望浴場，可對着湯の島(右頁)泡湯。浴場屬日歸性質，不設住宿。如果還有時間的話，道の駅旁有ゆ～さ市場，裏面的蔬果全是當日新鮮送到。

◀外觀及門口。

▲青森產蘋果汁。
◀在土產售賣處的

▲休息站旁的ゆ～さ市場。

◀各式水果。

▲部分水果設試吃。

Info
🏠 青森県青森市大字浅虫字蛍谷 341-19
🚃 從青い森鉄道「浅虫温泉」站步行約 3 分鐘
🕐 展望浴場：07:00~21:00(休息前 30 分鐘停止入場)；餐廳及商店約 09:00~19:00，各店營業時間不一
$ 展望浴場：一般 ¥360(HK$25)，小學生 ¥160 (HK$11)，2~6 歲小童 ¥70(HK$4)
☎ 017-737-5151
🌐 www.yu-sa.jp

Online Map

(撰文：IKiC，攝影：蘇飛)

入場人次超過 I 千萬！ 浅虫水族館 地圖 p.88 MAPCODE 99 838 357*42

　　浅虫水族館是日本本州最北端的水族館，自1983至2014年，入場人次已達1千萬人！館內飼養了500多種珍貴海洋生物，還介紹了扇貝的飼養方法，而長達15米的海底隧道亦是焦點所在。來到水族館當然不能錯過海豚、海豹的表演，館內每天設有數場海豚表演(イルカパフォーマンス)，更有餵食環節，讓大家有機會近距離接觸這些可愛的海洋生物！

▲浅虫水族館。

▶館內展示了扇貝的飼養方法。

▲紀念品店有售很多可愛的吊飾。

▲館內飼養了原產於十和田湖的稀有魚類「ヒナマス」。

▲進入海底隧道！(攝影：Hikaru)

 Info

　🏠 青森県青森市浅虫字馬場山 1-25
　🚆 從青い森鉄道「浅虫温泉」站步行約
　　　10 分鐘
　🕐 09:00~17:00(部分日子營業時間略有
　　　不同，宜先瀏覽官網)；海豚表演 (約
　　　20 分鐘) 平日 10:00、11:30、13:30、
　　　15:30；餵飼海豚 (約 10 分鐘) 14:00
　💲 一般 ￥1,030(HK$71)；
　　　初中生及小學生 ￥510
　　　(HK$36)，幼兒免費
　☎ 017-752-3377
　🌐 asamushi-aqua.com

Online Map

(撰文：IKiC，攝影：蘇飛)

親子

▶ 海豚表演短片

▲即使未能觸摸海豚，但能近距離觀看他們，也算不枉此行。
(攝影：Hikaru)

陸奧灣上的小島 湯の島 地圖 p.88

　　在溫泉街對開800米的陸奧灣海面，有個孤零零的小島，這就是浅虫溫泉的象徵——湯の島。湯の島由火山活動形成，島上有座弁財天宮，在溫泉街就可以看到島上的紅色鳥居。湯の島最著名的是一大片的豬牙花叢，每年4月，島上都會舉行豬牙花祭，吸引不少遊客前往觀賞。

Info

　🏠 青森県青森市浅虫湯の島
　🚆 從浅虫碼頭乘搭觀光船前往，來回船
　　　票一般 ￥1,000 (HK$70)，小學生
　　　￥500(HK$35)，幼兒免費

(撰文：IKiC)

▶
亦
屬
溫
泉
區
，
從
遠
處
看
可
見
山
腳
下
的
紅
色
鳥
居
。

在
陸
奧
灣
上
的
湯
の
島

Part 6

青森縣

岩手縣

宮城縣

秋田縣

山形縣

福島縣

新潟縣

橋邊秋楓 城ヶ倉大橋 地圖 P.88 MAPCODE® 704 519 674*77 賞楓

▶城ヶ倉大橋。等到秋天變成黃黃橙橙，便會相當醉人。

連接津輕與南部的城ヶ倉大橋於1995年通車，屬上行式桁架拱橋，全長255米，是日本第一長的上行式拱橋。大橋位於城ヶ倉溫泉附近，橋下正是十和田八幡平國立公園內著名的景點——城倉溪流，景色優美。這裏亦是著名的賞楓熱點，秋天時，滿山青翠逐漸被楓紅取代，不論從任何角度都可看到滿山紅葉，這360度無障礙的賞楓景色吸引了不少追楓者前來拍照！

◀在橋邊休憩處看過去，蒼翠山色與陽光搭配得剛好。

Info

🏠 青森県青森市荒川南荒川山
🚗 從青森市自駕約 50 分鐘，自駕來往城ヶ倉溫泉約 4 分鐘
🈺 大橋在冬季晚上禁止通行

Online Map

（撰文：IKiC，攝影：蘇飛）

賞秋冬美景 八甲田山 地圖 P.88 賞楓

八甲田山為青森市南部火山群的統稱，屬十和田八幡平國立公園的一部分。最高的山峰為八甲田大岳，標高1,584米，秋天時為賞楓勝地，冬天時為大雪地帶，可欣賞美麗的樹冰。山頂設有兩條八甲田葫蘆步道，需時分別為30分鐘及1小時，遊客可從不同展望所欣賞四方景色。

▲冬天的八甲田山可欣賞不同形狀的樹冰。

Info

🏠 青森県青森市八甲田山
🚌 4 月中至 11 月中，從 JR「青森」站或「新青森」站乘 JR 巴士 (青森 - 十和田湖)，於「ロープウエー駅前」下車車，轉乘纜車前往：**巴士班次**：www.jrbustohoku.co.jp/route/detail.php?r=178&rc=11

Online Map

（相片由青森縣觀光連盟提供）

登上八甲田山 八甲田纜車 地圖 P.88 MAPCODE® 99 055 335*26
八甲田ロープウェー

在八甲田山山麓，遊客可乘搭纜車往八甲田山山頂，需時約10分鐘，沿途可眺望岩木山及陸奧灣一帶的景色。

◀乘搭纜車往山頂地區，可飽覽岩木山的壯麗景色。（相片由青森縣觀光連盟提供）

Info

🏠 青森県青森市荒川字寒水沢 1-12
🚌 4 月中至 11 月中，從 JR「青森」或「新青森」站乘 JR 巴士 (青森一十和田湖線)，於「ロープウエー駅前」站下車，車費約 ¥1,290(HK$76)，車程約 1 小時 25 分鐘；巴士班次見「八甲田山」
🕐 3 月至 11 月上旬 09:00~16:20，11 月中旬至 2 月 09:00~15:40，每 15~20 分鐘一班
💲 單程一般 ¥1,250(HK$83)，小學生 ¥450 (HK$40)；來回一般 ¥2,000(HK$146)，小學生 ¥700 (HK$51)
☎ 017-738-0343
🌐 www.hakkoda-ropeway.jp

Online Map

治療多種痛症 酸ケ湯溫泉 地圖 p.88　[MAPCODE] 704 522 613*45

酸ケ湯溫泉是八甲山上的溫泉，位於925米高的高地上，於江戶時代已存在，至今有300多年歷史。溫泉泉質屬酸性，可治療神經痛、腸胃病、便秘等問題，是第一個被指定為國民保養溫泉地的溫泉。酸ケ湯溫泉最有特色的是「ヒバ千人風呂」(男女混合)，在逾200平方米的溫泉場地內有兩個大浴池及打たせ湯(泉水從高處落下用以按摩的溫泉)，面積比得上一個體育館！溫泉區設有住宿服務，一泊二食由每人￥12,100(HK$712)起。

▶進去泡湯囉！

Info
- 🏠 (酸ケ湯溫泉旅館) 青森県青森市荒川南荒川山国有林酸湯沢 50
- 🚌 4 月中至 11 月中，從 JR「青森」站外乘 JR 巴士 (青森 - 十和田湖線)，在「酸ケ湯溫泉」站下車，車程約 1 小時 40 分鐘；巴士班次見「八甲田山」(左頁)
- 🕐 ヒバ千人風呂 (男女混浴)07:00~17:30 (女性專用時段) 08:00~09:00；玉の湯 (男女分開)09:00~17:00
- $ 成人 ￥1,000(HK$59)，兒童 ￥500(HK$29)
- ☎ 017-738-6400　🌐 www.sukayu.jp

Online Map

(撰文：IKiC，攝影：蘇飛)

Tips!

「ヒバ千人風呂」是男女混合，不習慣的話可留意當天的女性專用時間，亦可選擇男女分開的玉の湯。

火山口遺跡 地獄沼 地圖 p.88　[MAPCODE] 704 522 327*33

在酸ケ湯溫泉附近有個地獄沼，是火山口的遺跡，現時沼內的水是溫泉水，溫度更高達98℃！

Info
- 🏠 青森県青森市荒川
- 🚌 4 月中至 11 月中，從 JR「青森」站外乘 JR 巴士 (青森 - 十和田湖線)，在「酸ケ湯溫泉」站下車，再步行約 7 分鐘；巴士班次見「八甲田山」(左頁)

Online Map

(撰文：IKiC)

▶金黃色的地獄沼，讓人百看不厭。(相片由青森縣觀光連盟提供)

觀看八甲山連峰 睡蓮沼 地圖 p.88　[MAPCODE] 704 467 452*13

距離酸ケ湯溫泉4公里的睡蓮沼亦吸引不少遊客參觀，波平如鏡，每到6月，沼上佈滿清而不妖的蓮花，天氣好的話，還可以看到八甲山連峰。

Info
- 🏠 青森県十和田市法量字谷地
- 🚌 4 月中至 11 月中，從 JR「青森」站外乘 JR 巴士 (青森 - 十和田湖線)，在「睡蓮沼」站下車，車程約 1 小時 35 分鐘；巴士班次見「八甲田山」(左頁)

Online Map

(撰文：IKiC，攝影：蘇飛)

▲從這兒前往睡蓮沼。

▲ 6 月前往可見蓮，秋天則可看到紅楓擁抱睡蓮沼，可惜筆者未能在合適時間前往，欣賞睡蓮沼最美一面。

青森市　弘前市　十和田市　八戶市　白神山地

6.2
尋找蘋果批之旅
弘前市

弘前市位於青森縣西部，是日本最初實行城市制度的都市之一，人口為青森縣內第三位。弘前市的蘋果產量佔全日本20%，位居日本第一，市內以「擁有蘋果顏色的弘前」作為宣傳口號。在弘前蘋果公園，可親手採摘新鮮蘋果！市內另一熱門觀光點為弘前城，城內一年一度的睡魔祭、雪燈節及櫻花祭均吸引許多觀光客前來遊覽。

慶典
弘前睡魔祭 (P.25)

弘前觀光協會：
www.hirosaki-kanko.or.jp/tcn

蘋果批美食地圖

弘前市盛產蘋果，市內有不少主打蘋果批的店鋪，因此弘前市觀光協會製作了一份「弘前蘋果批導覽地圖」，遊客可根據地圖於市內尋訪不同蘋果批。地圖除了有不同蘋果批的造型，還詳細列出各種蘋果批的甜酸度及玉桂(シナモン)成份等，非常認真！

▲手持一份蘋果批地圖，就可按圖索驥開始尋找蘋果批之旅！

▲タムラファーム以自家農園出產的蘋果製作蘋果批 (￥360，HK$25)，餅底鬆脆。

 Info
蘋果批地圖
🌐 www.hirosaki-kanko.or.jp/web/edit.html?id=cat03_food09

縣內主要城市 前往弘前市的交通：

1. JR 青森站（青森市）　——　約 38 分鐘　￥680(HK$47)　——→　JR 弘前站

2. JR 八戶站（八戶市）　——　JR 新幹線　——　JR 新青森站　——　JR 奧羽本線　——→　JR 弘前站
（全程）約 1 小時 12 分鐘　￥4,380(HK$258)

註：上述車程摘自 JR 官網較快班次，車費為指定席。留意，不同班次列車的轉車站或不同。
　　以上資料僅供參考，以列車實際運行時間及收費為準。

市內交通——￥100巴士

　　弘前市市內主要交通為巴士，其中最受歡迎的是「￥100巴士」(100円バス)。￥100巴士有4款，行走4條路線，覆蓋大部分熱門觀光景點。遊客可購買一日乘車券，在一天內無限次搭乘￥100巴士。

▶ 前往土手町一帶的市營巴士。(攝影：Hikaru)

￥100巴士資訊：

巴士類型	行走路線	運行時間
土手町循環巴士	• 由「弘前バスターミナル」(巴士總站)站發車，經 JR「弘前」站 (弘前駅前站) 往西行 • 途經：青森銀行記念館及弘前公園等景點	4 月至 11 月 10:00~18:00，12 月至 3 月 10:00~17:00，約每 10 分鐘發車
ためのぶ號巴士	• 由 JR「弘前」站 (弘前駅前站) 出發往西行，總站為弘前蘋果公園站 (りんご公園站) • 途經：弘前公園、津輕藩ねぶた村	限 4 月至 11 月運行；JR「弘前」站發車 09:15、11:00、13:00、15:00，弘前蘋果公園站 (りんご公園站) 發車 (回 JR 站)09:55、11:40、13:40、15:40
城東循環（大町經由）	遊客較少使用的巴士路線，由「弘前バスターミナル」(巴士總站) 站 9 號車站站發車，經 JR「弘前」站城東口 (弘前駅城東口站)1 號車站站往東行	全年運行，08:30~19:30，每小時約 1~2 班車
城東循環（和德經由）		全年運行，08:00~17:55，每小時約 1~2 班車

Info
- 💲 單程￥100(HK$7)；另有一日乘車券，成人￥400(HK$24)、兒童￥200(HK$14)
- ☎ 0172-36-5061
- 🌐 www.konanbus.com/coin.html#coin01

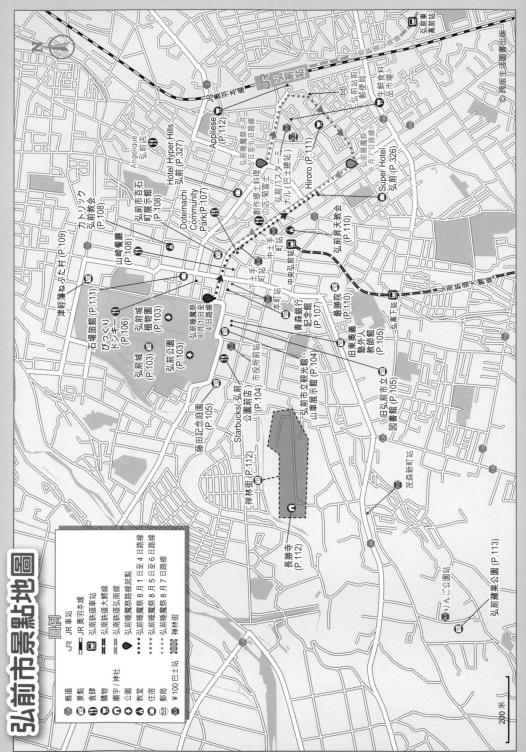

弘前市景點地圖

© 跨版生活圖書出版

102

圖例

JR JR車站	弘前睡魔祭8月1日至4日路線
JR 奧羽本線	弘前睡魔祭8月5日至6日路線
弘南鐵道大鰐線	弘前睡魔祭8月7日路線
弘南鐵道弘南線	禪林街
弘前睡魔祭路線起點	

景點
食肆
購物
公園
教堂
住宿
郵局

縣道
景點
食肆
購物
廟宇/神社
公園
教堂
住宿
郵局
¥100 巴士站

200 米

12座現存天守之一 弘前城、弘前公園、弘前城植物園

位於弘前公園的弘前城，別名「鷹岡城」，為日本12座現存天守之一。弘前城本丸為整座弘前城唯一留下來的建築，樓高3層，是現存三重天守中最矮的一座。初代天守遭受火災燒毀，現時的天守建於1896年。在弘前城三之丸內設有弘前城植物園，佔地約7萬多平方米，內裏種植了玫瑰、菊花、睡蓮等多種植物。

至於弘前公園，園內種有2,600棵櫻花，每年4月底在這裏均會舉辦盛大的櫻花祭，吸引許多遊客前來參觀，更被評為是賞櫻名所100選之一。在秋天會舉行「菊和紅葉祭典」，冬天則會舉辦雪燈節，是市內其中一個重要的觀光節目。

📍地圖 P.102 · 賞楓 · 賞櫻

▲弘前城本丸為日本重要文化財之一。

▲北面的郭龜甲門依舊保留築城時的姿態，同為國家重要文化財產。

▶這兒在秋天會舉行「菊和紅葉祭典」，可見其紅葉景致相當美麗。（相片由弘前市提供）

▲夏天的弘前公園綠意盎然。

🏠 青森縣弘前市下白銀町 1
🚃 從 JR「弘前」站步行約 30 分鐘；或乘ためのぶ號（限 4 月至11 月）或土手町循環的 ￥100 巴士，於「市役所前」站下車步行 4 分鐘，車程約 15 分鐘（班次見 P.101）
🕐「弘前城本丸・北の郭」：09:00~17:00，櫻花祭期間07:00~21:00；弘前城植物園：4 月中旬至 11 月 23 日09:00~17:00，櫻花祭期間：09:00~18:00
🚫 弘前城：11 月 24 日至 4 月中旬
💰 本丸、北之郭及植物園各一般 ￥320(HK$22)，初中生及小學生 ￥100(HK$7)；另有共通券（本丸、北之郭、植物園及藤田記念庭園門票），一般 ￥520(HK$36)，初中生及小學生 ￥160(HK$11)
☎ 0172-33-8733
🌐（弘前公園）www.hirosakipark.jp
（弘前城植物園）www.hirosakipark.or.jp/plant

Online Map

▲公園是賞櫻勝地。（相片由弘前市提供）

Part
6
青森縣
岩手縣
宮城縣
秋田縣
山形縣
福島縣
新潟縣

觀光情報集中地 弘前市立觀光館、山車展示館 地圖 P.102

弘前市立觀光館提供各種觀光情報予遊客參考。館內設有土產店出售弘前名物，2樓展示了津輕塗的工藝品。觀光館旁有山車展示館，同樣屬於觀光館，內裏展出弘前八幡宮祭典中使用的山車與太鼓。

◀觀光館位於弘前公園斜對面，門口還設有弘前吉祥物たか丸くん的石雕像。

館內設觀光案內所，除可購買部分景點的門券，更可取得第一手旅遊資料。

▶在山車展示館看弘前的山車。
（攝影：詩人）

▲2樓展出由職人(從事傳統手工藝的工作者)製作的津輕塗工藝品。

Info
- 青森縣弘前市下白銀町2-1(追手門広場內)
- 從 JR「弘前」站步行約30分鐘；或乘ためのぶ號(限4月至11月)或土手町循環的￥100巴士，於「市役所前」站下車步行1分鐘，車程約15分鐘(班次見 P.101)
- 09:00~18:00
- 休 12月29日至翌年1月3日
- 弘前市立觀光館：0172-37-5501
- www.hirosaki-kanko.or.jp/web/edit.html?id=tourist_hall
- P 首1小時免費，其後每30分鐘￥100(HK$7)

在大正時代建築嘆咖啡 Starbucks(弘前公園前店) 地圖 P.102

Starbucks(星巴克)(弘前公園前店)的建築來歷可不小：原本為建於1917年的舊第八師團長官宿舍，後來改建為美軍宿舍，被列為國家有形文化財產，近年再改建為咖啡店，在日本可謂相當罕見。古舊的大正時代建築加上咖啡香味，格外有味道！

▲咖啡店外型充滿歐陸風情，與咖啡非常配搭。

▲室內裝潢保留着大正時代氣氛，令人心情輕鬆。

Info
- 青森縣弘前市上白銀町 1-1
- 從 JR「弘前」站中央口步行約18分鐘；或乘ためのぶ號(限4月至11月)或土手町循環的￥100巴士，於「市役所前」站下車步行1分鐘，車程約15分鐘(班次見 P.101)
- 07:00~21:00
- 休 不定期休息
- 0172-39-4051
- store.starbucks.co.jp/detail-1302/

可愛故事屋 藤田記念庭園 地圖 P.102

藤田記念庭園為弘前出身的企業家藤田謙一，於大正8年(1919年)建築別邸時，專程從東京請來庭園師建設的庭園，總面積約2萬多平方米，是東北地區繼平泉毛越寺庭園(P.161)後第二大的日式庭園。園內建有洋館、和館及考古館，當中洋館比起日式庭園更受人矚目，洋館內設有茶室供應弘前名物蘋果批。

▶在洋館內享受一頓悠閒下午茶。時間充裕的話，可

▶洋館猶如故事屋。

Info
- 🏠 青森縣弘前市大字上白銀町 8-1
- 🚌 從 JR「弘前」站步行約 30 分鐘；或乘ためのぶ號(限 4月至 11 月)或土手町循環的 ¥100 巴士，於「市役所前」站下車步行約 3 分鐘，車程約 15 分鐘(班次見 P.101)
- 🕐 09:00~17:00(11 月 24 日至 3 月只有高台部及洋館開放)，櫻花祭期間至 21:00
- 💲 一般 ¥320(HK$22)，初中生及小學生 ¥100(HK$7)；另有與弘前城的共通券(詳見 P.103)
- ☎ 0172-37-5525
- 🌐 www.hirosakipark.or.jp/hujita

Online Map

(相片由公益社團法人弘前観光コンベンション協会提供)

文藝復興風格 旧弘前市立図書館 地圖 P.102

旧弘前市立図書館建於1906年，建築採文藝復興風格，中央採光令室內空間更加明亮。隨着戰爭爆發，圖書館被改建成舊陸軍第八師團的士兵宿舍，令建築物規模比原先設計大了4倍。現時圖書館是青森縣的重要寶物。

Info
- 🏠 青森縣弘前市下白銀町 2-1
- 🚌 從 JR「弘前」站步行約 25 分鐘；或乘ためのぶ號(限 4 月至 11 月)或土手町循環的 ¥100 巴士，於「市役所前」站下車步行約 5 分鐘，車程約 15 分鐘(班次見 P.101)
- 🕐 09:00~17:00　☎ 0172-82-1642
- 🅿 可利用弘前市立観光館(左頁)地下停車場

Online Map

▲旧弘前市立図書館外貌充滿復古風情。(攝影：詩人)

昔日生活用品展覽 旧東奧義塾外人教師館 地圖 P.102

建於1903年的旧東奧義塾外人教師館，在當年是弘前市立東奧義塾(現時的東奧義高等學校)的英語教師宿舍，至1987年捐贈予市政府，作為青森縣重要寶物保存至今。現時館內展出當時人民的生活物品及資料，還有咖啡室提供西式料理。

Info
- 🏠 青森縣弘前市下白銀町 2-1
- 🚌 參考「旧弘前市立図書館」(見上)
- 🕐 09:00~18:00　💲 免費
- ☎ 0172-37-5501
- 🅿 可利用弘前市立観光館地下停車場

Online Map

▶教師館以木材建成，簡樸中帶有古典味道。(攝影：詩人)

厚身滋味漢堡扒 びっくりドンキー 地圖 P.102

地圖 P.102

びっくりドンキー是連鎖餐廳，主要提供漢堡扒和牛扒等和洋料理。位於弘前城附近的是弘前店，提供多款漢堡扒料理，漢堡扒厚身，絕不欺場，而且肉味香濃多汁，無論是以鐵板烹調還是配忌廉汁都同樣好吃！這裏的牛扒也相當不錯，推介漢堡扒拼牛扒餐(ハンバーグ＆コロコロステーキ)，可以同時嘗到漢堡及牛扒，味道一流！

▲店內裝修就像動畫看到的家庭餐廳一樣。

▲餐牌很有趣。

▶蘋果汁(森のリンゴスカッシュ)・一杯 ￥340(HK$20)。

▲びっくりドンキー位於弘前的分店。

▲漢堡扒忌廉庵列飯(びっくり！オムクリームライス)・一客 ￥1,510(HK$89)。

◀漢堡扒拼牛扒(ハンバーグ＆コロコロステーキ)・一客 ￥1,660(HK$98)。

Info

🏠 青森県弘前市大字元寺町 36-1
🚉 從 JR「弘前」站步行約 25 分鐘；或乘土手町循環的 ￥100 巴士，於「本町」站下車步行約 5 分鐘，車程約 10 分鐘(班次見 P.101)
🕐 08:00 至凌晨 00:00
☎ 0172-39-1583
🖥 www.bikkuri-donkey.com

Online Map

(撰文：IKiC・攝影：蘇飛)

青森縣
岩手縣
宮城縣
秋田縣
山形縣
福島縣
新潟縣

餐飲集中地 Dotemachi Community Park 地圖 P.102
土手町コミュニティパーク

▲ Community Park 分為 A 及 B 兩棟。

弘前市的餐廳主要集中在新鍛冶町一帶，而Dotemachi Community Park聚集了多間餐廳，各式美食應有盡有。Community Park分為A(コミュニケーションプラザ)及B(ごちそうプラザ)兩棟，當中B棟底層集合了數間餐廳，包括日本菜、西式餐點、居酒屋等，是吃飯、品嘗弘前美食的好地方。

Info
- 🏠 青森縣弘前市土手町 31 番地
- 🚌 從 JR 弘前站步行 30 分鐘，或乘土手町循環的 ￥100 巴士，於「下土手町」站下車，步行約 1 分鐘，車程約 10 分鐘
- 🕐 A 棟10:00~05:00；B 棟 10:00 至 02:30 (各店營業時間不一)
- ☎ 0172-31-5755
- 🌐 dotemachi.com/web

(撰文：IKiC，攝影：蘇飛)

▲ B 棟內的餐廳。

縣內首家國立銀行 青森銀行記念館 地圖 P.102

青森銀行記念館建於1904年，舊稱為「第五十九銀行本店」，為日本第59間國立銀行，亦是青森縣內第一所國立銀行。建築物樓高兩層，以文藝復興風格建成。現時館內展出舊日日本紙幣及銀行資料，1972年被定為國家重要文化財。

▲ 青森銀行記念館的外觀採西洋風格，極具氣派。

▲ 木製的樓梯讓建築物更顯高貴。

▲ 現時館內展出許多珍貴的舊日銀行文物。

Info
- 🏠 青森縣弘前市元長町 26
- 🚌 從 JR「弘前」站步行約 25 分鐘；或乘土手町循環的 ￥100 巴士，於「下土手町」站下車步行約 5 分鐘，車程約 10 分鐘 (班次見 P.101)
- 🕐 09:30~16:30，菊花、紅葉及其他祭典期間至 18:00
- 休 週二，12 月 29 日至 1 月 3 日 (四大祭期間無休)
- 💲 一般 ￥200(HK\$14)，初中生及小學生 ￥100 (HK\$7)，四大祭期間免費
- ☎ 0172-36-6350
- 🌐 www.city.hirosaki.aomori.jp/gaiyou/shisetsu/formerthe59thbank_mainoffice_mainbuilding.html

▲ 無論建築內外都保存良好，難怪被選為國家重要文化財。

最古老洋風建築 弘前市百石町展示館 🔹地圖 P.102

百石町展示館是市內現存最古老的西洋風建築物，原先為津輕銀行所在地，建於明治16年，以「角三」吳服店這家店鋪改建而成。2001年4月轉贈予弘前市，於翌年列為文化財。

◀展示館內仍然保留舊日銀行的裝潢。(相片由公益社團法人弘前觀光コンベンション協會提供)

🏠 青森県弘前市大字百石町 3-2
🚌 從 JR「弘前」站步行約 20 分鐘；或乘土手町循環的 ¥100 巴士，於「下土手町」站下車步行 3 分鐘，車程約 10 分鐘(班次見 P.101)
🕐 09:00~20:00
🈺 12 月 29 日至翌年 1 月 3 日
💲 免費
☎ 0172-31-7600
🌐 www.city.hirosaki.aomori.jp/tenjikan/
Online Map

尖塔木教堂 カトリック弘前教會 🔹地圖 P.102

カトリック弘前教會於1910年興建，採羅馬式建築風格，為少數具有尖塔的木造教堂。教堂內部的木造祭壇雕刻相當精細，是由外國建築家於1866年製作的。

◀カトリック弘前教會的外觀非常傳統。(相片由公益社團法人弘前觀光コンベンション協會提供)

🏠 青森県弘前市百石町小路 20
🚌 從 JR「弘前」站乘ためのぶ號 (限 4 月至 11 月)、土手町循環的 ¥100 巴士，於「文化センター」站下車，步行約 4 分鐘 (班次見 P.101)
☎ 0172-33-0175
🌐 www.sendai.catholic.jp/hirosakicatholicchurch.html
Online Map

好評如潮的法式料理 山崎餐廳 🔹地圖 P.102
レストラン山崎

山崎餐廳外觀質樸，是當地老字號的法式料理餐廳，在TripAdvisor網站上，於弘前市中排名第3。店家使用當地食材，炮製出美味的料理，特別使用了日本農夫木村秋則先生所種的「奇蹟的蘋果」，十分珍貴，特別推介店內的「蘋果冷湯」。注意，餐廳採預約制，去前可以電話預約。

🏠 青森県弘前市親方町 41
🚌 從 JR「弘前」站步行約 20 分鐘，或乘土手町循環的 ¥100 巴士，於「徒町」站下車步行約 5 分鐘 (班次見 P.101)
🕐 預約時段11:00、17:30、20:30
🈺 週一
☎ 0172-38-5515
🌐 www.r-yamazaki.com
Online Map

(撰文：Kristy，攝影：蘇飛)

體驗弘前睡魔祭 津軽藩ねぷた村 地圖 p.102

　　津軽藩ねぷた村為市內體驗型觀光設施，設有多間出售弘前名物的店鋪，而常設館「弘前ねぷた館」展出許多與弘前睡魔祭相關的物品。在這裏可欣賞祭典巡遊中使用的花車，還可欣賞到津輕三味線的現場演奏及地區民工藝品的製作過程。此外，館內的日本庭園「揚亀園」被列為登錄記念物，遊客可漫步庭園感受日式氣氛。

▶村內有多間店鋪，可盡情選購弘前出產的物品。

▲館內定期有專人講解睡魔祭的起源與習俗。

▶日本每個地區都有獨有的「鄉下話」，弘前也不例外。館內圖文並茂顯示讀音及中英韓文意思，非常有趣！

▲未能親身欣賞睡魔祭的朋友，參觀展館時也能感受當中的熱鬧氣氛。

▶體驗工房設有不少DIY活動，例如製作土鈴、在津輕燒上繪畫。

揚亀園
▲館內的日式庭園「揚亀園」，遊客可以￥100(HK$7)購買飼料餵餵池塘裏的魚兒。

▶工藝師即場示範製作小芥子（人形木偶）。

Info

🏠 青森県弘前市亀甲町 61
🚌 從 JR「弘前」站乘ためのぷ號（限 4 月至 11 月）的 ￥100 巴士，於「ねぷた村」站下車步行約 1 分鐘，車程約 15 分鐘；或乘土手町循環的 ￥100 巴士，於「文化センター前」站下車步行 8 分鐘，車程約 15 分鐘（班次見 P.101）
🕐 09:00~17:00
💲 一般 ￥600(HK$35)，中學生 ￥400(HK$24)，小學生 ￥300 (HK$18)，3 歲或以上 ￥100(HK$7)
☎ 0172-39-1511
🌐 www.neputamura.com

Online Map

青森市 弘前市 十和田市 八戶市 白神山地

Part
6
青森縣
岩手縣
宮城縣
秋田縣
山形縣
福島縣
新潟縣

青森縣國寶 弘前昇天教会 地圖 P.102

　　弘前昇天教会於1920年建成，隸屬日本聖公會，是一棟採用歌德風格的紅磚建築，於1993年被指定為青森縣國寶，非常珍貴。

　　現時教堂內的風琴於1882年製造，由美國傳教士於明治時期帶來日本。

◀弘前昇天教会歷史相當悠久。(相片由公益社団法人弘前観光コンベンション協会提供)

Info
🏠 青森県弘前市山道町7
🚌 從JR「弘前」站乘土手町循環的￥100巴士，於「中土手町」站下車步行5分鐘，車程約10分鐘(班次見P.101)
☎ 0172-34-6247

Online Map

五重塔下賞楓 最勝院 地圖 P.102　MAPCODE 71 041 202*43　賞楓

　　最勝院於寬文7年(1667年)建成，院內的五重塔是東北地區其中一個著名的景點。五重塔建造過程長達10年，高約31.2米，現為國家重要文化財產，亦是全日本位置最北的五重塔，在秋天是賞紅葉的好去處。

◀最勝院正面的仁王門刻有金剛山的名號。

五重塔

▲清幽的寺院是賞楓勝地。

▲院內的五重塔極具古典之美。

Info
🏠 青森県弘前市大字銅屋町63
🚌 從JR「弘前」站乘土手町循環的￥100巴士，於「本町」站下車步行約5分鐘(班次見P.101)
🕐 09:00~16:30
☎ 0172-34-1123
🌐 www15.plala.or.jp/SAISYOU

Online Map

百年旅館 石場旅館

　　石場旅館創業於明治12年，至今有145年歷史，更於2011年成為國家指定有形文化財產，是一間充滿日本傳統及歷史的旅館，距離弘前城只有約5分鐘步行路程，離弘前其他景點也十分近。旅館主人待人親切，亦會主動介紹弦前歷史和景點，可以讓人感受到日本風土人情味。目前旅館只接受電話預約。

▶ 旅館內有個小庭園。

▲ 旅館是木造兩層建築。

▲ 有種恬靜的氛圍。

▶ 正門入口的太鼓橋。

◀ 見證旅館歷史的時間之娘 (ときの娘)。

▶ 早餐的配菜很豐富。

 Info

🏠 青森縣弘前市元寺町55
🚋 乘弘南鐵路大鰐線到「中央弘前」下車，步行約13分鐘
🕐 Check-in 15:00/Check-out 10:00，設有門限01:00
☎ 0172-32-9118(預約時間：7:00-22:00)
🌐 ishibaryokan.com

Online Map

（撰文：HEI，攝影：蘇飛）

年青人最愛的大型商場 Hiroro ヒロロ

地圖 P.102

　　Hiroro為弘前其中一個大型商場，商場共有7層，地面那層以時裝及雜貨店為主，包括Francfranc及チチカカ等品牌；2樓有各種電子及電腦產品；3樓是市政辦公室；4樓有動漫店Animate及多間餐廳。

Info

🏠 青森縣弘前市駅前町9-20
🚋 從JR「弘前」站步行約3分鐘
🕐 約10:00～20:00(各店營業時間不一)
☎ 0172-35-0123
🌐 www.hiroro.co.jp

Online Map

▲ Hiroro 位於 JR 站附近，交通非常方便。

選購不同服裝 Appliese アプリーズ 地圖 p.102

Appliese是生活百貨公司，樓高4層，1樓為藥店及食品店，其餘樓層為服飾店，當中3樓有以出售Porter為主的Lapax、服裝店Lefrau，而4樓的Suit Select提供外國遊客退稅服務。

◀ Appliese 就在 JR 弘前站旁，旅客出發前可於此血拼一番。

🏠 青森県弘前市表町2-11
🚃 從JR「弘前」站步行約1分鐘
🕐 10:00~20:00，各店營業時間不一
☎ 0172-36-2231
💻 www.jre-abc.com/wp/appliese/index
Online Map

寺院林立 禅林街 地圖 p.102

◀ 部分寺廟提供坐禪體驗，讓你暫時擺脫世俗煩憂。（相片由公益社団法人弘前観光コンベンション協会提供）

在1610年，津輕二代藩主因風水問題，在被視為鬼門關的弘前城西南方至長勝寺一帶興建33間寺院，全部皆為曹洞宗教派。現時，此處稱為禅林街，為日本全國少見的寺廟街道。

Tips!

日本人眼中的鬼門關？

不說不知，原來日本風水上會視西南方為鬼門關。

🏠 青森県弘前市西茂森
🚃 從JR「弘前」站乘ためのぶ號巴士，於「茂森町」站下車步行約7分鐘（班次見P.101）
Online Map

禅林街 國寶寺院

國寶級寺院 長勝寺 地圖 p.102 MAPCODE 71 039 468*33

長勝寺為曹洞宗派的寺院，於1528年創建，1610年遷於現址，供奉釋迦如來。寺院部分地區為弘前城城跡，本堂正面懸掛着於鎌倉時代製造的梵鐘，寺內的「三尊佛」、「藥師如來三門本尊」及「津輕為信木像」皆為青森縣重要的國寶。

▲長勝寺的正門三門為國家重要文化財。(相片由公益社団法人弘前観光コンベンション協会提供)

🏠 青森県弘前市西茂森1-23-8
🚃 從JR「弘前」站乘ためのぶ號（限4月至11月）的￥100巴士，於「茂森新町」站下車步行約7分鐘（班次見P.101）
🕐 4月至11月 09:00~16:00
🚫 12月至3月
💲 參拜費：成人 ￥300(HK$21)
☎ 0172-32-0813
✉ xn--phry5son2c.com
Online Map

弘前蘋果公園

採摘新鮮蘋果
弘前りんご公園

MAPCODE® 71 008 313*58

地圖 P.102

推介! 親子

既然來到日本著名的蘋果產地弘前市，當然要到訪一下蘋果公園了。園內除了有店鋪及餐廳出售蘋果製品及料理外，每年8月至11月中旬更可親身採摘蘋果。園內還有間建於140多年前的舊小山內家住宅，遊客可觀看到古時的日本民家生活。

▲從展望台可遠眺整個蘋果公園，放眼看去全是不同品種的蘋果樹，讓人垂涎三尺。

▲從蘋果形的窗口觀賞蘋果公園，好有趣！

▲通往公園的看板都是蘋果形狀。

▲園內有售與蘋果相關的手信。
(攝影：蘇飛)

◀不同時期可採摘不同品種的蘋果，大小都各有不同，但新鮮摘下的當然美味！

採摘蘋果

▲大家一起來摘蘋果吧！採摘不限人數，收費以採摘重量計算，每公斤（約3個蘋果）¥320(HK\$22)，限時 20 分鐘。

▶釀了蘋果的炸豬扒定食（りんごカツ定食，¥864、HK\$60），賣相很吸引！

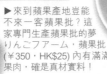 

▶來到蘋果產地豈能不來一客蘋果批？這家專門生產蘋果批的夢りんごフアーム，蘋果批（¥350，HK\$25）內有滿滿的果肉，確是真材實料！

▶飽吃一頓後，最後來一杯暖暖的蘋果茶（アップルティー・¥400、HK\$28），滿足得很！

▶冰涼的蘋果啫喱（¥270、HK\$19）是夏天消暑良物。

Info

🏠 青森県弘前市大字清水富田字寺沢 125 番地
🚌 從 JR「弘前」站乘ためのぶ號（限 4 月至 11 月）的 ¥100 巴士，於「りんご公園」站下車，車程約 40 分鐘（班次見 P.101）
🕐 09:00~17:00
☎ 0172-36-7439
🌐 www.city.hirosaki.aomori.jp/ringopark

Online Map

青森市 弘前市 十和田市 八戶市 白神山地

Part 6

青森縣

岩手縣

宮城縣

秋田縣

山形縣

福島縣

新潟縣

日本本州最北守護神 岩木山神社 　地圖 p.116　MAPCODE® 492 146 021*03

▲岩木山神社的鳥居。

岩木山神社坐落在岩木山的山麓，是日本本州最北的守護神，據說神社於寶龜2年(公元780年)創建，距今已有1,200年歷史。但神社曾兩遭祝融之禍，在1589年發生的大火更幾乎燒毀全社，幾經重建才回復現貌。縱使曾受火災，但以縣產的羅漢柏建成的神社，最古老的一塊木材亦有近400年歷史！另外，神社設有小食檔攤，推薦雪糕車仔檔，雪糕綿密柔滑，不會過甜。

▶神社前這家雪糕車仔檔很不錯，看到的話不妨買來試試。

◀雲呢嗱味雪糕，￥150(HK$8)。

Info
- 🏠 青森県弘前市百沢寺沢 27
- 🚌 從 JR 弘前站乘弘南巴士 (弘前 - 枯木平線) 至「岩木山神社前」站下車，車程約 38 分鐘 (班次見下「岩木山」)
- 🕐 08:30~17:00　☎ 0172-83-2135
- 🌐 iwakiyamajinja.or.jp

Online Map

(撰文：IKiC，攝影：蘇飛)

津輕富士 岩木山 　地圖 p.116　MAPCODE® 492 260 076*85

岩木山是一座二重火山，是青森縣最高的山，從側面看，呈近乎對稱的圓錐形，因山形似富士山而有「津輕富士」的美稱。岩木山山頂由3個山峰——岩木山、鳥海山及岩鬼山組成，遊客一般會自駕或乘坐巴士到達8合目停車場，轉乘吊車(岩木山リフト)前往9合目，再在9合目徒步40分鐘上鳥海噴火口一睹火山口。在9合目，除了可看到遠處的八甲山連峰外，也可欣賞到岩木山特有的高山植物「陸奧小櫻(岩木小櫻)」。**留意，只可以在4月底至10月下旬或11月初上山。**

▲站在 8 合目欣賞山下風景。

◀8 合目停車場。

▲站在 9 合目，有種大地在我腳下的感覺。

▲乘吊車就可到 9 合目。

▲直上 9 合目！

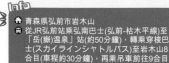
鳥海噴火口

口40分鐘便可抵達鳥海噴火來到走上步道，步行約

Info
- 🏠 青森県弘前市岩木山
- 🚌 從JR弘前站乘弘南巴士(弘前-枯木平線)至「岳(嶽)溫泉」站(約50分鐘)，轉乘穿梭巴士(スカイラインシャトルバス)至岩木山8合目(車程約30分鐘)，再乘吊車前往9合目
- 🕐 吊車：4月下旬至10月下旬，上山09:00~16:00；下山09:00~16:20
- 💲 吊車一般 ￥1,000(HK$63)，中學生 ￥800 (HK$49)，小學生 ￥600(HK$35)
- ☎ (岩木山觀光協會)0172-83-3000
- 🌐 www.iwakisan.com

巴士及穿梭巴士班次

Online Map

(撰文：IKiC，攝影：蘇飛)

69個髮夾彎 津輕岩木 Skyline 地圖 P.116 賞楓

津輕岩木スカイライン MAPCODE® 492 166 571

　　這是一條有趣的收費道路，從山腳至標高1,300米處的停車場，全長約10公里的上山路上有69個彎道。若是自駕遊的話，一定要來這條路試試。當然你不可以在此高速飄移，這樣的彎路一定要小心慢速行駛。標高約487米處有樹齡超過90年的天然櫸木林，而在賞楓季節，這段路也是美不勝收。

▶這條路從上空看大致是這樣的。
(相片由青森縣觀光情報アプテイネット提供)

▲出入口和收費站。

▶髮夾彎共有69個。

Info

🏠 青森縣弘前市常盤野字黑森 56-2
🕐 08:00~16:00(17:00 封路)
🚫 11月上旬至4月中旬
💰 (來回)輕自動車￥1,500(HK$109)，普通私家車￥1,800(HK$131)
☎ 0172-83-2314
🌐 www.iwaki-skyline.jp
Online Map

▶駕駛在津輕岩木Skyline影片

山路旁的土產店 柳田とうもろこし店

地圖 P.116　MAPCODE® 492 138 375*65

　　店鋪位於岩木山山腳，與嶽溫泉距離不遠，主要售賣土產。店內有多款當地出產的農產品，如番茄、燈籠椒、茄子等等，全部都在岩木高原種植，高原日夜溫差大，因而種出的瓜果也特別甘甜。店內還售賣現烤粟米，遊客可即席品嘗到高原蔬菜的美味。

▶多款高原出產的農產品。

▲柳田とうもろこし店。

Info

🏠 青森縣弘前市百沢字裾野 892
🚌 從JR弘前站乘弘南巴士(弘前-枯木平線)至「岳(嶽)溫泉」站下車，車程約50分鐘(班次見左頁「岩木山」)，再步行15分鐘；或由弘前市自駕約40分鐘
☎ 0172-82-4031
🌐 www.yanakimi.com
Online Map

(撰文：IKiC，攝影：蘇飛)

▲現烤粟米，￥250(HK$18)。

青森縣 岩手縣 宮城縣 秋田縣 山形縣 福島縣 新潟縣

弘前市周邊景點地圖

岩木山 (P.114) ▲
岩鬼山 (P.114) ▲
▲鳥海山 (P.114)

津輕岩木 Skyline (收費自動車道) (P.115)

岳(嶽)溫泉站 BUS

岩木高原縣立 自然公園

柳田とうもろこし店 (P.115)

岩木山神社 (P.114)

百沢

圖例

🛍 購物	BUS 巴士站		
⛩ 神社	🚡 吊車站		
🏞 公園	▰▰▰ 岩木山リフト 吊車線		
▲ 山			

▲森山

1 公里

© 跨版生活圖書出版

N

艷紅果實的誘惑 蘋果之路
アップルロード
日本東北地區自駕遊大地圖

MAPCODE® (大鰐弘前IC)323 757 452*87

　　弘前市以蘋果而聞名，市內有大片的蘋果園，除了弘前蘋果公園(P.113)，由大鰐弘前IC附近的國道7號至舊岩木町地區一段約20km的道路，兩邊種滿蘋果樹，是人氣的「蘋果之路」。每到5月，淡粉色的蘋果花綻放，路上飄散蘋果花香；在秋季，兩旁都是碩果纍纍的蘋果樹，一個個紅通通的大蘋果懸在枝上，十分誘人。不過蘋果園是私人產業，不可以偷偷採摘！

▲ 路上有可能會看到猴子，像是香港大帽山的情景。

▲可惜採訪時蘋果尚未成熟，仍是青綠色的。

Info

🏠 大鰐弘前IC-石川-百沢(約23km)
🕐 全段車程約30分鐘

Online Map

（撰文：IKiC・攝影：蘇飛）

6.3
著名奥入瀬渓流
十和田市

十和田市位於青森縣東南與南部地帶，總人口只有6萬餘人。市內除了有廣闊的牧場，大部分面積為農地及綠化地帶，當中包括南八甲田連峰與十和田湖，還有廣受國內外人士追捧的奥入瀬渓流。基於獨特的地理及氣候環境，十和田市是日本蔬菜產量最多的城市，水果的產量亦非常豐富，不少農家開設農園供遊客觀光及參加採摘活動，成為新興觀光事業。

十和田奥入瀬觀光機構：
www.towada.travel

前往十和田市的交通：

從青森市、弘前市及八戶市前往十和田市，可乘 JR 至 JR「八戶」站，在車站前轉乘十和田觀光電鐵巴士至「十和田市中央」站，交通詳見 P.118。

市內交通——巴士

十和田市內交通主要為「十和田觀光電鐵巴士」與「JR十和田觀光巴士」，但由於電鐵巴士未能到達熱門旅遊地區，如奧入瀨溪流及十和田湖等，而JR巴士班次較為疏落，建議僅駕車的遊客採自駕遊形式遊覽市內。

乘JR十和田觀光巴士，主要利用「青森・八戶－奧入瀨溪流・十和田湖」觀光線巴士，巴士線由「みずうみ號」和「おいらせ號」共同行駛，前者不會經過JR八戶站。巴士設有二日乘車券，二日￥5,800(HK\$365)。注意：這條路線**僅在4月中至11月初運行，冬季休息**，班次見下表。宜出發前瀏覽官網，班次以官網公布為準。

JR十和田觀光巴士「青森・八戶－奧入瀨溪流・十和田湖」線主要站班次

表格(一)：JR站發車

發車站	みずうみ80号	みずうみ2号	みずうみ4号	おいらせ21号	みずうみ82号	みずうみ6号	おいらせ23号
青森駅	——	8:10	9:00	——	——	11:35	——
新青森駅前	——	8:38	9:28	——	——	12:26	——
岩木山展望所	——	8:56	9:46	——	——	12:44	——
ロープウェー駅前	——	9:04	9:54	——	——	12:52	——
城ヶ倉温泉	——	9:10	10:00	——	——	12:58	——
酸ケ湯温泉	——	9:15	10:05	——	——	13:03	——
睡蓮沼	——	9:22	10:12	——	——	13:10	——
蔦温泉	——	9:55	10:45	——	——	13:43	——
奥入瀬渓流温泉入口	——	10:04	10:54	——	——	13:52	——
八戸駅西口	↓	↓	↓	10:00	↓	↓	13:30
十和田市現代美術館	↓	↓	↓	10:44	↓	↓	14:14
奥入瀬渓流温泉	——	10:07	10:57	11:32	——	13:55	15:02
焼山	8:35	10:10	11:00	11:35	13:00	13:58	15:05
奥入瀬渓流館	8:36	10:11	11:01	11:36	13:01	13:59	15:06
石ケ戸	8:44	10:19	11:09	11:44	13:09	14:07	15:14
雲井の滝	8:50	10:25	11:15	11:50	13:15	14:13	15:20
銚子大滝	8:59	10:34	11:24	11:59	13:24	14:22	15:29
子ノ口	9:05	10:40	11:30	12:05	13:30	14:28	15:35
十和田湖(休屋)	9:20	10:55	11:45	12:20	13:45	14:43	15:50

表格(二)：和田湖(休屋)站發車(回JR站)

發車站	みずうみ81号	みずうみ1号	おいらせ22号	みずうみ83号	みずうみ3号	みずうみ5号	おいらせ24号
十和田湖(休屋)	7:40	8:40	10:00	12:00	13:30	15:00	16:00
子ノ口	7:55	8:55	10:15	12:15	13:45	15:15	16:15
石ケ戸	8:14	9:14	10:34	12:34	14:04	15:34	16:34
奥入瀬渓流館	8:22	9:22	10:42	12:42	14:12	15:42	16:42
焼山	8:23	9:23	10:43	12:43	14:13	15:43	16:43
奥入瀬渓流温泉	——	9:26	10:45	——	14:16	15:46	16:45
十和田市現代美術館	——	↓	11:29	——	↓	↓	17:29
八戸駅西口	——	↓	12:20	——	↓	↓	18:20
奥入瀬渓流温泉入口	——	9:28	——	——	14:18	15:48	——
酸ケ湯温泉	——	10:27	——	——	15:17	16:47	——
城ヶ倉温泉	——	10:30	——	——	15:20	16:50	——
ロープウェー駅前	——	10:37	——	——	15:27	16:57	——
岩木山展望所	——	10:47	——	——	15:37	17:07	——
青森駅	——	11:48	——	——	16:38	18:08	——

註：以上表格為 2024 年 4~11 月班次及部份車站，最新班次請參考官網。

Info

(JR十和田觀光巴士)
www.jrbustohoku.co.jp/route/
(十和田觀光電鐵巴士)
www.toutetsu.co.jp/jikoku.htm

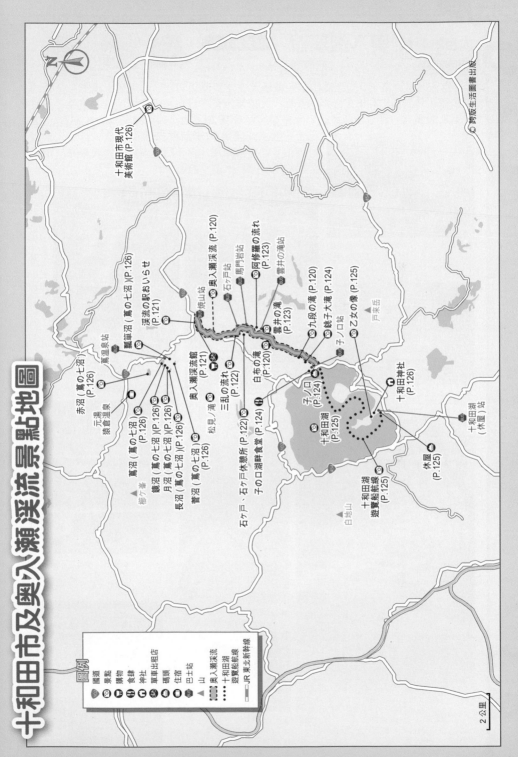

十和田市及奧入瀨溪流景點地圖

十和田市現代
美術館 (P.126)

奧入瀨溪流 (P.120)

阿修羅の流れ
(P.123)

石ケ戸站

馬門岩站

雲井の滝站

渓流の駅おいらせ
(P.121)

焼山站

子ノ口站

瓢箪沼 (蔦の七沼)(P.126)

蔦温泉站

雲井の滝
(P.123)

九段の滝 (P.120)

銚子大滝 (P.124)

乙女の像 (P.125)

戸来岳

赤沼 (蔦の七沼)(P.126)

元湯
猿倉温泉

櫛ケ峯

蔦沼 (蔦の七沼)
(P.126)

鏡沼 (蔦の七沼)(P.126)

月沼 (蔦の七沼)(P.126)

長沼 (蔦の七沼)(P.126)

菅沼 (蔦の七沼)(P.126)

松見ノ滝

奧入瀨溪流館
(P.121)

三乱の流れ (P.122)

白布の滝
(P.120)

子ノ口
(P.124)

十和田神社
(P.126)

十和田湖
(P.125)

石ケ戸、石ケ戸休憩所 (P.122)

子の口湖畔食堂 (P.124)

十和田湖
遊覽船航線 (P.125)

休屋
(P.125)

十和田湖
(休屋) 站

白地山

圖例

國道
景點
博物館
食肆
神社
單車出租店
碼頭
住宿
巴士站
山
奧入瀨溪流
十和田湖
遊覽船航線
JR 東北新幹線

2 公里

© 跨版生活圖書出版

119

Part 6

青森縣
岩手縣
宮城縣
秋田縣
山形縣
福島縣
新潟縣

大自然秘境 奧入瀨溪流 地圖 p.119

MAPCODE® 子ノ口：612 518 011　　MAPCODE® 燒山口：612 853 864

必到！　賞楓　建議自駕

奧入瀨溪流為子ノ口至燒山的一段溪流，水流隨山勢地形起伏變化萬千，全長約14公里，是到訪十和田市必到的景點，尤以夏天的翠綠與秋天的紅葉最為吸引。要欣賞奧入瀨溪流，可沿步道而行，大多遊客可乘搭JR巴士至燒山或子ノ口，再配合JR巴士、散步或騎單車(腳踏車)來遊覽溪流，自駕人士則可停泊至指定停車場，再步行至溪流各主要景點，走畢全程約需5小時。

▲整個地帶內有多個具名或不具名的小瀑布與急流，相中的瀑布名為「不老の滝」。

▲走在溪流邊，滿眼綠意。
(攝影：蘇飛)

白布の滝

▲遠觀「白布の滝」，如仙女把一匹白布從天上撒落凡間，極具詩意。

九段の滝

▲「九段の滝」被天然形成的石塊與樹木分間成9層，因而得名。

▲奧入瀨溪流因天然地形而或緩或急，美景讓人流連忘返。

▲走在奧入瀨溪流的木橋上，身心頓時變得舒廣。

▲石ケ戸休憩所設有小賣店，也是奧入瀨溪流內其中一個泊車地帶。

▲若想品嘗清澈的溪水，可在小賣店購買，每瓶￥130~140(HK$9~10)。

Info

🏠 青森県十和田市奧瀬字栃久保183

🚌 從JR「八戶」站西口1號或JR「青森」站東口11號乘搭JR巴士「青森・八戶 - 奧入瀨溪流・十和田湖」路線，在「燒山」站下車，前者需時約1.5小時，後者約2.5小時；巴士限4月中至11月中行駛，班次見巴士官網

📞 石ケ戸休憩所：0176-74-2355，JR巴士「子ノ口」站：0176-75-2244

🌐 towadako.or.jp/towadako-oirase/

❗ 冬季建議自駕前往

Online Map

❶ 購買土產必到 溪流の駅おいらせ  地圖 p.119

　　溪流の駅おいらせ位於奧入瀨溪流附近，主要售賣農
產品及手信。農產品隨季節而不同，由當地直送，十分新
鮮。購買太多不用擔心，店內設有行李運送服務，可將行
李運送到JR子ノ口巴士站，但服務在中午12時前截單。另
外，店內有餐廳奧入瀨ガ
ーデン，提供當地的鄉土
料理，遊走奧入瀨溪流之
前不妨在此填肚。

▶店內有不少土產及手信。

▲溪流の駅おいらせ。

▲青森縣盛產蘋果，與蘋果相關的產品亦
不少，例如這款蘋果撻，￥650(HK$46)。

Info
- 🏠 青森縣十和田市奧瀨栃久保 11 番地 12
- 🚌 從JR「八戶」站西口1號或JR「青森」站東口11號乘JR巴士「青
森 • 八戶 - 奧入瀨溪流 • 十和田湖」路線，在「焼山」站下車
步行前往，前者需時約 1.5 小時、後者約 2.5 小時；
巴士限 4 月中至 11 月中行駛，班次見巴士官網
- 🕐 4 月中旬至 11 月中旬 08:00~17:00
- ☎ 0176-74-1121
- 🌐 oirase-stream-store.business.site

Online Map

（撰文：IKiC，攝影：蘇飛）

....

❷ 租單車遊奧入瀨 奧入瀨溪流館 地圖 p.119

　　奧入瀨溪流館距離奧入瀨溪流的主要景點稍遠，但仍有不少人以此作為進入奧入瀨
溪流的起點。館內售賣不同種類的手信，亦
介紹奧入瀨溪流生態的展覽，最特別的是，館
內可出租單車及電動單車，而且不需要原地還
車，可以到石ケ戶休憩所(P.122)或JR子ノ口巴
士站交還，十分方便。溪流館旁另有湧水館，
以奧入瀨源流水為主題，主要介紹如何使用溪
流的水製作成奧入瀨特有的飲料，有時間的話
可以入內
參觀。

▲奧入瀨溪流館。

▶
館內有手信售賣。

▶溪流館旁的
湧水館。

Info
- 🏠 青森縣十和田市大字奧瀨字栃久保183
- 🚌 交通參考「溪流の駅おいらせ」(見上)
- 🕐 夏天09:00~17:30，冬天09:00~16:30，(租單車)08:30~16:30
- 💲 租單車4小時 ￥1,000(HK$59)，租電動單車4小時
￥2,000(HK$118)，每延長30分鐘 ￥300(HK$21)
- ☎ 0176-74-1233
- 🌐 oirase-towada.jp

Online Map

（撰文：IKiC，攝影：蘇飛）

▲可以參加苔玉(日式盆景之一)製作，
苔玉很可愛。

Part 6
青森縣
岩手縣
宮城縣
秋田縣
山形縣
福島縣
新潟縣

3. 分久必合 三乱の流れ 地圖 p.119 賞楓

這是奧入瀨溪流的第一站，三乱の流れ是奧入瀨其中一個著名景點。三乱の流れ隱藏在樹林深處，由三條支流合成一條河流，溪水流量大而湍急，河床又多有巨石，形成不少暗湧。這裏亦是賞楓好去處，每到秋天，紅葉配上清澈的溪水，整個畫面就如世外桃源一樣，十分美麗。

◀三乱の流れ。

◀三乱の流れ由三條支流合而為一，溪水流量大而湍急。

▲如在紅葉期來到三乱の流れ，紅葉配上綠水，畫面更美。

Info
🏠 青森県十和田市奧瀨
🚌 從 JR「八戶」站西口 1 號或 JR「青森」站東口 11 號乘 JR 巴士「青森 • 八戶 - 奧入瀨溪流 • 十和田湖」路線，在「燒山」站下車步行約 10 分鐘（班次見巴士官網）

Online Map

（撰文：IKiC，攝影：蘇飛）

4. 林中石屋藏女賊？ 石ヶ戸、石ヶ戸休憩所 地圖 p.119

不少人會在石ヶ戸站下車，再進入步道。「ヶ戸」是日本地方言，解作小屋，而「石ヶ戸」就是指用石建成的小屋，但實際上，這塊狀似小屋的大石靠巨木支撐，形成一個窄小的空間。傳說這裏住了名叫「鬼神のお松」的美女盜賊，專門搶劫過路遊客，大家來到這裏記得保管好財物呢！景點旁有石ヶ戸休憩所，是步道上唯一一個補給點，如想租單車或補給，這裏就是最後機會了。

▲石ヶ戸。

▲這裏的溪流較淺且寬闊，有遊客忍不住在這兒感受一下流水呢！

▲石ヶ戸休憩所，是奧入瀨溪流步道上的唯一一個補給站。

Info
🏠 青森県十和田市奧瀨惣辺山 1
🚌 從 JR「八戶」站西口 1 號或 JR「青森」站東口 11 號乘 JR 巴士「青森 • 八戶 - 奧入瀨溪流 • 十和田湖」路線，在「石ヶ戸」站下車（班次見巴士官網）
🕐 08:30~16:30
🚫 12 月 31 日至 1 月 1 日
☎ 0176-74-2355
🌐 www.oirase.or.jp/ishigedo/ishigedo.htm

Online Map

Tips!

鬼神のお松

お松原是江戶(東京舊稱)深川的一名遊女(娼妓)，據說會穿着妖艷地抱着父親的骸骨入眠，故而又有「骸骨お松」之稱。お松因擊殺了盜賊團的頭目而得名「鬼神のお松」，與石川五右衛門、自來也並稱為日本三大盜賊。

（撰文：IKiC，攝影：蘇飛）

❺ 景點代表 阿修羅の流れ 地圖 P.119 必到!

　　阿修羅の流れ是奧入瀨最著名及最具代表性的溪流，不少宣傳海報都在此取景。河床上佈滿大石，當湍急的流水與大石相撞，便形成高低起伏的急流，複雜多變的流水使阿修羅の流れ擁有其他溪流無可比擬的獨特景觀。

▲只要調校好快門，就可拍攝到如白絹一般的情景。

▶阿修羅の流れ。

▶這裏吸引不少攝影愛好者到此拍攝潺潺的流水。

Info
🏠 青森県十和田市奧瀨
🚌 從JR「八戶」站西口1號或JR「青森」站東口11號乘JR巴士「青森 • 八戶-奧入瀨溪流 • 十和田湖」路線，在「馬門岩」站下車(班次見巴士官網)，再步行10分鐘

Online Map

（撰文：IKiC・攝影：蘇飛）

❻ 氣勢磅礴的三段瀑布 雲井の滝 地圖 P.119 人氣! 賞楓

　　雲井の滝的人氣足以與銚子大滝(P.124)媲美。高25米的雲井の滝分成三段，水流量豐富，加上有一定落差，聲勢巨大，甚為壯觀。這條瀑布在春夏時隱藏在一片翠綠之中，到了秋冬另有一番美態。秋天時，瀑布兩旁的楓樹漸次變紅，畫面極富層次；冬天瀑布則結成冰瀑，與雪白的積雪配搭下，顯得更加神秘。

▶走進青蔥的樹林，尋找隱世瀑布。

▶隱藏在樹叢深處，進入這個空間就像去了另一個世界。

Info
🏠 青森県十和田市奧瀨
🚌 從JR「八戶」站西口1號或JR「青森」站東口11號乘JR巴士「青森 • 八戶-奧入瀨溪流 • 十和田湖」路線，在「雲井の滝」站下車(班次見巴士官網)，再步行1分鐘

Online Map

（撰文：IKiC・攝影：蘇飛）

▶雲井の滝，聲勢浩大。

❼ 人氣第一！ 銚子大滝 地圖 p.119

銚子大滝是奧入瀨溪流極具人氣的景點，當地旅行團就算不走畢全條步道，也會專程到這裏一睹銚子大滝。瀑布高7米，寬20米，是奧入瀨溪流中最大的瀑布。由於水流量極大，從遠處就能聽到流水從高處墜落的聲音，其衝力之大，連魚兒也會避走！銚子大滝就如其他奧入瀨溪流景點，四季景色不同，無論是哪一個季節到來，都會使你深深迷上銚子大滝。

◀ 慢鏡下的銚子大滝。

▲銚子大滝。

Info
🏠 青森県十和田市奧瀨
🚌 從 JR「八戶」站西口 1 號或 JR「青森」站東口 11 號乘 JR 巴士「青森 • 八戶 - 奧入瀨溪流 • 十和田湖」路線，在「銚子大滝」站下車(班次見巴士官網)，再步行 2 分鐘

Online Map

(撰文：IKiC，攝影：蘇飛)

❽ 步道終點 子ノ口 地圖 p.119

子ノ口(或者子の口)是奧入瀨溪流步道的終點，亦是溪流匯入十和田湖的河口。這兒有巴士可達，而子ノ口是其中一個十和田湖遊覽船的登船碼頭，可以從這裏乘船來往湖邊的休屋(遊覽船詳見右頁「休屋」)。若走累了，肚子餓，這裏有數間餐廳，如巴士站附近的子の口湖畔食堂，價錢合理，可填飽肚子繼續行程。

▲從子ノ口可看到十和田湖。

▲子ノ口巴士站。

▲遊覽船登船處。

▲十和田山菜麵 (¥1,150，HK$56)，內有烤米棒。

◀ 吉列豬排咖喱飯，¥1,000 (HK$68)。

Info
🏠 青森県十和田市大字奧瀨字十和田湖畔子ノ口
🚌 從 JR「八戶」站西口 1 號或 JR「青森」站東口 11 號乘 JR 巴士「青森 • 八戶 - 奧入瀨溪流 • 十和田湖」路線，在「子ノ口」站下車，前者車程約 2 小時，後者約 2 小時 30 分鐘；巴士限 4 月中至 11 月中行駛，班次見巴士官網

Online Map

(撰文：IKiC，攝影：蘇飛)

神秘又美麗　十和田湖　 地圖 p.119　MAPCODE® 612 302 899　必到！

　　位於海拔401米高的十和田湖是由十和田火山爆發後、火山口塌陷而形成的二重式火山湖。十和田湖清澈碧藍，因居高處而常泛起薄霧，顯得神秘又美麗。湖中最深處達327米，是日本第三深的湖泊，周圍設有4個瞭望台，可以讓遊客從多個角度欣賞湖光山色。湖面面積頗大，因應地理特徵分成東、中、西湖，在東湖(子ノ口)及西湖(休屋)，各有一個遊覽船碼頭，若想在湖上感受十和田湖的美，可以乘搭遊覽船。

▶十和田湖面積甚廣，放眼望去就像汪洋一樣。

▶十和田名物「乙女もち」(¥200，HK$14)，以帶有甜味的米餅糰加上醬油燒成，頗有風味。

Info
- 青森縣十和田市十和田湖
- 從JR「八戶」站西口1號或JR「青森」站東口11號乘JR巴士「青森・八戶・奧入瀨溪流・十和田湖」路線，在「子ノ口」或「十和田湖(休屋)」站下車；如在「十和田湖(休屋)」站下車，八戶站出發需時約2小時15分鐘，青森站出發約3小時；巴士限4月中至11月中行駛，班次見巴士官網
- towadako.or.jp

Online Map

(撰文：IKiC)

乘船遊 十和田湖

遊覽船碼頭 休屋　 休屋位置、遊覽船路線(A線) p.119

　　休屋地區位於十和田湖南部一面，是餐廳、手信店、住宿的集中地。休屋設有碼頭，可乘遊覽船遊十和田湖(B線)或前往子ノ口(左頁)(A線)，船程同樣約50分鐘。乘搭B線，可以一次過遊覽十和田湖的各個景色，例如五色岩、烏帽子岩、千丈幕等。(留意，遊覽船每年運行時間略有不同)

▲休屋地區的十和田湖景色。

A線(休屋↔子ノ口)

休屋 (發船)	子ノ口 (抵達)	子ノ口 (發船)	休屋 (抵達)
09:30[1]	10:20	11:00	11:50
12:15[1]	13:05	13:30	14:20
14:45[1]	15:35	——	——
——	——	16:00[2]	16:50

[1] 4月26日至11月5日運行。
[2] 4月26日至10月9日運行。

B線(休屋↔休屋)

休屋 (發船)	休屋 (抵達)
08:45[2]	09:35
10:15[2]	11:05
11:45[2]	12:35
13:15[2]	14:05
14:40[2]	15:30
16:00[3]	16:50

[1] 4月26日至11月5日運行。
[2] 4月26日至11月18日運行。
[3] 4月26日至10月15日運行。

▲遊覽船碼頭。

惠比壽大黑島

▲由溶岩形成的惠比壽大黑島。

◀著名的乙女的像(少女像)。

乙女の像

◀可租借腳踏船(天鵝船)。

Info
- 青森縣十和田市十和田湖畔休屋
- 交通參考「十和田湖」(見上)
- 船票(A線及B線同價)：一般 ¥1,650 (HK$97)，小童 ¥880(HK$52)
- (團體預約查詢)0176-75-2909
- (十和田湖遊覽船)www.toutetsu.co.jp/ship.html

(撰文：IKiC，攝影：蘇飛)

深山一隅 十和田神社　地圖 p.119　MAPCODE® 612 332 552

　　十和田神社建於江戶時期，位於高聳的杉樹群內，充滿神秘感。古時人們會於神社取得占卜紙，再到深山處利用湖水浸泡紙張以得悉占卜結果。現時由於安全問題，遊客不會前往深山，改為在十和田湖畔或回家後才查看占卜結果。

▲神社位於種滿杉樹的小山丘上，景色就像宮崎駿電影的場景。

▲以木材建成的神社，於綠蔭下格外耀眼。

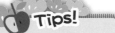

Tips!
　　如自駕的話要留意，十和田神社在山上，所有汽車都要停泊在十和田湖休屋一帶。

◀繪馬場掛滿人們的祈願繪馬。

Info
🏠 青森県十和田市大字奧瀬字十和田湖畔休屋 486
🚌 從 JR「八戶」站西口 1 號或 JR「青森」站乘 11 號乘 JR 巴士「青森、八戶-奧入瀨溪流・十和田湖」路線，在「十和田湖 (休屋)」站下車，前者需時 2 小時 15 分鐘，後者約 3 小時；巴士每年 4 月中至 11 月中行駛，班次見巴士官網
☎ 0176-75-2508
🌐 towadako.or.jp/rekishi-densetsu/towada-jinja
ℹ 冬季建議自駕前往
Online Map

當代名家作品 十和田市現代美術館　地圖 p.119　MAPCODE® 215 115 315

　　十和田市現代美術館於2008年開館，開幕首4天即錄得一萬人次進場，數字相當驚人。現時美術館共有33組、共38件展示品，當中包括日本名畫家草間彌生及奈良美智等作品，每件作品均有獨立展示室，通過玻璃通道連接起來，形成館內獨特的空間感。

▲美術館被巨大紅螞蟻入侵了！其實這是日本藝術家椿昇的作品。(相片由青森縣觀光連盟提供)

Info
🏠 青森県十和田市西二番町 10-9
🚌 從 JR「八戶」站西口乘 JR 十和田觀光巴士 (限 4 月中至 11 月中運行)，至「十和田市現代美術館」站下車，約 40 分鐘；從 JR「七戶十和田」站南口乘十和田觀光電鐵巴士至「十和田市現代美術館前」站，約 30 分鐘；或從 JR「八戶」站東口乘十和田觀光電鐵巴士的十和田市 - 八戶線至「十和田市中央」站，約 1 小時
🕘 09:00～17:00
休 週一 (如遇假期改至翌日休息)，年末年始，其他休館日子詳見官網站
$ 成人常設展 ￥1,000(HK$54)；常設展＋特別展 ￥1,800(HK$98)；高中生以下免費
☎ 0176-20-1127　🌐 towadaartcenter.com

Online Map

天神之鏡 蔦の七沼　地圖 p.119　MAPCODE® 蔦溫泉：704 354 299*56

　　蔦の七沼共有7個沼澤：**蔦沼、鏡沼、月沼、長沼、菅沼、瓢箪沼**及**赤沼**，當中最有名氣的是蔦沼。蔦沼沿岸被欅木包圍，樹木倒映於平靜湖面，秋天時加上楓葉景色更迷人，吸引不少遊客特地前來。多數人會選擇從蔦溫泉沿「沼めぐりの小路」步行至其餘6個沼澤，小路全長2.8米，需時約1.5小時。

◀秋天時紅葉倒映於蔦沼上，如同天神所賜的鏡子一般。(相片由青森縣觀光連盟提供)

Info
🏠 青森県十和田市奧瀬蔦野湯
🚌 從 JR「青森」站東口 11 號乘 JR 巴士「青森・八戶-奧入瀨溪流・十和田湖」路線，在「蔦溫泉」站下車，需時約 1 小時 35 分鐘；巴士每年 4 月中至 11 月中行駛，班次見巴士官網
ℹ 冬季建議自駕前往

Online Map

6.4
新鮮漁獲
八戶市

八戶市位於青森縣東北面，南部連接岩手縣，人口達60萬人，是繼青森市後縣內第二大、人口密度最高的城市。八戶市位於沿海地區，市內有多達6個漁港，漁業非常發達。

八戶觀光協會：
visithachinohe.com

縣內主要城市 前往/八戶市的交通：

1. JR 青森站 (青森市) ──── 青い森鉄道線 │ 約 1 小時 30 分鐘 │ ¥2,320(HK$161) ───▶ JR 八戶站

2. JR 弘前站 (弘前市) ──── JR 奧羽本線 ──── JR 新幹線 ───▶ JR 八戶站
　　　　　　　　　JR 新青森站

（全程）約 1 小時 18 分鐘 │ ¥4,380(HK$326)

註：上述車程摘自 JR 官網較快班次，車費為指定席。留意，不同班次列車的轉車站或不同。以上資料僅供參考，以列車實際運行時間及收費為準。

市內交通

在八戶市，除了可利用 JR 八戶線前往各大景點，巴士亦是旅客的好幫手。八戶市有南部巴士，本部分景點主要利用南部巴士的路線巴士以及 ¥100 巴士，而前往種差海岸，可乘搭**種差海岸遊覽巴士**（ワンコインバス・うみねこ号），4 月至 11 月中每天運行 (馬拉松舉行期間停駛)，11 月中至 3 月只在週六、日及假日運行。

Info
(南部巴士) www.nanbubus.co.jp
(種差海岸遊覽巴士) www.city.hachinohe.
aomori.jp/section/bus/onecoin_
uminekogou.html

班次

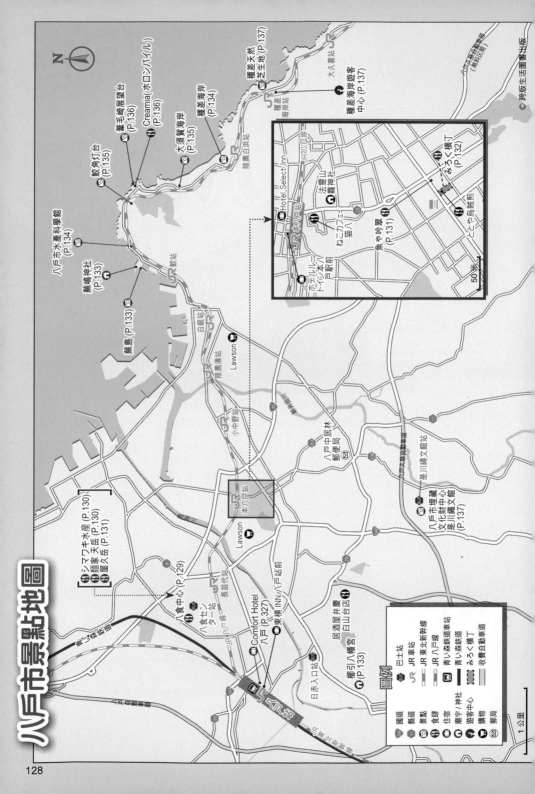

八戶市景點地圖

N

轟毛嶋展望台 (P.136)
Creamia(ホロンベイル) (P.136)
大須賀海岸 (P.135)
鮫角燈台 (P.135)
種差海岸 (P.134)
種差天然芝生地 (P.137)
種差海岸遊客中心 (P.137)

八戶市水產科學館 (P.134)
蕪嶋神社 (P.133)
蕪島 (P.133)

Hotel Select Inn
法靈山龗神社
ねこカフェ猫八
魚や吟翠 (P.131)
みろく横丁 (P.132)
とちや烏賊前

50米

© 跨版生活圖書出版

Lawson

八戶中居林郵便局
是川繩文館站
八戶市埋藏文化財中心是川繩文館 (P.137)

シマワキ水產 (P.130)
麵家天岳 (P.130)
屋久岳 (P.131)

八食中心 (P.129)
Comfort Hotel 八戶 (P.327)
東橫 INN 八戶八戶前
居酒屋弁慶 白山台站前
櫛引八幡宮 (P.133)

Lawson

圖例

🚌	巴士站
JR	JR 車站
	JR 東北新幹線
	JR 八戶線
	青い森鐵道車站
	青い森鐵道
	みろく横丁
	收費自動車道

🏔 國道　縣道　景點　住宿　廟宇神社　遊客中心　購物　郵局

1 公里

128

炭火燒烤海鮮 八食中心 八食センター ⚫地圖 P.128 推介！

　　八食中心有多達60間出售新鮮魚類、乾貨及土產的商店，可謂是八戶市的大廚房！想即場品嚐新鮮海產的話，可在魚檔購買海產，然後前往中心內的餐廳「七厘村」租爐即場以炭火燒烤，享受最新鮮的海鮮大餐。另外，中心2樓亦設有多間壽司、鄉土料理及拉麵店，讓你一次過嘗盡八戶真味。

▲八食中心可謂八戶市的大廚房，美食應有盡有。

▲在八戶市比較難找到其他縣的水果，但在八食中心則可以買到青森縣以外的水果。(攝影：蘇飛)

▲除了燒烤，中心的南廣場還設有多間食肆。

▶想一嘗美味海鮮的朋友，可購買海鮮後來到中心的餐廳「七厘村」租爐來個海鮮燒烤。每位成人 ¥300(HK$21)，小童 ¥100(HK$7)，限時2小時。(攝影：蘇飛)

▲新鮮海產雖然帶不走，但乾貨則可大量買入！

▲在餐廳七厘村，店家會把顧客選好的海鮮仔細洗淨處理，方便進食。

▲新鮮的八戶產毛蟹只是 ¥1,500(HK$105) 一隻，太便宜了！

Info

🏠 青森縣八戶市河原木字神才 22-2
🚌 從 JR「八戶」站東口 4 號乘「八食センター」方向的 ¥100 巴士，於「八食センター」站下車，車程約 11 分鐘，班次見下：
　• JR「八戶」站發車：08:55、09:45、10:50、11:45、12:35、13:25、14:30、15:20、16:00、16:45；「八食センター」站發車 (回 JR 站)：09:15、10:30、11:25、12:10、13:00、14:00、14:55、15:40、16:25、17:35
🕐 市場 09:00~18:00，味橫丁 09:00~18:30，廚 Stadium 09:00~21:00
休 週三 (廚 Stadium 無休)
☎ 0178-28-9311
🌐 www.849net.com

Online Map

▲像成人手掌一般大的帆立貝！5 隻只是 ¥1,000(HK$70)，鮮甜肥美！

新鮮食材傳統美味 シワキ水産 地圖 p.128

シワキ水産是一間水産店，但有一小部分店面作為壽司店。店家利用最新鮮的

海產，配以傳統方法製作壽司，師傅技法嫻熟，每一口都是最新鮮的美味，推薦極上套餐(極上セット)。

◀壽司店的老師傅，對待自己製作的壽司十分認真。

▲店家劃出了小小店面作為壽司店。

Tips!
如何正確吃壽司？
吃壽司時，可先夾住壽司的側面，以魚生那面蘸上醬油，避免醬油沾上飯糰，使飯糰散開。此外，在日本吃到的握壽司，一般已將Wasabi(芥末)放在飯與食材之間，不需另外再索取。

▲極上套餐(極上セット)，¥2,300(HK$161)。

▶特上套餐(特上セット)，雖然比極上套餐次一級，但其實已不錯。一份 ¥1,800(HK$126)。

Info
- 🏠 八食中心內
- 🕐 09:00~18:00
- 休 週三
- ☎ 0178-28-9373
- 🌐 www.849net.com/map/shop/shimawaki.html

(撰文：IKiC，攝影：蘇飛)

限 5 客的海鮮拉麵 麵家 天岳 地圖 p.128

天岳是拉麵專門店，提供拉麵及丼。店內的招牌拉麵是「天岳拉麵」，濃厚味噌湯底加上秘製手法，是店內極具人氣的美食之一。不過筆者最喜歡的是店家每天

只供應5碗的「海の贅沢拉麵」，集合了蟹、蝦、元貝等海鮮，加上清甜的湯頭、彈牙的拉麵，絕對令你想一吃再吃！這款拉麵每日只售5客，能不能吃到就要看你的運氣了！

▲麵家 天岳。

◀梅丼。

◀每天僅供應5碗的海の贅沢拉麵，¥2,068(HK$122)。

Info
- 🏠 八食中心內
- 🕐 11:00~18:00
- 休 週三
- ☎ 0178-28-0304
- 🌐 www.849net.com/map/shop/tengaku.html

(撰文：IKiC，攝影：蘇飛)

青森縣 岩手縣 宮城縣 秋田縣 山形縣 福島縣 新潟縣

美味燒海鮮 屋久岳 地圖 p.128

　　八戶市臨近海岸，一向以盛產魷魚及其他海鮮聞名。這間小店主打燒製魷魚及扇貝，加上八戶當地獨有的せんべい汁，魷魚彈牙，扇貝大粒又爽口，味道一流！如在八食中心想嘗鮮，又不想吃得太飽的話，這裏是不錯的選擇！

◀ 屋久岳。

▶ 燒魷魚，一串 ¥500 (HK$29)。

▲ 燒扇貝，¥400 (HK$24)。

Info
🏠 八食中心內
🕙 10:00~18:00　休 週三
☎ 0178-20-3366
🌐 www.849net.com/map/shop/yakudake.html

（撰文：IKiC・攝影：蘇飛）

地道鄉土料理 魚や吟翠 地圖 p.128

　　日本每個地區都有其獨有的鄉土料理，來到青森更加不可以錯過東北豐富多樣的鄉土料理。魚や吟翠主打青森的鄉土料理，推介店內的招牌菜——キンキンすいとん，以原條石狗公煮成魚湯，放入日本獨有的料理配料すいとん，湯底清甜鮮味，魚肉嫩滑，而配料すいとん又吸收了湯中的精華，三者十分配搭！店內以平板電腦點餐，不諳日文也不用擔心。

▶ 店內用平板電腦點餐，並有食物圖片，不諳日語也不用擔心。

▲ 魚や吟翠。

▲ 壽し御膳，¥2,850(HK$200)。

▶ キンキンすいとん，¥1,380(HK$97)。

招牌菜

Tips!
　　店內並有另一款青森縣的著名鄉土料理「吟翠のせんべい汁」，將仙貝劈碎，放入醬油湯中熬煮，菜式傳統，但遊客是否喜歡就見仁見智。

▶ 原隻燒魷魚，十分美味。

Info
🏠 青森縣八戶市三日町16 ハートビルマルフク2F
🚃 從JR「本八戶」站步行約12分鐘
🕙 11:30~14:45、17:30~23:00；週五至日及公眾假期 11:30~14:45、17:30~23:30
休 週三、12月31日至1月1日
☎ 0178-51-8228　🌐 www.muramoto-suisan.jp

Online Map

（撰文：IKiC・攝影：蘇飛）

青森市　弘前市　十和田市　八戶市　白神山地

6

在屋台尋找地道料理 みろく横丁 地圖 p.128

みろく横丁是一條屋台村，日本的屋台村有點像香港的大排檔或台灣的夜市，同樣是傍晚至深夜人氣較旺，且各家供應的都是地道料理。みろく横丁內有多達26間特色屋台，提供不同美食，讓遊客感受當地飲食文化。

青森縣

岩手縣

宮城縣

秋田縣

山形縣

福島縣

新潟縣

▶ みろく横丁。（攝影：蘇飛）

▲屋台村各家店鋪門外都掛上燈籠，極具特色。

▲伊知郎主要提供家庭料理。

◀横丁內還有懷舊感十足的供水器。

▲在伊知郎可品嘗到八戶著名鄉土料理「せんべい汁」（￥740，HK$52）：把南部煎餅加入以新鮮魚肉及醬油煮成的高湯中。

▲許多來屋台村的日本人也會點串燒，圖為串燒雞翼（￥420，HK$29）。

Info

🏠 青森縣八戶市三日町與六日町之間

🚃 從 JR「本八戶」站下車步行約 10 分鐘

🕐 約 17:00~00:00（各店營業時間不一）

☎ 0178-29-0815

🌐 www.36yokocho.com

Online Map

國寶級鎧甲 櫛引八幡宮 地圖 p.128 MAPCODE® 346 547 408

　　櫛引八幡宮於1190年至1199年創建，每年春秋時分均會舉辦盛大祭典，秋天祭典會有傳統流鏑馬表演。現時本殿與其餘5棟社殿均為重要文化財，國寶館內更展出被列為國寶的「赤糸威鎧」及「白糸威褄取鎧」。遊客可在八幡宮試穿巫女服飾及鎧甲，成人每位￥1,000(HK$70)，二人￥1,500(HK$105)。

▶櫛引八幡宮正門處立有朱紅色的鳥居。

 Tips!

流鏑馬表演

　　流鏑馬為日本一種自古流傳的騎射藝術，古代的武士需騎於馬上，一邊以直線奔馳一邊持弓射靶。現時流鏑馬大多作為神社舉行神事時的其中一種儀式。

Info
- 🏠 青森縣八戶市八幡字八幡丁3
- 🚌 從 JR「八戶」站乘「中心街」方向 (經田面木) 的南部巴士八戶駅線，於「日赤入口」站下車，再步行 20 分鐘
- 🕐 國寶館 09:00~17:00
- 💰 國寶館：成人￥400(HK$28)，中學生￥300 (HK$21)，小學生￥200(HK$14)
- ☎ 社務所：0178-27-3053
- 🌐 www.kushihikihachimangu.com

Online Map

(相片由青森縣觀光連盟提供)

▲木造的本殿充滿濃厚的歷史感。

小心「中頭獎」！蕪島・蕪嶋神社 地圖 p.128 MAPCODE® 346 742 218*67

　　蕪島雖稱為島，但因填海的關係，已與陸地相連，於2013年成為三陸復興國立公園的一部分。蕪島以觀看黑尾鷗聞名，每年2至8月都有大量黑尾鷗來到蕪島交配繁殖，因數量實在太多，一不小心就會「中頭獎」！所以有關方面在蕪島擺放了可供出借的傘，讓遊客免於中鳥糞的困境。每到3至4月，整個島會開遍黃色的油菜花，有說蕪島的「蕪」就是指島上的油菜花。2015年大火後，經過5年重建，以山毛櫸、扁柏等青森縣產木材建成的蕪島神社於2019年12月重新開放，新建神殿有如黑尾鷗展翅的屋頂、「龍」天棚畫，十分莊嚴美麗。

▲黑尾鷗的幼鳥。

▲每到 2 至 8 月，都會有大量黑尾鷗來到蕪島繁殖。

▲蕪島。

Info
- 🏠 青森縣八戶市鮫町
- 🚌 從 JR「鮫」站下車步行 10 分鐘

Online Map

(撰文：IKiC，攝影：蘇飛)

▲回望市內風光。

▶蕪嶋神社的鳥居。

Part
6

青森縣

岩手縣

宮城縣

秋田縣

山形縣

福島縣

新潟縣

認識八戶的海洋生物 **八戶市水產科學館**
八戶市水產科學館マリエント 〔地圖 P.128〕 MAPCODE® 346 742 389*07

親子

八戶市水產科學館位於蕪島(P.133)附近，科學館主要介紹八戶市的「水產」——近海生物如黑尾鷗、魷魚及魚類。館內分成數個區域介紹不同的近海生物，並設有展望區，可遠眺海岸美景。館內提供不同體驗課程，十分適合家長帶同小朋友一起參觀。

▲八戶市水產科學館。

Info
- 🏠 青森県八戶市大字鮫町字下松苗場 14-33
- 🚌 從 JR「鮫」站下車步行約 16 分鐘；或在 JR「鮫」站（約 3 分鐘）或「種差海岸」站（約 23 分鐘）乘種差海岸海覽巴士 (JR 種差海岸站—JR 鮫站)，在「水產科學館前」站下車，班次見巴士官網
- ⏰ 一般 09:00~17:00(6 至 8 月 18:00 休息)，個別日子延遲休息時間（詳見官網）
- 休 不定休（詳見官網）
- 💲 一般 ￥300(HK$21)，高中生 ￥200(HK$14)，初中生及小學生 ￥100(HK$7)，長者 ￥150 (HK$11)
- ☎ 0178-33-7800
- 🌐 www.marient.org

Online Map

（撰文：IKiC，攝影：蘇飛）

12 公里風光怡人的岩礁 **種差海岸** 〔地圖 P.128〕

種差海岸(Tanesashi-kaigan)位於八戶市東部，由蕪島南方大久喜出發，沿太平洋海岸延伸至岩手縣，總長度約12公里。海岸線佈滿岩礁、砂浜及被海侵蝕的岩石，形成多樣化的地形，風景怡人，1937年被指定為國家名勝，是個相當適合自駕遊的休閒好去處。

▲奇岩怪石加上湛藍大海，在種差海岸自駕遊有一種説不出的自在感。

▲東北地區唯一國立公園「三陸復興國立公園」便是位於種差海岸線上。

◀白砂加上青松，讓種差海岸入選為日本白砂青松 100 選之一。

Info
- 🏠 青森県八戶市鮫町
- 🚌 從 JR「種差海岸」或「鮫」站乘種差海岸遊覽巴士 (JR 種差海岸站－ JR 鮫站) 遊覽海岸不同景點

Online Map

❶ 八戶港標誌 鮫角灯台 ·地圖 P.128 | MAPCODE 346 744 406*16

▶鮫角灯台。

入選「日本之燈台」前50名的鮫角灯台，位於八戶市的東面，面向八戶港，白色圓柱形的典雅外觀是八戶港的標誌。燈塔附近是一片翠綠的草地，往外看可欣賞到絕美的海岸景觀。這裏亦是種差海岸的起點，來到燈塔就意味正式進入種差海岸的範圍。燈塔只會在4至10月逢週末開放，想參觀燈塔內部的話要留意。

▶燈塔外的景色。

Info

🏠 青森縣八戶市鮫町字小舟渡平
🚌 在 JR「鮫」站（約 7 分鐘）或「種差海岸」站（約 19 分鐘）乘種差海岸遊覽巴士（JR 種差海岸站—JR 鮫站），在「シーガルビューホテル」站下車，班次見巴士官網
🕐 4 月尾至 10 月尾逢週六、日及假期，7 月尾至 8 月尾每天開放，時間為 09:00~16:00，出發前宜先瀏覽官網
🌐 visithachinohe.com/spot/samekado-todai

Online Map

（撰文：IKiC，攝影：蘇飛）

❷ 東北最大海灘 大須賀海岸 ·地圖 P.128 | MAPCODE 346 715 454*20

從葦毛崎展望台(P.136)沿海岸步道走，約半小時就會來到大須賀海岸。大須賀海岸是日本東北規模最大的海灘，長而寬闊的海岸線，加上含有礦物的沙粒，難怪入選「日本の渚(日本海岸)百選」，吸引無數人前來漫步。這裏海風強勁，不時會揚起大片風沙，來到這裏散步要有全身佈滿沙粒的心理準備。另外，大須賀海岸亦是日本其中一個產生「鳴沙(Singing Sand)」現象的海灘，大家不妨細心聆聽沙粒唱歌。

▶大須賀海岸。

Tips!

神奇的鳴沙現象 (Singing Sand)

世界各地有不少的海灘或沙漠都會產生一種神奇的現象——鳴沙：沙粒會發出響亮而單調的聲音。對這現象的形成，科學界莫衷一是，有說是因沙粒與底層固定沙層摩擦而產生，但此說法仍有一定爭議，鳴沙現象的形成仍然是一個謎。

◀在大須賀海岸巴士站下車就可看到美麗的大海灘。

Info

🏠 青森縣八戶市鮫町字日蔭沢
🚌 在 JR「鮫」站（約 15 分鐘）或「種差海岸」站（約 10 分鐘）乘種差海岸遊覽巴士（JR 種差海岸站—JR 鮫站），在「大須賀海岸」站下車，班次見巴士官網
🌐 visithachinohe.com/han/spot/osukakaigan/

Online Map

▶沿步道走至海灘。

（撰文：IKiC，攝影：蘇飛）

3. 吃着雪糕賞海景 葦毛崎展望台

地圖 P.128　MAPCODE 346 744 298*13

葦毛崎展望台位於鮫角灯台(P.135)下的海岬上面。展望台在幕末(約19世紀中)已經存在，用以監視外國來的船，在太平洋戰爭末期，日本軍方利用展望台作軍事用途，到了現在，展望台則開放予公眾參觀。站在海岬上，可以一覽太平洋遼闊的海景，由這兒還可以漫步到種差海岸的芝生地(右頁)。步上展望台前，可以先到人氣雪糕店Creamia購買雪糕，一邊品嘗雪糕，一邊靜聽浪濤聲，也是有趣的旅遊體驗！

◀葦毛崎展望台。(攝影：蘇飛)

▲展望台也是種差海岸步道的開始。(攝影：蘇飛)

▲展望台上有展示牌介紹景觀。(攝影：蘇飛)

▲海岸景致。(攝影：蘇飛)

◀坐看驚濤拍岸。(攝影：蘇飛)

◀雲呢嗱窩夫筒雪糕（バリらワッフル），另有杯裝及普通甜筒。￥380(HK$27)。

▲雪糕店 Creamia(ホロンバイル)。(攝影：蘇飛)

Info
🏠 青森県八戸市鮫町字日蔭沢
🚌 在 JR「鮫」站（約11分鐘）或「種差海岸」站（約15分鐘）乘種差海岸遊覽巴士 (JR 種差海岸站—JR 鮫站) 在「葦毛崎展望台前」站下車，班次見巴士官網
🌐 visithachinohe.com/spot/ashigezaki-tenbodai

Online Map

(撰文：IKiC)

④ 海邊大草地 種差天然芝生地 地圖 p.128 MAPCODE® 346 628 674*27

「芝」在日語中解作鋪草坪用的草，「芝生地」即草地，位於種差海岸的芝生地就是一片純天然的無邊際大草地！芝生地位於三陸復興國立公園的範圍內，是種差海岸的代表景點。這裏設有**種差海岸遊客中心**，內裏有展覽介紹種差海岸。古時芝生地是放養馬匹的地方，到了現在，每逢週六都會有騎馬體驗，吸引不少遊客來到這片在海邊的大草地暢玩。

▶ 遊客中心旁的休息所。

▲ 一望無際的大草地。

Info

- 🏠 青森縣八戶市大字鮫町字棚久保 14-167
- 🚉 從 JR「種差海岸」站下車步行約 5 分鐘
- 🕐 4 至 11 月 09:00~17:00，12 至 3 月 09:00~16:00，1 月 2 日及 3 日 10:00~15:00
- 休 12 月 29 日至 1 月 1 日
- ☎ 0178-51-8500
- 🌐 tanesashi.info

Online Map

（撰文：IKiC，攝影：蘇飛）

▲ 草地上還有一些矮小的松樹群。

繩文時代國寶 八戶市埋藏文化財中心 是川繩文館
八戶市埋藏文化財センター 是川繩文館 地圖 p.128 MAPCODE® 346 494 660

是川繩文館展出了是川遺跡及風張遺跡發掘出來的展品，包括繩文時代遺留下來、被稱為國寶的合掌土偶。當中是川遺跡為青森縣八戶市大字川中居發現的遺跡，屬繩文時代晚期，又稱為是川石器時代，1957 年被列為國家史跡。

▶ 是川繩文館。

Info

- 🏠 青森縣八戶市大字是川字橫山 1
- 🚉 從 JR「八戶」或「本八戶」站乘「是川繩文館」方向的南部巴士，於「是川繩文館」站下車
- 🕐 09:00~17:00
- 休 週一（如遇假日改為翌日），12 月 27 日至翌年 1 月 4 日
- $ 一般 ￥250(HK$18)，大學生及高中生 ￥150(HK$11)，初中生及小學生 ￥50(HK$4)
- ☎ 0178-38-9511
- 🌐 www.korekawa-jomon.jp
- ❗ 平日建議自駕前往

Online Map

（相片由青森縣觀光連盟提供）

▶ 出土展品保存完好，非常珍貴。

6.5
深入仙境
白神山地

本章以白神山地及十二湖為主。白神山地是世界遺產，旅客可前來走走森林山道，而十二湖最著名的是呈現美麗藍色的青池。至於南津輕郡，有可以欣賞稻田畫的田舍館村。

前往白神山地及周邊的交通：

- 白神山地：由 JR「弘前」站乘弘南巴士前往 (詳見 P.140)
- 十二湖：由 JR「十二湖」站乘弘南巴士前往 (詳見 P.141)
- 田舍館村：由 JR「弘前」站乘弘南鉄道前往 (詳見 P.142)

Info
弘南巴士
🌐 www.konanbus.com

Tips!

弘南鉄道

　　遊走南津輕郡的弘南鉄道為日本本州北端的私鐵公司，分為弘南線與大鰐線，兩條鐵道皆從弘前市出發，並以黑石市及大鰐町為終點站。

Info

$ 每程成人￥210(HK$15)起，小童￥105(HK$7)起
🌐 konantetsudo.jp

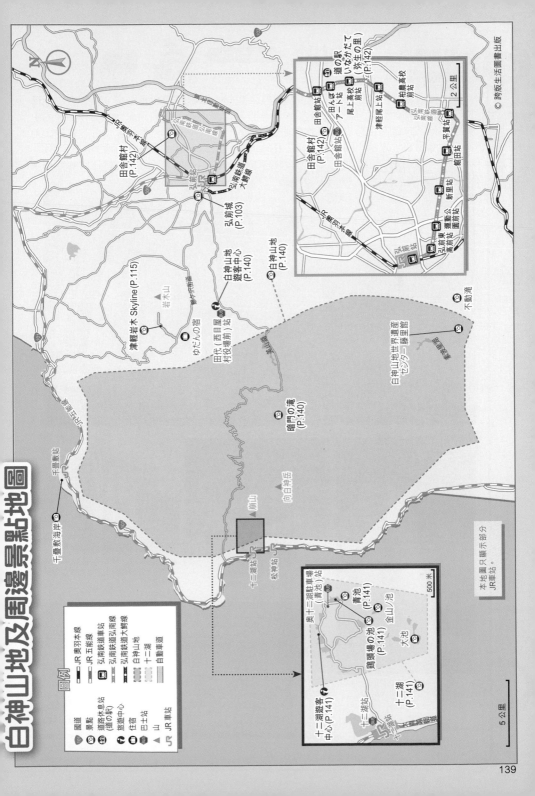

白神山地及周邊景點地圖

青森縣

岩手縣
宮城縣
秋田縣
山形縣
福島縣
新潟縣

人間純淨樂土 **白神山地** 地圖 p.139

世界遺產

散步

MAPCODE 白神山地ビジターセンター(白神山地遊客中心): 627 876 127

　　白神山地橫跨青森縣西南部與秋田縣西北部，面積超過13萬公頃，大部分山毛欅原生林地域均保存完好，是日本第一個登陸為世界遺產的重要觀光地。白神山地的中央核心地區未設有道路，亦禁止未經批准的人士進入。大部分觀光客均會從**白神山地遊客中心**出發，選擇不同散步道前往森林，享受這片未受人間污染的淨土。

▶ 未被人類破壞的森林山道，走進其中被大自然氣息包圍。

暗門の滝

▲「暗門の滝步道」是其中一條最受歡迎的散步路線。「暗門の滝」瀑布共有3條，從步道開始走順序會見到「第三の滝」、「第二の滝」以及最高處的「第一の滝」。

▲遊客中心的展示廳，展出白神山地的生態自然模型。出發前可先來這裏參觀，之後可更投入白神山地旅程。

▲中心內的白神山地世界遺產中心「西目屋館」展出白神山地區域內的研究資料。

Info

🏠 青森県中津軽郡西目屋村大字田代字神田61-1
🚌 從JR「弘前」站或巴士總站乘「弘前－西目屋村役場線」的弘南巴士，於「西目屋村役場前」站下車，車程約1小時，班次見下：

發車站	班次					
弘前バスターミナル(巴士總站，在JR弘前站附近，見地圖P.102)	07:00、	07:35、	09:00、	10:00、	11:30、	13:00、 15:00、17:00、18:00、19:15
西目屋村役場前(回JR站)	06:40、	07:00、	08:20、	08:55、	10:25、	11:25、 12:55、14:25、16:25、18:20、19:20

註：紅字班次逢週六、日及公眾假期停駛

🕐 遊客中心：4月至10月08:30～17:00，11月至3月09:00～16:30
🚫 遊客中心：4月至12月第2個週一(8月則第4個週一)、1月至3月逢週一及週四(如遇假期改翌日休息)、12月29日至翌年1月3日
☎ 0172-85-2810 🌐 www.shirakami-visitor.jp 🅿 免費

Online Map

(相片由青森縣觀光連盟提供)

清澈藍色的青池 十二湖 地圖 P.139 MAPCODE® 奧十二湖駐車場：559 223 372

十二湖屬白神山地一部分，亦屬津輕國定公園範圍。十二湖在江戶時代由大地震形成，實際上該區有33個湖泊，只是於大崩(崩山的八合目，約694米高；「合目」是日本計算山高度的一種叫法)向下看時只可觀賞到12個湖泊，因而被稱為「十二湖」。在眾多湖泊中，以「青池」的名氣最高。從十二湖巴士站下車沿路散步，來回需時約1至3小時，是區內著名的健步之旅。

散步

鶏頭場の池

▲途中會途經「鶏頭場の池」。

▲在 JR 十二湖站可乘弘南巴士至十二湖。

▲從青池旁的山路可步行登上崩山。

▲從十二湖站漫步至青池，沐浴於森林之中，寫意得很。

▲可以於如此漂亮的湖中暢泳，魚兒真是幸福！

青池

▲青池池水非常清澈，在陽光下還會展現不同程度的藍色，非常美麗。

Info
🏠 青森県西津輕郡深浦町
🚌 從 JR「十二湖」站乘「十二湖線」的弘南巴士，於終點站「奧十二湖駐車場 (青池)」站下車步行約 10 分鐘，車程約 15 分鐘；巴士只在 4 月至 11 月運行，冬季停駛，巴士時間表可參閱網站：www.konanbus.com/1419.html
⏰ 十二湖遊客中心 (十二湖ビジターセンター)
　4 月中至 11 月 08:30~16:00
🚫 遊客中心 12 月至 4 月中
☎ 0173-74-2111
🌐 www.town.fukaura.lg.jp/jyuniko nomori/index.html
❗ 冬季建議自駕前往

Online Map

Part
6
青森縣
岩手縣
宮城縣
秋田縣
山形縣
福島縣
新潟縣

用稻田作畫 田舍館村 地圖 P.139 MAPCODE 第1田(田舍館村役場)：71 171 342*17

　　位於弘前市附近的田舍館村自1993年開始，每年都會設定不同主題，以不同顏色及用途的稻穗，把稻田砌成獨特圖案，吸引眾多遊客前來參觀。稻田於每年6月上旬開放，會場分為「第1田んぼアート」與連接道の駅いなかだて(弥生の里)(見下)的「第2田んぼアート」，兩處均設有展望台供遊客俯瞰稻田畫作。

◀稻田畫有多大？光看這張照片便知道了！

▲展望台內有說明看牌，介紹不同顏色的稻穗有何作用。

▲第1田んぼアート的展望台設計成天守外型，遇上假日繁忙時間需取整理券才可登上參觀，或要等上2、3個小時！

Info
🏠 第1田：青森県南津軽郡田舍館村役場
　第2田：青森県南津軽郡田舍館村高樋八幡10道の駅いなかだて(弥生の里)
🚃 從JR「弘前」站乘「弘南線」的弘南鉄道，於「田舍館」站下車步行行約5分鐘；或在弘前巴士總站(見地圖P.102)乘「弘前~黑石~大川原線」的弘南巴士，於「田舍館」站下車，車程約20分鐘，班次見www.konanbus.com/1407.html
🕐 每年6月上旬至10月上旬09:00~17:00，7月13日至8月30日08:30~18:00
💲 展望台(觀稻田)：第1田(4樓展望台)¥300(HK$21)、(6樓天守閣)¥200(HK$14)，第2田展望台¥300(HK$21)；小學生¥100(HK$7)，小學生以下免費
☎ 0172-58-2111
🌐 www.vill.inakadate.lg.jp

Online Map

一應俱全的休息站 道の駅いなかだて (弥生の里)

地圖 P.139 MAPCODE 71 174 652

　　道の駅いなかだて(弥生の里)位於黑石市與弘前市之間，為進入津輕一帶觀光的玄關，也是自駕遊人士的休息站。內裏除了有特產商店，亦有餐廳及大型遊樂設施供小朋友遊玩。旁邊為埋藏文化財中心，展示了垂柳遺跡(彌生時代的水田遺跡)的相關資料。

◀這裏有寬闊的停車場，適合自駕人士稍作休息。

◀可找到從農家直送的新鮮蔬果。

Info
🏠 青森県南津軽郡田舍館村大字高樋字八幡10
🚃 從JR「弘前」站乘「弘南線」的弘南鉄道，於「田んぼアート」或「田舍館」站下車，「田んぼアート」站較近，但班次較少
🕐 商店：4月至11月08:30~18:00，12月至3月08:30~17:30；遊樂設施：09:30~17:00；餐廳：11:00~16:00
💤 12月31日至翌年1月1日，遊樂設施每月第3個週二
☎ 0172-58-4411
🌐 www.michinoeki-inakadate.com

Online Map

Part 7 岩手縣

岩手縣連接青森縣、秋田縣與宮城縣，面積為全日本各都道府縣中排行第二大，人口密度卻是本州最低的地區。在東部的三陸海岸，除了可遠眺太平洋，也為岩手縣帶來豐盛的魚產，而內陸地區則因肥沃的土地令農業與乳業都非常發達，其中著名的小岩井農場就在岩手縣！

岩手縣觀光協會：
iwatetabi.jp

各區前往岩手縣的交通(目的地以盛岡市的JR「盛岡」站為主)：

出發地	交通	車程	車費
JR「東京」站	JR 新幹線	約 2 小時 15 分鐘	￥15,010 (HK$1,096)
JR「新潟」站	JR 新幹線	約 3 小時 40 分鐘	￥22,050 (HK$1,610)
JR「福島」站	JR 新幹線	約 1 小時 15 分鐘	￥8,370 (HK$492)
JR「仙台」站 (宮城縣)	JR 新幹線	約 40 分鐘	￥6,790 (HK$496)
JR「山形」站	JR 仙山線 + 新幹線	約 2 小時 40 分鐘	￥7,890 (HK$576)
JR「秋田」站	JR 新幹線	約 1 小時 40 分鐘	￥4,420 (HK$260)
JR「青森」站	JR 奧羽本線 + JR 新幹線	約 1 小時 8 分鐘	￥6,580 (HK$480)

註：上述車費大部分為指定席，如乘自由席車費會較便宜。車費及時間謹供參考。

Tips!

岩手縣內交通

遊走岩手縣，主要乘搭「岩手縣交通」的路線巴士，書內相關景點會提供巴士班次，方便旅客遊玩。

Info
岩手縣交通
www.iwatekenkotsu.co.jp

名產
小岩井奶製品、
久慈琥珀

7.1
麵食王國
盛岡市

盛岡市為岩手縣的縣廳所在地，人口約29萬人，是東北地區最大的城市。這裏的麵食非常有名，有著名的「盛岡三大麵」：不斷為食客添加麵條的「一口蕎麥麵」、由中國東北傳入的炸醬麵，以及由朝鮮冷麵演變而成的盛岡冷麵，均可在市內品嘗個夠，是愛麵食的遊客必訪之地。

盛岡名麵翻譯

一口蕎麥麵	わんこそば
炸醬麵	じゃじゃめん

盛岡觀光情報：
www.odette.or.jp

縣內主要城市 前往盛岡市的交通：

1. JR 平泉站 (平泉町) ── JR 東北本線：約 1 小時 30 分鐘：￥1,520(HK\$105) ──→ JR 盛岡站

2. JR 新花巻站 (花巻市) ── JR 新幹線：約 12 分鐘：￥1,560(HK\$108) ──→ JR 盛岡站

3. JR 久慈站 (久慈市) ── JR 八戸線 ── JR 八戸站 ── JR 新幹線 ──→ JR 盛岡站
（全程）約 2 小時 50 分鐘：￥5,480(HK\$322)

4. JR 一ノ関站 (一關市) ── JR 新幹線：約 40 分鐘：￥3,560(HK\$260) ──→ JR 盛岡站

5. JR 一ノ関站 ── JR 東北本線：約 1 小時 30 分鐘：￥1,690(HK\$118) ──→ JR 盛岡站

6. JR 北上站 (北上市) ── JR 新幹線：約 20 分鐘：￥1,740(HK\$120) ──→ JR 盛岡站

註：上述車費大部分為自由席，如乘指定席車費會較昂貴。車費及時間謹供參考。

市內交通

盛岡市市內交通主要為徒步、乘巴士及騎單車：

- 盛岡市內景點不多，一般可**從JR站徒步**前往。

- 部分景點需乘巴士前往，當中以**盛岡都心循環巴士「でんでんむし」**(蝸牛巴士)最常用，由JR「盛岡」站東口發車，而且因為是循環巴士，不怕坐過站。巴士分為向右邊及左邊發車，經過的站都一樣，巴士先走右邊的站，站牌為紅色，左邊站牌為綠色。

- 盛岡市還引入**租單車**的自遊服務，讓遊客邊享受在盛岡市踏單車的樂趣，邊輕鬆穿梭市內各處。下表為其中兩處可租借單車的地方。注意，全部單車都要返回租借店歸還。

Info

盛岡都心循環巴士でんでんむし
- ⏰ 約09:00~16:45，每10~15分鐘一班
- 💲 單程：成人￥130(HK\$8)，小童￥70(HK\$4)；一日乘車券成人￥350(HK\$21)，小童￥180(HK\$11)，購買一日乘車券，可享盛岡歷史文化館門票8折優惠
- ☎ 岩手県交通：019-654-2141
- 🌐 www.iwatekenkotsu.co.jp/denden-annai.html

	盛岡駅前 自転車駐車場	UniLife 盛岡店
地址	盛岡市盛岡駅前通 11-11	盛岡市盛岡駅前通 9-10 丸善ビル 1F (由 JR「盛岡」站東口步行 1 分鐘)
時間	06:00~22:00(年末年始休息)	10:00~18:45，週六、日及公眾假期 09:30~18:15 (不定休)
收費	1 日￥100(HK\$7)	每小時￥200(HK\$14)，3 小時 ￥500(HK\$35)，1 日￥700(HK\$50)
電話	019-622-0972	019-652-0005
網址	──	unilife.co.jp/store/42

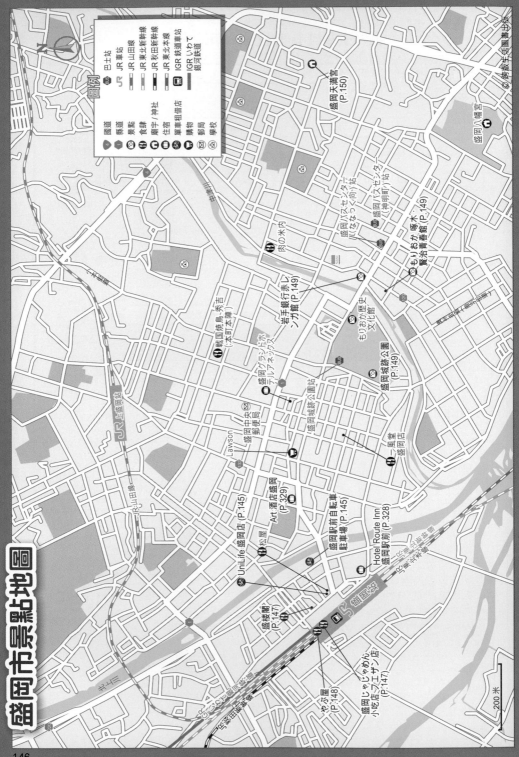

盛岡市景點地圖

圖例
- 巴士站
- JR 巴士站
- JR 車站
- JR 山田線
- JR 東北新幹線
- JR 秋田新幹線
- JR 東北本線
- IGR 鐵道車站
- IGR いわて銀河鐵道

- 國道
- 縣道
- 景點
- 食肆
- 廟宇 / 神社
- 住宿
- 單車租借店
- 購物
- 郵局
- 學校

盛岡天滿宮 (P.150)

盛岡八幡宮

盛岡バスセンター
(になっく向)站
盛岡バスセンター (神明町)站

もりおか啄木・
賢治青春館 (P.149)

肉の米内

戦国焼鳥・秀吉
(本町本通)

岩手銀行赤レ
ンガ館 (P.149)

もりおか歴史
文化館

盛岡プラザ片ホ
テルブラネックス

盛岡城跡公園
(P.149)

盛岡城跡公園站

盛岡中央
郵便局

Lawson

盛岡店

一風堂

Art 酒店盛岡
(P.329)

盛岡駅前自転車
駐車場 (P.145)

UniLife 盛岡店 (P.145)

松屋

Hotel Route Inn
盛岡駅前 (P.328)

盛楼閣
(P.147)

盛岡じゃじゃめん
小吃店フェザン店
(P.147)

やぶ屋 (P.148)

JR 盛岡駅

200 米

146

日賣千碗冷麵！ 盛楼閣 地圖 P.146 推介！

鄰近JR盛岡站的盛楼閣於1982年開業，曾創下一日賣出1,000碗盛岡冷麵的記錄。不少日本國內的旅遊書均有介紹，是盛岡市內數一數二的名店。這種被喻為「盛岡三大麵」之一的盛岡冷麵發源自朝鮮，以酷似意大利粉的半透明麵條製成，再依季節加上西瓜或梨，亦可按照個人口味加入不同程度的辣醬。

▶ 韓式拌飯 (ビビンバ，¥800、HK\$44)，味道微辣，與在香港吃到的大不相同。

▲盛楼閣的名物盛岡冷麵，每碗 ¥1,000(HK\$55)，大盛 ¥1,200(HK\$66)。冬天時會使用梨伴碟，進入夏季則改為西瓜。

Tips!

雖然盛岡冷麵極有名氣，但盛岡市內並沒有冷麵專門店，只有在燒肉店才可吃到，盛楼閣就是其中一間。

▶盛楼閣雖以冷麵出名，但其實是燒肉店，其燒肉套餐(¥1,500、HK\$88)，包括燒肉、泡菜、生雞蛋、飯與湯。

Info
🏠 岩手県盛岡市盛岡駅前通15-5(ワールドインGENプラザ2F)
🚶 從JR「盛岡」站步行約1分鐘
🕚 11:00~00:00
☎ 019-654-8752
🌐 www.gen-plaza.com
Online Map

美味炸醬麵 盛岡じゃじゃめん 小吃店 フェザン店

日文的「じゃじゃめん」即炸醬麵，不過盛岡炸醬麵與傳統日本炸醬 地圖 P.146 麵稍有不同，在這家食店便可嘗嘗有何不同。相傳盛岡炸醬麵由中國東北部傳入日本，使用的麵條扁平，加入經味噌調味的肉醬、青瓜絲及葱花。重點在於吃完麵後可加錢讓店家在碟中加入生雞蛋及高湯，使之變成雞蛋湯(チータンタン)，這樣才算完滿的一餐！

▲盛岡炸醬麵 (中碟 ¥650，HK\$38)，麵條伴隨爽脆的青瓜入口，口感不錯。

推介！

▲餐廳位於地下街，名字很有中國色彩。

▶吃完麵後再加 ¥90(HK\$6)，隨即變成雞蛋湯，熱呼呼的喝下去讓人非常舒暢！

▲帶有湯汁的炸醬麵 (¥950，HK\$56)，麵條很有嚼勁，加上清淡的湯頭，味道不錯。

Info
🏠 岩手県盛岡市盛岡駅前通 1-44(盛岡駅ビル フェザン南館 B1F めんこい横丁)
🚶 從 JR「盛岡」站步行約 1分鐘
🕙 10:00~22:00
☎ 019-622-0345
Online Map

盛岡市
岩手郡
平泉町
花巻市
久慈市與三陸海岸
一關市
北上市

來試「一口蕎麥麵」做大胃王 やぶ屋

地圖 P.146 推介！

在盛岡市的やぶ屋，必點產自縣內的蕎麥麵，在這裏更可吃到盛岡三大麵之一的「一口蕎麥麵」(わんこそば)：店家會把一口份量的蕎麥麵放入碗中，食客吃完後，店家立即添加麵條到空空的碗內，直至客人把碗蓋蓋上為止，過程非常刺激！這種吃法漸漸變成競食比賽，日本大胃王小林尊曾創下654碗的紀錄，非常驚人！

▲やぶ屋本店位於花卷市，在 JR 盛岡站內設有分店。

▲接受「わんこそば」挑戰前，店家會為你準備配菜讓你添進蕎麥麵中。

▶每吃一口店家就立即為你添進新的蕎麥麵，過程非常緊張刺激！

Tips!
大胃王玩法

胃口不大的話可嚐嚐試玩版(每位￥1,650，HK$106)，每次限定10碗，其後每添加10碗￥550(HK$35)。有信心挑戰，則可選擇放題(￥3,500，HK$212)，還附有大食証明書，寫下你挑戰了多少碗。

▶筆者挑戰了10碗的試玩版。

Tips!

やぶ屋於大正12年(1923年)開業，位於岩手縣花卷市的是本店，是日本童話書《銀河鐵道之夜》的作者宮澤賢治喜愛光顧的餐廳，聽說他當年最愛點炸蝦天婦羅蕎麥麵。

Info
- 🏠 岩手県盛岡市盛岡駅前通1-44(盛岡駅ビル フエザンB1F)
- 🚶 從JR「盛岡」站步行約1分鐘
- 🕐 11:00~21:30
- 📞 019-654-7689
- 🌐 yabuya.jp

Online Map

岩手縣

青森縣　宮城縣　秋田縣　山形縣　福島縣　新潟縣

紅葉櫻花滿開 盛岡城跡公園

MAPCODE® 81 708 583 地圖 P.146

盛岡城跡公園又名「岩手公園」，是盛岡城跡的所在地。盛岡城建於1598年，至1871年廢城，再於1906年改建為公園。園內有「鶴ケ池」與「龜ケ池」，前者在夏天可看到螢火蟲，所以有「螢火蟲之里」之稱。每年4月底至5月初，公園內約200棵櫻花樹會盛開，到了秋天又可見楓葉。

Info
- 🏠 岩手県盛岡市内丸4-15
- 🚉 從JR「盛岡」站步行約15分鐘；或從JR「盛岡」站東口乘搭でんでんむし號(蝸牛巴士)循環巴士的綠色線，於「盛岡城跡公園」站下車，車程約6分鐘；回程乘紅線，車程約11分鐘；巴士資訊詳見P.145
- ☎ 019-681-0722
- 🌐 www.moriokashiroato.jp

Online Map

（相片由岩手縣觀光協會提供）

▲ 櫻花滿開的盛岡城跡公園，每年吸引不少當地人及遊客前來賞櫻。

▶ 秋天紅葉伴隨盛岡城遺留下來的石垣，感覺淒美。

重要文化財 もりおか 啄木・賢治青春館 地圖 P.146

もりおか 啄木・賢治青春館原為日本銀行第九十銀行本店，建築物現時是重要文化財。館內展出岩手縣出身的著名詩人石川啄木與童話作家宮澤賢治於盛岡市生活時的照片及其他資料，同時展出明治時期盛岡市街道的模型。

Info
- 🏠 岩手県盛岡市中ノ橋通1-1-25
- 🚉 從JR「盛岡」站東口乘搭でんでんむし號(蝸牛巴士)循環巴士的綠色線，於「盛岡バスセンター(ななっく前)」站下車，再步行3分鐘，車程約12分鐘，回程可乘紅線；巴士資訊詳見P.145
- ⏰ 10:00~18:00
- 休 每月第2個週二，12月29日至翌年1月3日
- $ 免費，2樓企劃展依不同展物收費有所不同
- ☎ 019-604-8900
- 🌐 www.odette.or.jp/seishunkan

Online Map

（相片由岩手縣觀光協會提供）

▲ 銀行的營業室現為咖啡室，於重要文化財中來一杯香濃咖啡實為最高享受。

▲ もりおか 啄木・賢治青春館記錄了石川啄木與宮澤賢治的青春時代。

名師設計紅磚建築 岩手銀行赤レンガ館 地圖 P.146

岩手銀行赤レンガ館原為盛岡銀行，以赤磚建造，內部天井雕滿石膏像，充滿明治風情。建築物由設計著名「東京駅」的知名建築師辰野金吾設計，是他於東北地區唯一剩下來的作品，現為盛岡市指定保存建築物。

Info
- 🏠 岩手県盛岡市中ノ橋通1-2-20
- 🚉 從JR「盛岡」站東口乘搭でんでんむし號(蝸牛巴士)循環巴士的綠色線，於「盛岡バスセンター(ななっく前)」站下車，再步行約2分鐘，車程約12分鐘，回程可乘紅線；巴士資訊詳見P.145
- ⏰ 10:00~17:00
- 休 週二，12月29日至翌年1月3日
- $ 16歲以上￥300(HK$21)，中學生或以下￥100(HK$7)，7歲以下免費
- ☎ 019-622-1236
- 🌐 www.iwagin-akarengakan.jp

Online Map

Tips!
東京駅
東京駅丸之內側站由明治時期著名建築師辰野金吾設計，紅磚外牆充滿西洋味道，2003年更登陸為重要文化財，成為東京極具代表性的地標之一。

▲ 以紅磚作外牆的岩手銀行赤レンガ館，確有幾分「東京駅」的味道。(相片由岩手縣觀光協會提供)

青森縣
岩手縣
宮城縣
秋田縣
山形縣
福島縣
新潟縣

供奉學問之神 盛岡天滿宮 　地圖 P.146　MAPCODE 81 710 885

盛岡天滿宮位於盛岡市新庄小山丘處，以供奉學問之神菅原道真為主。天滿宮內有多座狛犬石像(日本古代守護獸)，表情生動有趣。著名詩人石川啄木在中學時期經常到此流連，說不定許多詩歌的靈感都是來自這裏呢！

▲天滿宮範圍不大，四周綠意盎然，環境寧靜舒適。

◀◀宮內建有不同造型的狛犬石像。

Info
🏠 岩手県盛岡市新庄町5-43
🚌 從 JR「盛岡」站乘「浅岸線」的岩手縣交通巴士，於「天滿宮前」站下車步行約 5 分鐘，車程約 15 分鐘，平日班次約 10 至 20 分鐘一班，早上 7 點多開始 JR 站發車，晚上由天滿宮回 JR 站最後班車時間約 8 點半，周末及假期班次較少，最後回 JR 站班車時間約 6 點。
☎ 019-622-4023

Online Map

（相片由岩手縣觀光協會提供）

體驗不同手藝創作、製作盛岡冷麵 盛岡手作村
盛岡手づくり村　地圖 P.153　MAPCODE 81 663 821

親子

盛岡手作村是由盛岡市鄰近市町村及商工會所組成的振興中心，於村內設置了15所工房，介紹市內不同工藝及其歷史。工房包括製作南部鐵器的4間工房、可體驗製作盛岡冷麵的「びょんびょん舍」、傳統藍染的染屋「たきうら」、陶器工房「北杜窯」及手製南部煎餅「盛岡せんべい店」等。部分工房更提供體驗課程，讓遊客親手製作不同物品，也適合親子一同進行體驗，並進一步認識盛岡傳統工藝。

▲在手作村內可一次過體驗不同種類的傳統工藝。

▲北杜窯以出售陶瓷製品為主，亦提供陶藝體驗課程。

◀不同大小的陶泥白色小屋為北杜窯的獨家作品，每間小屋以重量計算價錢，與買真的房子一樣——越大越貴！

陶藝課程

▶參加陶藝課程可製作屬於自己的杯與碗，價錢￥1,600(HK$99)起。製成後約一個月會把成品寄給製作者，可惜只限寄送日本國內。

▶除了體驗工房，入口側還有復古的「南部曲り家」，展示古代人與馬共同生活的居住環境。

鐵器工房

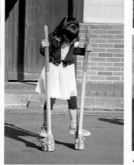

▲鐵器工房的職人全神貫注地製作鐵器，非常專業。

▲村內有古代的踏高蹺試玩，有膽量挑戰一下嗎？

製作盛岡冷麵

▲冷麵工房ぴょんぴょん舍可讓你即席製作盛岡冷麵，一嘗自己的作品！製作過程需時約20分鐘，每位￥1,210(HK$71)。

製作南部煎餅

完成！

▲要數最簡單的體驗非製作南部煎餅莫屬！體驗過程約5分鐘，只需￥100(HK$7)便可親自製作烤煎餅，難怪經常大排長龍。

▲南部煎餅製作過程簡單：依工作人員指示把麵糰搓好，放進燒夾內，正反面輪流反轉數次即成。

▲不消5分鐘，煎餅就大功告成了！

Info

盛岡手作村

🏠 岩手縣盛岡市繫字尾入野64-102

🚃 從JR「盛岡」站乘「繫・鶯宿線」或「雫石線」的岩手縣交通巴士，於「盛岡手づくり村」站下車，車程約30分鐘，班次見：www.iwatekenkotsu.co.jp/morioka.html一雫石方面

🕐 08:40~17:00　🏠 12月29日至翌年1月3日

$ 2樓展示資料室￥100(HK$7)　☎ 019-689-2201　📧 tezukurimura.com/main

Online Map

7.2
備受熱捧的
滑雪場及農場
岩手郡

岩手郡包括雫石町、葛卷町及岩手町，古時稱為「岩出之森」，平城天皇年代已有人居於郡內，郡內的雫石滑雪場及小岩井農場，都是觀光客熱捧旅遊地點。

前往岩手郡交通及郡內交通

旅客需乘至 JR「盛岡」站或 JR「いわて沼宮内」站，再轉乘巴士或步行前往。(縣內主要城市前往 JR「盛岡」站的交通見 P.145)

岩手郡景點地圖

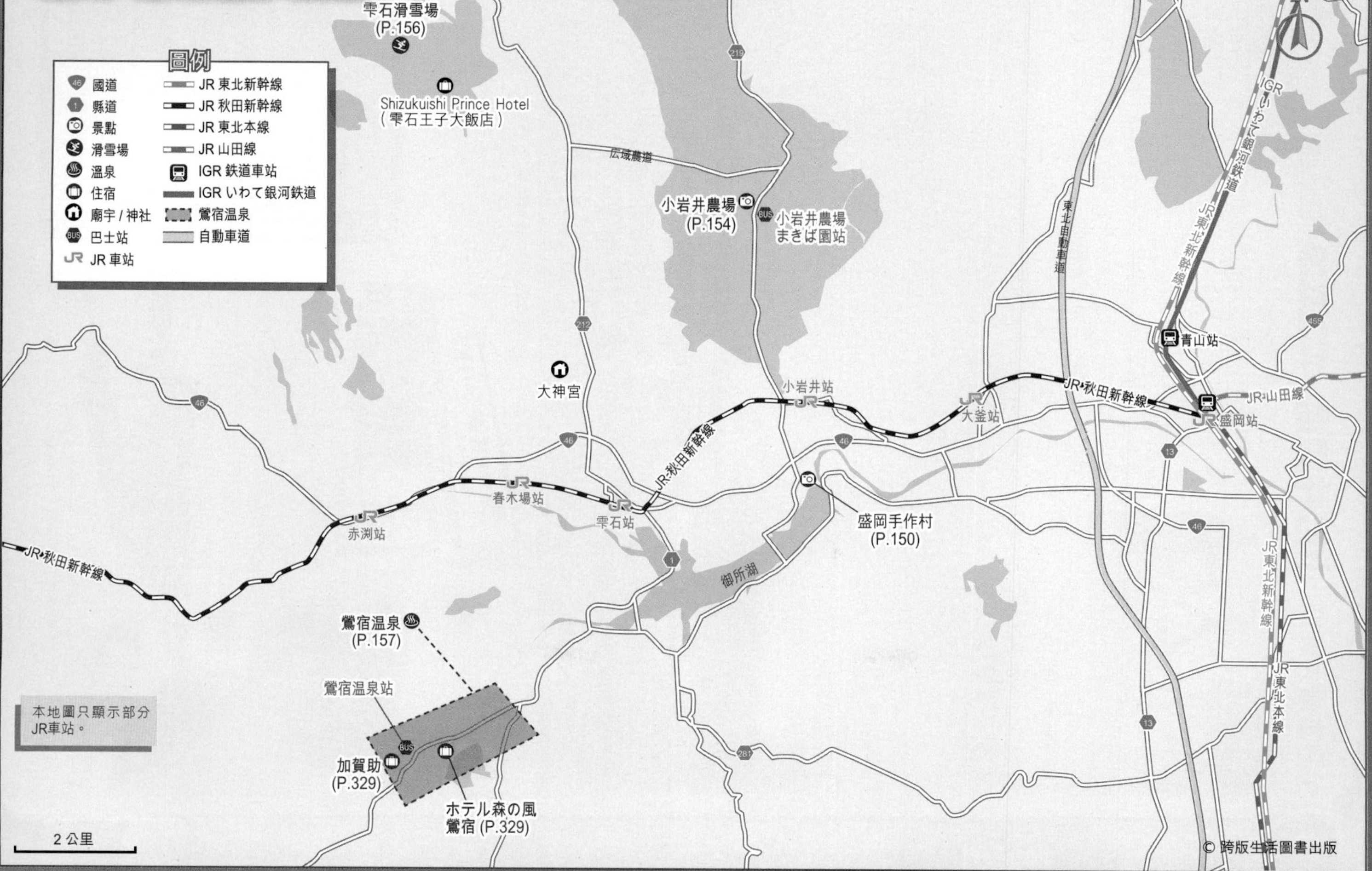

圖例

⊝ 國道	▬▬ JR 東北新幹線
ⓘ 縣道	▬▬ JR 秋田新幹線
ⓛ 景點	▬▬ JR 東北本線
❄ 滑雪場	▬▬ JR 山田線
♨ 溫泉	🚉 IGR 鐵道車站
ⓗ 住宿	▬▬ IGR いわて銀河鐵道
㊀ 廟宇/神社	▬▬ 鶯宿溫泉
㉾ 巴士車道	▬▬ 自動車道
🚉 JR 車站	

雫石滑雪場
(P.156)

Shizukuishi Prince Hotel
(雫石王子大飯店)

小岩井農場
(P.154)

大神宮

小岩井農場
まきば園站

盛岡手作村
(P.150)

青山站

盛岡站

JR山田線

JR東北新幹線

JR秋田新幹線

JR東北新幹線

JR東北本線

IGR いわて銀河鐵道

東北自動車道

大釜站

JR田澤湖線

小岩井站

御所湖

雫石站

春木場站

赤淵站

JR秋田新幹線

鶯宿溫泉
(P.157)

鶯宿溫泉站

加賀助
(P.329)

ホテル森の風
鶯宿 (P.329)

© 跨版生活圖書出版

本地圖只顯示部分
JR車站。

2公里

153

全日本最大農場 小岩井農場

地圖 P.153　MAPCODE 81 872 731　推介！

青森縣 岩手縣 宮城縣 秋田縣 山形縣 福島縣 新潟縣

▲小岩井農場至今已開業逾百年，是許多旅行團必訪的熱門景點。

在岩手縣，經常可在不同店家找到小岩井農場出產的食品。小岩井農場既是日本最大的民間綜合農場，亦是最受歡迎的觀光農場。在1890年，由日本鐵道會社副社長小野義眞、三菱社社長岩崎彌之助，與鐵道廳長官井上勝3人共同開創，並以3人姓氏開首為農場命名。最初農場位處堆滿火山灰的不毛之地，經過在周邊種植防雪林及設置其他設施，漸漸變成現在聞名日本的農場。來到農場，可在戶外遊樂區暢玩，也可品嘗與牛奶相關的美味食物。

東北富士山

▲從農場可遠眺有「東北富士山」之稱的岩手山。

▲在農場內的拉麵店，可嘗到獨特的牛奶拉麵 (￥650，HK$46)！

▲即使多冷，來到這裏一定要試試香滑無比的軟雪糕 (￥350，HK$25)！

▲戶外遊樂區可讓小朋友盡情遊玩。

Info

🏠 岩手県岩手郡雫石町丸谷地36-1

🚃 從JR「小岩井」站乘計程車約15分鐘；或JR「盛岡」站10號巴士站乘「小岩井観光線」或「小岩井農場線」的岩手縣交通巴士，於「小岩井農場まきば園」站下車，班次時間表請於出發前到巴士官網查看：www.iwatekenkotsu.co.jp/morioka.html 一雫石方面

註：小岩井觀光線只在4月中旬至11月中旬行駛。車程由JR「盛岡」站，中途不停站直到「小岩井農場まきば園」站

🕐 約09:00~17:00，每月營業時間不同，詳見官網

💲 中學生或以上￥800(HK$57)，5歲或以上￥300(HK$21)

☎ 019-692-4321

🌐 www.koiwai.co.jp/makiba

Online Map

1 木工體驗

參加木工體驗的遊客可於店內購買各種配件，利用店內的顏料創作屬於自己的木製精品。體驗每位￥1,000(HK\$59)起。

▲ 來製作屬於你的木工吧。

▶ 提供創作工具。

▲木工工作教室。

2 品嚐新鮮牛奶及看芝士製作過程

既然農場以乳業聞名，當然要去牛奶館(ミルク館)品嚐一下最新鮮的奶製品！

▲牛奶館。

◀牛奶館內可觀看芝士的製作過程。

▶ 多款芝士及乳酪。

▲ 利用低溫殺菌的牛奶，200毫升￥200(HK\$14)，90毫升￥100(HK\$7)。

Part
7

青森縣

岩手縣

宮城縣

秋田縣

山形縣

福島縣

新潟縣

③ 品嘗滋味烤肉

　　牧場館內提供餐廳讓你享受新鮮美味的農場烤肉，在廣闊的農場中烤肉，感覺很滋味。吃完烤肉，還可吃蛋糕。

▲在牧場館烤肉。

◀由小岩井農場飼養的牛所製成的厚切牛扒 (150克 ￥2,280，HK$161)，牛味香濃。

▲烤得滋滋作響的牛肉，還未吃下去已感到幸福無比！

▲餐後再來一客香濃芝士蛋糕 (￥700，HK$50)，結束完美的一餐。

滑雪錦標賽比賽場地 雫石滑雪場 雫石スキー場 　地圖 p.153

`MAPCODE®` 435 382 661

　　東北地區著名滑雪場「雫石滑雪場」(Shizukuishi Ski Area)由王子大飯店集團營運，於1993年為世界高山滑雪錦標賽的比賽場地，共有11條雪道，一到滑雪場開放季節便吸引許多滑雪愛好者前來。除了傳統的野外滑雪及單板滑雪外，亦可嘗試玩玩雪橇以及把水泡當作滑板的充氣滑板等。滑雪場只在12月中至翌年3月開放。

▲雫石滑雪場。(相片由岩手縣觀光協會提供)

Info

🏠 岩手縣岩手郡雫石町高倉溫泉
🚌 從JR「盛岡」站或「雫石」站乘巴士或計程車前往；以下列出詳細交通方法，班次可在12月至3月瀏覽官網：
　1. 由 JR「雫石」站乘免費接駁巴士 (必須 2天前預約)至王子大飯店，車程約 20分鐘，下車後步行 2分鐘便來到滑雪場
　2. 平日由JR「盛岡」站乘免費接駁巴士 (必須 2天前預約)至滑雪場，車程約 1小時
　3. 由 JR「盛岡」站乘收費直通巴士至滑雪場
　4. 計程車：從 JR「雫石」站乘計程車車資約 ￥4,000 (HK$283)
🕐 每年12月中至翌年3月
$ 每項活動逐項收費，詳情請參考網站
☎ 滑雪場：019-693-1111，預約接駁巴士：019-693-1114
🌐 www.princehotels.co.jp/ski/shizukuishi

Online Map

450年前開湯 鶯宿温泉

 地圖 p.153　MAPCODE® 626 786 189

　　鶯宿温泉共設有21間温泉旅館，相傳於450年前天正年間開湯，至今已有數百年歷史。温泉街中心建有「うぐいす湯の里公園」，設免費足湯予遊客享受泡湯之樂。

Info
- 🏠 岩手県岩手郡雫石町鶯宿6-25-20
- 🚌 從JR「盛岡」站或「雫石」站乘計程車，車程分別約40分鐘及15分鐘；或從JR「盛岡」站乘「繫・鶯宿線」的岩手県交通巴士，於「鶯宿温泉」站下車，車程約50分鐘，班次見下：
  - JR「盛岡」站發車：10:55、12:55、14:55、17:55；「鶯宿温泉」站發車(回JR站)：07:10、10:10、12:10、16:10
- ☎ 019-695-2209
- 🖥 www.ousyukuonsen.com

▶秋天時，鶯宿温泉四周紅葉滿山，非常漂亮。（相片由岩手県觀光協會提供）

細賞薰衣草 石神の丘美術館 🌿日本東北地區景點大地圖

MAPCODE® 249 776 753

　　石神の丘美術館於1993年開業，是岩手県內第一座野外雕刻美術館。美術館分成室內及室外展場，室內不定期舉辦各種企劃展覽，室外則展出20座以岩手県產黑御影石製成的雕像，旁邊更有佔地4,000平方米、種植了2萬棵的薰衣草田。每年6月底至7月初會開滿紫色的薰衣草，非常漂亮！

▶滿開的薰衣草加上雕刻，形成一幅新的藝術品。

Info
- 🏠 岩手県岩手郡岩手町五日市10-121-21
- 🚌 從JR「いわて沼宮内」站下車步行約10分鐘
- 🕐 09:00～17:00
- ❌ 週一、12月29日至翌年1月3日
- 💰 4月-10月 ¥500(HK$29)、11月-3月 ¥300(HK$18)，高中或以下免費
- ☎ 019-562-1453
- 🖥 ishigami-iwate.jp

（相片由岩手県觀光協會提供）

▶日本不少地方設置了「恋人の聖地」，讓戀人祈求幸福，這兒也有一座！

7.3 走進世遺都市 平泉町

平泉町於平安時代末期為奧州藤原氏的根據地，人口僅次於京都，在當時是日本第二大的都市。現時平泉町內依舊保留了許多具歷史價值的建築與庭園，整個地區更於2011年被列為聯合國世界遺產，非常值得前往參觀！

世界遺產

平泉觀光協會：
hiraizumi.or.jp/ch

縣內主要城市 前往平泉町的交通：

1. JR 盛岡站（盛岡市） — JR 東北本線：約 1 小時 25 分鐘：￥1,520(HK$105) → JR 平泉站

2. JR 新花卷站（花卷市） — JR 新幹線 — JR 北上站 — JR 東北本線 → JR 平泉站
（全程）約 1 小時：￥1,740(HK$120)

3. JR 新花卷站 — JR 釜石線 — JR 花卷站 — JR 東北本線 → JR 平泉站
（全程）約 1 小時 30 分鐘：￥990(HK$69)

4. JR 久慈站（久慈市） — JR 八戶線 — JR 八戶站 — JR 新幹線 — JR 一ノ関站 — JR 東北本線 → JR 平泉站
（全程）約 4 小時或以上：￥8,010(HK$471)

5. JR 一ノ関站（一關市） — JR 東北本線：約 7 分鐘：￥200(HK$12) → JR 平泉站

6. JR 北上站（北上市） — JR 東北本線：約 31 分鐘：￥680(HK$47) → JR 平泉站

註：上述車費大部分為自由席，如乘指定席車費會較昂貴。車費及時間謹供參考。

町內交通──巴士、單車

平泉町內的交通以路線巴士及單車為主。

路線巴士──巡迴巴士「るんるん號」

路線巴士方面，大部分遊客都會使用平泉町巡迴巴士「るんるん號」前往各大景點，購買一日乘車券較為划算。路線為：平泉駅前站(JR「平泉」站)→毛越寺站→悠久の湯站→平泉文化遺産センター站→中尊寺站→高館義経堂站→無量光院跡站→道の駅平泉站→平泉駅前站(JR「平泉」站)。

▶るんるん號巡迴巴士從JR平泉站出發，非常方便。

巡迴巴士「るんるん號」主要車站班次：

發車站	時間
平泉駅前站 (JR「平泉」站)	10:15~16:15 每 30 分鐘一班車
毛越寺站	10:18~16:18 逢 18 及 48 分發車
平泉文化遺産センター站	10:22~16:22 逢 22 及 52 分發車
中尊寺站	10:25~16:25 逢 25 及 55 分發車
道の駅平泉站	10:33~16:33 逢 03 及 33 分發車

Info
- $ 每程成人￥200(HK$12)，小童￥100(HK$6)；一日乘車券￥550(HK$32)
- www.iwatekenkotsu.co.jp/runrun_0419.html
- ❗ 逢週六、日及公眾假期，利用毛越寺停車場的自駕遊客可以￥200 (HK$14) 於「毛越寺門前直売あやめ」購買一日乘車券

單車

平泉レンタサイクル在JR平泉站旁邊，租借普通單車首4小時￥700(HK$41)，每延長1小時加￥300(HK$18)，1日￥1,300(HK$76)；電動單車首4小時￥900(HK$53)，每延長1小時加￥300(HK$18)，1日￥1,600(HK$94)。

Info 地圖 P.160
平泉レンタサイクル
- 🏠 JR平泉站旁
- ⏰ 08:00~17:00
- ☎ 0191-46-5086
- 🌐 hiraizumi.or.jp/ch/info/transport.html

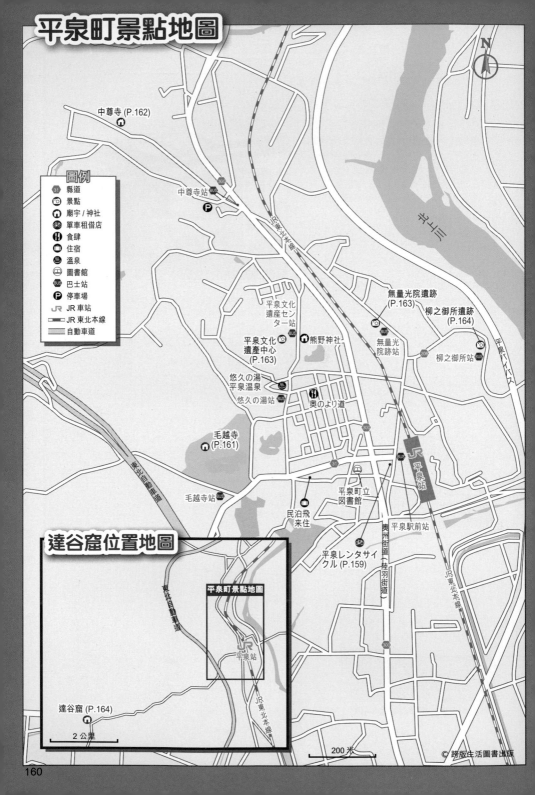

平泉町景點地圖

圖例

- 縣道
- 景點
- 廟宇 / 神社
- 單車租借店
- 食肆
- 住宿
- 溫泉
- 圖書館
- 巴士站
- 停車場
- JR 車站
- JR 東北本線
- 自動車道

中尊寺 (P.162)

中尊寺站

北上川

平泉文化遺産センター站

熊野神社

平泉文化遺産中心 (P.163)

無量光院遺跡 (P.163)

柳之御所遺跡 (P.164)

無量光院跡站

柳之御所站

平泉バイパス

悠久の湯平泉溫泉

悠久の湯站

奥のより道

毛越寺 (P.161)

毛越寺站

平泉町立図書館

民泊飛来住

平泉レンタサイクル (P.159)

奥州街道（陸羽街道）

平泉駅前站

JR 平泉站

JR 東北本線

奥州自動車道

達谷窟位置地圖

平泉町景點地圖

東北自動車道

JR 平泉站

JR 東北本線

達谷窟 (P.164)

2 公里

200 米

© 跨版生活圖書出版

一千多年前的史跡 毛越寺 地圖 p.160 | MAPCODE 142 253 135 | 賞櫻

　　毛越寺於850年創建，寺內的「鎮守社跡」為國家特別史跡，而庭園則被指定為特別名勝，以觀自在王院跡庭園最受歡迎。毛越寺與中尊寺(P.162)、松島瑞巖寺(P.200)及山形立石寺(P.244)共稱為「四寺迴廊」，是東北地區以寺廟為主的景點。寺內環境優美，種有不同花卉。

▲建寺初期至江戶時代，毛越寺多次因天災及戰亂而毀壞，至1954年才開始復原至今日的面貌。

▲現在的本堂於明治時代後期興建。

▶信眾在寺內掛起繪馬祈願。

▲寶物館內展出平安時期的佛像與工藝品。

觀自在王院跡庭園

▲毛越寺境內的觀自在王院跡庭園最受遊人歡迎。

▶現時鐘樓堂內的大鐘，由已故銅雕大師香取正彥於昭和50年(1975年)製作。

Info

🏠 岩手縣西磐井郡平泉町平泉字大沢58
🚃 從JR「平泉」站步行約9分鐘；或乘搭るんるん號巡迴巴士，於「毛越寺」站下車，車程約3分鐘(班次見P.159)
🕐 08:30~17:00，11月初至3月初 08:30~16:30
💲 成人￥700(HK$40)，高中生￥400(HK$22)，初中生及小學生￥200(HK$11)
☎ 0191-46-2331
🌐 www.motsuji.or.jp

Online Map

盛岡市
岩手郡
平泉町
花卷市
久慈市與三陸海岸
一關市
北上市

青森縣　岩手縣　宮城縣　秋田縣　山形縣　福島縣　新潟縣

展示珍貴國寶文物 中尊寺　地圖 p.160

MAPCODE® 停車場：142 283 368

月見坂

中尊寺山號(佛教寺院的稱號)為「關山」，相傳於850年由慈覺大師圓仁創建，全盛時期寺塔多達40座，禪房更多達300間以上。雖然大部分建築於1337年火災時燒毀，不過國寶金色堂及3,000多件文物都保存下來，大部分文物現時於讚衡藏內展出，許多更被列為國寶，來到平泉町記得不要錯過。

金色堂

▶金色堂建於1124年，是中尊寺自古至今唯一留下來的建築物。堂內裝飾包括根柱與佛壇等都裝有白色的夜光貝，加上精細的雕琢技巧，讓整座金色堂成為一座美麗的工藝品。

▲從停車場步行至中尊寺本堂，需經過長長的月見坂才能抵達。

本堂

▲中尊寺本堂建於1909年，為整座寺院的中心建築，大部分儀式均於此舉行。

Info
- 🏯 岩手縣西磐井郡平泉町平泉衣関202
- 🚶 從JR「平泉」站步行約19分鐘；或乘搭るんるん號巡迴巴士，於「中尊寺」站下車，車程約10分鐘(班次見P.159)
- 🕐 3月1日至11月3日08:30~17:00，11月4日至2月尾08:30~16:30
- 💲 參觀金色堂、讚衡藏、経蔵、旧覆堂：成人 ¥800(HK$57)，高中生 ¥500(HK$35)，初中生 ¥300(HK$21)，小學生 ¥200(HK$14)
- ☎ 0191-46-2211
- 🌐 www.chusonji.or.jp

Online Map

▶中尊寺的繪馬是笑容慈祥的小和尚。

Tips!
戶外能劇舞台的表演

每逢8月14日(薪能)晚上，中尊寺白山神社寺內的戶外能劇舞台會上演能劇(日本古典歌劇)及狂言(即興喜劇)，而表演舞台已有百多年歷史。票價約¥4,000(HK$283)起。

認識平泉史跡 平泉文化遺產中心 地圖P.160
平泉文化遺產センター

　　平泉文化遺產中心免費開放予遊客參觀，內裏以影像及各種資料介紹平泉的文化與史跡，包括古時藤原四代如何以佛教思想治理東北。中心的導覽講解提供4種語言：日文、英文、韓文及國語，讓遊客可更深入了解平泉文化。

▶遊覽平泉前，可先來到文化遺產中心看看資料再出發。(相片由岩手縣觀光協會提供)

🏠 岩手縣西磐井郡平泉町平泉花立44
🚍 從JR「平泉」站步行約15分鐘；或乘るんるん號巡迴巴士，於「平泉文化遺產センター」站下車，車程約7分鐘(班次見P.159)
🕘 09:00~17:00
🚫 12月29日至翌年1月3日，更換展覽時
☎ 0191-46-4012
🌐 www.town.hiraizumi.iwate.jp/index.cfm/26,1040,128,277.html

Online Map

寧靜的淨土庭園 無量光院遺跡 地圖P.160

　　無量光院由三代秀衡公建成，當時規模與被列為世界文化遺產、為古代日本人對西方極樂世界具體化表現的宇治平等院鳳凰堂一樣龐大，後因火災而燒毀，現時遺跡只剩下庭園。以遠處的金雞山作為襯托，庭園於日落時分的景色堪稱一絕，是淨土庭園(其中一種庭園)的最高傑作之一。

◀無量光院雖然只剩下遺跡，一樣無損其庭園美景。

🏠 岩手縣西磐井郡平泉町平泉字花立地內
🚍 從JR「平泉」站步行約10分鐘；或乘るんるん號巡迴巴士，於「無量光院跡」站下車，車程約16分鐘(班次見P.159)

Online Map

▲遺跡內可遠眺金雞山。

▲美麗的日落。

(相片由岩手縣觀光協會提供)

青森縣 岩手縣 宮城縣 秋田縣 山形縣 福島縣 新潟縣

政廳遺跡 柳之御所遺跡 地圖 P.160

柳之御所遺跡為平安時代奧州藤原氏的政廳「平泉館」的遺跡，研究人員於發掘過程中找到產自中國的白瓷壺及由東海區製造的陶甕等。現時列為史跡公園，免費開放予遊客參觀。

◀柳之御所遺跡達 10 公頃，史跡公園則佔了 5 公頃左右。(相片由岩手縣觀光協會提供)

Info

- 🏠 岩手県西磐井郡平泉町平泉伽羅楽108-1
- 🚌 從 JR「平泉」站步行約 10 分鐘；或乘るんるん號巡迴巴士，於「道の駅平泉」站下車，車程約 18 分鐘(班次見 P.159)
- 🕐 4 月 至 10 月 09:00~17:00，11 月 至 3 月 09:00~16:30
- 休 年末年始
- ☎ 道の駅平泉：0191-34-1001

巧奪天工的石窟寺院 達谷窟

地圖 P.160　MAPCODE 142 157 765

達谷窟又名「達谷窟毘沙門堂 別當達谷西光寺」，於801年創建，現時的本堂建於1961年。寺院建於石窟底下，巧奪天工，因而被列為國家史跡之一。院內供奉平安時代製造的丈六不動明王像，加上岩石上的岩面大佛，成為院內著名景點。

◀刻於岩石上的岩面大佛甚為壯觀。(相片由岩手縣觀光協會提供)

Info

- 🏠 岩手県西磐井郡平泉町平泉字北澤16
- 🚕 從JR「平泉」站乘計程車約10分鐘，車費約￥2,000(HK$110)
- 🕐 4月至11月23日08:00~17:00，11月24日至3月08:00~16:30
- $ 成人￥500(HK$29)，高中生￥200(HK$12)
- ☎ 0191-46-4931
- 🌐 iwayabetto.com

7.4

《銀河鐵道之夜》作者家鄉
花卷市

花卷市位於岩手縣中西部，人口約9萬餘人，最有名的觀光景點為花卷溫泉。另外，經典童話書《銀河鐵道之夜》的作者宮澤賢治(宮沢賢治)亦出生於花卷市，市內設有紀念館及童話村介紹這位一代作家。

花卷觀光協會：
www.kanko-hanamaki.ne.jp/ch

縣內主要城市 前往花卷市的交通：

1. JR 盛岡站(盛岡市) ── JR 新幹線 ┊ 12 分鐘 ┊ ￥3,180(HK\$187) ➡ JR 新花卷站

2. JR 平泉站(平泉町) ── JR 東北本線 ── JR 北上站 ── JR 新幹線 ➡ JR 新花卷站
(全程) 約 48 分鐘 ┊ ￥1,740(HK\$120)

3. JR 平泉站 ── JR 東北本線 ── JR 花卷站 ── JR 釜石線 ➡ JR 新花卷站
(全程) 約 56 分鐘 ┊ ￥990(HK\$69)

4. JR 久慈站(久慈市) ── JR 八戶線 ── JR 八戶站 ── JR 新幹線 ── JR 盛岡站 ── JR 新幹線 ➡ JR 新花卷站
(全程) 約 3 小時 5 分鐘 ┊ ￥6,910(HK\$406)

5. JR 一ノ関站(一關市) ── JR 新幹線 ┊ 約 30 分鐘 ┊ ￥2,860(HK\$209) ➡ JR 新花卷站

6. JR 北上站(北上市) ── JR 新幹線 ┊ 約 7 分鐘 ┊ ￥1,120(HK\$82) ➡ JR 新花卷站

註 1：上述車費大部分為自由席，如乘指定席車費會較昂貴。車費及時間謹供參考。
註 2：除了 JR「新花卷」站，書內景點也會利用「花卷」站，但大部分景點都集中在「新花卷」站附近。

市內交通——巴士

花卷市內的交通以岩手縣交通巴士的路線巴士及自駕為主，大部分遊客會從JR「花卷」站乘搭巴士前往各大景點。以下列出數條主要巴士路線的主要車站班次：

「土沢線」巴士班次：

發車站	週一至五	週六、日及公眾假期
JR「花卷」站	06:50、07:50、08:50、10:30、12:00、13:30、14:50、16:10、17:30	07:50、08:50、12:00、14:50
JR「新花卷」站	07:57、08:57、10:17、11:37、13:17、14:47、16:17、17:47	09:07、10:17、13:17、16:17
賢治記念館口站（返 JR「花卷」站）	08:01、09:01、10:21、11:41、13:21、14:51、16:21、17:51	09:11、10:21、13:21、16:21
賢治記念館口站（返 JR「新花卷」站）	07:07、08:07、09:07、10:47、12:17、13:47、15:07、16:27、17:47	08:07、09:07、12:17、15:07

「花卷温泉線」巴士班次：

發車站	週一至五	週六、日及公眾假期
JR「花卷」站	07:13、08:13、08:53、10:33、12:03、12:43、14:03、14:53、16:03、16:53、17:53、18:43、19:38	08:13、11:13、12:23、13:33、15:23、16:23、17:43
花卷温泉站（回 JR 站）	08:55、09:55、11:15、13:15、14:15、16:15、18:16	08:55、09:55、11:15、13:15、14:15、16:15、18:19

「教育センター線」巴士班次：

發車站	班次 (週六、日及公眾假期停駛)
JR「花卷」站	07:35、12:19
花卷温泉站(回 JR 站)	08:47、13:32、18:05

Info

岩手縣交通
🌐 www.iwatekenkotsu.co.jp/hanamaki_tiku.html

花卷市景點地圖

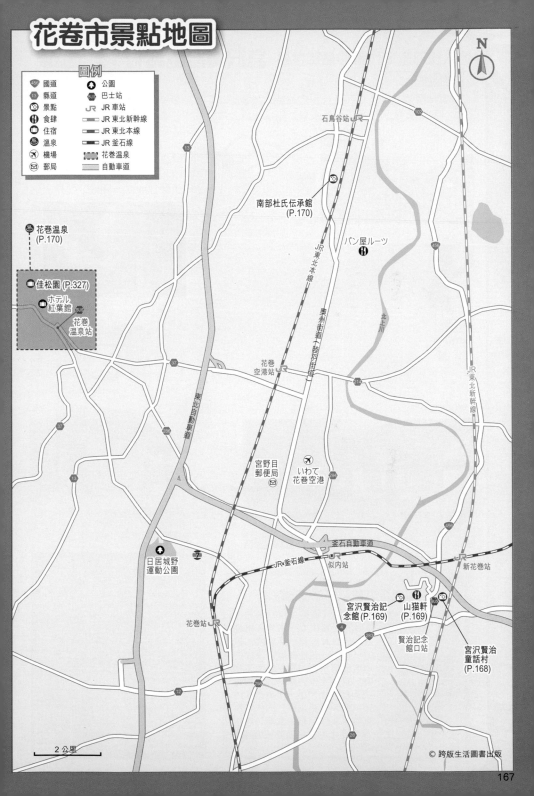

N

圖例

符號	名稱	符號	名稱
國道	國道	公園	公園
縣道	縣道	巴士站	巴士站
景點	景點	JR	JR 車站
食肆	食肆		JR 東北新幹線
住宿	住宿		JR 東北本線
溫泉	溫泉		JR 釜石線
機場	機場		花卷溫泉
郵局	郵局		自動車道

石鳥谷站 JR

南部杜氏伝承館 (P.170)

パン屋ルーツ

花卷溫泉 (P.170)

佳松園 (P.327)

ホテル 紅葉館

花卷 溫泉站

JR 東北本線

奥州街道·陸阿街道

北上川

JR 東北新幹線

花卷 空港站 JR

宮野目 郵便局

いわて 花卷空港

釜石自動車道

JR 釜石線

似内站

新花卷站

日居城野 運動公園

花卷站 JR

宮沢賢治記 念館 (P.169)

山猫軒 (P.169)

賢治記念 館口站

宮沢賢治 童話村 (P.168)

2 公里

© 跨版生活圖書出版

進入銀河鐵道作者的童話世界 **宮沢賢治童話村** 地圖 **P.167**

MAPCODE® 108 830 442

青森縣
岩手縣
宮城縣
秋田縣
山形縣
福島縣
新潟縣

宮澤賢治是日本昭和時代著名的詩人與童話作家，他最有名的著作為《銀河鐵道之夜》，這本書後來啟發了眾多漫畫家創作出許多經典動漫作品，包括漫畫家松本零士的《銀河鐵道999》及藤子·F·不二雄的《多啦A夢——大雄與銀河超特急》等。童話村依照宮澤賢治的作品建成，帶領參觀者進入一個奇幻世界。

▲「賢治の学校」範圍外是免費區域。

▲童話村中設有「賢治の学校」，入場需要收費。

◀巨大的螳螂等著你！

▶學校外的梯道既似向上，又像往下，難怪小貓也感到疑惑。

▲室內空間很有科幻童話感覺。

◀滿天繁星，帶你走進銀河之旅。

▲多間小木屋免費展出與宮澤賢治作品有關的資料，如在動物之教室中可找到在作品中出現過的山貓與狐狸等。

Tips!
《銀河鐵道之夜》是怎樣的故事？

▲《銀河鐵道之夜》其中一個中譯版。

《銀河鐵道之夜》為宮澤賢治的代表作之一，故事講述主人公喬萬尼是一戶窮困人家的小孩，一天他為照顧患病的母親而無法參加銀河節水燈大會，累倒後作夢乘搭銀河鐵道的過程。後來不少漫畫家都依照《銀河鐵道之夜》的故事為藍本，創作出新的故事，包括松本零士的著名動畫《銀河鐵道999》。

Info

🏠 岩手県花巻市高松第26-19
🚉 從JR「新花巻」站步行約27分鐘；或從JR「花巻」站或「新花巻」站乘「土沢線」的岩手縣交通巴士，於「賢治記念館口」站下車步行約3分鐘，JR「花巻」站出發車程約17分鐘，JR「新花巻」站出發車程約2分鐘(班次見P.166)
⏰ 08:30~16:30
✕ 12月28日至翌年1月1日
$ ● 賢治の学校：成人￥350(HK$25)，大學生及高中生￥250(HK$18)，初中生及小學生￥150(HK$11)
● 共通券(可選當中2~4館，包括童話村、宮沢賢治記念館、花巻新渡戸記念館、花巻市博物館)：成人￥550~1,000(HK$39~71)，大學生及高中生￥350~650(HK$25~46)，初中生及小學生￥200~400(HK$14~28)
☎ 0198-31-2211
🌐 www.city.hanamaki.iwate.jp/miyaza wakenji/dowamura/index.html

Online Map

了解更多童話大師的創作過程 宮沢賢治記念館 地圖 P.167

宮沢賢治記念館於1982年開館，除了展出宮澤賢治作品的解說及創作過程外，還有影像資料介紹他的心路歷程。館內亦珍藏多份宮澤

賢治的親筆手稿創作，以及有關他短短37年人生的介紹。

▶紀念館建於小山丘上。

Info
- 🏠 岩手県花巻市矢沢第 1 地割 1-36
- 🚌 參考左頁「宮沢賢治童話村」
- 🕐 08:30~17:00
- 休 12 月 28 日至翌年 1 月 1 日
- 💲 成人 ￥350(HK$25)，大學生及高中生 ￥250 (HK$18)，初中生及小學生 ￥150(HK$11)，另有共通券（詳見左頁）
- ☎ 0198-31-2319
- 🌐 www.city.hanamaki.iwate.jp/ miyazawakenji/kinenkan/index. html

Online Map

進入童話裏的餐廳 山猫軒 地圖 P.167

宮澤賢治其中一本著名繪本《要求特別多的餐廳！》內的餐廳，正正就是山猫軒！裝潢別致的山猫軒位於宮沢賢治記念館(見上)對面的小山丘上，當然不像繪本中一樣要求多多，相反食物的選擇就相當多！除了以白金豚製成的定食，更可品嘗鹿肉鄉土料理。甜品則有6種選擇，如芝士蛋糕、抹茶卷蛋等。餐廳設有商店，出售與宮澤賢治相關的紀念品，喜歡這位作家的話千萬不能錯過！

▶餐廳內環境雅致。

▲山猫軒的外觀非常西式，店內卻有日式料理提供。

▶套餐可選有機培植咖啡，配上漂亮的餐具，食慾好像又增加了！

▲窗台旁的可愛招財貓。

▲◀圖為芝士蛋糕及抹茶卷蛋，不會太甜。一件蛋糕配熱飲售 ￥950(HK$53)。

Info
- 🏠 岩手県花巻市矢沢3-161-33
- 🚌 從JR「新花巻」站步行約20分鐘；或從JR「花巻」站或「新花巻」站乘「土沢線」的岩手縣交通巴士，於「賢治記念館口」站下車步行約10分鐘，JR「花巻」站出發車程約17分鐘，JR「新花巻」站出發車程約2分鐘（班次見P.166）
- 🕐 09:00~17:00
- ☎ 0198-31-2231
- 🌐 www.yamanekoken.jp

Online Map

一次過泡數種溫泉 花卷溫泉

地圖 P.167　MAPCODE® 626 143 048　泡湯

「花卷溫泉鄉」擁有10多個溫泉區，當中以花卷溫泉最為有名。花卷溫泉內有4間溫泉旅館，分別為佳松園(P.327)、ホテル千秋閣、ホテル花卷、ホテル紅葉館。除了佳松園，其餘3間都有通道相連，入住這3家旅館的客人可有限度地在旅館之間穿梭，免費泡不同旅館的湯池，而佳松園的客人更可享用全部4家旅館的溫泉，讓你泡到過癮為止。

▲花卷溫泉區入口。

◀區內有多間溫泉旅館。
(相片由岩手縣觀光協會提供)

🏠 岩手県花巻市湯本1-125
🚌 從JR「花巻」站乘「花卷溫泉線」或「教育センター線」的岩手縣交通巴士，於「花卷溫泉」站下車，乘「花卷溫泉線」車程約19分鐘，「教育センター線」則約27分鐘(班次見P.166)
☎ 0198-37-2111
🌐 www.hanamakionsen.co.jp

Online Map

認識酒造文化 南部杜氏伝承館

地圖 P.167　MAPCODE® 378 812 583

南部杜氏伝承館以復元的土藏(「土藏」即儲存庫)展出南部杜氏的酒造文化，南部杜氏為日本酒造代表杜氏集團其中一員，早於江戶時期前已開始造酒。館內以影片展出南部杜氏酒造的歷史，同時展出造酒時使用的道具，包括直徑達兩米的釀酒木桶。

◀既然介紹酒造文化，當然少不了巨型釀酒木桶。(相片由岩手縣觀光協會提供)

🏠 岩手県花巻市石鳥谷町中寺林7-17-2 道の駅石鳥谷内
🚌 從JR「石鳥谷」站步行約17分鐘
🕘 09:00~16:30
🚫 12月29日至翌年1月1日
💲 成人￥400(HK$28)，大學生及高中生￥250(HK$18)，初中生及小學生￥200(HK$14)
☎ 0198-45-6880

Online Map

《海女》拍攝場景

久慈市與三陸海岸

久慈市位於岩手縣東北部，面向太平洋，中心地帶為久慈灣。說起久慈市，不得不提日劇《海女》！劇中的北三陸市就是以久慈市為藍本，劇中大部分場景均在市內取景，吸引不少粉絲前來朝聖。

三陸海岸從八戶市鮫角岬開始，一直沿海岸線經岩手縣延伸至宮城縣牡鹿半島，包括陸前、陸中、陸奧海岸。三陸海岸分為北三陸與南三陸，以宮古市為界線。沿岸由於長期受海浪侵蝕，地形極具特色，具有地質研究價值。

久慈市觀光物產協會：
kuji-kankou.com

青森縣

岩手縣

宮城縣

秋田縣

山形縣

福島縣

新潟縣

縣內主要城市 前往久慈市、三陸海岸的交通：

1. JR 盛岡站 (盛岡市) ── JR 新幹線 ── JR 八戶站 ── JR 八戶線 ── JR 久慈站

（全程）2 小時 20 分鐘 ┊ ￥5,480(HK$322)

2. JR 平泉站 (平泉町) ── JR 東北本線 ── JR 盛岡站 ── JR 新幹線 ── JR 八戶站 ── JR 八戶線 ── JR 久慈站

（全程）約 4 小時 13 分鐘 ┊ ￥6,910(HK$406)

3. JR 新花卷站 (花卷市) ── JR 新幹線 ── JR 盛岡站 ── JR 新幹線 ── JR 八戶站 ── JR 八戶線 ── JR 久慈站

（全程）約 3 小時 15 分鐘 ┊ ￥6,910(HK$406)

4. JR 一ノ關站 (一關市) ── JR 新幹線 ── JR 盛岡站 ── JR 新幹線 ── JR 八戶站 ── JR 八戶線 ── JR 久慈站

（全程）約 3 小時 45 分鐘 ┊ ￥7,680(HK$452)

5. JR 北上站 (北上市) ── JR 新幹線 ── JR 盛岡站 ── JR 新幹線 ── JR 八戶站 ── JR 八戶線 ── JR 久慈站

（全程）約 3 小時 23 分鐘 ┊ ￥6,910(HK$406)

註：上述車費大部分為自由席，如乘指定席車費會較昂貴。車費及時間謹供參考。

暢遊久慈市及三陸海岸的交通

　　久慈市部分景點可由JR「久慈」站步行前往，但一些較遠的景點，如久慈琥珀博物館便要乘巴士前往。而三陸海岸一帶景點，除了可乘三陸鐵路(鉄道)外，部分景點(如小袖海岸)需要乘計程車(費用不便宜)或自駕(較為划算及方便)前往。

久慈市與三陸海岸景點地圖

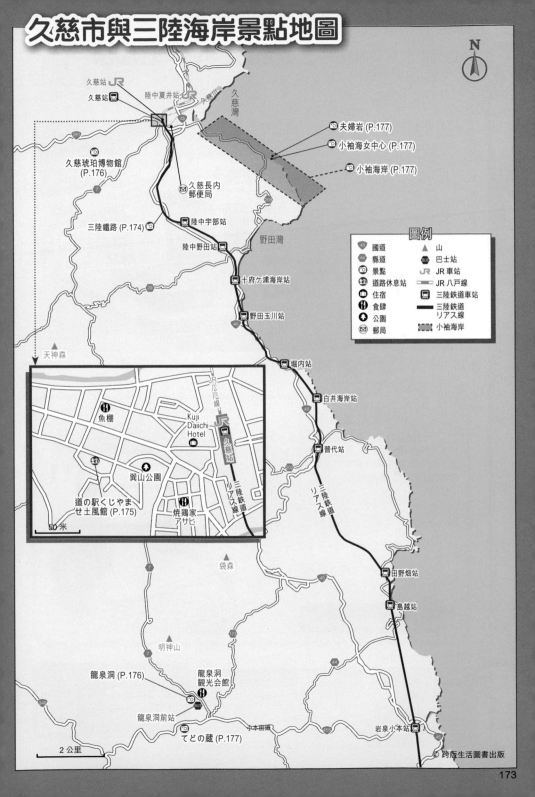

青森縣

岩手縣

宮城縣

秋田縣

山形縣

福島縣

新潟縣

特色列車欣賞美麗海岸 三陸鐵路 三陸鉄道 地圖 P.173

三陸鐵路是久慈市市內的重要交通，鐵路行走「谷灣線」(リアス線)，連接大船渡市至久慈市，中途經釜石市、宮古市等地。路線沿海岸線行駛，風光明媚，吸引不少鐵道迷前往。

▲三陸鐵路充滿古風味道，吸引不少鐵道迷特意前來乘搭。

Tips!

暖笠笠被爐列車！

三陸鐵路特設「被爐列車」(お座敷列車)行走久慈市與宮古市，車廂座位會換上日本家庭中常見的被爐桌子裝扮。列車沿途可欣賞三陸海岸的美景，非常寫意。

▶被爐是冬天的最佳恩物，鑽進去後還真的捨不得離開呢！(相片由岩手縣觀光協會提供)

Info

🏠 久慈站－宮古站
⏱ 不定期開出，最新情況請上官網查閱

三陸鐵路班次及車程：

路線	班次及車程
谷灣線	• 盛站發車：05:43、06:46、08:03、10:03、11:08、13:00、15:20、16:49、18:20、19:43、21:02 • 久慈站發車：05:03、05:52、06:53、08:05、10:39、12:07、14:15、16:14、17:30、18:25、19:33、20:46

Info
🚉 谷灣線路線：盛站－久慈站
$ 谷灣線：成人￥260~3,780 (HK$22~270)，小童￥130~1,890(HK$11~135)
☎ 0193-62-8900
🌐 www.sanrikutetsudou.com

Online Map

地道物產 道の駅くじ やませ土風館

地圖 P.173

MAPCODE 296 077 397

　　道の駅くじ やませ土風館分為「土の館」與「風の館」：土の館為物產館，出售久慈市的土產，如海產副食品、農產品及水果。2樓設有「昭和レトロ館」展出昭和時代的生活物品，如澡堂擺設及昔日玩具。風の館則為觀光交流中心，除了給旅客提供最新觀光資訊，還展示了久慈秋祭使用的山車。

▲昭和レトロ館的一角採用澡堂的設計，一旁擺放了許多懷舊家庭生活用品，如風扇、洗衣機等。

▶風の館提供海女的衣服，讓你搖身一變成為「北限の海女」。

▲道の駅くじ やませ土風館。

▲久慈秋祭時使用的山車非常宏偉。

Info

🏠 岩手縣久慈市中町2-5-6
🚶 從JR「久慈」站步行約7分鐘
🕐 夏季09:00～19:00，冬季09:00～18:00，昭和レトロ館09:00～17:00
💲 昭和レトロ館：成人￥300(HK$21)，中學生￥200(HK$14)，小學生￥100(HK$7)
☎ 0194-52-2289
🌐 dofukan.com
🅿 免費

Online Map

▲快點與人氣組合 AKB48 一起化身成海女吧！

▲土の館內出售許多豐富物產，是購買手信的好地方。

青森縣 岩手縣 宮城縣 秋田縣 山形縣 福島縣 新潟縣

親手採掘琥珀 久慈琥珀博物館 ●地圖 P.173 MAPCODE 296 012 011

久慈的琥珀在日本非常有名，大部分琥珀均產自中生代白亞紀後期，近年於久慈發現的琥珀內更藏有昆蟲化石，成為古生物學者的研究題材。博物館分本館與新館，本館展出許多珍貴的琥珀，包括世上最古老、來自8,700萬年前、含有鳥類羽毛化石的琥珀。這裏還有琥珀採掘體驗，採掘到的琥珀可帶回家留念，但若採到含有化石的琥珀則需留給博物館作研究之用。

◀人們可進入發掘到琥珀的坑道遺跡探險！

◀琥珀發掘體驗。中、小學生￥100(HK$7)。

(HK$107)，中、小學生￥1,000(HK$71)，小童￥100

Info

🏠 岩手県久慈市小久慈町19-156-133
🚌 從JR「久慈」站乘計程車，車程約10分鐘；或乘「日吉循環線」或「山根線」的巴士，於「久慈琥珀博物館入口」站下車，班次見下：

路線	發車站	班次
日吉循環線	JR「久慈」站	週一至五07:30、08:35、11:20、15:40，週六、日及公眾假期09:30、13:30
	久慈琥珀博物館入口站(返回JR站)	週一至五07:48、08:53、11:56、16:16，週六、日及公眾假期09:48、14:06
山根線	JR「久慈」站	09:25、14:00
	久慈琥珀博物館入口站(返回JR站)	週一至五08:04，每日10:49、15:44

*中途會再停JR「久慈」站，可到www.city.kuji.iwate.jp/kurashi/doro/bus/bus_timetable_2.html查看時間。

🕐 09:00~17:00
休 2月最後一天，12月31日至翌年1月1日
💲 成人￥500(HK$36)，中、小學生￥200(HK$14)
☎ 0194-59-3831
🌐 www.kuji.co.jp/museum

Online Map

(相片由岩手縣觀光協會提供)

日本三大鐘乳洞 龍泉洞 ●地圖 P.173 MAPCODE 432 066 782

◀龍泉洞的高低落差達249米，為日本洞窟中的第五位。

龍泉洞為日本三大鐘乳洞之一，現時所知洞內長度為3,600米，公開當中700米予遊客入內參觀。位於鐘乳洞底的地底湖清澈無比，是洞內最值得參觀的地方。洞內採自由遊覽形式，全程均需步行，最好穿着輕便衣物。此外，洞內長期維持在10℃左右，遊客需注意保暖，必要時可向工作人員借用外套。

Info

🏠 岩手県下閉伊郡岩泉町岩泉字神成1-1
🕐 08:30~17:00，5月至9月08:30~18:00
💲 高中生及成人￥1,000(HK$71)，初中生及小學生￥500(HK$35)，持有龍泉洞門票人士可免費參觀旁邊的龍泉新洞科學館
☎ 0194-22-2566
🌐 www.city.kuji.iwate.jp/kurashi/doro/bus/bus_timetable_2.html

Online Map

▶清澈的地底湖獲得「日本名水100選」的美譽。

前往交通 (可選擇乘三陸鐵路或由盛岡市出發)

1. 從三陸鐵路「岩泉小本」站乘「小本線」的巴士，於「龍泉洞前」站下車，車程約25分鐘，車資為￥830(HK$59)，班次：
   • 「岩泉小本站前」站發車：06:20、07:03、08:37、10:09、11:51、14:38、15:55、17:19、19:07、20:21
   • 「龍泉洞前」站發車(返岩泉小本站)：10:36、12:37、14:37、17:26

2. 由盛岡市出發，從JR「盛岡」站乘「岩泉‧龍泉洞線」的JR東北巴士，於「龍泉洞前」站下車，車程約2小時12分鐘，車資為￥2,710(HK$194)，班次：
   • JR「盛岡」站發車：09:10、12:10、14:50、17:50
   • 「龍泉洞前」站發車：06:00、07:00、08:00、14:00、16:00

註：綠字班次為週六、日及假期休息，
　　藍字班次為只在週六、日及假期行駛。

(相片由岩手縣觀光協會提供)

職人展實力 てどの蔵 地圖 p.173 MAPCODE® 432 035 251

　　てどの蔵本身為1850年建成的酒藏，2006年起變身成達人工房，逢週六、日均有不同職藝的達人於此展示實力，項目包括草木染、木工、陶藝、木雕等，遊客可付費參加體驗課程，製作屬於自己的藝術品。

Info
- 🏠 岩手縣下閉伊郡岩泉町岩泉字村木74
- 🚃 乘三陸鐵路至「岩泉小本」站，再乘小本線巴士至「岩泉上町」站下車，步行2分鐘，車程約23分鐘
- 🕐 逢週六、日13:00~17:00
- 休 年末年始
- ☎ 0194-22-3233
- Ⓟ 免費

Online Map

（相片由岩手縣觀光協會提供）

▲てどの蔵由酒藏改建，建築物本身有過百年歷史。

▲雖然大部分職人已有點年紀，但依舊身手不凡！

觀賞海女絕活 小袖海岸 地圖 p.173 MAPCODE® 小袖海女中心：610 897 802

　　小袖海岸位於久慈灣東南部，為三陸復興國立公園的一部分。小袖海岸盛產海膽，當地的海女可徒手潛水捉海膽。每年7月至9月逢週六、日及公眾假期，均有1場收費表演(需預約)，讓遊客觀賞海女的絕活。附近設有小袖海女中心(09:00~17:00開放)，除了展出海女的詳盡歷史，還提供久慈周邊的最新觀光資訊。

▶在小袖海岸可眺望一望無際的太平洋。

▲在小袖海女中心，遊客可獲得許多觀光資訊。

夫婦岩

▲這兩塊岩石稱為「夫婦岩」，中間以麻繩相連。據說311大地震後，小袖海岸雖然受到海嘯侵襲，但麻繩依舊保持完好，讓人嘖嘖稱奇。

Info
小袖海女中心
- 🏠 岩手縣久慈市宇部町24-110-2
- 🚃 從JR「久慈」站駕車或乘計程車約25分鐘，計程車車資約¥3,340(HK$239)
- 海女表演：7月至9月逢週六、日及公眾假期11:00
- 💲 海女表演：¥500(HK$35)
- ☎ 0194-54-2261
- 🌐 www.city.kuji.iwate.jp/kanko/kanko/kosodeamacenter.html

Online Map

Tips!
海女
　　在日本，以徒手潛水方法捕獲鮑魚及海膽等的女性被稱為海女，古時還有海女能與海神溝通這種說法呢！

(繪圖：sailee)

7.6

欣賞美麗溪流

一關市

一關市位於岩手縣最南端，是縣內人口最多的城市。市內最著名的景點為兩大溪谷：嚴美溪與猊鼻溪，兩處均為秋天賞楓葉的好地方。

一關市觀光協會：
www.ichitabi.jp

● 縣內主要城市 前往一關市的交通： ●

1. 🚆 ── JR 東北本線 ┊ 1 小時 35 分鐘 ┊ ￥1,690(HK$118) ➡ 🚆
   JR 盛岡站（盛岡市）　　　　　　　　　　　　　　　　　　　JR 一ノ関站

2. 🚆 ── JR 新幹線 ┊ 40 分鐘 ┊ ￥4,190(HK$246) ➡ 🚆
   JR 盛岡站　　　　　　　　　　　　　　　　　　　　　　　JR 一ノ関站

3. 🚆 ── JR 東北本線 ┊ 7 分鐘 ┊ ￥200(HK$12) ➡ 🚆
   JR 平泉站（平泉町）　　　　　　　　　　　　　　　　　　　JR 一ノ関站

4. 🚆 ── JR 新幹線 ┊ 30 分鐘 ┊ ￥3,490(HK$205) ➡ 🚆
   JR 新花卷站（花卷市）　　　　　　　　　　　　　　　　　　JR 一ノ関站

5. 🚆 ──（JR 八戶線）🚆（JR 新幹線）🚆（JR 新幹線）➡ 🚆
   JR 久慈站（久慈市）　JR 八戶站　　　JR 盛岡站　　　JR 一ノ関站
   ┈┈┈（全程）3 小時 33 分鐘 ┊ ￥7,150(HK$522)┈┈┈

6. 🚆 ── JR 新幹線 ┊ 20 分鐘 ┊ ￥7,680(HK$452) ➡ 🚆
   JR 北上站（北上市）　　　　　　　　　　　　　　　　　　　JR 一ノ関站

7. 🚆 ── JR 東北本線 ┊ 40 分鐘 ┊ ￥3,270(HK$192) ➡ 🚆
   JR 北上站　　　　　　　　　　　　　　　　　　　　　　　JR 一ノ関站

註：上述車費大部分為自由席，如乘指定席車費會較昂貴。車費及時間謹供參考。

市內交通

從JR「一ノ関」站或從JR「猊鼻溪」站乘巴士前往不同景點。

一關市景點地圖

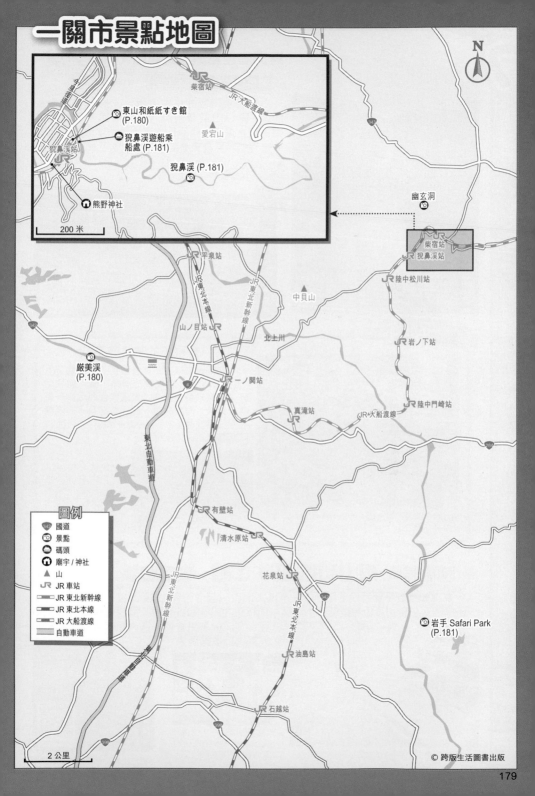

東山和紙紙すき館
(P.180)

猊鼻渓遊船乗
船處 (P.181)

猊鼻渓 (P.181)

熊野神社

200 米

柴宿站

JR 大船渡線

愛宕山

幽玄洞

柴宿站
猊鼻渓站

JR 陸中松川站

平泉站

JR 東北本線

JR 東北新幹線

中貝山

山ノ目站 JR

北上川

JR 岩ノ下站

厳美渓
(P.180)

JR 一ノ関站

東北自動車道

真滝站

JR 大船渡線

陸中門崎站

JR 陸中門崎站

圖例

國道	
景點	
碼頭	
廟宇 / 神社	
山	
JR 車站	
JR 東北新幹線	
JR 東北本線	
JR 大船渡線	
自動車道	

JR 有壁站

清水原站

JR 東北新幹線

JR 花泉站

岩手 Safari Park
(P.181)

JR 東北本線

JR 油島站

JR 石越站

2 公里

© 跨版生活圖書出版

Part 7

青森縣
岩手縣
宮城縣
秋田縣
山形縣
福島縣
新潟縣

連天皇也盛讚的美麗風光 嚴美渓

地圖 p.179　MAPCODE 142 066 735

　　嚴美渓為磐井川中流所形成的溪谷，全長約2公里，1927年被列為**國家名勝及天然紀念物**。自古以來，不少日本名人如伊達政宗、明治天皇等都特意前來參觀，盛讚此處風景優美。

◀秋天時的嚴美渓兩旁開滿紅葉，景色怡人，難怪受到不少名人所喜愛。

Info
- 🏠 岩手県一関市嚴美町字滝の上地内
- 🚌 從JR「一ノ関」站乘「嚴美渓‧瑞川線‧須川温泉線」的岩手縣交通巴士，於「嚴美渓」站下車，車程約20分鐘，班次見下：
  - JR「一ノ関」站(一関駅前站)發車：06:55、07:13、07:40、08:10、09:30、10:00、11:00、12:00、13:00、14:00、14:30、15:30、16:30、17:30、18:00；
  - 「嚴美渓」站發車(回JR站)：07:20、07:50、08:30、09:40、10:40、11:30、12:15、13:30、14:30、15:30、16:15、16:15、17:20、17:40、18:10、18:45
- ⏰ 嚴美渓休息小屋：09:00~17:30
- ☎ 一関市觀光協會：0191-23-2350
- 🌐 嚴美渓休息小屋：genbikeiga.com

Online Map

Tips!

會飛天的郭公糰子

　　來到嚴美渓必定要嘗名物「郭公糰子」(だんこ)，店家位於溪流對岸，客人需利用籃子通過索道付款，之後店家會利用籃子將糰子送來，非常有趣，因此亦稱為「飛天糰子」。郭公糰子3串￥500(HK$29)，3月至11月期間09:00~14:30販售。

▲出售郭公糰子的店鋪，遠在天邊近在彼岸，請來一客飛天糰子！

敲木板

▶要吃糰子，先要用木槌敲打圖中的木板，通知老闆客人要來買糰子囉。然後老闆會傳來籃子讓客人付款，收到錢後便會把糰子送來。

製作和紙體驗 東山和紙 紙すき館　地圖 p.179

　　東山和紙自平安時代末期已於平泉地區出現，至今已有800年歷史，岩手縣東山町一帶的居民仍使用東山和紙製作生活品。現時館內設有和紙體驗，整個過程需時15至30分鐘，製成的和紙會於一週內郵寄給製造者，但只限寄送日本國內。

▲由不同顏色的染料製作的和紙很有少女感覺。

▲和紙製作體驗一人價錢為￥1,000(HK$71)，2人同行￥1,500(HK$106)。

Info
- 🏠 岩手県一関市東山町長坂字町390
- 🚌 從JR「猊鼻渓」站下車步行約5分鐘
- ⏰ 4月至11月09:00~17:00，12月至3月10:00~15:00
- ☎ 0191-47-2424
- 🌐 www.echna.ne.jp/~nobuhiko

Online Map

（相片由岩手縣觀光協會提供）

感受絕壁壓迫力 **猊鼻渓** 地圖 p.179 MAPCODE® 308 241 143

　　猊鼻渓位於北上川支流砂鐵川中遊，全長約2公里，沿途有高達50米的石灰岩絕壁，以遊船遊覽時更具壓迫感。1925年(大正14年)被列為**國家史蹟名勝天然紀念物**，亦是縣內首個奪得此稱號的景點，現為「日本100景」之一。

猊鼻渓遊船 碼頭見地圖 p.179

　　乘遊船遊走猊鼻渓是不錯的選擇。船程約90分鐘，費用為成人￥1,800(HK$129)，小學生￥900(HK$61)，幼兒￥200(HK$14)。船班次為08:30、09:30，以及10:00~15:00逢00分開出。

　　注意：3月21至31日不設08:30，設有15:30；4月至8月設有16:00、16:30；9月至11月10日設有16:00；11月11日至20日設有15:30；11月21日至3月20日不設08:30。

Info
☎ 0191-47-2341
🌐 www.geibikei.co.jp

Info
🏠 岩手縣一關市 東山町
🚃 從JR「猊鼻渓」站下車步行約5分鐘
Online Map

（相片由岩手縣觀光協會提供）

▲乘搭猊鼻渓遊船至三好丘一帶時會稍作停留，讓遊客慢慢欣賞岩石絕景。

▲秋天時的猊鼻渓漫山紅葉。

▶遊客可以￥100(HK$7)購買5粒運玉，可選福、緣、壽、愛、願、運、戀、絆、祿、財，如能成功把運玉投至特定的岩洞中，便可願望成真！

與紅鶴跳舞 **岩手 Safari Park** 岩手サファリパーク

地圖 p.179 MAPCODE® 199 496 764

　　岩手Safari Park面積達12.3公頃，遊客要乘搭園內的收費巴士遊覽園區。園內可近距離觀賞老虎、斑馬及長頸鹿等野生動物，還可看到可愛的水豚和企鵝。

Info
🏠 岩手縣一関市藤沢町黃海字山谷121-2
🚃 從JR「一ノ関」站駕車或乘計程車約35分鐘，乘計程車車資約￥7,750(HK$566)
$ 成人￥2,700(HK$193)，小童及長者￥1,500(HK$107)
🕐 09:30~16:30
☎ 0191-63-5660
🌐 www.iwate-safari.jp
Online Map

▲遊覽園區必須乘搭這款動物造型巴士，成人每位￥800(HK$47)、小童￥600(HK$35)。(相片由岩手縣觀光協會提供）

春天賞櫻、冬天觀天鵝

北上市

北上市位於岩手縣西南部，人口約9萬人，為岩手縣內第五多人口的城市，與花卷市合稱為北上都市圈。昭和時期前北上市都以農業為主，及後因東北自動車道與新幹線通車，成為工業及商業都市。市內最著名的景點為北上展勝地，為日本櫻花名所100選之一。

北上觀光協會：
www.kitakami-kanko.jp

縣內主要城市 前往北上市的交通：

1. JR 盛岡站 (盛岡市) ── JR 東北本線：約 55 分鐘：￥860(HK$61) → JR 北上站

2. JR 盛岡站 ── JR 新幹線：約 20 分鐘：￥3,360(HK$198) → JR 北上站

3. JR 平泉站 (平泉町) ── JR 東北本線：約 32 分鐘：￥680(HK$47) → JR 北上站

4. JR 新花卷站 (花卷市) ── JR 新幹線：約 7 分鐘：￥1,120(HK$80) → JR 北上站

5. JR 久慈站 (久慈市) ── JR 八戶線 ── JR 八戶站 ── JR 新幹線 ── JR 盛岡站 ── JR 新幹線 → JR 北上站
(全程) 約 3 小時 13 分鐘：￥6,910(HK$406)

6. JR 一ノ関站 (一關市) ── JR 新幹線：20 分鐘：￥1,650(HK$115) → JR 北上站

7. JR 一ノ関站 ── JR 東北本線：40 分鐘：￥770(HK$54) → JR 北上站

註：上述車費大部分為自由席，如乘指定席車費會較昂貴。車費及時間謹供參考。

市內交通

由JR「北上」站步行、自駕或乘計程車前往景點。

2公里櫻花路 北上展勝地 地圖 P.183 MAPCODE 108 375 888

被評為賞櫻名所100選之一的北上展勝地，每年4月中旬至5月上旬都會舉辦盛大的櫻花祭，沿珊瑚橋長達2公里的路上種滿櫻花樹。北上展勝地整個公園範圍佔地293公頃，種滿1萬棵櫻花樹，遊客可感受被櫻花包圍的感覺！除了漫步其中，還可選擇乘搭馬車(￥300起，HK$21)於樹下賞櫻，上述活動只在4月中至5月初才有。

Info
- 🏠 岩手県北上市立花12地割
- 🚉 從JR「北上」站步行約29分鐘，或自駕或乘計程車約5分鐘，乘計程車約 ￥1,000(HK$71)
- ☎ 0197-65-0300
- 🌐 kitakami-kanko.jp/sakura/

▲每年4月中至5月初，北上展勝地兩旁皆開滿櫻花，走在路上猶如置身花海。(相片由岩手縣觀光協會提供)

天鵝過冬之境 大堤公園 地圖 P.183 MAPCODE 108 311 796

大堤公園與北上總合運動公園毗鄰，面積達7公頃，園內種了大量松樹。每逢冬季，園內沼澤均會有逾千隻天鵝前來過冬，吸引不少人前往觀賞天鵝。

Info
- 🏠 岩手県北上市大堤北1
- 🚉 從JR「北上」站駕車或乘計程車約10分鐘，乘計程車約 ￥1,630 (HK$116)

▶雪白的天鵝加上雪景，形成一片白茫茫的景象。(相片由岩手縣觀光協會提供)

北上市景點地圖

ら～麺屋 めん丸 北上インター店

柳原站

北上展勝地 (P.183)

北上市立花 小学校

JR 北上站

北上市立鬼柳 小学校

鬼柳簡易 郵便局

和賀川

北上川

圖例
- 🔵 國道
- 🔶 縣道
- 📷 景點
- 🔵 公園
- 🍴 食肆
- ✉ 郵局
- 🏫 學校
- JR JR 車站
- ━━━ JR 東北新幹線
- ━━━ JR 東北本線
- ━━━ JR 北上線
- ▪▪▪ 北上展勝地
- ━━━ 自動車道

大堤公園 (P.183)

北上總合 運動公園

1公里

© 跨版生活圖書出版

Part 8
宮城縣

名產
海產、仙台牛

Miyagi

　　宮城縣位於日本本州東北面，東面為太平洋海岸，西部連接奧羽山脈。宮城縣海產豐富，加上盛產高級和牛「仙台牛」與山菜，所以有「食材王國」之稱，縣內居民都引以為傲，並以此作為對外觀光宣傳的主題，吸引遊客前來！

宮城県観光連盟：
www.miyagi-kankou.or.jp/tourist_infomation/zh_tw

各區前往宮城縣的交通(目的地以仙台市的JR「仙台」站為主)：

出發地	交通	車程	車費
JR「東京」站	JR 新幹線	約 1 小時 30 分鐘	￥11,410(HK$671)
JR「新潟」站	JR 新幹線	約 2 小時 58 分鐘	￥19,240(HK$1,132)
JR「福島」站	JR 新幹線	約 26 分鐘	￥3,210(HK$189)
JR「盛岡」站（岩手縣）	JR 新幹線	約 40 分鐘	￥6,790(HK$496)
JR「山形」站	JR 仙山線	約 1 小時 15 分鐘	￥1,170(HK$69)
JR「秋田」站	JR 新幹線	約 2 小時 15 分鐘	￥10,460(HK$615)
JR「青森」站	JR 奧羽本線 +JR 新幹線	約 1 小時 53 分鐘	￥11,420(HK$834)

註：上述車費大部分為指定席，如乘自由席車費會較便宜。車費及時間謹供參考。

8.1
牛舌料理代表城市
仙台市

仙台市為宮城縣的縣廳所在地，亦是東北地區最大的都市，人口超過100萬人。仙台市由著名的大將伊達政宗興建，有「杜の都」(森林之都)的稱號。要數市內名物，當然就是鼎鼎大名的炭烤厚切牛舌！日本的牛舌料理起源自仙台市，在市內到處都可找到牛舌專賣店。

仙台‧宮城觀光情報：
www.sendaimiyagidc.jp

慶典
仙台七夕祭 (p.27)

縣內主要城市 前往仙台市的交通：

1. JR 松島海岸站 (松島町) ── JR 仙石線：約 40 分鐘 ｜ ￥420(HK$25) ──→ JR 仙台站

2. JR 鳴子溫泉站 (大崎市) ── JR 陸羽東線 ── JR 古川站 ── JR 新幹線 ──→ JR 仙台站
（全程）約 1 小時 12 分鐘 ｜ ￥4,020(HK$236)

註：上述車費大部分為自由席，如乘指定席車費會較昂貴。車費及時間謹供參考。

市內交通——地下鐵、巴士

仙台市市內交通以地下鐵及巴士為主，而不少景點都在JR站附近，可徒步前往。

青森縣　岩手縣　宮城縣　秋田縣　山形縣　福島縣　新潟縣

地下鐵

地下鐵路線設南北線及東西線。旅客可在自動售票機購買車票(IC卡)，入閘時把IC卡觸碰屏幕便可，上車前記得留意行走方向。

> **Info**
> $ 每程成人￥200(HK$14)起，小童￥100(HK$7)起
> @ www.kotsu.city.sendai.jp/subway

「るーぷる(盧葡兒)仙台」觀光巴士

「るーぷる仙台」觀光巴士車廂設計仿似電車，而且帶有復古的色彩，不僅受到遊客的歡迎，也受到仙台居民的歡迎，還推出了「るーぷる仙台」觀光巴士的迷你模型，十分可愛，僅在仙台市內出售，可以買來作紀念。在仙台站西口出去可看到紅色巴士站，在那裡便可乘搭巴士。購買一日票部分景點還有折扣優惠。在市中心範圍乘搭一般路線巴士，均一單程車費為￥100(HK$6)。

> **Info**
> $
>
> | 種類 | 成人 | 小童 |
> | --- | --- | --- |
> | 巴士單程 | ￥260(HK$18) | ￥130(HK$9) |
> | 一日乘車券
(觀光巴士) | ￥630(HK$44) | ￥320(HK$22) |
> | 一日乘車券
(觀光巴士及地下鐵) | ￥920(HK$64) | ￥460(HK$32) |
>
> 註：一日券提供景點及飲食優惠折扣。
> ☎ 仙台市交通局：022-222-2256
> @ loople-sendai.jp

▲造型古典可愛的るーぷる仙台觀光巴士。(攝影：詩人)

るーぷる仙台觀光巴士班次：

發車站	週一至五
JR「仙台」站 (仙台駅前站)	09:00~16:00 逢 00、20、40 分發車
瑞鳳殿前站	09:13~16:13 逢 13、33、53 分發車
博物館・国際センター前站	09:18~16:18 逢 18、38、58 分發車
仙台城跡站	09:26~16:26 逢 06、26、46 分發車
国際センター駅・宮城県美術館前站	09:38~16:38 逢 18、38、58 分發車
大崎八幡宮前站	09:46~16:46 逢 06、26、46 分發車

註：15:00 後從仙台站出發的班次將在返回仙台站後回廠。

仙台市景點地圖

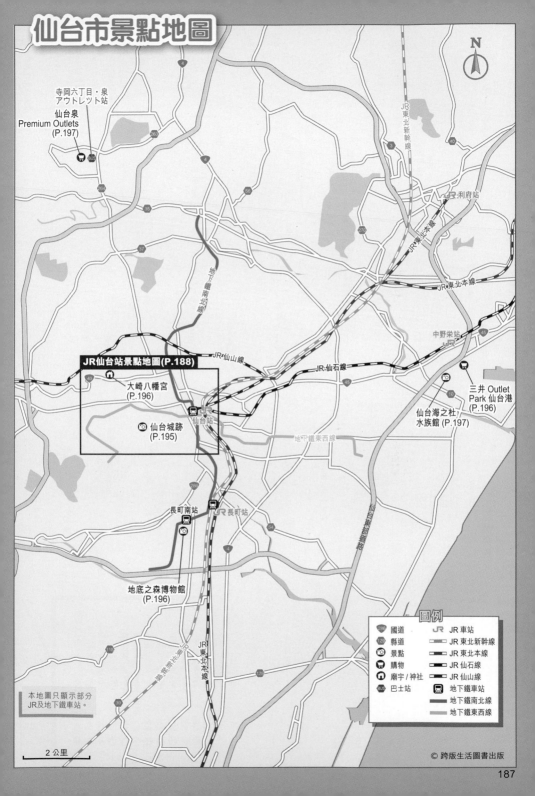

寺岡六丁目・泉
アウトレット站

仙台泉
Premium Outlets
(P.197)

🚉利府站

JR・東北本線

中野栄站

JR仙台站景點地圖(P.188)

大崎八幡宮
(P.196)

JR·仙山線

JR·仙石線

三井 Outlet
Park 仙台港
(P.196)

仙台站

仙台海之杜
水族館 (P.197)

仙台城跡
(P.195)

地下鐵東西線

長町南站

JR 長町站

地底之森博物館
(P.196)

JR
東北本線

本地圖只顯示部分
JR及地下鐵車站。

圖例

國道	JR	JR 車站	
縣道		JR 東北新幹線	
景點		JR 東北本線	
購物		JR 仙石線	
廟宇/神社		JR 仙山線	
巴士站		地下鐵車站	
		地下鐵南北線	
		地下鐵東西線	

2公里

© 跨版生活圖書出版

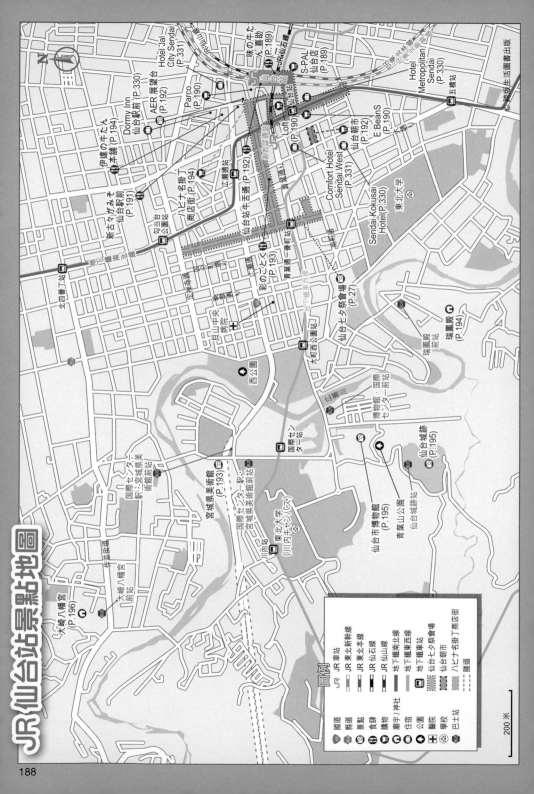

JR仙台站景點地圖

美食購物一網打盡 **S-PAL 仙台** 〔地圖 P.188〕

位於仙台市的S-PAL仙台是一家樓高3層的百貨公司，分本館、東館及二館，由JR站經天橋連接。為人熟悉的品牌商店包括w closet、鬆弛熊(拉拉熊)專賣店等，餐廳則有牛舌專門店「青葉亭」、「味の牛たん喜助」及「伊達の牛たん本舖」等10多間選擇。

▶ S-PAL 樓高 3 層，從服飾店、精品店到餐廳都應有盡有。

Info
- 🏠 宮城県仙台市青葉区中央 1-1-1
- 🚃 從JR「仙台」站西口步行 1 分鐘
- 🕐 商店約 10:00~21:00，餐廳約 10:00~23:00，各店營業時間不一
- ☎ 022-267-2111
- 🌐 www.s-pal.jp/sendai/hant/
- Ⓟ 購物滿 ￥3,000(HK$212)，可享 1 小時免費泊車；滿 ￥10,000(HK$730) 可享 2 小時；滿 ￥30,000(HK$2,190) 可享 3 小時，最多免費 3 小時

Online Map

有 1 厘米厚的霜降口感牛舌 **味の牛たん喜助** 〔地圖 P.188〕

喜助是牛舌料理專門店，創業逾40年，是仙台市的老店。除了在S-PAL仙台B1F有分店，在JR仙台站也有分店。喜助自設工場為牛舌加工，採用牛舌頭中央部分，肉質特別厚身，有霜降的口感，讓人一試難忘！

店家有多間分店，最方便的當然是位於 → 仙台站 3 樓的分店了。

限定！

▲數量限定的特切厚燒定食 (￥2,512，HK$148) 起，每塊牛舌足有 1 厘米厚，非常滿足！

▲以白葱和牛尾熬煮的清湯，美味又解膩。

Info
- 🏠 宮城県仙台市青葉区中央1-1-1(JR仙台站3F)
- 🚃 從JR「仙台」站步行約1分鐘
- 🕐 11:00~22:00
- ☎ 022-221-5612
- 🌐 www.kisuke.co.jp

Online Map

Tips!

仙台牛舌料理起源

為何仙台的牛舌料理會比日本其他地方受歡迎？原因是二次大戰後，美軍在仙台市設立基地，大量美軍進駐令當地牛肉需求大增，但美國人只酷愛牛排，把牛的其他部位全數丟棄。鑑於當時戰後日本人生活困頓，市內一家專售烤雞肉串的店舖，開始研究將牛舌烹調成適合當地人口味的料理，最後研發成炭烤牛舌。其後多間餐廳爭相模仿，令仙台市成為牛舌料理的代表城市！(文字：嚴潔盈)

青森縣
岩手縣
宮城縣
秋田縣
山形縣
福島縣
新潟縣

日式雜貨天堂 Loft 地圖 P.188

以出售家品及雜貨為主的Loft於仙台設有分店,距JR仙台站只需3分鐘步程,非常方便。Loft的8樓有ABCクツキング(ABC Cooking Studio),而主打女性的Spa店ミス・パリ(Miss Paris)在此也有分店。

Info
🏠 宮城県仙台市青葉区中央1-10-10
🚌 從JR「仙台」站西口步行3分鐘
🕐 商店10:00~20:00,8樓餐廳11:00~22:00,各店營業時間不一
☎ 022-224-6210
🌐 www.loft.co.jp/shop_list/detail.php?shop_id=285

Online Map

▲看到鮮明的黃色招牌,便知道找對了 Loft 的位置。

女生血拼熱點 Parco 地圖 P.188

Parco於仙台的分店鄰近JR站,是不少遊客血拼地點之一。商場樓高9層,3樓至6樓為女裝部,品牌包括Samantha Thavasa、une nana cool等。9樓有餐廳燒肉 叙々苑、紅虎餃子房及オムライスとパンケーキの店 OMS等。

Info
🏠 宮城県仙台市青葉区中央1-2-3
🚌 從JR「仙台」站西口步行2分鐘
🕐 商店10:00~20:30,餐廳11:00~23:00
☎ 022-774-8000
🌐 sendai.parco.jp

Online Map

▲與其他國內 Parco 分店一樣,仙台的分店同樣為遊客提供退稅服務。

年輕人聚腳地 E BeanS イービーンズ仙台

地圖 P.188

E BeanS是主打年輕人市場的商場,裏面除了有GU、古着店、雜誌《nicola》的服飾專賣店repipi armario外,還有電器專賣店Softmap、手作店及動漫專門店Animate等。

◀ E BeanS 有 很 多年輕人喜歡的品牌。

Info
🏠 宮城県仙台市青葉区中央4-1-1
🚌 從JR「仙台」站西口步行4分鐘
🕐 10:00~20:00
☎ 022-266-2222
🌐 www.e-beans.jp

Online Map

特製味噌配海鮮料理 新古々がみそ 仙台駅前 地圖 p.188 推介!

新古々がみそ於仙台設有兩家分店，分別位於JR仙台站前與一番町。店家以在北三陸一帶捕獲的海鮮炮製料理，還提供各種仙台鄉土料理，如燒地雞、手燒笹蒲鉾(魚餅)等名物。店內麵豉(味噌)更是以縣產大豆製成，不但地道且有多種口味，例如柚子、芝士、山椒等。而且仙台必吃的牛舌，更可配搭不同的麵豉燒烤！

▲ 加上不同味噌的燒飯糰(¥972，HK$69)，香脆可口，味噌可添加山椒味、芝士味、昆布味等。

▲食店位於大廈3樓，共有40個座位。

▶另外不能少的，當然是北三陸出種的新鮮海產。魚生拼盤分為4種，1至2人為 ¥1,350(HK$75)，3至4人為 ¥3,024(HK$214)，相中為為5至6人的份量，價錢為 ¥4,320(HK$306)。

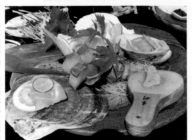

▶朴葉燒地雞(¥972，HK$69)，加上仙台製的味噌，味道非常濃郁！

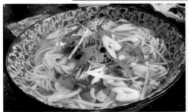

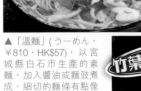

▲「溫麵」(うーめん，¥810、HK$57)，以宮城縣白石市生產的素麵，加入醬油或麵豉煮成，細切的麵條有點像流水麵。

▶鮭魚茶漬飯(¥486，HK$34) 為日本不少食店的「定番」(常設餐牌)。

Info

🏠 宮城県仙台市青葉區中央 1-7-1 第一志ら梅ビル 3F

🚇 從JR「仙台」站西口步行約2分鐘

🕒 15:00~23:00

☎ 022-797-5025

🌐 kokomiso.ow st.jp

Online Map

竹葉形魚樣

▲仙台名物手燒笹蒲鉾 (¥320，HK$17)，即以魚肉製成的魚餅，加上不同口味的麵豉，燒烤時散發的香味已讓人食指大動！

仙台市 松島町 大崎市 白石市

青森縣　岩手縣　宮城縣　秋田縣　山形縣　福島縣　新潟縣

舌上的滋味 仙台站牛舌通 牛たん通り 地圖 p.188

　　「仙台牛舌之父」佐野啓四郎發現法國廚師喜歡用牛舌燉肉，而當時日本因戰後物資短缺，於是他用牛舌來當燒烤店的主打菜式，經過他不斷的嘗試、改良，創造出現在有名的仙台燒牛舌。在JR仙台站3樓聚集了6間仙台出名的烤牛舌店，包括たんや善治郎、炭燒利久等，來到仙台一定要嚐嚐喔！

◀ 牛たん通り。

◀ 燒牛舌。

◀ 美味的仙台

▲伊達政宗像。

Info
🏠 JR仙台站3F
🕐 視乎各商店的營業時間(請參考網站)
🌐 www.livit.jregroup.ne.jp/gyutan-sushistreet/

(撰文：HEI，攝影：Tina & Fai)

眺望仙台市日夜美景 AER 展望台 地圖 p.188

　　AER大樓於1998年建成，是日本東北地區第五高的建築物。大樓集商場及辦公室於一身，頂層31樓的展望台免費開放給公眾參觀，天晴時可飽覽整個仙台市，非常美麗，晚上則可欣賞浪漫夜景。

▲ AER 於剛建成時，曾經是仙台市市內最高建築物。

▶不少情侶會於晚上登上展望台觀看市內美景。

Info
🏠 宮城縣仙台市青葉区中央1-3-1
🚃 從JR「仙台」站西口步行5分鐘
🕐 10:00~20:00
☎ 022-724-1111
🌐 www.sendai-aer.com

Online Map

仙台人的早晨廚房！ 仙台朝市 地圖 p.188

　　日本許多城市都設有「朝市」(早晨市場)，仙台市亦不例外，且仙台朝市更有「仙台台所」(仙台的廚房)之稱。朝市位置離JR仙台站只需5分鐘步程，總長約100米，兩旁的攤檔共約70間，從海鮮、水果、加工食品以至食店都有，來這裏感受一下仙台市民日常生活的風情吧！

◀不少仙台市民都會到朝市買菜。(相片由宮城縣觀光科提供)

Info
🏠 宮城縣仙台市青葉区中央4-3-28
🚃 從JR「仙台」站西口步行5分鐘
🕐 約08:00~18:00(各店營業時間不一)
☎ 022-262-7173
🌐 www.sendaiasaichi.com

Online Map

在居酒屋嘆地道料理 彩のごとく 地圖 p.188 推介!

彩のごとく是一家提供仙台地道料理的居酒屋，大部分食材均來自宮城縣，當中包括仙台名物燒牛舌及馬肉刺身。店內設4人或6人用的個室，讓食客擁有私人空間，慢慢享受美食。

▶ 食店位於大廈2樓和3樓，共有100個座位。

▶ 來到仙台當然要吃炭燒牛舌了！

▲「若鶏と彩り野菜の黑酢あんかけ石燒きご飯」(￥850，HK$47)：黑酢炸雞加上新鮮蔬菜的石鍋飯，熱呼呼的，最適合冬天進食暖暖身。

▲ 石卷市出產的金華鯖魚(半份￥850，HK$47)，燒熟後遠遠已聞到魚香。

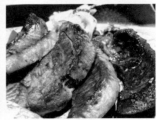

▲ 店家的牛舌(半份￥950，HK$67)均為厚切，吃下去特別有口感。

◀ 店家引以為傲的蛋卷(出し巻き玉子，￥680，HK$47)，切開後可看到豐富的蛋汁，香軟又可口。

🏠 宮城縣仙台市青葉区中央2-3-23 キラクビル2・3F
🚃 從JR「仙台」站西口步行約10分鐘
🕐 週一至四、週日及公眾假期17:00~23:30，週五、六及公眾假期前夕 17:00~00:00
🚫 12月31日至1月1日
☎ 022-721-5508
🌐 ironogotoku.owst.jp

Online Map

豐富名家收藏品 宮城県美術館 地圖 p.188 MAPCODE 21 643 240

宮城県美術館位於仙台市中心以西，在1981年開館，現址本為仙台城二之丸遺址。館內展出許多東北地區出身之藝術家的作品，如著名日本雕刻家佐藤忠良與棟方志功等，當中佐藤忠良的作品包括超過1,100件的雕塑、石膏原型與素描等。(**目前維修休館中，於2025年中重開。**)

🏠 宮城縣仙台市青葉区川内元支倉34-1
🚃 從JR「仙台」站乘るーぷる仙台觀光巴士，於「二高・宮城県美術館前」站或「国際センター駅・宮城県美術館前」站下車(班次見 P.186)；或乘地下鐵東西線，於「国際センター」站西1出口或「川内」站北1出口步行約7分鐘
🕐 09:30~17:00 🚫 週一
💲 常設展：成人￥300(HK$21)，大學生￥150(HK$11)，中學生或以下免費
☎ 022-221-2111 💲 免費
🌐 www.pref.miyagi.jp/site/mmoa

Online Map

▲宮城県美術館。(相片由宮城縣觀光科提供)

厚燒牛舌老店 伊達の牛たん本舗 地圖 P.188

伊達の牛たん是仙台另一家牛舌料理老店,在仙台市有多達8家分店,在東京則有3家。除了炭火烤牛舌,餐廳還提供其他牛舌美食,如牛舌製成的香腸及咖喱等。

Info
🏠 仙台市青葉区本町1-1-1 大樹生命仙台本町ビル(アジュール仙台)地階
🚃 從JR「仙台」步行約5分鐘
🕐 11:00~22:00
☎ 022-722-2535
🌐 www.dategyu.jp
Online Map

▲牛舌定食套餐(￥1,620,HK$115),可選加大份量(￥2,240,HK$159)。 (攝影:詩人)

連結多條商店街 ハピナ名掛丁商店街 地圖 P.188

ハピナ名掛丁商店街是最接近JR仙台站的商店街,以手信店及生活用品店為主,當然少不了多間餐廳。仙台市的商店街縱橫交錯,而這條商店街與其他商店街,如本町商店街、仙台駅前商店街等互相連結,逛一整天也逛不完!商店街擁有頂蓋,下雨天也可輕鬆購物。

◀ハピナ名掛丁商店街距JR站只需5分鐘步程,不妨逛逛各式商店,看看有甚麼商品合心意。

Info
🏠 宮城県仙台市青葉区中央2-1-30
🚃 從JR「仙台」站西口步行約5分鐘
☎ 022-222-2075
🌐 nakakecho.jp
Online Map

桃山風格豪華寺廟 瑞鳳殿 地圖 P.188 MAPCODE 21 584 732

瑞鳳殿建於1636年,宮殿以桃山文化的豪華風格建成,1931年定為國寶,可惜於1945年因戰爭而燒毀。現時的建築物是在1979年重新修復而成,為祭祀日本名人伊達政宗的靈廟之一。園內設有感仙殿、善應殿、妙雲界廟及御子樣御廟等。

◀經過復修的瑞鳳殿重現當年豪華的風采。

Tips!
桃山文化的獨特之處?
桃山文化由豐臣秀吉所創,建築物都採用華麗的形式建成,例如橫樑間會加入雕塑作為裝飾。

Info
🏠 宮城県仙台市青葉区霊屋下23-2
🚃 從JR「仙台」站乘るーぶる仙台觀光巴士,於「瑞鳳殿前」站下車,車程約15分鐘(班次見P.186)
🕐 2月至11月09:00~16:30,12月至1月09:00~16:00
🚫 12月31日;資料館1月1日
💲 成人 ￥570(HK$34),高中生 ￥410(HK$24),初中生及小學生 ￥210(HK$12)
☎ 022-262-6250
🌐 www.zuihoden.com
Online Map

▲感仙殿為二代忠宗宗廟。 (攝影:詩人)

從城跡俯瞰仙台市景 仙台城跡 地圖 P.187、188 MAPCODE 21 583 814

仙台城本稱「青葉城」，由伊達政宗築城，佔地約6.6萬平方米，為日本少數的大規模城池。可惜仙台城大部分建築均於第二次世界大戰的仙台空襲中被炸毀，現時只剩下城跡，至1954年重建伊達像，並建成現今的城跡公園。

Info
- 宮城縣仙台市青葉区川內1
- 從 JR「仙台」站乘る一ぶる仙台觀光巴士，於「仙台城跡」站下車步行約 5分鐘（班次見P.186）
- Online Map

（攝影：詩人）

▲從城跡上可俯瞰仙台市。

▲騎着馬的伊達政宗像可說是代表仙台市的標誌之一。

借珍貴文化財認識仙台歷史 仙台市博物館 地圖 P.188

仙台市博物館於1961年開館，現址本為仙台城三之丸的遺跡，現在則是青葉山公園的一部分。館內藏有許多伊達家寄贈的文化財，包括伊達政宗及豐臣秀吉使用過的「具足」（日本古代盔甲的別稱）等，常設展品達1,000件，為認識仙台歷史的好去處。

Info
- 宮城縣仙台市青葉区川內26
- 從JR「仙台」站乘る一ぶる仙台觀光巴士，於「博物館・國際センター前」站下車步行約5分鐘（班次見P.186）
- Online Map
- 09:00~16:45　休 週一
- $ 成人及大學生 ￥460(HK$28)、高中生 ￥230(HK$14)、初中生及小學生 ￥110(HK$7)；持る一ぶる仙台觀光巴士一日乘車券可享 8折優惠
- ☎ 022-225-3074
- 🌐 www.city.sendai.jp/museum

▲不少遊客參觀完仙台城跡後，會順道前往博物館。（相片由宮城縣觀光科提供）

氣勢磅礴 秋保大瀑布 日本東北地區景點大地圖

秋保大瀑布被選為日本瀑布百選之一，是日本國家風景名勝，亦是日本三大瀑布之一。瀑布落下的聲音巨大，仰頭望去氣勢磅礴。另外，相鄰的秋保大滝不動尊寺裡有一棵被指定為市保護樹的大銀杏樹，不妨前往觀賞。

▲秋保大瀑布。

Info
- 宮城縣仙台市太白区秋保町馬場字大滝
- 在仙台站西口乘巴士8線或或JR仙山線在「秋保大瀧」下車
- ☎ 022-398-2323(秋保溫泉鄉觀光案內所)

（撰文：HEI，攝影：Tina & Fai）

▶秋保大滝不動尊寺。

仙台市　松島町　大崎市　白石市

最古老桃山風神社 大崎八幡宮 地圖 P.187、188 MAPCODE 21 671 324

　　大崎八幡宮於平安時期創建，原名為「鎮守府八幡宮」，及後至室町時代由管理奧州的大崎氏遷至現址。八幡宮以豪華的桃山建築風格見稱，是現時日本最古老的桃山建築風神社，被指定為國寶。

▲ 從大崎八幡宮橫樑上的斗拱與雕刻技術，已可知道必是出自名家手筆。

▲ 每年9月，八幡宮都會舉行「例大祭」，神社會有流鏑馬及能樂表演，而「神幸祭」當天還會有盛大的巡遊活動。

Info
- 🏠 宮城県仙台市青葉区八幡4-6-1
- 🚌 從JR「仙台」站乘る一ぶる仙台觀光巴士，於「大崎八幡宮前」站下車，步行約3分鐘(班次見P.186)
- 🕘 09:00~18:00
- ☎ 022-234-3606
- 🌐 www.oosaki-hachiman.or.jp　Online Map

(相片由宮城縣觀光科提供)

2萬年前地下森林 地底之森博物館 地底の森ミュージアム

　　地底之森博物館正式名稱為「仙台市富沢遺跡保存館」，館內擁有2萬年前的森林與舊石器時代的野營遺跡，面積達4,263平方米，現時開放8成遺跡予公眾參觀。　地圖 P.187

◀地底下藏有2萬年前的森林，令人感到不可思議！(相片由宮城縣觀光科提供)

- 🏠 宮城県仙台市太白区長町南4-3-1
- 🚇 乘地下鐵南北線，於「長町南」站西1或西2出口，步行約5分鐘
- 🕘 09:00~16:45
- 休 週一及每月第 4個週四，12月 28日至翌年 1月 4日
- 💰 成人￥460(HK$28)，高中生￥230(HK$14)，初中生及小學生￥110(HK$7)
- ☎ 022-246-9153
- 🆓 免費　Online Map

東北地區最大 三井 Outlet Park 仙台港
三井アウトレットパーク仙台港　地圖 P.187　MAPCODE 21 689 575

　　三井Outlet Park仙台港是東北地區最大型的Outlet購物區，有多達120間店鋪，包括Coach、Crocs、Le Creuset、Timex等名店，更設大型摩天輪，為一家大小購物及觀光的好去處。

▲ 每逢假日，這兒便擠滿遊客。

▲ 近年備受追捧的廚具品牌 Le Creuset 在此都有分店。

▲ 在 earth music & ecology 的店鋪可找到低至約￥1,000(HK$71)的時裝，很便宜！

▲ Market Street 內有多間食肆，血拼之餘別忘了醫肚！

Info
- 🏠 宮城県仙台市宮城野区中野3-7-2
- 🚃 從JR「中野栄」站下車步行約14分鐘
- 🕘 10:00~20:00，餐廳10:30~20:00
- ☎ 022-355-8800(09:00~17:00)
- 🌐 mitsui-shopping-park.com/mop/sendai　Online Map

東北最大水族館 仙台海之杜水族館

仙台うみの杜水族館　　地圖 P.187　　MAPCODE 21 688 151

　　仙台海之杜水族館是東北地區最大的水族館。水族館共有兩層，大水槽展示了50種、約2萬5千隻海洋生物，當中的大青鯊更是日本獨有，非常珍貴。館內更有多種體驗活動，如可親手觸摸企鵝、與企鵝合照等，讓遊客樂而忘返之餘，也可更深入認識海洋生物的習性與生態。

▲於特定時間可親手觸摸企鵝及合照，十分難得！

▲水族館吸引許多遊客前來參觀。

▶工作人員正在餵飼小企鵝，又是拍照的好機會。

▶從入口一進去，便能看到非常吸睛的大水槽！

▶記得留意時間表，別錯過精彩的海豚表演，表演每天約4至5場。

Info
🏠 宮城縣仙台市宮城野區中野4-6
🚌 1. 從JR「中野榮」站下車步行22分鐘
　　2. 從JR「中野榮」站乘ミヤコーバス「仙台うみの杜水族館線」，成人單程¥160(HK$9)，小童半價
🕐 約10:00~17:00/17:30　☎ 022-355-2222
💲 18歲或以上¥2,400(HK$149)，65歲或以上長者¥1,800 (HK$95)，中學生¥1,700(HK$94)，小學生¥1,200(HK$78)，幼兒¥700 (HK$42)
🌐 www.uminomori.jp

Online Map

異國風情的Outlet城 仙台泉 Premium Outlets

仙台泉プレミアム・アウトレット　　地圖 p.187　　MAPCODE 583 025 566

Info
🏠 宮城縣仙台市泉區寺岡 6-1-1
🚌 從JR「仙台」站西口巴士總站2號乘車處，乘「宮城大學」方向的宮城交通巴士，於「寺岡六丁目·泉アウトレット」站下車走約5分鐘，車程約30分鐘；或乘地下鐵南北線，於「泉中央」站轉乘「泉パークタウン」方向的宮城交通巴士，於「寺岡一丁目北·泉アウトレット」站下車，步行約3分鐘，車程約19分鐘

Online Map

JR站巴士班次	地下鐵站巴士班次

🕐 10:00~20:00（1月~2月 10:00~19:00）
🚫 1月1日，2月第3個週四
☎ 022-342-5310
🌐 www.premiumoutlets.co.jp/cht/sendaiizumi

　　仙台泉Premium Outlets共有80間商店，在此可找到多個著名品牌，如adidas、Beams、Levi's、Rockport等。遊客可於詢問中心取得優惠券，以更便宜的價錢買得心頭好。

仙台泉Premium Outlets是具異國風的Outlet城。（相片由宮城縣觀光科提供）

8.2
乘船遊大小島嶼
松島町

松島町位於宮城縣沿海地區，面向松島灣，自古以來不少「古代和歌」(日本一種詩歌形式)均以松島的美景作為主題，可見風景相當動人。町內最著名的景觀為日本三景之一的松島，由松島灣內260多個小島組成，島上長滿黑松和紅松，景觀獨特。

松島觀光協會：
www.matsushima-kanko.com

縣內主要城市 前往松島町的交通：

1. JR 仙台站(仙台市) ── JR 仙石線 : 約 40 分鐘 : ￥420(HK$25) ──→ JR 松島海岸站

2. JR 鳴子温泉站(大崎市) ─ JR 陸羽東線 ─ JR 古川站 ─ JR 新幹線 ─ JR 仙台站 ─ JR 仙石線 ─→ JR 松島海岸站

(全程) 約 2 小時 21 分鐘 : ￥4,480(HK$264)

註：上述車費大部分為自由席，如乘指定席車費會較昂貴。車費及時間謹供參考。

町內交通

松島町內大部分景點都可從JR站徒步前往。如果想體驗一下另類交通方法，可在JR「松島海岸」站前租借單車(相原商店)，沿着松島海岸盡情奔馳！

Info
地圖 p.199

相原商店(租借單車)
- 宮城縣宮城郡松島町松島浪打浜10
- 從JR「松島海岸」站下車步行約1分鐘
- 2小時￥500(HK$35)，按金￥1,000(HK$71)
- 022-354-2621
- www.matsushima-kanko.com/miru/detail.php?id=166

松島町景點地圖

松島灣

福浦島

N

旅館光

翠松亭

伊達政宗歷史館
(P.203)

觀光船售票處

五大堂 (P.202)

觀光船售票處

松島魚市場
(P.203)

松か寺
(P.202)

南部屋
(P.202)

松島巡迴觀光
船碼頭 (P.201)

松島觀光協会

觀光船售票處

燒蠣小屋 (P.203)

觀瀾亭
(松島博物館)
(P.200)

觀光船售票處

瑞巖寺
(P.200)

円通院
(P.200)

相原商店
(P.198)

JR東北本線

JR仙石線

JR松島海岸

200 米

圖例

國道

松島巡迴觀光
船售票處

軍事租借店

縣道

住宿

景點

旅遊中心

購物

JR車站

食肆

JR東北本線

廟宇 / 神社

JR仙石線

碼頭

© 跨版生活圖書出版

3萬件珍貴文物 **瑞巖寺** 地圖 p.199

瑞巖寺於平安時代828年創建，古時稱為「松島寺」，現存的本堂於1609年建成至今，為日本國寶之一。寶物館內藏有多達3萬件收藏品，當中不少為國家重要文化財以及與伊達家歷代藩主相關的文物，喜愛日本武將歷史的朋友不要錯過。

Info
- 🏠 宮城縣宮城郡松島町松島字町內91
- 🚉 從JR「松島海岸」站步行約5分鐘，或從JR「松島」站步行20分鐘
- 🕗 08:00開門，關門時間按月份而不同，約15:00~17:00
- 💲 高中生或以上￥700(HK$50)，初中生及小學生￥400(HK$28)
- ☎ 022-354-2023
- 🌐 www.zuiganji.or.jp
- Online Map

▲寶物館內展示的伊達政宗甲冑倚像，於1652年製作，描述伊達政宗出兵朝鮮時的雄姿。

▲瑞巖寺本堂至今仍保存完好。

(相片由瑞巖寺提供)

祈求良緣降臨 **円通院** 地圖 p.199 賞楓

円通院就在瑞巖寺(見上)的南邊，通稱「バラ寺」(薔薇寺)，於1647年創建。不少信眾都會到此拜祭緣結觀音，祈求獲得良緣。院內提供數珠(数珠)製作體驗，價錢由￥1,000(HK$71)起，讓信眾製作屬於自己的數珠手鍊。

◀每逢秋天紅葉期，円通院晚上都會開放，讓遊客賞夜楓。(相片由宮城縣觀光科提供)

Info
- 🏠 宮城縣宮城郡松島町松島字町內67
- 🚉 從JR「松島海岸」站步行約5分鐘，或從JR「松島」站步行20分鐘
- 🕗 4月至11月09:00~16:00(數珠製作 09:00~15:30)，12月尾至3月09:00~15:30(數珠製作 09:00~15:00)
- 💲 成人￥500(HK$29)，高中生、初中生及小學生￥300(HK$18)
- ☎ 022-354-3206
- 🌐 www.entuuin.or.jp
- Online Map

古代茶室變身博物館 **觀瀾亭 (松島博物館)** 地圖 p.199

觀瀾亭是文祿年(1593至1596年)由豐臣秀吉於京都伏見桃山城中建造的茶室，後由伊達政宗經海路轉移至現址。觀瀾亭現為松島博物館，館內展出松島的立體模型及中世紀武士使用的武具和生活用品。館內提供抹茶及和菓子套餐，價錢約￥600(HK$35)，可在舒適環境中享受甜點。

▲觀瀾亭曾用作接待幕府巡見使及藩主之用。

Info
- 🏠 宮城縣宮城郡松島町松島字町內56
- 🚉 從JR「松島海岸」站步行約5分鐘
- 🕗 4至10月08:30~17:00，11至3月08:30~16:30
- 💲 成人￥200(HK$21)，大學生及高中生￥150(HK$11)，初中生及小學生￥100(HK$7)
- ☎ 022-353-3355
- Online Map

穿梭島嶼之間 松島巡迴觀光船 松島島巡り観光船 地圖 p.199

松島由松島灣內260多個小島所組成，大小不一的島嶼形成丘陵地帶，而島嶼上長有日本黑松與紅松，獨特的景色令松島成為日本三景之一，乘搭觀光船是暢遊松島的最佳選擇。觀光船環繞松島灣一周需時約50分鐘，船隻穿梭於島嶼之間，既可遠觀，也可近距離欣賞松島的美景。

▲觀光船碼頭。

▲觀光船名為「仁王丸」，體型較大，比起乘搭小船，乘客較不易暈船！(攝影：Hikaru)

▶每個島嶼的大小與形狀因海水的侵蝕各有不同，讓人感受到大自然的威力。

▲乘風破浪，看松島去！

▲船上另一重點節目就是餵飼海鷗，海鷗跟隨船隻飛翔，身手非常敏捷！

▶船隻不時靠近島嶼，島上的松樹清晰可見。

Info

🏠 宮城縣宮城郡松島町松島字町內85

🚉 從JR「松島海岸」站步行約9分鐘

🕐 09:00~16:00每逢整點開出，16:00班次於冬季停駛，建議旺季預約

💲 成人￥1,500(HK$106)，小童￥750(HK$53)

☎ 022-354-2233

🌐 www.matsushima.or.jp

Online Map

Tips!

購買船票

遊客可在4個地方買到觀光船船票，分別是JR「松島海岸」站前、松島綠色廣場、松島觀光協會及さんとり茶屋旁的售票處，全部鄰近乘船場，非常方便。(售票處見地圖P.199)

烤魚板體驗 松かま 地圖 p.199 MAPCODE® 110 443 124*74

松島町位置臨海，這裏生產的「笹かまぼこ」(竹葉形魚板、魚糕)非常有名。已創業70多年的松かま是其中一家著名的魚板店，在宮城縣擁有多家餐廳及店鋪，其中3家餐廳位於松島町內。松かま(總本店)更設有烤魚板體驗(每次¥300，HK$18)，遊客可以炭火親手把魚板烤得燙熱，簡單有趣。

◀牆上掛有烤魚板的3個秘訣：気合(意志)、火力(火候)、辛抱(耐性)！

Info
🏠 宮城縣宮城郡松島町松島字町內120
🚶 從JR「松島海岸」站步行約9分鐘
🕐 12月至4月09:00~16:00、5月至11月09:00~17:00
☎ 022-354-4016
🌐 www.matsukama.jp

Online Map

▲不消5分鐘，雪白的魚板便烤成金黃色。

Tips!
順道一遊「五大堂」 地圖 p.199

在松かま飽吃一頓後，可順道參觀位於附近的五大堂。五大堂在松島海岸側，為東北地區最古老的桃山建築。

肥美烤鰻魚 南部屋 地圖 p.199

位於五大堂對面的南部屋於江戶時期創業，歷史悠久，一直以蒲燒鰻魚聞名。鰻魚經炭火燒烤後，脂肪與肉汁均滲透至飯中，非常鮮味！店內還提供其他松島名物，如燒蠔及炸蠔等，為松島其中一間人氣食店。

◀油脂均勻的蒲燒鰻魚(うな重，¥3,600、HK$234)，看見也口水直流！

◀穴子小丼和蕎麥麵(穴子小丼とそば，¥1,450、HK$103)，蕎麥麵可選冷或熱。

◀南部屋為松島其中一間老店。

Info
🏠 宮城縣宮城郡松島町松島字町內103
🚶 從JR「松島海岸」站步行約7分鐘
🕐 10:00~16:00　休 週三
☎ 022-354-2624
🌐 www.nanbuya.co.jp

Online Map

獨眼名將的一生 伊達政宗歷史館 地圖 P.199

伊達政宗歷史館內展示了一代名將伊達政宗的一生，除了以1:1人形模型講述伊達政宗的成長過程，還設有不同體驗，如遊客可試穿重達20公斤的甲冑，一嘗化身為伊達政宗的滋味！

▶參觀完伊達政宗歷史館，可深入了解這位傳奇人物的一生。

🏠 宮城縣宮城郡松島町松島字普賢堂13-13
🚶 從JR「松島海岸」站步行約10分鐘，或從JR「松島」站步行15分鐘
🕘 09:00~17:00
💲 高中生或以上成人￥1,000(HK$71)，中、小學生￥500(HK$35)
☎ 022-354-4131
🌐 www.date-masamune.jp
Online Map

Tips!

「獨眼龍」伊達政宗的一生

伊達政宗是日本古代著名領主，兒時因病令右眼失明，因此有「獨眼龍」之稱。他曾效力於豐臣秀吉，後在關原之戰協助德川家康取得勝利，被封為仙台藩藩祖，更建成仙台城及城下町，令仙台繁華起來。他逝世後，後繼者伊達忠宗為他在仙台市築建靈廟「瑞鳳殿」(P.194)。

燒松島蠔放題！ 松島魚市場 松島さかな市場 地圖 P.199

來到松島海岸當然要一嘗新鮮海產及馳名的松島蠔！魚市場樓高兩層，地下出售新鮮漁獲、加工品及各款食物，如壽司、海鮮丼等，購買後可到2樓用餐區享用美食。喜歡吃蠔的朋友，更不要錯過市場旁的燒蠔小屋，新鮮肥美的燒松島蠔2隻￥500(HK$29)，另有45分鐘的燒蠔放題(￥3,800，HK$224)，讓你大快朵頤！

▲於地面那層購買食物後，可至2樓慢慢享用。

▶松島盛產松島蠔，魚市場內更有松島蠔漢堡(￥500，HK$29)！

🏠 宮城縣宮城郡松島町松島字普賢堂4-10
🚶 從JR「松島海岸」站步行約10分鐘
🕘 09:00~16:00（週末及假期08:00~16:00）；餐廳、地面層09:00~15:00（週日10:00~15:00）
☎ 022-353-2318
🌐 www.sakana-ichiba.co.jp
Online Map

▲位於市場外的燒蠔小屋，45分鐘燒蠔放題只需￥3,800(HK$224)！

▲每逢假日，不少遊客帶同一家大小來到魚市場覓食，非常熱鬧。

8.3

暖笠笠泡湯

大崎市

大崎市有6個町市：當中包括古川市、志田郡松山町、三本木町、鹿島台町、玉造郡岩出山町、鳴子町與遠田郡田尻町，擁有宮城縣第三多人口，總人口約為13萬人，亦因此擁有來自不同市町的多元文化。市內最著名的觀光區為鳴子地區，當中包括鳴子溫泉鄉與鳴子峽等。

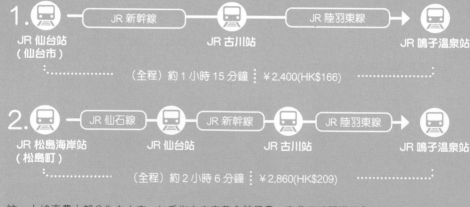

縣內主要城市 前往大崎市的交通：

1. JR 仙台站
（仙台市） —— JR 新幹線 —— JR 古川站 —— JR 陸羽東線 ➜ JR 鳴子溫泉站

（全程）約 1 小時 15 分鐘 ┊ ￥2,400(HK$166)

2. JR 松島海岸站
（松島町） —— JR 仙石線 —— JR 仙台站 —— JR 新幹線 —— JR 古川站 —— JR 陸羽東線 ➜ JR 鳴子溫泉站

（全程）約 2 小時 6 分鐘 ┊ ￥2,860(HK$209)

註：上述車費大部分為自由席，如乘指定席車費會較昂貴。車費及時間謹供參考。

市內交通

從JR「鳴子溫泉」站徒步前往不同景點。

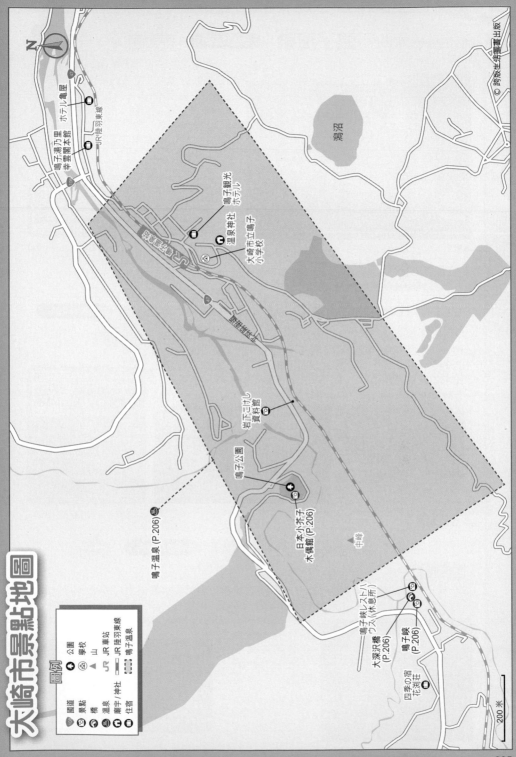

大崎市景點地圖

圖例

國道　　　　　公園
景點　　　　　學校
橋　　　　　　山
溫泉　　　　　JR車站
廟宇/神社　　JR陸羽東線
住宿　　　　　鳴子溫泉

N

潟沼

中嶺

鳴子溫泉 (P.206)

鳴子觀光
ホテル

溫泉神社

大崎市立鳴子
小學校

岩下こけし
資料館

鳴子公園

日本小芥子
木偶館 (P.206)

ホテル亀屋

鳴子湯乃里
幸雲閣本館

JR陸羽東線

大深沢橋
(P.206)

鳴子峽レストハウス (休息所)

鳴子峽
(P.206)

四季の宿
花渕莊

200 米

© 跨版生活圖書出版

奧州三名湯之一 鳴子温泉 地圖 P.205 MAPCODE 317 851 644 泡湯

鳴子温泉為鳴子温泉鄉的中心地,與福島縣飯坂温泉及宮城縣秋保温泉合稱為「奧州三名湯」(奧州為日本古代令制國之一)。鳴子温泉自西元826年起便存在,日本平安時代著名的武士源義經的孩子相傳在此出生,他的妻子產後更利用鳴子温泉調理身體。

info
🏠 宮城縣大崎市鳴子温泉字湯元2-1
🚃 JR「鳴子温泉」站下車即達
☎ 鳴子温泉鄉觀光協會: 0229-82-2102
🌐 www.naruko.gr.jp

Online Map

▲鳴子温泉現在約有20間温泉旅館。

(相片由宮城縣觀光科提供)

温泉區精選店家

可愛的傳統玩具 日本小芥子木偶館 日本こけし館 地圖 P.205

日本傳統的小芥子木偶產自鳴子,在温泉區內的温泉街有不少店鋪均有出售。其中日本小芥子木偶館已開業40多年,館內除了展出許多古老的小芥子木偶,亦有職人即場示範製作,及讓遊客親身繪製木偶的體驗課程,價錢每位¥1,500(HK$88)。遊客可發揮創意,畫出心目中的小芥子木偶。

info
🏠 宮城縣大崎市鳴子温泉字尿前74-2
🚶 從JR「鳴子温泉」站步行約30分鐘

Online Map
🕐 4月至11月08:30~17:00,12月09:00~16:00
❌ 1月至3月
💲 成人¥400(HK$23),中學生¥160(HK$11),小學生¥120(HK$9)
☎ 0229-83-3600
🌐 www.kokesikan.com

▲木偶館門前豎立了巨型的小芥子,從遠處便可看到。

▲鳴子是小芥子木偶的盛產地。

(相片由宮城縣觀光科提供)

火紅峽谷絕景 鳴子峽、大深沢橋 地圖 P.205 賞楓

MAPCODE 鳴子峽レストハウス(休息所):317 818 097

鳴子峽是沿荒雄川支流大谷川所形成的峽谷,山間有許多天然形成的岩石,形狀獨特,當中包括虫喰岩、夫婦岩、弁慶岩與屏風岩等。從鳴子峽レストハウス(休息所)外的見晴台可遠眺穿過峽谷的大深沢橋,每逢10月至11月山間更會開滿紅葉,為鳴子町的絕景之一。

info
🏠 宮城縣大崎市鳴子温泉 ❌ 冬季
🚕 從JR「鳴子温泉」站乘搭計程車或自駕約10分鐘,乘計程車約¥1,270(HK$91)
🕐 4月中至11月尾09:00~16:00,見晴台下方的遊步道雨天時會關閉
☎ 鳴子峽レストハウス:0229-87-2050
🅿 10月初至11月中紅葉期¥500(HK$36),其他日子免費

Online Map

◀秋天來到鳴子温泉一帶,從見晴台可看到大深沢橋在既紅且黃的楓葉之中。

(相片由宮城縣觀光科提供)

8.4

可愛小狐狸

白石市

白石市位於宮城縣最南端，與仙台市連接，可說是藏王地區的玄關口，著名的藏王連峰就是位於此市，現時人口約3萬5千多人。昔日以白石城為中心，城下町曾非常繁華。白石市內景點不多，最著名的是以狐狸作為主題動物園的藏王狐狸村，讓遊客可與小狐狸來個近距離接觸！

前往交通

本部分介紹白石市的藏王狐狸村為主，前往交通為：搭乘JR新幹線至白石藏王站或搭乘JR東北本線至白石站，再轉乘計程車前往，乘坐計程車時間約為30分鐘，車資約¥4,000(HK$222)，回程可請狐狸村職員幫忙叫車。

Part 3

跟小狐狸打招呼！ 藏王狐狸村 蔵王キツネ村

MAPCODE 569 139 511 　地圖 P.240、日本東北地區景點大地圖

藏王狐狸村是以狐狸作為主題的動物園，園內飼養超過100隻狐狸，品種包括銀狐、青狐、十字狐等。動物園採開放形式，大小各異的狐狸自由自在地在遊客身邊走動，非常可愛！入場前可以￥100(HK$7)購買飼料至指定地方餵飼狐狸，每日11:00~14:00更有抱抱小狐狸拍照活動(￥300，HK$21)，是非常難得的體驗。

▲藏王狐狸村位於山林之間。

▲進到園內，可看到狐狸四處走動。

◀夏季為狐狸的換毛季節，冬天時狐狸會有較多毛。

◀瞇起眼睛的小狐狸，非常可愛！

◀罕見的白狐，熟睡的樣子有點像毫無防範的小狗。

▲除了狐狸，園內亦圈養兔子，可買飼料餵飼。

▲ 16:00 為餵飼時間，狐狸從四面八方湧出，場面很震撼！

Tips!

入場時，職員會提醒遊客遵守規則，例如需把飼料收好至特定地區才取出，避免露出搖晃的飾物吸引狐狸注意，還有不可隨意撫摸或接觸牠們。

Info

🏠 宮城県白石市福岡
八宮字川原子11-3
🚃 交通見P.207
🕐 09:00~16:30
休 星期三
💰 初中生或以上￥1,500(HK$88)，
小學生或以下免費
☎ 0224-24-8812
🌐 zao-fox-village.com

Online Map

青森縣 岩手縣 **宮城縣** 秋田縣 山形縣 福島縣 新潟縣

Part 9 秋田縣

秋田縣面向日本海，因地形關係全縣90%地區於冬天均為豪雪地帶，日照時間更是全日本最少的。最能代表秋田縣的名物，非稻庭烏冬莫屬。稻米亦是縣內名物，因而日本酒產量高，屬全國第六位。除了以上，日本還有「秋田美人特別多」的說法，大家到了當地不妨留意一下！

秋田縣觀光聯盟：
www.akita-yulala.jp/tw/

前往秋田縣的交通(目的地以秋田市的JR「秋田」站為主)：

出發地	交通	車程	車費
JR「東京」站	JR 新幹線	約 3 小時 50 分鐘	￥18,020(HK$1,060)
JR「新潟」站	JR 特急列車 +JR 羽越本線	約 4 小時 14 分鐘	￥6,600(HK$388)
JR「福島」站	JR 新幹線	約 2 小時 50 分鐘	￥12,450(HK$732)
JR「仙台」站 (宮城縣)	JR 新幹線	約 2 小時 15 分鐘	￥10,460(HK$615)
JR「山形」站	JR 奧羽本線	約 4 小時 51 分鐘	￥3,740(HK$267)
JR「盛岡」站 (岩手縣)	JR 新幹線	約 1 小時 40 分鐘	￥4,420(HK$260)
JR「青森」站	JR 奧羽本線	約 3 小時 30 分鐘	￥3,410(HK$237)

註：上述車費大部分為指定席，如乘自由席車費會較便宜。車費及時間謹供參考。

名產
稻庭烏冬、稻米

9.1
著名竿燈祭場地
秋田市

秋田市位於秋田縣中西部，靠近日本海，為秋田縣的縣廳所在，亦是縣內人口最多的城市。市內的觀光勝地包括由久保田城跡改建的千秋公園，而美食方面當然不能錯過米棒鍋！每年夏天著名的竿燈祭亦於秋田市內舉行，吸引無數國內外遊客前來參加。

慶典
秋田竿燈祭 (P.28)

秋田市觀光物産課：
akitacity.info

縣內主要城市 前往秋田市的交通：

1. JR 新幹線：約 45 分鐘：¥3,000(HK$176)
JR 角館站 (仙北市) → JR 秋田站

2. JR 男鹿線：約 53 分鐘：¥680(HK$47)
JR 羽立站 (男鹿半島) → JR 秋田站

3. JR 奧羽本線：約 1 小時 7 分鐘：¥1,340(HK$93)
JR 橫手站 (橫手市) → JR 秋田站

註：上述車費大部分為自由席，如乘指定席車費會較昂貴。車費及時間謹供參考。

市內交通——巴士、單車

　　大部分秋田市的景點都可從JR秋田站徒步前往，遊客也可利用市內循環觀光巴士或單車前往景點。

市內循環觀光巴士「ぐるる」

　　遊客可利用市內循環觀光巴士「ぐるる」前往千秋公園、民俗藝能傳承館、赤磚鄉土館等熱門景點。收費方式為每次收費，一日乘車券可於秋田駅前バス案內所、秋田駅東口バス案內所購買，繞行一周約20分鐘。

循環觀光巴士「ぐるる」班次：

發車站	班次
JR「秋田」站西口站 (秋田駅西口站)	09:03~16:43，逢 03、23、43 分開出
千秋公園入口站	09:05~16:45，逢 05、25、45 分開出
通町站	09:15~16:55，逢 15、35、55 分開出
買物廣場	09:35~17:15，逢 15、35、55 分開出

Info
- 🕐 09:00~17:00
- 💲 每程成人￥100(HK$7)，小學生或以下免費，一日乘車券￥300(HK$21)
- 🌐 www.city.akita.lg.jp/kanko/1015784/1015794.html

免費租借單車

　　位於JR秋田站的觀光案內所(觀光案內所)提供免費租借單車服務(有損毀或遺失需要賠償)，喜歡運動一下的朋友不妨試試，使用完把單車歸還至案內所便可。租單車需用身分證明(護照)登記。

Info
- 🏠 觀光案內所
- 🏠 JR「秋田」站內(不需入閘)
- 🕐 案內所：4月至10月09:00~19:00，11月至3月09:00~18:00
  租借單車：4月至10月09:00~18:30，11月09:00~17:30，下雨及下雪暫停租用
- 🈺 12月31日至翌年1月2日
- ☎ 018-832-7941
- 🌐 www.acvb.or.jp/sightseeing/information.html

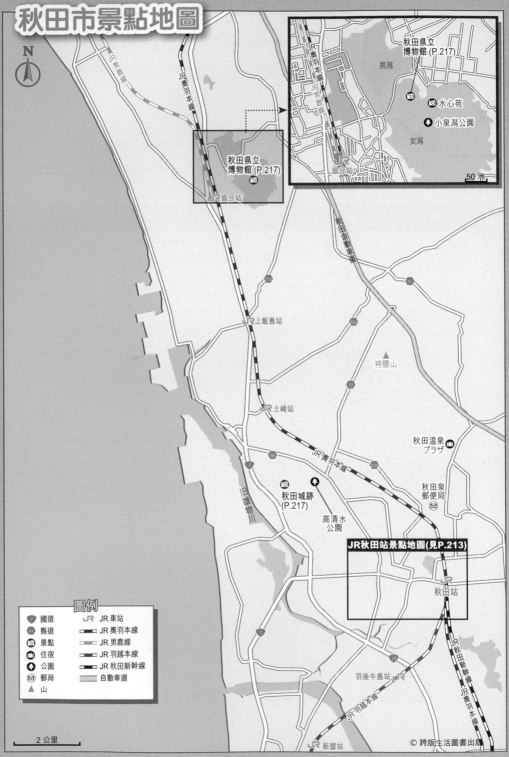

秋田市景點地圖

N

秋田縣立
博物館(P.217)

男潟

水心苑

小泉潟公園

女潟

JR追分站

50米

JR男鹿線

JR奧羽本線

秋田縣立
博物館(P.217)

秋田由利車道

JR追分站

112

41

JR上飯島站

31

袴腰山

72

JR土崎站

秋田温泉
プラザ

56

JR奧羽本線

7

秋田泉
郵便局

秋田城跡
(P.217)

高清水
公園

JR秋田站景點地圖(見P.213)

JR

秋田站

圖例

	國道		JR	JR車站
	縣道			JR奧羽本線
	景點			JR男鹿線
	住宿			JR羽越本線
	公園			JR秋田新幹線
	郵局			自動車道
	山			

羽後牛島站 JR

JR羽越本線

7

13

JR秋田新幹線

JR奧羽本線

2公里

JR 新屋站

© 跨版生活圖書出版

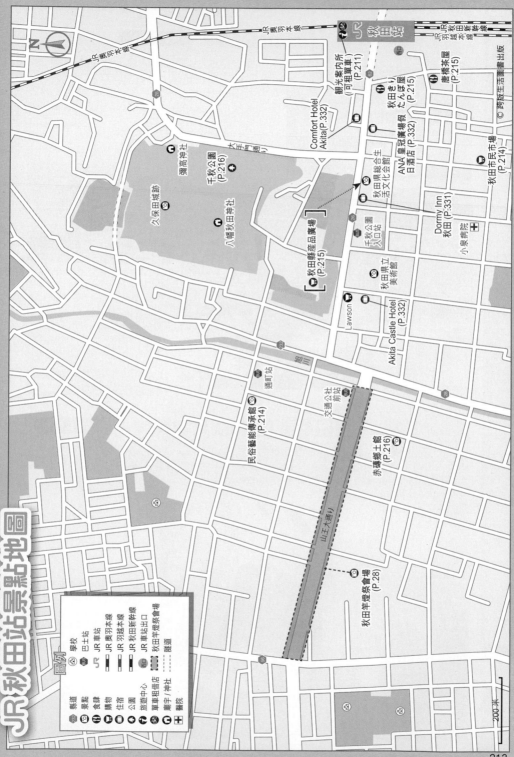

JR秋田站景點地圖

圖例

- 縣道
- 景點
- 食肆
- 購物
- 住宿
- 公園
- 旅遊中心
- 軍事租借店
- 廟宇/神社
- 醫院

- 學校
- 巴士站
- JR車站
- JR奧羽本線
- JR羽越本線
- JR秋田新幹線
- JR車站出口
- 秋田竿燈祭會場
- 隧道

200米

JR秋田站

觀光案內所 (可租單車) (P.211)

Comfort Hotel Akita(P.332)

秋田きり たんぽ屋 (P.215)

唐橋茶屋 (P.215)

彌高神社

千秋公園 (P.216)

久保田城跡

八幡秋田神社

秋田縣總合生活文化会館

ANA皇冠廣場假日酒店 (P.332)

秋田市民市場 (P.214)

千秋公園入口站

Dormy Inn 秋田 (P.331)

小栗病院

秋田縣產品廣場 (P.215)

秋田縣立美術館

千秋公園入口站

Lawson

Akita Castle Hotel (P.332)

通町站

旭川

交通公社前站

民俗藝能傳承館 (P.214)

赤煉鄉土館 (P.216)

山王大通り

秋田竿燈祭會場 (P.28)

© 跨版生活圖書出版

青森縣 岩手縣 宮城縣 秋田縣 山形縣 福島縣 新潟縣

任揀新鮮食材和土產 秋田市民市場 地圖 P.213

秋田市民市場可說是秋田市民的大廚房，除了出售縣內新鮮食材，如鮮魚、水果、野菜等，亦有多款秋田土產，如米棒、稻庭烏冬、地酒等。市場內有直營食肆：市場いちばん寿司，嚴選食材烹調各種美食。

◄秋田市民市場距 JR 站只有 3 分鐘路程，非常方便。

▲喜歡吃壽司的朋友，市場直營的壽司餐廳「市場いちばん寿司」必能滿足你。

▲四季都可吃到美味的日本水果。

info
- 秋田縣秋田市中通4-7-35
- 從JR「秋田」站步行3分鐘
- 約05:00~18:00(各店營業時間不一)
- 週日
- 018-833-1855
- www.akitashiminichiba.com

Online Map

體驗竿燈祭樂趣 民俗藝能傳承館 民俗芸能伝承館 地圖 P.213

民俗藝能傳承館內展出秋田縣獨有的民間傳統表演，當中最矚目的是4月至10月逢週六、日及公眾假期可欣賞到的舉竿燈表演，遊客亦可親自嘗試舉竿燈。另外，館內不定期演出各地的番樂表演。(秋田竿燈祭詳見P.28)

◄未能於竿燈祭期間 (8 月 3 日至 6 日) 到訪秋田市的遊客，可到傳承館一睹這項絕技。(相片由秋田縣觀光聯盟提供)

info
- 秋田縣秋田市大町 1-3-30
- 從 JR「秋田」站西口步行約 15 分鐘；或乘循環觀光巴士ぐるる在「通町」站下車 (班次見 P.211)
- 09:30~16:30
- 年末年始
- 成人 ¥100(HK$7)，高中生或以下免費；另有與赤磚鄉土館 (見上) 及旧金子家住宅的共通券 ¥260(HK$18)
- 018-866-7091
- www.city.akita.lg.jp/kanko/kanrenshi setsu/1003644/index.html

Online Map

吃盡秋田著名料理 唐橋茶屋 地圖 p.213 MAPCODE 303 750 503

唐橋茶屋距JR站只需1分鐘路程，餐廳裝潢充滿古代茶屋風情，分不同時段供應不同食物：早餐是以秋田出產的稻米及高清水豆腐為主食的自助餐；午餐是馳名的稻庭烏冬，價錢從￥1,380(HK$81)起；晚餐則有居酒屋風情的串燒。

- 秋田縣秋田市中通4-16-2 ホテルα-1 1F
- 從JR「秋田」站西口步行約1分鐘
- 06:30~23:00，週五及公眾假期前夕 06:30~23:30
- 018-834-8841

Online Map

▲唐橋茶屋以藍染布作為裝飾門口的簾子，充滿古代色彩。

人少也可品嘗米棒鍋的滋味 秋田きりたんぽ屋 地圖 p.213

秋田きりたんぽ屋以米棒鍋聞名，店內裝修成古代民居一樣，讓遊客感覺置身民居中品嘗地方料理。別以為火鍋必定要多人才可享用，這裏特別供應一人用的小鍋，每客￥1,580(HK$88)；2至3人鍋為￥3,580(HK$211)；3至5人鍋則為￥4,580(HK$282)。

- 秋田縣秋田市中通2-7-6(綠屋ビル1F)
- 從JR「秋田」站西口步行約2分鐘
- 週一至六17:00~00:00，週日11:30~23:00
- 018-801-2345
- marutomisuisan.jpn.com/kiritanpoya

Online Map

▲如古代民居的秋田きりたんぽ屋。

最強手信集中地 秋田縣產品廣場 あきた県産品プラザ 地圖 p.213

秋田縣產品廣場由秋田縣物產振興會營運，位於秋田縣総合生活文化会館地庫。廣場以出售秋田縣產食品及工藝品為主，產品多達4,000種，當中包括以秋田米製成的米果仙貝、秋田杉製成的食器或擺設等。

- 秋田縣秋田市中通2-3-8(アトリオンB1F)
- 從JR「秋田」站步行約5分鐘；或乘循環觀光巴士ぐるる在「千秋公園入口」站下車(班次見p.211)
- 09:30~18:30
- 1月1日
- 018-836-7830
- www.a-bussan.jp

Online Map

(攝影：Hikaru)

▲以秋田杉製成的工藝品可在此找到。

▲來到產品廣場，當然是買手信的良機了！

青森縣 岩手縣 宮城縣 秋田縣 山形縣 福島縣 新潟縣

賞四季美景 千秋公園

地圖 P.213　MAPCODE® 303 780 218　

◄千秋公園的荷花池很大，夏天時荷花盛開一定更加怡人。

◄久保田城本丸的正門口，甚有氣勢。（相片由秋田縣觀光聯盟提供）

千秋公園本為久保田城本丸與二之丸的遺跡，城池於江戶時代由初代藩主佐竹義宣建成，面積達16公頃，為秋田市內其中一個著名的公園。在春天，這裏會成為賞櫻勝地；夏天荷花池會開滿燦爛荷花；秋天可賞紅葉；冬天則有雪景，四季皆有不同景色。

◄久保田城跡的御隅櫓現改建為資料館，入場費成人￥100(HK$7)，高中生或以下免費。09:00~16:30 開放，12月至3月休館。(相片由秋田縣觀光聯盟提供)

Info
- 🏠 秋田縣秋田市千秋公園
- 🚶 從JR「秋田」站步行約10分鐘
- ☎ 秋田市役所：018-866-2154
- 🌐 www.city.akita.lg.jp/kurashi/doro-koen/1003685/1007159/index.html

Online Map

舊秋田銀行本店 赤磚鄉土館 赤れんが鄉土館

地圖 P.213

赤磚鄉土館本為秋田銀行本店，於1985年改建為鄉土館，為秋田縣重要文化財之一。館內仍然保留銀行舊日面貌，並展出縣內傳統工藝品，如銀線細工(先把銀壓成細絲，再以細銀絲排列製成各種飾物擺設)。

◄館內依舊保留舊日銀行的裝潢，極具大正年代風格與氣派。

▲前身為秋田銀行的鄉土館外牆為紅色磚塊，因而命名為赤磚鄉土館。

Info
- 🏠 秋田縣秋田市大町 3-3-21
- 🚶 從JR「秋田」站西口步行約 15 分鐘，或乘循環觀光巴士ぐるる至「川反入口」站，再步行 3 分鐘 (班次見 P.211)
- 🕐 09:30~16:30　休 年末年始
- 💲 成人￥210(HK$14)，高中生或以下免費；另有與民俗藝能傳承館 (見下) 及旧金子家住宅的共通券￥260(HK$18)
- ☎ 018-864-6851
- 🌐 www.city.akita.lg.jp/kanko/kanrenshisetsu/1003617/index.html

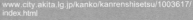
Online Map

(相片由秋田縣觀光聯盟提供)

自石器時代的歷史進程 秋田県立博物館 `地圖 P.212`

`MAPCODE` 88 533 670

　　秋田県立博物館位於小泉潟公園內，樓高兩層，地面層展示了白神山地內的生物標本，2樓則介紹秋田縣自舊石器時代至今的歷史進程。博物館旁是分館「旧奈良家住宅」：奈良家曾是秋田縣的富農，大宅推算興建於1555至1558年間，現為**國家重要文化財**之一。

Info
- 🏠 秋田県秋田市金足鳰崎字後山52
- 🚶 從JR「追分」站下車步行約20分鐘
- 🕐 4月至10月09:30~16:30，11月至3月09:30~16:00
- 休 週一，9月6日至13日，12月28日至翌年1月3日
- ☎ 018-873-4121
- 🌐 秋田県立博物館：www.akihaku.jp
  旧奈良家住宅：www.akihaku.jp/narake/narake.htm

Online Map

▶參觀博物館可加深對秋田縣的認識。（相片由秋田縣觀光聯盟提供）

追尋舊城風采 秋田城跡 `地圖 P.212` `MAPCODE` 88 264 479

　　秋田城於733年建成，後因戰亂而毀壞，現時城跡範圍為高清水公園一部分。

　　近年秋田市政府着手復原城跡舊貌，如外郭東門已復原了長達12米的石垣與城門。

Info
- 🏠 秋田県秋田市寺内大畑
- 🕐 09:00~16:00
- ☎ 018-845-1837
- 🌐 www.city.akita.lg.jp/kanko/kanrenshisetsu/1003616/index.html

Online Map

▶復原了的秋田城東門。（相片由秋田縣觀光聯盟提供）

前往交通

　　從JR「秋田」站乘「寺内経由土崎線」(120、121、122號)、「通町・寺内経由将軍野線」(131號)或「サンパーク・県庁経由将軍野線」(133號)的秋田中央交通巴士，於「護国神社入口」站下車步行約5分鐘。班次見下：

「寺内経由土崎線」巴士班次：

發車站	週一至五	週六、日及公眾假期
JR「秋田」站 (秋田駅西口站)	07:15、08:00、10:05~17:05逢05分、18:15、19:15	07:30、09:00、10:30、12:05、13:30、14:30、16:05、17:30
護国神社入口站 (回JR站)	06:46、07:16、08:31、09:26、11:22、12:21、13:11、14:22、16:16、17:11、18:27	07:26、08:31、10:17、11:51、13:03、14:47、15:47、17:26

「経由将軍野線」巴士班次：

發車站	週一至五	週六、日及公眾假期
JR「秋田」站 (秋田駅西口站)	131號「通町・寺内経由将軍野線」： 07:45~16:45逢45分、17:15、18:00、19:00、20:30 133號「サンパーク・県庁経由将軍野線」： 07:30、09:25~16:25逢25分、17:35、18:35、19:50	131號「通町・寺内経由将軍野線」： 08:30、10:00、11:40、13:00、15:00、16:40、18:00、19:15 133號「サンパーク・県庁経由将軍野線」： 08:00、09:30、11:10、12:30、14:00、15:40、17:00、18:30、19:50
護国神社入口站 (回JR站)	131號「通町・寺内経由将軍野線」： 06:56、07:51、08:56~16:56逢56分、18:01、18:41 133號「サンパーク・県庁経由将軍野線」： 07:07、08:17、09:07、10:47~17:47逢47分、18:57	131號「通町・寺内経由将軍野線」： 08:11、09:41、11:21、12:46、14:11、16:11、17:46 133號「サンパーク・県庁経由将軍野線」： 07:47、09:17、10:57、12:27、13:47、15:27、17:02、18:27

9.2

在古代街道漫步

仙北市

仙北市是秋田縣內其中一個著名觀光市鎮。市內有不少具歷史風情及古跡的城下町，包括有「東北小京都」(又稱陸奧小京都)之稱的角館、田澤湖町及西木村，旅客可漫遊當中的武家屋敷。另外，田沢湖及秘湯乳頭温泉鄉亦是仙北市的著名景點。

仙北市觀光情報：
www.city.semboku.akita.jp/sightseeing

縣內主要城市 前往仙北市的交通：

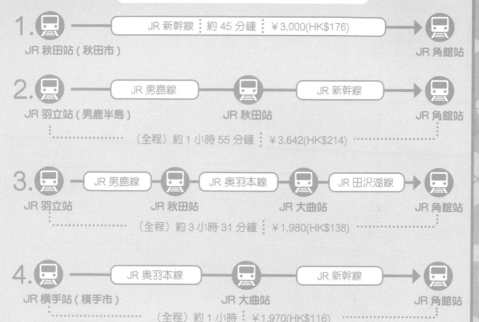

1. JR 秋田站 (秋田市) —［ JR 新幹線：約 45 分鐘：￥3,000(HK$176) ］→ JR 角館站

2. JR 羽立站 (男鹿半島) —［ JR 男鹿線 ］→ JR 秋田站 —［ JR 新幹線 ］→ JR 角館站
(全程) 約 1 小時 55 分鐘：￥3,642(HK$214)

3. JR 羽立站 —［ JR 男鹿線 ］→ JR 秋田站 —［ JR 奧羽本線 ］→ JR 大曲站 —［ JR 田沢湖線 ］→ JR 角館站
(全程) 約 3 小時 31 分鐘：￥1,980(HK$138)

4. JR 橫手站 (橫手市) —［ JR 奧羽本線 ］→ JR 大曲站 —［ JR 新幹線 ］→ JR 角館站
(全程) 約 1 小時：￥1,970(HK$116)

註：上述車費大部分為自由席，如乘指定席車費會較昂貴。車費及時間謹供參考。

市內交通

　　書內所介紹的仙北市景點，大部分由JR角館站徒步前往，而自駕遊也是遊仙北的方便選擇。一些較遠景點可乘市內的羽後交通的路線巴士前往(詳見相關景點)。另外，位於JR角館站前有兩間單車租借店，每小時￥300(HK$21)，遊客可騎單車漫遊各個武家屋敷。此外，在武家屋敷一帶設有人力車服務，甚有懷舊的感覺。

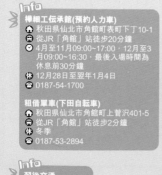

Info

樺細工伝承館(預約人力車)
🏠 秋田縣仙北市角館町表町下丁10-1
🚉 從JR「角館」站徒步20分鐘
🕐 4月至11月09:00~17:00，12月至3月09:00~16:30，最後入場時間為休息前30分鐘
🚫 12月28日至翌年1月4日
☎ 0187-54-1700

租借單車(下田自転車)
🏠 秋田縣仙北市角館町上菅沢401-5
🚉 從JR「角館」站徒步2分鐘
🚫 冬季
☎ 0187-53-2894

Info
🌿 **羽後交通**
🌐 ugokotsu.co.jp

▲仙北市有 3 家人力車公司，全部均可於仙北市立角館樺細工伝承館內預約。每台車可載 2 人，價錢 ￥4,000(HK$235) 起。

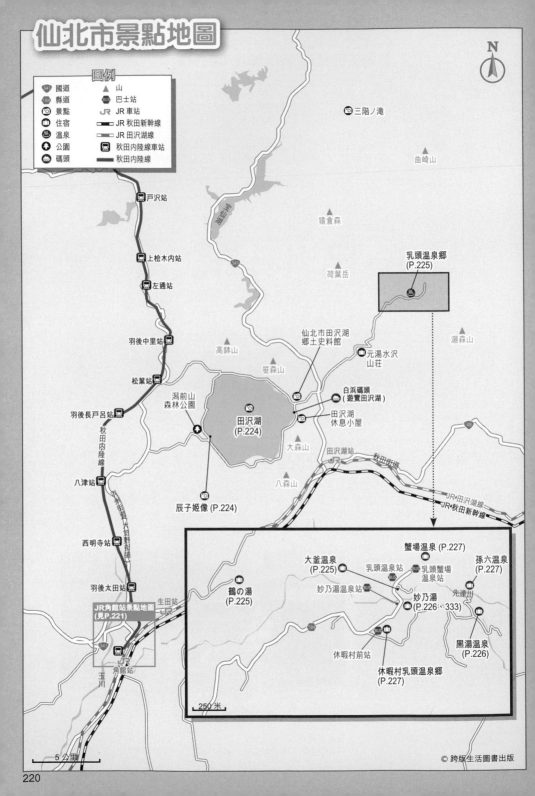

仙北市景點地圖

圖例

- 國道
- 縣道
- 景點
- 住宿
- 溫泉
- 公園
- 碼頭
- 山
- 巴士站
- JR 車站
- JR 秋田新幹線
- JR 田沢湖線
- 秋田內陸線車站
- 秋田內陸線

N

三階ノ滝

曲崎山

猿倉森

戸沢站

荷葉岳

乳頭温泉郷
(P.225)

上桧木内站

左通站

湯森山

羽後中里站

高鉾山

仙北市田沢湖
郷土史料館

元湯水沢
山荘

松葉站

潟前山
森林公園

笹森山

白浜碼頭
(遊覽田沢湖)

羽後長戸呂站

田沢湖
(P.224)

田沢湖
休息小屋

八津站

大森山

田沢湖站

秋田街道

JR 田沢湖線

辰子姫像 (P.224)

八森山

JR 秋田新幹線

西明寺站

蟹場温泉 (P.227)

大釜温泉
(P.225)

乳頭温泉站

孫六温泉
(P.227)

羽後太田站

生田站

鶴の湯
(P.225)

乳頭蟹場
温泉站

妙乃湯温泉站

妙乃湯
(P.226〜333)

先達川

JR角館站景點地圖
(見P.221)

角館站

休暇村前站

黑湯温泉
(P.226)

玉川

休暇村乳頭温泉郷
(P.227)

250 米

5 公里

© 跨版生活圖書出版

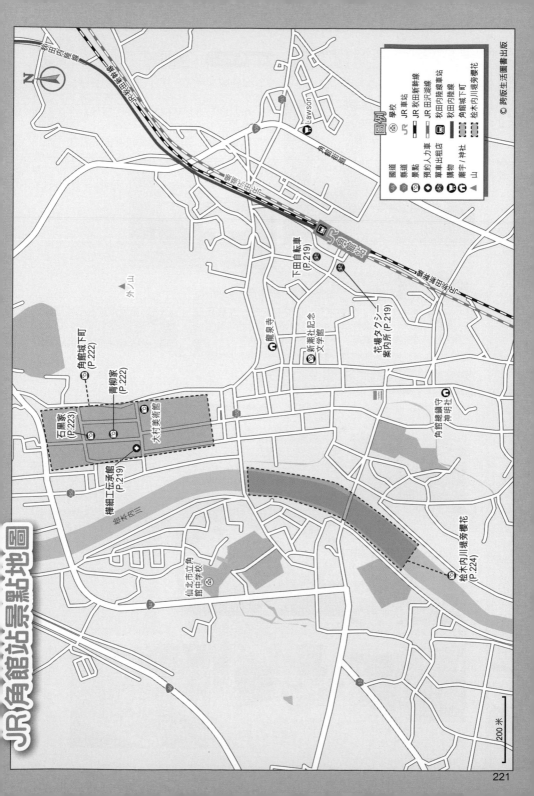

JR角館站景點地圖

221

Part
9
青森縣
岩手縣
宮城縣
秋田縣
山形縣
福島縣
新潟縣

東北小京都 角館城下町

地圖 P.221　　MAPCODE 280 337 503

 賞櫻

角館城下町於400年前已開始形成，為戰國時期戶澤氏(戶沢氏)的根據地，沿角館城建立以武家(武士的家)為主的城下町。直至現在，角館城下町依舊保存許多武家屋敷，如石黑家、青柳家等均保存完好，每年吸引多達200萬遊客前來參觀。春天時，街道會開滿櫻花，為日本賞櫻名所100選之一，亦有「東北小京都」的稱號。

▲角館城下町沿櫻花木所建，春天時滿開櫻花必定非常漂亮。

◀整條街道的建築充滿古代氣息。

Tips!

常聽人説「武士」，到底武士即是甚麼呢？其實武士是古代日本一個社會階級。這些人都懂武藝，並以戰鬥為生，部分會受僱於富商，有點像現代的保鑣或軍人。

Info
🏠 秋田縣仙北市角館町
🚃 從JR「角館」站步行約19分鐘
☎ 田澤湖角館觀光協會：0187-43-2111

角館城下町 精選屋敷

感受古代豪宅氣派 青柳家　地圖 P.221

青柳家佔地約1萬平方米，於1860年建成，現時屋敷依然保存完好。主屋以寄棟的建築方法建成，並以茅作為材料。屋敷內建有多個設施，除了母屋，亦有秋田鄉土館、青柳庵等，為角館武家屋敷群中最豪華的。

▲青柳家的正門稱為「薬医門」，為上級武士才能擁有。

▲許多用具細心留存至今。

▲秋田縣是著名的豪雪地帶，難怪需要這麼厚重的和服！

▲除了可參觀江戶時代的房屋建築，還可看到許多當年使用的生活用具。

▲鄉土館內展出角館地區的傳統工藝，如櫻皮細工製成的家具。

Info
🏠 秋田縣仙北市角館町表町下丁3
🚃 從JR「角館」站步行約18分鐘
🕐 4月至11月09:00~17:00，12月至3月09:00~16:30
💲 成人￥500(HK$35)，中學生￥300(HK$21)，小童￥200(HK$14)
☎ 0187-54-3257
🌐 www.samuraiworld.com

Online Map

◀「押繪」是角館著名工藝之一。

最古老武家屋敷 石黑家 地圖 p.221

　　石黑家位於角館武家屋敷北端，於江戶時代建成，距今已有200多年歷史，為現存最古老的武家屋敷，門前的枝垂櫻亦有250年樹齡。石黑家本為佐竹北家的部下，擔任財政職務，從屋敷的室內裝潢及主屋間隔，可知當時為高級武士居住的地方，現在被列為仙北市指定史跡之一。

　　參觀時，會有解說員介紹屋內裝潢，讓你深入了解這棟古代建築背後的歷史意義。解說以日語為主，但有英文單張簡介。

▲左方的櫃子如同現代的「夾萬」(保險箱)，只有高級官員才能擁有。

▲石黑家門前。

▲武士集會的專用室。有別於旅館榻榻米的擺法，專用室的榻榻米以橫向排列，每張讓兩名武士坐下，方便開會。

◀◀房間的木刻，光線穿過木刻，在牆上投射圖案。

▶主屋的另一邊有一個野菜儲存庫，是古時的冰箱。

Info

🏠 秋田縣仙北市角館町表町下丁1

🚶 從 JR「角館」站步行約20分鐘

Online Map

🕐 4月-11月09:00~17:00，12月-3月09:00~16:30

💰 成人￥500(HK$29)，中、小學生￥300 (HK$18)

☎ 0187-55-1496

🌐 www.hana.or.jp/~bukeishi

Part
09
青森縣
岩手縣
宮城縣
秋田縣
山形縣
福島縣
新潟縣

賞櫻

兩公里櫻花步道 地圖 P.221
桧木内川堤旁櫻花

MAPCODE® 280 337 377

桧木内川為秋田縣內一級河川。每年4月尾至5月初，沿着河堤漫步，便可見延綿兩公里的櫻花樹，為日本賞櫻名所100選之一。另外，桧木内川堤旁的櫻花比一般櫻花花期較長，遊客更容易掌握賞花時間。

◀長長的櫻花道。(相片由秋田縣觀光聯盟提供)

Info

🏠 秋田縣仙北市角館町
🚃 從JR「角館」站步行約22分鐘
☎ 田澤湖角館町觀光協會：0187-43-2111

Online Map

日本貝加爾湖 田沢湖 地圖 P.220   MAPCODE® 280 766 287

田沢湖位於縣立自然公園內，水深達423米，是日本最深的淡水湖，亦是全球第17位最深湖泊，為日本百景之一。冬天時，田沢湖湖面不會結冰。另外，較深的湖水會因陽光折射形成翡翠般的藍色，因此有「日本貝加爾湖」的稱號。旅客可乘遊覽船慢慢欣賞這個日本最深的湖泊。

◀田沢湖的辰子姬像(たつこ像)，在陽光之下奪目耀眼。

▲田沢湖一圈長達20公里，駕車環繞一周需時約20分鐘。這裏同時是韓劇《IRIS》的取景地。

⛩ Tips!
田沢湖遊覽船

田沢湖遊覽船從休息小屋旁的白浜碼頭出發，來往辰子姬像(潟尻)之間，為遊覽田沢湖其中一個選擇。

時間：4月22日至11月5日
費用：

路線	成人票價	小童票價
白浜 ➤ 潟尻 ➤ 白浜	￥1,400(HK$82)	￥700(HK$41)
白浜 ➤ 潟尻	￥900(HK$53)	￥450(HK$26)
潟尻 ➤ 白浜	￥700(HK$41)	￥350(HK$21)

電話：0187-43-0274
網址：tazawako-resthouse.jp/yuransen-2

Info
🏠 秋田縣仙北市
🚃 從JR「田沢湖」站乘「田沢湖一周線」的羽後交通巴士，於「田沢湖畔」站下車，車程約12分鐘，班次見下：
• JR「田沢湖」站發車：06:55、10:45、13:25、15:25、16:20、17:55；巴士「田沢湖畔」站發車(回JR站：07:42、12:04、14:44、16:44、17:09、18:42
註：紅字班次為11月至3月逢週六、日及公眾假期停駛
☎ 田澤湖角館町觀光協會：0187-43-2111

Online Map

東北深山秘湯 乳頭溫泉鄉 地圖 P.220 ｜MAPCODE｜ 435 486 063 ｜泡湯｜

　　近年日本興起前往秘湯泡溫泉的熱潮,其中一個熱點為秋田縣的乳頭溫泉鄉。乳頭溫泉鄉位於十和田‧八幡平国立公園的乳頭山麓一帶,這裏共有7家溫泉旅館,包括鶴の湯、妙乃湯、黑湯溫泉、蟹場溫泉、孫六溫泉、休暇村乳頭溫泉鄉以及大釜溫泉。/家旅館各自擁有獨立的泉源,泉質達10種以上。

　　乳頭溫泉為日本環境省指定的國民保養溫泉地,位於深山地帶,加上在冬天時的白雪景色,令這個溫泉鄉更添神秘感。遊客可於這7間旅館購買「湯めぐり帖」,一次過泡盡7大旅館的溫泉,比較一下哪個最具秘湯感覺!旅客可選擇泡日歸溫泉(即日來回不過夜),或入住旅館輕鬆泡湯。

▲乳頭溫泉 7 間旅館就位於深山之中,加上白雪靄靄,確實很有秘湯的感覺。

Info

🏠 秋田縣仙北市田沢湖
🚌 從JR「田沢湖」站乘「乳頭線」的羽後交通巴士,於「休暇村前」站、「妙乃湯溫泉」站或「乳頭蟹場溫泉」總站下車;另外,可留意4月中旬至5月上旬,羽後交通巴士設有「乳頭溫泉鄉‧角館」線,來往JR角館站至乳頭溫泉鄉
💲「湯めぐり帖」¥2,500 (HK$147),可泡盡 7 大溫泉兼當日任乘湯めぐり號巴士
🌐 www.nyuto-onsenkyo.com

「乳頭線」班次
ugokotsu.co.jp/wp-content/jikoku/latest/nyuto2023.pdf

Online Map

⛩️ Tips!

乘巴士來往各溫泉

　　在旅館購買「湯もぐり帖」(¥2,500、HK$147)或「湯もぐりマップ」(¥1,000、HK$59),前者可於乳頭溫泉鄉全部溫泉各泡湯一次兼當日任意乘搭湯もぐり號巴士,後者則只可任意乘搭巴士,泡湯費另計。乘搭巴士時只需把湯もぐり帖或湯もぐりマップ給司機確認便可以。

乳頭溫泉鄉 精選溫泉旅館

古代氣息 鶴の湯 地圖 P.220

　　鶴の湯溫泉為區內歷史最悠久的旅館,於1638年建成的本館長屋甚有古代氣息,另設有新館山の宿。館內泉水來自4個不同泉源,設有5個溫泉,包括混浴露天風呂、白湯(美人の湯)、黑湯等。

▶鶴の湯本館為本陣式樣的建築。

◀露天溫泉為男女混浴。

Info

🏠 秋田縣仙北市田沢湖田沢字先達沢国有林50
🕐 日歸溫泉:10:00~15:00,逢週一露天風呂停用
💲 住宿:一泊二食 ¥10,600(HK$624)起;日歸溫泉:成人 ¥700 (HK$41)、小童 ¥300 (HK$21)
📞 0187-46-2139
🌐 www.tsurunoyu.com

Online Map

(相片由秋田縣觀光聯盟提供)

Part

09

青森縣

岩手縣

宮城縣

秋田縣

山形縣

福島縣

新潟縣

邊泡湯邊賞溪流 妙乃湯 地圖 P.220

妙乃湯位於先達川溪流旁，享受露天溫泉時可一邊泡湯一邊欣賞溪流美景。旅館擁有7個溫泉，分別來自金の湯和銀の湯兩個泉源，當中露天溫泉「妙見の湯」為混浴溫泉，在特定時間只限女性使用，讓女生可安心泡浴。(妙乃湯詳盡介紹見P.333)

▲房間為傳統和室。

Info

🏠 秋田県仙北市田沢湖生保内字駒ケ
　 岳2-1
🕐 日歸溫泉：10:00~15:00
💤 日歸溫泉：週二
💲 住宿：一泊二食
　 ￥18,000 (HK$1,059)
　 起；日歸溫泉：1小時
　 ￥3,300(HK$194)
📞 0187-46-2740
🌐 www.taenoyu.com

Online Map

▲金色的妙見の湯，泉源來自金の湯，加上溪流旁的雪景，非常漂亮！

江戶時代至今 黑湯溫泉 地圖 P.220

黑湯溫泉自江戶時代起開業至今，溫泉設有男女混浴或分浴的室內湯與露天風呂。溫泉位於乳頭溫泉鄉最盡頭，靠近先達川上游，曾經是乳頭溫泉鄉內最有名的溫泉。雖然溫泉名為「黑湯」，但泉水的顏色卻是藍中帶有乳白色。

Info

🏠 秋田県仙北市田沢
　 湖生保内2番地1
🕐 日歸溫泉：4月
　 中旬至11月上旬
　 09:00~16:00
💤 日歸溫泉：冬季(11
　 月中旬至4月上旬)
💲 住宿：一泊二食
　 ￥12,500(HK$912)
　 起；日歸溫泉：
　 初中生或以上
　 ￥600(HK$36)，小
　 學生￥300(HK$18)
📞 0187-46-2214
🌐 www.kuroyu.com

Online Map

▲黑湯溫泉位於深山中，秋天時紅葉景色更加怡人。(相片由秋田縣觀光聯盟提供)

山林中泡湯 蟹場溫泉 地圖 P.220

　　蟹場溫泉因附近一帶有許多蟹居住而得名。入住旅館的話，晚餐的菜式有馳名的蟹鍋！旅館另一特色就是它的露天溫泉位於山林之中，泡湯時更有秘湯的感覺。

 Info
- 🏠 秋田県仙北市田沢湖田沢字先達沢国有林
- ⏰ 日歸溫泉：09:00~16:00
- 💲 住宿：一泊二食 ￥13,200 (HK$776) 起；日歸溫泉：￥800(HK$47)
- ☎ 0187-46-2021
- 🌐 ganibaonsen.com

▶ 在山林之中泡湯，既寧靜又舒適。(相片由秋田縣觀光聯盟提供)

女性專用露天風呂 孫六溫泉 地圖 P.220

　　孫六溫泉有「山の薬湯」的稱號，具有「湯治場」(日本古代溫泉療養院的名稱，設備較簡潔)的風情。另有女性專用露天風呂設於川流旁，風景優美。(因維修暫時關閉。)

Info
- 🏠 秋田県仙北市田沢湖田沢字先達沢国有林
- ⏰ 日歸溫泉：09:00~16:00
- 💲 住宿：一泊二食 ￥11,880(HK$867)起；日歸溫泉：￥520(HK$42)
- ☎ 0187-46-2224
- 🌐 magorokuonsen.com

▶ 孫六溫泉以多間小屋建成，遠觀猶如山中小村莊。(相片由秋田縣觀光聯盟提供)

現代化溫泉度假村 休暇村乳頭溫泉鄉 地圖 P.220

▲ 以檜木打造的露天溫泉。

　　休暇村乳頭溫泉鄉佔地廣大，最多可容納1,200名住客入住，為一家現代化的溫泉度假村。館內有兩種溫泉泉源，而雪見露天風呂只在每年12月至3月開放，屆時住客可一邊泡湯一邊賞雪。

 Info
- 🏠 秋田県仙北市田沢湖駒ケ岳 2-1
- ⏰ 日歸溫泉：11:00~17:00
- 💲 住宿：一泊二食 ￥14,500 (HK$853) 起；日歸溫泉：成人 ￥800(HK$47)，4 歲至小學生 ￥400(HK$24)
- ☎ 0187-46-2244
- 🌐 www.qkamura.or.jp/nyuto

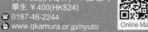

(相片由秋田縣觀光聯盟提供)

▲ 休暇村乳頭溫泉鄉為一家現代化溫泉度假村。

9.3

探訪惡鬼

男鹿半島

男鹿半島位於秋田縣西部，面向日本海。當中過半地區屬男鹿市。島上的真山、本山及毛無山合稱「男鹿三山」。觀光景點以男鹿温泉鄉最有名，而男鹿國定公園被選為日本百景之一。另外，男鹿不得不提的還有惡鬼「なまはげ」。

男鹿市觀光情報：
www.oganavi.com

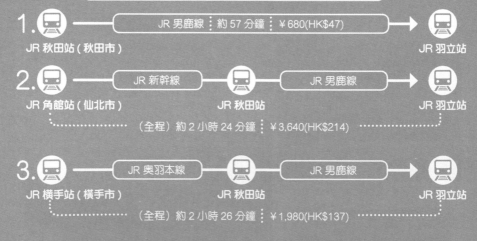

縣內主要城市 前往男鹿半島的交通：

1. JR 秋田站 (秋田市) ── JR 男鹿線：約 57 分鐘 ¥ 680(HK$47) ──▶ JR 羽立站

2. JR 角館站 (仙北市) ── JR 新幹線 ── JR 秋田站 ── JR 男鹿線 ──▶ JR 羽立站
（全程）約 2 小時 24 分鐘 ¥ 3,640(HK$214)

3. JR 橫手站 (橫手市) ── JR 奧羽本線 ── JR 秋田站 ── JR 男鹿線 ──▶ JR 羽立站
（全程）約 2 小時 26 分鐘 ¥ 1,980(HK$137)

註：上述車費大部分為自由席，如乘指定席車費會較昂貴。車費及時間謹供參考。

市內交通

從JR「羽立」站乘計程車或巴士前往景點，而自駕遊亦是方便的遊覽方式。

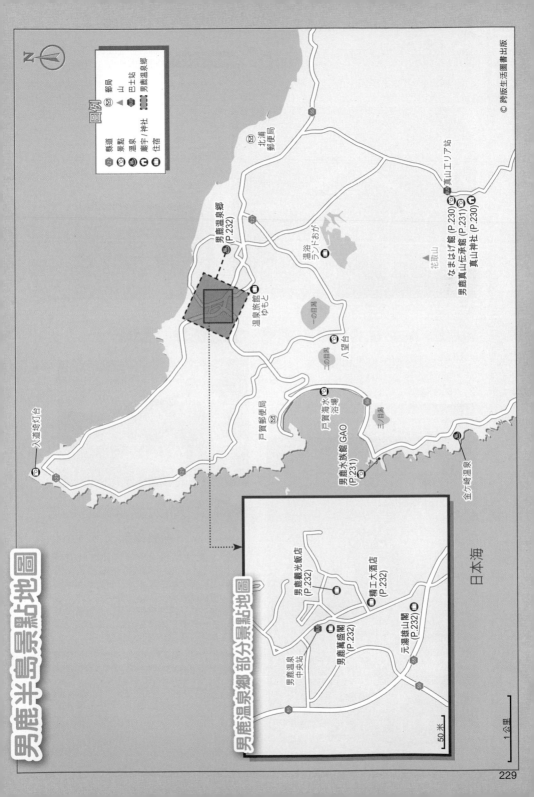

男鹿半島景點地圖

© 跨版生活圖書出版

N

圖例
縣道　　郵局
景點　　山
溫泉　　巴士站
廟宇/神社　男鹿溫泉鄉
住宿

入道埼灯台

北浦郵便局

真山エリア站

なまはげ館 (P.230)
男鹿真山伝承館 (P.231)
真山神社 (P.230)

花取山

温浴ランドおが

男鹿温泉鄉 (P.232)

温泉旅館ゆもと

一の目潟

二の目潟
八望台

戸賀郵便局

戸賀海水浴場

三の目潟

男鹿水族館 GAO (P.231)

金ヶ崎温泉

日本海

男鹿溫泉鄉 部分景點地圖

男鹿観光飯店 (P.232)

精工大酒店 (P.232)

男鹿真盛閣 (P.232)

元湯雄山閣 (P.232)

男鹿温泉中央站

50 米

1公里

Part
9

青森縣
岩手縣
宮城縣
秋田縣
山形縣
福島縣
新潟縣

567 米高處飽覽風光 真山神社 地圖 P.229 MAPCODE® 351 302 823

真山神社於平安時代創建，為古代僧人的修行靈場。江戶時代曾為佐竹藩的祈願所，至明治時代後演變成現在的真山神社。神社位於高567米的真山山頂，遠眺男鹿半島一帶，風光優美。每年2月第二個週五至日，這裏會舉行「なまはげ惡鬼祭」，現場有傳統的湯之舞•鎮釜祭神樂表演。另外，每月第二及第四個週六、日設有繪馬製作體驗(￥500起，HK\$35)。

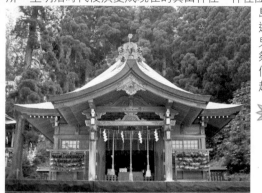

Info
🏠 秋田県男鹿市北浦真山字水喰沢97
🚃 從 JR「羽立」站乘計程車或屬車約15分鐘，計程車車費約￥3,880(HK\$277)，或 JR「男鹿」站乘「なまはげシャトル」觀光巴士，於「真山エリア」站下車。班次詳見：oganavi.com/namahage_shuttle/ja/cource
☎ 0185-33-3033

▲真山神社。(相片由秋田縣觀光聯盟提供)

做惡懲奸的惡鬼 なまはげ館 地圖 P.229 MAPCODE® 351 332 162

なまはげ館內展出有關惡鬼「なまはげ」傳說的資料，包括誕生經過、所用道具、影像資料等。體驗區內更有なまはげ的衣飾，讓你變身成惡鬼，審判別人、做惡懲奸！

◀男鹿半島不同地區各有獨特的なまはげ傳說。

Tips!

惡鬼傳說

なまはげ為流傳於男鹿地區的傳說：每年12月31日除夕，戴着惡鬼面具及穿上稻草衣裳的なまはげ會造訪各家各戶，告誡年輕妻子及小孩要努力工作，而長輩要以酒及食物招待惡鬼，並要稱讚妻兒以免他們被惡鬼懲罰。這項儀式現已被指定為國家重要無形民俗遺產。

Info
🏠 秋田県男鹿市北浦真山字水喰沢
🚃 參考上面「真山神社」交通 🕐 08:30~17:00
💰 • なまはげ館：成人 ￥550(HK\$32)、中、小學生 ￥275(HK\$16)
• 共通券(なまはげ館＋男鹿真山伝承館)成人 ￥1,100(HK\$65)、中、小學生 ￥660(HK\$39)
☎ 0185-22-5050
🌐 www.namahage.co.jp/namahagekan/exhibits

▲なまはげ館正門立有巨型なまはげ像，非常威武。

(相片由秋田縣觀光聯盟提供)

惡鬼現形！ 男鹿真山伝承館 _{地圖 P.229}

在男鹿真山伝承館，會有重現なまはげ傳説的話劇表演，如果想對惡鬼了解更多的話萬勿錯過了！

 Info
🏠 秋田縣男鹿市北浦真山字水喰沢97
🚶 參考左頁「真山神社」交通
🕐 08:30~17:00，話劇時間見下：
   • 4月至11月：09:00~16:30逢00及30分(12:00~13:00不設話劇)
   • 12月至3月週六、日、公眾假期及12月31日：09:30~15:30逢30分(12:00~13:00不設話劇)
   • 1月1日至2日：09:00~15:30逢00及30分(12:00~13:00不設話劇)
💲 需購買なまはげ館共通券才可進場(詳見P.230)
☎ 0185-22-5050
🌐 namahage.co.jp/namahagekan/oga_shinzan_folklore_museum
Online Map

▲なまはげ帶備記錄簿，記錄了所有村民一言一行，任何事情也瞞不過他們雙眼！（相片由秋田縣觀光聯盟提供）

萌萌北極熊 男鹿水族館 GAO _{地圖 P.229} **MAPCODE** 873 370 720

男鹿水族館GAO為東北地區日本海一帶唯一有北極熊的水族館。水族館樓高3層，地面那層為男鹿之海大水槽，展示了40種、逾2,000隻海洋生物。館中最受歡迎的，必定是北極熊豪太了！水族館特意為豪太創作了一首《豪太の歌》(ごうたのうた)，在水族館的Youtube頻道內播放。

▶不少人特地前來看可愛的北極熊豪太。（相片由男鹿觀光協會提供）

 Info
🏠 秋田縣男鹿市戸賀塩浜
🚌 從JR「男鹿」站乘「なまはげシャトル」觀光巴士，於「男鹿水族館 GAO」站下車，班次因應時節變動，請參考oganavi.com/namahage_shuttle/ja/cource；或由JR站乘計程車約30分鐘，車資約￥7,120(HK$520)
🕐 一般約09:00~17:00，冬季(11月至2月)09:00~16:00
休 不定休，詳見官網
💲 成人 ￥1,300(HK$76)，初中生及小學生 ￥500(HK$29) ☎ 0185-32-2221 🌐 www.gao-aqua.jp
Online Map

▶大水槽水量達800噸，甚具壓迫力。（相片由秋田縣觀光聯盟提供）

上網聽《豪太の歌》
www.youtube.com/watch?v=3xmVJoFWW-o

必吃磯燒料理 **男鹿温泉鄉** 地圖 P.229 | MAPCODE 873 494 376

泡湯

　　男鹿温泉鄉於1947年開始以温泉度假勝地形式營運,現時共有7間温泉旅館。在4月至11月期間,每月第二及四個週一晚上,於男鹿温泉交流會館會舉行太鼓表演,表演者會穿上惡鬼なまはげ的裝扮,讓現場更具氣氛。

　　男鹿温泉的名物為磯燒料理(石焼き料理):做法是先把新鮮海產放在秋田縣製的木桶中,然後把加熱至800~1,000℃的石頭放入木桶內,利用高溫煮熟海鮮,保存鮮味。温泉區內大部分食店與旅館均有提供磯燒料理,來到男鹿不要錯過!

▲觀賞太鼓表演,整個人頓時變得熱血。(相片由男鹿觀光協會提供)

▲男鹿温泉鄉門口有巨型的なまはげ像在歡迎遊客!(相片由男鹿觀光協會提供)

男鹿温泉鄉內住宿

男鹿觀光飯店

▲男鹿觀光飯店(男鹿觀光ホテル)全部房間均面向海灣,晴天時可遠眺白神山地一帶。飯店內兩個大浴場的泉水均來自天然温泉。日歸温泉 ￥800(HK$47),使用時間為15:00~21:00。(官網:www.oga-kanko.com)

元湯雄山閣

▲元湯雄山閣有露天岩風呂,亦有江戶時代後期、著名日本旅行家菅江真澄的資料館。日歸温泉 ￥800(HK$47),使用時間為 11:00~14:00。(官網:www.yuuzankaku.co.jp)

精工大酒店

◀精工大酒店(セイコーグランドホテル)設南館、主館與東館,共90間客房,屬男鹿温泉內較大規模的温泉旅館。日歸温泉 ￥800(HK$47),使用時間為 15:00~21:00。(官網:www.oga-seiko.com)

男鹿萬盛閣

◀男鹿萬盛閣共有27間和室,日歸温泉 ￥700(HK$41),使用時間為 15:00~20:00。(官網:www.ogabansei.com)

(住宿相片由秋田縣觀光聯盟提供)

Info

🏠 秋田縣男鹿市北浦湯本字草木原21-2
🚌 從JR「羽立」站乘「男鹿北線」的秋田中央交通巴士,於「男鹿温泉中央」站下車,車程約40分鐘,班次見下:

發車站	班次
JR「羽立」站(羽立駅前站)	06:45、08:11、11:30、13:08、14:50、16:35、17:40
温泉中央站(回JR站)	06:10、07:22、08:12、09:56、12:50、14:51、16:16

註:紅字班次逢週六、日及公眾假期及12月30日至1月3日停駛。
● JR「男鹿」站乘「なまはげシャトル」觀光巴士,於「男鹿温泉」站下車,班次見 P.230
男鹿温泉鄉協同組合:0185-33-3191　🌐 www.e-ogaonsen.com

Online Map

吃炒麵、玩樂園 橫手市

橫手市位於秋田縣南部，舊稱「平鹿郡」，位於橫手盆地的中央位置。這裏的炒麵非常有名，與群馬縣太田市及靜岡縣富士宮市的炒麵同列「日本三大炒麵」之一，看到炒麵(焼きそば)不妨進去試試。在橫手市，值得一去的景點有秋田故鄉村與縣立近代美術館，紅極一時的女子組合Morning娘曾於秋田故鄉村內舉行演唱會。

橫手市觀光協會：
www.yokotekamakura.com

縣內主要城市 前往橫手市的交通：

1. JR 秋田站(秋田市) ──[JR 奧羽本線 ┊ 約 1 小時 15 分鐘 ┊ ¥1,340(HK$93)]──> JR 橫手站

2. JR 角館站(仙北市) ──[JR 新幹線]── JR 大曲站 ──[JR 奧羽本線]──> JR 橫手站
(全程) 約 37 分鐘 ┊ ¥1,970(HK$116)

3. JR 羽立站(男鹿半島) ──[JR 男鹿線]── JR 秋田站 ──[JR 奧羽本線]──> JR 橫手站
(全程) 約 3 小時 ┊ ¥1,980(HK$137)

註：上述車費大部分為自由席，如乘指定席車費會較昂貴。車費及時間謹供參考。

市內交通

主要由JR「橫手」站乘巴士或市內循環巴士前往景點，而自駕遊也很適合遊覽市內。

233

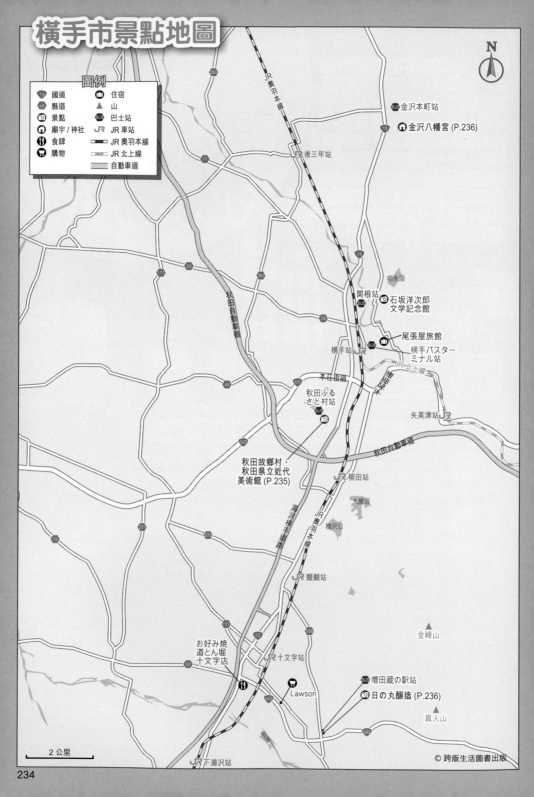

横手市景點地圖

圖例

國道	住宿		
縣道	山		
景點	巴士站		
廟宇 / 神社	JR 車站		
食肆	JR 奧羽本線		
購物	JR 北上線		
	自動車道		

金沢本町站

金沢八幡宮 (P.236)

明永沼

関根站

石坂洋次郎
文学記念館

尾張屋旅館

横手バスター
ミナル站

横手站

本荘街道

JR北上線

秋田ふる
さと村站

矢美津站

秋田自動車道

秋田故郷村、
秋田県立近代
美術館 (P.235)

柳田站

大屋沼

楢沢沼

JR奧羽本線

醍醐站

金峰山

お好み焼
道とん堀
十文字店

十文字站

Lawson

増田蔵の駅站

日の丸醸造 (P.236)

真人山

2 公里

© 跨版生活圖書出版

可參與不同體驗的樂園 秋田故鄉村、秋田県立近代美術館

秋田ふるさと村 地圖 P.234 **MAPCODE** 138 140 768

親子

　　秋田故鄉村是集體驗、手工藝與觀光於一身的主題樂園。村內的星空探險館(星空探險館スペーシア)擁有東北地區最大的天象儀；工藝工房設有多種體驗課程，如銀線細工、皮革工藝或以櫻皮製作精品等；奇妙城堡(ワンダキャッスル)內有滑梯與3D視覺藝術館等遊樂設施，小朋友一定喜歡！

　　另外秋田県立近代美術館亦位於村內，展出秋田縣近代美術家如小田野直武、福田豐四郎等的作品。

▲秋田故鄉村外圍不收費，四周綠意盎然，非常寫意。

▶故鄉村內的美術館除了展出當地藝術家的作品，還有海外名家的作品，當中包括法國著名雕刻家馬約爾的作品。

Info
秋田県立近代美術館
- 🕐 09:30~17:00(最後16:30入館)
- 🚫 12月尾及1月中，詳見官網
- 💲 常設展免費，特別展覽票價詳見官網
- ☎ 0182-33-8855
- 🌐 common3.pref.akita.lg.jp/kinbi/

Info
秋田故鄉村
- 🏠 秋田県横手市赤坂字富ケ沢62-46
- 🚌 從JR「横手」站東口乘「ふるさと村線」的羽後交通巴士，於「秋田ふるさと村」站下車，車程約15分鐘，班次見下：

Online Map

發車站	班次
JR「横手」站 (横手駅東口站)	10:40、11:50、14:10、15:50
秋田ふるさと村 站(回JR站)	11:05、12:15、14:35、16:15

註：8月11日至16日及12月29日至1月8日每天運行。

- 🕐 09:30~16:00，小火車在4月中旬至11月中旬運行
- 🚫 個別休館日詳見官網
- ☎ 0182-33-8800
- 🌐 www.akitafurusatomura.co.jp

（相片由秋田縣觀光聯盟提供）

故鄉村設施收費：

景點	成人及高中以上	初中生及小學生
星空探險館	￥700 (HK$41)	￥500 (HK$29)
奇妙城堡	￥700 (HK$41)	￥500 (HK$29)
小火車 (マックストレイン)	￥500 (HK$29)	3歲至初中生 ￥300(HK$18)
共通券(星空探險館＋奇妙城堡＋小火車)	￥1,700 (HK$100)	￥1,200(HK$71)

傳統歌謠祭典 金沢八幡宮 　地圖 P.234　MAPCODE® 138 444 437　賞櫻

位於金沢公園內的金沢八幡宮建於1093年，至1989年才定名為金沢八幡宮，現為文化財之一。八幡宮以祭祀八幡大神為主，每年9月14日至15日會舉行傳統祭典，參加者會以秋田民謠《仙北荷方節》加上即興創作的歌詞對唱，優勝者的歌詞會採納為翌年奉納用歌的歌詞。

◀金沢八幡宮位於金沢公園內，春天為市內賞櫻名所。(相片由秋田縣觀光聯盟提供)

Info
🏠 秋田県横手市金沢字安本館4
☎ 横手市観光協会：0182-33-7111
Online Map

前往交通

從JR「横手」站東口或步行約5分鐘至横手巴士總站(横手バスターミナル站)，乘「横手‧大曲線」的羽後交通巴士，於「金沢本町」站下車步行約15分鐘，班次見下：

發車站	班次
JR「横手」站東口 （横手駅東口站）	07:15、08:25、11:09、12:59、14:09、15:19、18:59
横手巴士總站（横手 バスターミナル站）	06:40、07:16、07:40、08:26、08:50、09:20、11:10、12:20、13:00、14:10、15:20、16:20、 16:50、17:10、17:50、18:10、19:00
金沢本町站（返横手 巴士總站）	06:57、07:32*、07:52、08:12、08:32*、09:02*、10:12*、11:02、12:02*、13:12*、14:22*、 15:12、16:02、16:32、17:02、18:02*、19:02

註：紅字班次逢週日及公眾假期停駛，8月11日～16日及12月29日～1月8日停駛。
* 該班次經JR「横手」站東口返横手巴士總站，其餘班次不途經JR站。

秋田名酒 日の丸醸造 　地圖 P.234　MAPCODE® 212 711 810

日の丸醸造為秋田縣的著名醸酒商，亦是市內增田町現時剩下的唯一一家醸酒商戶。日の丸醸造的主屋建於明治時代，現已登錄為**國家有形文化財**，旗下清酒品牌為「まんさくの花」。醸酒廠現時開放作為倉庫的內藏(日文為「內藏」，即是倉庫內部)給遊客參觀，參觀完可品嘗限定美酒！

◀遊客可進入內藏參觀，實屬難得。(相片由秋田縣觀光聯盟提供)

Info
🏠 秋田県横手市増田町増田字七日町114-2
🚌 從JR「横手」站東口、或由東口步行約5分鐘至横手巴士總站（横手バスターミナル站）、或由JR「十文字」站，乘「横手‧小安線」的羽後交通巴士，於「増田蔵の駅」站下車，班次見下：

發車站	班次
JR「横手駅東 口」站	06:45、09:50、13:38、15:00、16:05、17:20
横手バスター ミナル站	06:46、09:51、13:39、15:01、16:06、 17:21、18:11*
JR「十文字駅 前」站	07:09、10:14、14:02、15:24、16:29、 17:44、18:31
増田蔵の駅站 (回JR站)	07:00、08:19、11:34、15:24、16:34、 17:34、18:54

註：紅字班次逢週六‧日及公眾假期停駛。8月11日～16日及12月29日～1月8日停駛。
註：週六日及公眾假期在横手BT（總站）發車。
🕐 10:00~16:00　💲 ¥200(HK$14)
☎ 0182-45-2005
🌐 hinomaru-sake.com
Online Map

山形縣

Yamagata

　　山形縣位於日本東北地區的西南部，面向日本海，總人口約110萬，當中最上川從北至南貫通全縣，被當地人稱為「母なる川」(母之川)，是縣內旅遊熱點。山形縣本身擁有多個著名溫泉區，如銀山溫泉、蔵王溫泉等，加上曾有多部電影於山形縣拍攝，吸引不少國內外的觀光客。

山形縣觀光情報：
yamagatakanko.com

各區前往山形縣的交通(目的地以山形市的JR「山形」站為主)：

出發地	交通	車程	車費
JR「東京」站	JR 新幹線	約 2 小時 40 分鐘	￥11,450(HK$674)
JR「新潟」站	JR 白新線 +JR 米坂線 +JR 奧羽本線	約 4 小時 16 分鐘	￥3,410(HK$201)
JR「福島」站	JR 新幹線	約 1 小時 2 分鐘	￥3,180(HK$187)
JR「仙台」站 (宮城縣)	JR 仙山線	約 1 小時 15 分鐘	￥1,170(HK$69)
JR「秋田」站	JR 奧羽本線	約 3 小時 44 分鐘	￥5,400(HK$318)
JR「盛岡」站 (岩手縣)	JR 新幹線 +JR 仙山線	約 2 小時 42 分鐘	￥7,890(HK$564)
JR「青森」站	JR 奧羽本線 +JR 新幹線 +JR 仙山線	約 3 小時 55 分鐘	￥12,190(HK$890)

註：上述車費大部分為指定席，如乘自由席車費會較便宜。車費及時間謹供參考。

名產

尾花沢西瓜、
米沢牛

10.1
滑雪泡湯與登山
山形市

山形市為山形縣的縣廳所在地，人口達25萬，為縣內人口最多的地區。著名的立石寺、蔵王温泉與蔵王連峰均位於市內，夏天時會舉行盛大的花笠祭，為遊覽山形縣時必到市鎮。

慶典
花笠祭 (P.31)

山形市觀光協會：
www.kankou.yamagata.yamagata.jp

縣內主要城市 前往山形市的交通：

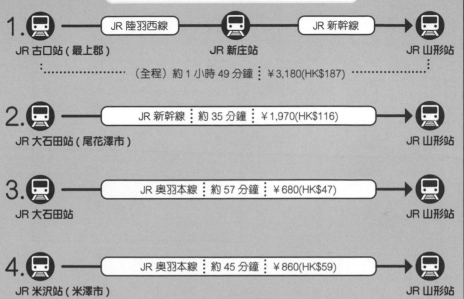

1. JR 古口站 (最上郡) —— JR 陸羽西線 —— JR 新庄站 —— JR 新幹線 —— JR 山形站
（全程）約 1 小時 49 分鐘 ：￥3,180(HK$187)

2. JR 大石田站 (尾花澤市) —— JR 新幹線 ：約 35 分鐘 ：￥1,970(HK$116) —— JR 山形站

3. JR 大石田站 —— JR 奧羽本線 ：約 57 分鐘 ：￥680(HK$47) —— JR 山形站

4. JR 米沢站 (米澤市) —— JR 奧羽本線 ：約 45 分鐘 ：￥860(HK$59) —— JR 山形站

5. JR 酒田站 (酒田市) —— JR 陸羽西線 —— JR 新庄站 —— JR 新幹線 —— JR 山形站
（全程）約 3 小時 9 分鐘 ：￥3,970(HK$233)

註：上述車費大部分為自由席，如乘指定席車費會較昂貴。車費及時間謹供參考。

市內交通——巴士

　　山形市提供路線巴士(山交巴士)前往立石寺、蔵王温泉等主要景點，並有￥100的小紅循環巴士(べにちゃんバス)，有兩條線分別行走東區和市中心(東くるりん線)與西區和市中心(西くるりん)。路線巴士資訊詳見相關景點。

小紅循環巴士
- ◎ 09:30~18:30，班次約10分鐘一班
- $ 每程成人￥100(HK$7)，小學生￥50(HK$4)
- ⌚ www.city.yamagata-yamagata.lg.jp/kurashi/ kotsu/1006588/1006590/1002674.html

山交巴士
- ⌚ www.yamakobus.co.jp

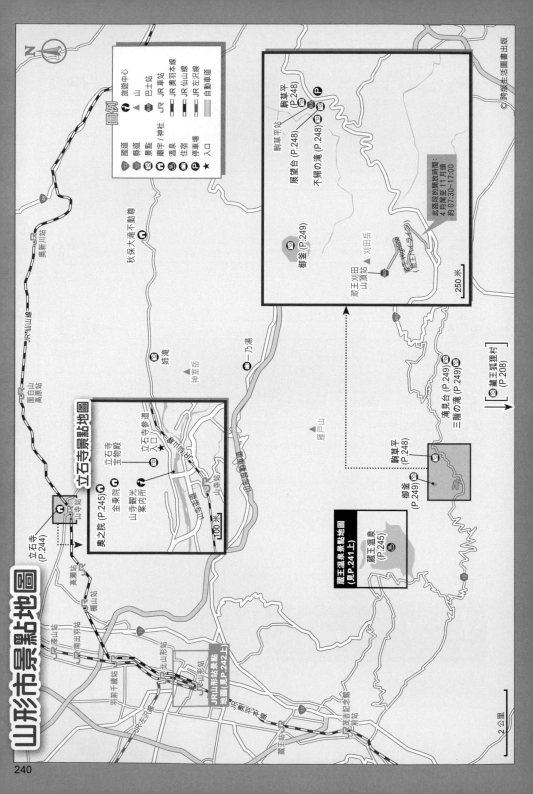

山形市景點地圖

N

圖例

ⓘ 旅遊中心	▲ 山	🚌 巴士站	國道
ⓗ JR車站	JR奧羽本線		縣道
JR 仙山線	JR左沢線	景點	🚗 自動車道
⛩ 廟宇／神社	♨ 溫泉	🏠 住宿	Ⓟ 停車場	★ 入口

©跨版生活圖書出版

立石寺 (P.244) ⓗ
山寺站

奧新川站

JR仙山線

秋保大滝不動尊 ⛩

面白山高原站

姉滝

神室岳

一乃湯

雁戸山

立石寺景點地圖

立石寺參道
立石寺寶物殿 ⓗ
立石寺入口 ★
奧之院 (P.245) ⓗ
金乘院
山寺觀光案内所 ⓘ

100 米

高瀬站

楯山站

JR山形站
地圖見P.242上
羽前千歳站
北山形站
JR左沢線
JR奧羽本線

山形站記念館

蔵王站前站
蔵王站

羽前山辺站 南出羽站 漆山站

駒草平景點地圖

駒草平站
展望台 駒草平 (P.248)
不帰の滝 (P.248)

Ⓟ

御釜 (P.249)

刈田岳

蔵王刈田山頂站

此路段的開放時間：
4月尾至11月頭
約 07:30~17:00

250 米

滝見台 (P.249)
三階の滝 (P.249)

駒草平 (P.248)

御釜 (P.249)

蔵王溫泉景點地圖
(見P.241上)
蔵王溫泉 (P.245) ♨

◎蔵王狐狸村 (P.208)

2 公里

JR山形站景點
地圖(見P.242上)

蔵王温泉景點地圖

蔵王温泉巴士總站
(蔵王温泉バスターミナル)
上の台站

蔵王スカイケーブル
(ZAO Sky Cable)(P.246)

中央高原站

深山莊
高見屋
(P.335)

ドッコ沼
(P.247)

温泉站

蔵王中央ロープウェイ
(ZAO Central RopeWay)(P.247)

中央第1リフト
吊車線

蔵王温泉街
(P.248)

鳥兜站

蔵王山麓站

片貝沼

鴫の谷地沼

蔵王自然植物園

蔵王ロープウェイ
(ZAO RopeWay)(山麓線)(P.247)

地蔵山頂站

蔵王ロープウェイ(ZAO RopeWay)
(山頂線)(P.247)

蔵王山

樹氷高原站

観松平

200 米

© 跨版生活圖書出版

圖例

㉑ 縣道
景點
住宿
BUS 巴士站
▲ 山
纜車站
••••• 蔵王スカイケーブル
(ZAO Sky Cable)
••••• 蔵王中央ロープウェイ
(ZAO Central RopeWay)
••••• 蔵王ロープウェイ
(ZAO RopeWay)
◇◇◇ 中央第1リフト吊車線
蔵王温泉街

藏王溫泉街景點地圖

圖例

IBP 縣道
住宿
景點
食肆
購物
温泉
P 停車場
郵局
BUS 巴士站

深山莊
高見屋
(P.335)

蔵王温泉 上湯
共同浴場

旅館吉田屋

松しまや

緑屋2号
源泉 足湯

高砂屋旅館

能登屋本店

白樺商店

貴和

蔵王温泉
巴士總站

源泉足湯
寛ぎの湯

蔵王温泉
下湯共同浴場

丸伝

蔵王温泉
観光協会
案内所

蔵王温泉
郵便局

上の台南通り

蔵王おみやげ
センター まる
しち

100 米

© 跨版生活圖書出版

241

JR 山形站景點地圖

圖例

國道	圖書館		
縣道	巴士站		
景點	JR 車站		
食肆	JR 奧羽本線		
購物	JR 仙山線		
住宿	JR 左沢線		
醫院	山形花笠祭路線		
郵局			

山形美術館
山形市立図書館霞城分館
山形城跡
山形市立博物館
篠田總合病院
東横INN山形駅西口
MaxValu 山形站西口店
Super Hotel 山形駅西口天然温泉 (P.334)
Richmond Hotel 山形駅前 (P.334)
Hotel Metropolitan Yamagata (P.334)
七日町御殿堰 (P.242)
七日町 (大沼前) 站
ほっとなる横丁 (P.243)
夢はな (P.243)
山形中央郵便局
山形花笠祭路線 ~ (P.31)
100 米
© 跨版生活圖書出版

重現江戶風情 七日町御殿堰　地圖 P.242

　「堰」為日本古時用以引導水流的障礙物，可說是小型的水壩。山形市街內設有五堰：笹堰、御殿堰、八ケ郷堰、宮町堰與雙月堰，七日町御殿堰重現400年前山形水之町屋的景色。

　現時御殿堰旁的町屋共有兩層，設有傳統工藝商店布四季庵與多家食店，讓遊客體驗昔日江戶風情。

▲御殿堰中間有流川，加上石橋與柳樹，更添古典詩意。

▲▲布四季庵出售傳統工藝製品。圖為「榀布」製品：榀布以樹皮經加工製成，手感像繩子。(營業時間：約 10:00~18:00)

Info

🏠 山形県山形市七日町 2-7-6
🚌 從 JR「山形」站乘 ￥100 小紅循環巴士，於「七日町」站下車；或從 JR 站步行約 25 分鐘
🕐 09:30~19:00，各店營業時個不一 (詳見官網)
☎ 023-623-0466
🌐 gotenzeki.co.jp

Online Map

體驗屋台風味 ほっとなる横丁 地圖 P.242

　　屋台村是最能感受日本飲食風情的地方。位於山形市七日町的山形屋台村「ほっとなる横丁」，共有12家屋台攤檔，各店提供不同的獨特菜式，從地道的拉麵，到山形名物山形牛等都有，讓食客嘗盡山形縣的地道菜餚。

Info
- 🏠 山形縣山形市七日町2-1-14-6
- 🚌 從JR「山形」站乘￥100 小紅循環巴士，於「七日町」站下車步行約5分鐘
- 🕐 約黃昏至凌晨，各店營業時間不一
- ☎ 023-666-7604
- 🌐 www.hotnaru-yokocho.jp

Online Map

▲入夜後的屋台村非常熱鬧。

▲兩旁都是屋台攤檔，看到合心意的就進去。
(攝影：Hikaru)

ほっとなる横丁 精選店家

火槍即燒米沢牛 夢はな 地圖 P.242

　　夢はな位於屋台村入口處，提供超過70款美食，食物材料均取自山形縣。當中最具人氣的為「米沢牛大トロ炙り焼き」！一大片肥瘦分佈均勻的米沢牛由師傅用火槍即燒，新鮮美味，店家亦是屋台村內其中一家人龍店！

人氣！

名物

人氣第一

▶人氣第一的牛內臟鍋(牛モツ鍋)，￥3,190，HK$188)，以米沢牛內臟炮製而成，曾獲得日本食評網冠軍。

▲餐廳名物「米沢牛大トロ炙り焼き」(￥1,980，HK$116)，店主會在食客面前以火槍烤熟充滿油香的牛肉！

▲左邊為黑ホッピー，右邊為白ホッピー，各售￥260(HK$18)。

▲只要多付￥330 (HK$19)，便可以牛內臟鍋內的湯底製成美味的雜炊！

▲「四角いお好み焼き」(四方形燒餅，￥1,078，HK$63)。

Info
- 🏠 ほっとなる横丁內
- 🕐 16:30~凌晨00:00
- ☎ 090-7566-0965(16:30~凌晨01:00)
- 🌐 nanokamachi-yumehana.owst.jp

Tips!
甚麼是ホッピー (Hoppy)？

　　這是一種碳酸飲料，通常與日本燒酒或其他酒類混和飲用。在居酒屋常見的有白和黑兩種，白色的口感較像啤酒，黑色的則較苦。ホッピー被稱為「外」，被ホッピー混和的酒稱為「內」。上桌時兩者分開，食客需一口氣把「外」倒進「內」。來到居酒屋不妨嘗嘗不同口味的碳酸酒！(文字：嚴潔盈)

千多年歷史的山形縣地標 立石寺 地圖 p.240 必到！

MAPCODE 62 232 077

地圖 p.240

立石寺山號為寶珠山，通稱為「山寺」，不少山形縣的宣傳海報均以立石寺的最高點「納經堂」為背景。寺廟於860年創建，至今已超過1,100多年。整座寺廟依山而建，從立石寺本坊徒步踏過逾千級石梯，沿途穿過各種岩石與寺院，就會抵達位於最深處的大佛殿「奧之院」。現時立石寺的中堂、三重小塔及如來佛像等均被列為日本國家重要文化財，整座立石寺更於1932年列為國家史跡及名勝，為山形縣其中一個重要景點。

▲位於登山口的觀光案內所，除了有付費行李寄存服務，更可在此詢問登入免費 Wi-Fi 的詳情。

▲通往立石寺本坊的登山口，這段階梯只是為遊客暖暖身，真正的挑戰在後頭！

▲山形名物「玉こんにゃく」(￥100，HK$6)，以高湯加蒟蒻炮製而成。

本堂

▲本堂於 1356 年由山形城主斯波兼賴再建，為現在日本最古老的欅木建築。

▲這條山徑被視為修行參道，每踏上一級階梯，煩惱便會減少一些。

▲宝物殿內藏有立石寺珍藏的佛像、古鏡等。

▲於山門付過參拜費後，正式開始登山之旅！

▲看到仁王門，表示你已走了一半路程，繼續加油！

▲有樹蔭遮擋，即使在夏天也感到相當清涼。

青森縣 岩手縣 宮城縣 秋田縣 山形縣 福島縣 新潟縣

納經堂

▲常在宣傳海報中看到的納經堂景色。

◀奧之院對開的山頭為「修行の岩場」，古代有不少人在此攀爬岩石當作修行，然而因發生太多意外，現已禁止攀爬。

▲身處海拔 417 米高峰上的奧之院，可遠眺山下景色。

奧之院

Info

立石寺
- 🏠 山形縣山形市山寺4456-1
- 🚶 從JR「山寺」站步行約6分鐘
- 🕐 約08:00~17:00；宝物殿約 08:30~17:00
- 休 冬季
- 💲 • 山門及奧之院：
  成人￥300(HK\$21)，
  初中生￥200(HK\$14)，
  4歲至小學生￥100(HK\$7)
  • 宝物殿：成人￥200(HK\$14)，4歲至初中生￥100(HK\$7)
  • 根本中堂內陣：￥200(HK\$14)
- ☎ 023-695-2843
- 🌐 www.rissyakuji.jp
- ❗ 立石寺提供免費Wi-Fi

▲奧之院為立石寺的最高點，佛殿內供奉了高達 5 米的金色阿彌陀如來佛。

冬季滑雪勝地 蔵王温泉　地圖 P.240、241(上)　MAPCODE® 569 572 715

　　蔵王温泉位於蔵王連峰以西880米的高處，古代稱為「高湯」，與縣內米澤市的白布温泉及福島縣的高湯温泉合稱「奧羽三湯」。冬天時，此區為著名的滑雪勝地，温泉區內更有3條纜車路線(詳見P.246~247)，方便遊客前往滑雪或觀光。

Info

- 🏠 山形縣山形市蔵王温泉708-1(蔵王温泉観光協会)
- 🚌 從JR「山形」站乘「蔵王温泉」方向的山交巴士，於「蔵王温泉バスターミナル」總站下車，車程約35分鐘，班次如下：
  • JR「山形」站發車：06:50、07:40、08:40、09:20、10:20、11:20、12:20、13:20、14:20、15:20、16:20、17:40、18:55、20:00
  • 「蔵王温泉バスターミナル」站發車(回JR站)：07:00、07:50、08:40、09:40、10:20、11:20、12:20、13:20、14:20、15:20、16:20、17:20、18:40、19:50
  註：黃字為週六、日及公眾假期行駛
- ☎ 蔵王温泉観光協会：023-694-9328
- 🌐 www.zao-spa.or.jp

泡湯

▲這不是普通的流水，而是貨真價實的温泉，蔵王温泉區內的地下流水均為温泉。

飽覽風光與觀賞樹冰 蔵王纜車索道 地圖 P.241(上) 推介！
蔵王ロープウェイ

青森縣

岩手縣

宮城縣

秋田縣

山形縣

福島縣

新潟縣

　　蔵王共有3條索道讓遊客從山麓登上山頂，包括「蔵王中央ロープウエイ」(ZAO Central RopeWay)、「蔵王スカイケーブル」(ZAO Sky Cable)及「蔵王ロープウエイ」(ZAO RopeWay)，3條路線的起迄站均不同，提供不一樣的旅遊路線。乘纜車登山後可欣賞蔵王溫泉的風景。

3條纜車索道的特色及資訊

「蔵王中央ロープウエイ」(ZAO Central RopeWay)
路線：溫泉站──鳥兜站
介紹：於鳥兜站下車後步行約1分鐘，即可到達鳥都山展望台遠眺蔵王溫泉區一帶景色；步行約2分鐘可接續乘搭中央第1リフト吊車，下了吊車站步行約5分鐘可觀賞ドッコ沼的景色。喜歡登山的話更可由ドッコ沼步行往不動滝(瀑布)，來回50分鐘，更進一步接近大自然。
車程：約8分鐘
發車時間：4月至10月08:30、08:40，逢09:00~16:00為00、20、40分以及17:00；11月至12月20日08:30、08:40，逢09:00~15:00為00、20、40分以及16:00；12月21日至3月08:15~17:00隨時發車
費用：蔵王溫泉滑雪場全山積分票，1分成人￥500(HK$29)，兒童￥300(HK$18)，每次乘搭需3分，詳細門票介紹：zaomountainresort.com/chrage/。

▲ ZAO Central RopeWay 的纜車為大型纜車，每次最多可載約 100 人。

> **Info**
> 🏠 山形縣山形市蔵王溫泉940-1
> 🚌 從 JR「山形」站乘「蔵王溫泉」方向的山交巴士，於「蔵王溫泉バスターミナル」總站下車，車程約 35 分鐘（班次見P.245「蔵王溫泉」交通），下車後步行 15 分鐘至纜車溫泉站。
> ☎ 023-694-9168
> 🌐 zaochuoropeway.co.jp/jp/winter
> 不動滝路線：zaochuoropeway.co.jp/jp/summer/fudotaki.php

- - - - - - - - - -

「蔵王スカイケーブル」(ZAO Sky Cable)
路線：上の台站──中央高原站
介紹：乘纜車到達中央高原站後，遊客可漫步穿越中央高原及ドッコ沼，路程全長約3.2公里，最後可直達ZAO Central RopeWay的鳥兜站。
車程：約8分鐘
發車時間：08:30~17:00隨時發車
費用：蔵王溫泉滑雪場全山積分票，1分成人￥500(HK$29)，兒童￥300(HK$18)，每次乘搭需3分，詳細門票介紹：zaomountainresort.com/chrage/。

> **Info**
> 🏠 山形縣山形市蔵王溫泉794
> 🚌 抵達「蔵王溫泉バスターミナル」巴士總站後，步行約20分鐘至纜車上的台站
> ☎ 023-694-9420
> 🌐 zaochuoropeway.co.jp/jp/winter

- - - - - - - - - -

「蔵王ロープウエイ」(ZAO RopeWay)
路線：蔵王山麓站─(山麓線)─樹氷高原站─(山頂線)─地蔵山頂站
介紹：分山麓線及山頂線兩段，到達總站地蔵山頂站可到訪附近的蔵王自然植物園；或於中途站樹氷高原站下車，展開一段野外之旅，欣賞觀松平或鳴の谷地沼一帶的景色。
車程：山麓線約7分鐘，山頂線約10分鐘

▲ ZAO RopeWay 分山麓線及山頂線兩段。（攝影：Hikaru）

發車時間：山麓線08:30~17:00，山頂線08:45~16:45
費用：蔵王溫泉滑雪場全山積分票，1分成人￥500(HK$29)，兒童￥300(HK$18)，每次乘搭需3分，詳細門票介紹：zaomountainresort.com/chrage/。

> **Info**
> 🏠 山形縣山形市蔵王溫泉229-3
> 🚌 抵達「蔵王溫泉バスターミナル」巴士總站後，步行約20分鐘至纜車站山麓站
> ☎ 023-694-9518　🌐 zaoropeway.co.jp

🪭 索道：蔵王中央ロープウェイ (ZAO Central RopeWay)

▶ 從鳥兜山展望台可飽覽蔵王溫泉區的景色。

▲ 在鳥兜站下車後可乘搭不遠處的吊車線：中央第1リフト (Chuo Lift 1)。[中央第1リフト：09:00~16:00・成人單程 ¥300(HK$21)、來回 ¥500(HK$35)，小童半價]

從 ZAO Central RopeWay 的溫泉站至鳥兜站長約1.8公里，高低落差為524米。

乘搭 Chuo Lift 1 下車後，步行約5分鐘可到達ドッコ沼。另外也可從鳥兜站步行15分鐘前往，沿途風光美麗。

🪭 索道：蔵王ロープウェイ (ZAO RopeWay)

蔵王樹冰

▶ 到達山頂站就可看到壯觀的蔵王樹冰了！當水滴及濃霧遇上嚴寒的天氣，便會在樹木上凍結形成冰層，把樹木完全覆蓋。蔵王的樹冰約於1920年被發現，可說是日本最著名及最大型的樹冰觀賞地。(攝影：Hikaru)

◀ 不少滑雪愛好者正準備一展身手。(攝影：Hikaru)

▲ 隨着纜車不斷爬升，樹上的冰雪也變得越來越厚。(攝影：Hikaru)

清幽小街 蔵王温泉街 地圖 P.241　MAPCODE 569 572 624 泡湯

蔵王温泉街有多間商店，出售該區的溫泉名物，如湯之花及稻花餅。湯之花是溫泉的結晶，許多人會買回家當溫泉粉，於入浴時使用；稻花餅則是以糯米製成的和菓子，自平安時期已在民間出現。

溫泉區內設有3個公共浴場：川原湯、上湯及下湯。

▲上湯門外有免費足湯供遊客泡腳。

▲相中的是上湯，開放時間 06:00~22:00，成人收費 ¥200(HK\$14)，小童 ¥100(HK\$7)。

Info
🏠 山形縣山形市蔵王温泉 708-1(蔵王温泉觀光協會)
🚌 從JR「山形」站乘「蔵王温泉」方向的山交巴士，於「蔵王温泉バスターミナル」總站下車，車程約35分鐘(班次見P.245)
☎ 蔵王温泉觀光協会：023-694-9328
Online Map

▲以湯之花製成的肥皂(每塊 ¥870，HK\$48)有美容功效。

▲大部分商店只營業至晚上 20:00。

一望無際的連峰 駒草平 地圖 P.240　MAPCODE 569 461 769

駒草平屬蔵王國定公園一部分，一望無際的展望台可遠眺蔵王山以西連峰的景色。天氣晴朗時，從展望台更可遠眺瀑布不帰の滝(不歸之滝)與振子滝，當中不帰の滝的水源來自御釜。

▲駒草平對面設有大型免費停車場。

▲小小的展望台，吸引許多遊客特地駕車前來欣賞風景。

◀不帰の滝高度達 45 米，遠觀已能感受到其澎湃。

Info
🏠 宮城縣刈田郡蔵王町倉石岳国有林内
🚌 從蔵王温泉駕車約1小時27分鐘；或從JR「白石蔵王」站乘「白石遠刈田線・蔵王エコーライン線」的宮城交通巴士，於「駒草平」站下車，車程約1小時21分鐘；JR站發車：09:38 及 10:30，「駒草平」站發車(回JR站)：12:13 及 13:13
Online Map

五色火ロ湖 御釜　地圖 P.240　MAPCODE 569 429 810

御釜位於蔵王連峰之間，為刈田岳中央的火口湖。由於每天不同時間會顯現不同顏色，因此有「五色沼」之名，景色優美。從停車場步行3分鐘便可到達刈田岳山頂的展望台，由此處觀賞御釜視野最佳。此外，刈田嶺神社的奧宮亦位於此處，夏天時吸引許多遊客前來。

藍天白雲下的御釜，在陽光映照下格外美麗。

◀難得到山頂，當然要參拜一下刈田嶺神社了！

▲當地人稱御釜為「魔女的眼睛」，如此碧綠的眼眸，連女生也會被魔女所吸引！

Tips!

注意！駕車前往山頂觀賞御釜需經過蔵王 Highline(蔵王ハイライン)，但道路只在4月下旬至11月上旬07:30~17:00開放。開放期間通常收費￥550(HK$38)，季節折扣優惠￥390(HK$28)。

Tips!

其實御釜與滝見台(見下)和駒草平(左頁)都屬宮城縣範圍，而非山形縣，但自駕遊的話，在造訪山形市蔵王溫泉時會順道來到，所以把這3個景點均收錄在山形縣內。

Info
- 宮城縣刈田郡蔵王町遠刈田溫泉倉石岳国有林内
- 從JR「白石蔵王」站乘「白石遠刈田線・蔵王エコーライン線」的宮城交通巴士，於「蔵王刈田山頂」站下車，車程約1小時45分鐘；JR站發車 09:38、10:30，山頂站發車(回JR站)12:00、13:00
- ☎ 蔵王町觀光案內所：0224-34-2725
- 🌐 www.zao-machi.com/31

Online Map

國定公園景點 滝見台　地圖 P.240　MAPCODE 464 153 641

滝見台位於蔵王国定公園内，從此處可遠眺有日本100滝之選的三階の滝。三階の滝高度達181米，從遠處觀看已能感受其壯觀。

▶滝見台屬蔵王国定公園的範圍。

Info
- 宮城縣刈田郡蔵王町遠刈田溫泉倉石岳国有林内
- 從蔵王溫泉駕車約1小時13分鐘
- 🌐 www.zao-machi.com/sightseeing_spot/611.html

Online Map

▶天氣晴朗時可遠眺三階の滝。

10.2
乘遊船慢賞風光
最上郡

最上郡位於山形縣東北部，人口約1萬人，有「小國鄉」之稱。現時郡內的著名觀光地為瀨見溫泉、赤倉溫泉與最上川，大部分遊客會以遊船方式遊覽最上川。

最上地域觀光協議會：
kanko-mogami.jp

縣內主要城市 前往最上郡的交通：

1. JR 山形站（山形市） ── JR 奧羽本線 ── JR 新庄站 ── JR 陸羽西線 ──➤ JR 古口站
（全程）約 1 小時 58 分鐘 ￥1,520(HK$111)

2. JR 大石田站（尾花澤市） ── JR 奧羽本線 ── JR 新庄站 ── JR 陸羽西線 ──➤ JR 古口站
（全程）約 1 小時 36 分鐘 ￥770(HK$54)

3. JR 米沢站（米澤市） ── JR 山形新幹線 ── JR 新庄站 ── JR 陸羽西線 ──➤ JR 古口站
（全程）約 2 小時 37 分鐘 ￥4,420(HK$260)

4. JR 酒田站（酒田市） ── JR 陸羽西線：約 45 分鐘 ￥770(HK$54) ──➤ JR 古口站

註：上述車費大部分為自由席，如乘指定席車費會較昂貴。車費及時間謹供參考。

郡內交通

從JR「古口」站步行前往景點。

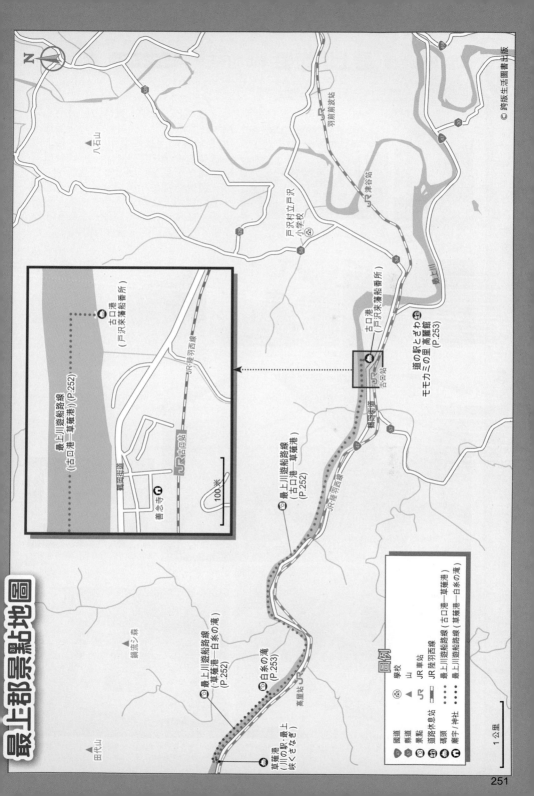

最上郡景點地圖

在急流上泛舟 最上川遊船 最上川舟下り 地圖 p.251 推介！

MAPCODE 古口港: 221 243 314　　MAPCODE 草薙港: 789 036 637

地圖 p.251

最上川為日本三大急流之一，全長229公里，貫穿山形縣南北兩端。遊覽最上川可從古口港(戶沢藩船番所)乘遊覽船至草薙港(川の駅・最上峽くさなぎ)，船程約1小時，船夫會講解沿途風光，更會一展歌喉演唱船歌。另外，遊覽船提供精美便當，若遊客希望一邊欣賞川流風景一邊品嘗便當，可透過網上或電話預約。即使只是乘船不吃便當，也建議預約，確保有位。

青森縣 岩手縣 宮城縣 秋田縣 山形縣 福島縣 新潟縣

▲ 古口港乘船處的地圖很有古代氣息。

▲ 乘搭古典味十足的長舟暢遊最上川。每年12月至翌年3月冬季期間，會有暖房船運行。

▲ 經過水流較急位置時水位會變高，乘客可伸手感受流水的清涼。

▲ 船夫會為乘客解說最上川的歷史與演唱船歌！

▲ 於夏季遊最上川，沿途吹來陣陣涼風，非常舒服。秋天時，最上峽兩旁的山頭會被秋楓染上金黃色。

◀ 天氣不錯的話，船夫會捲起船頂的草蓆，讓遊客能更清楚欣賞沿途風光。

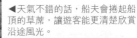

▲ 最高級的最上川弁当 (¥2,440，HK$170)，感覺非常豪華！(攝影：Hikaru)

▲ 古口港內有商店，是時候大手買入手信了！

▲ 竹かご弁当 (¥1,320，HK$92)，竹製便當盒很有古代浪人感覺！

▲行駛途中，船隻會停靠便利店，遊客可於此購買小吃與飲品。

▲現烤鹽燒鮎魚 (￥450，HK$32)。

白系の滝

▶日本百滝之選的「白系の滝」，在草薙港另有遊覽船路線造訪此處。

遊船路線資訊

• 費用：

路線	船程	初中生或以上	小學生或以下
古口港 → 草薙港	約 1 小時	￥2,800 (HK$165)	￥1,400 (HK$82)
古口港 → 草薙港 → 古口港	約 2 小時	￥4,400 (HK$259)	￥2,200 (HK$129)
本合海船着場 → 古口船番所	約 50 分鐘	￥2,800 (HK$165)	￥1,400 (HK$82)

註：未入學的小童免費。

• 古口港發船(往草薙港)時間：4月至11月09:30、10:50、11:50、12:50、13:50、14:50、15:30；12月至3月10:50、11:50、12:50、13:50、14:50(班次可出發前至官網確認一下)

Info
最上川遊船

港口	古口港	草薙港
🏠	山形県最上郡戶沢村大字古口86-1	山形県最上郡戶沢村大字古口字草薙
🚌	從JR「古口」站下車步行約5分鐘	
☎	0233-72-2001	0234-57-2111

🌐 www.blf.co.jp
🅿 免費，遊客亦可把車輛由古口港運送至草薙港，費用￥2,850(HK$208)

Online Map

Tips!
草薙港回程巴士

可利用由草薙港出發的巴士，回到JR「古口」站或古口港。往JR「古口」站或古口港￥410(HK$28)。草薙港站發車(前往JR古口站，部分班次不經JR高屋站及古口港)：4月至11月11:10~16:10逢10分以及16:50，12月至3月12:05~16:05逢05分。

韓國風賣物店 道の駅とざわ モモカミの里 高麗館

🗺 地圖 P.251　　MAPCODE® 221 214 088

高麗館遠觀充滿韓國建築風格，其實它是道の駅とざわ(公路上的休息站)與モモカミの里 高麗館合併起來的建築，代表日韓關係友好。高麗館設物產館、餐廳及小吃攤檔，遊客亦可逛逛韓式庭園。

Info
🏠 山形県最上郡戶沢村大字蔵岡字黒渕3008-1
🚌 從JR「古口」站乘計程車或駕車約3分鐘
🕐 物產館：4月至11月09:00~17:30，12月至3月09:00~16:30
　 餐廳：4月至11月週五至一及公眾假期，紅葉期間每天營業
☎ 0233-72-3303
🌐 www.kouraikan.com

Online Map

▲高麗館充滿韓國傳統建築風格。(攝影：詩人)

10.3
尋找《千與千尋》
尾花澤市

尾花澤市(尾花沢市)位於山形縣東北面,人口約2萬人,本身為盆地,西邊為最上川,東面則為奧羽山脈,縣內著名的銀山温泉便是位於市內。尾花澤市的名產為尾花沢牛與西瓜,來到縣內必定要一嘗!

尾花澤市觀光物產協會:
www.obane-kankou.jp

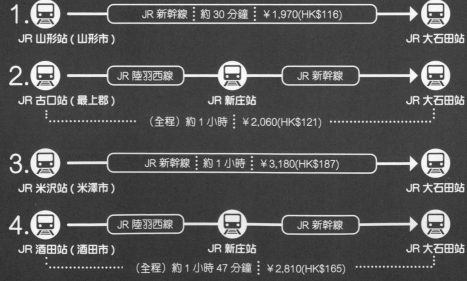

縣內主要城市 前往尾花澤市的交通:

1. JR 山形站(山形市) ── JR 新幹線:約30分鐘:￥1,970(HK$116) ⟶ JR 大石田站

2. JR 古口站(最上郡) ── JR 陸羽西線 ── JR 新庄站 ── JR 新幹線 ⟶ JR 大石田站
(全程)約1小時:￥2,060(HK$121)

3. JR 米沢站(米澤市) ── JR 新幹線:約1小時:￥3,180(HK$187) ⟶ JR 大石田站

4. JR 酒田站(酒田市) ── JR 陸羽西線 ── JR 新庄站 ── JR 新幹線 ⟶ JR 大石田站
(全程)約1小時47分鐘:￥2,810(HK$165)

註:上述車費大部分為自由席,如乘指定席車費會較昂貴。車費及時間謹供參考。

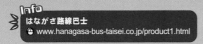

市內交通

　　景點離JR「大石田」站約18公里，若不自駕的話，需由JR站乘はながさ路線巴士前往。

Info
はながさ路線巴士
🌐 www.hanagasa-bus-taisei.co.jp/product1.html

銀山溫泉景點地圖

© 跨版生活圖書出版

山形市　最上郡　尾花澤市　米澤市　酒田市

《千與千尋》舞台 銀山溫泉

地圖 P.255　MAPCODE 720 858 373　泡湯

　　銀山溫泉(Ginzan-onsen Hot Spring)於1456年因開採銀礦而被發現，整個溫泉區建於銀山川兩側，全為3至4層高的木製建築，中間以橋樑連接，極具古典氣氛。著名日劇《阿信的故事》曾於此處取景，而日本動畫大師宮崎駿的作品《千與千尋》(台譯：神隱少女)亦以此作為參考場景。

　　溫泉街內禁止車輛進入，自駕的遊客需於入口處聯絡入住的旅館安排泊車。

▲銀山溫泉兩旁皆為木造建築，極具大正年代氣息。

▲晚上，溫泉旅館點起了煤氣燈，為溫泉區添上一股神秘色彩。

Info

🏠 山形縣尾花沢市大字銀山新畑429
🚌 從JR「大石田」站乘「銀山溫泉」方向的はなさぎ路線巴士，於「銀山溫泉」總站下車，車程約35分鐘

發車站	時間
JR「大石田」站(大石田駅站)	09:50、12:35、14:10、15:55、17:45
銀山溫泉(回JR站)	08:25、10:35、13:25、14:55、16:35、18:21

註：黃字班次在12月31日至1月3日停駛。
☎ 銀山溫泉觀光案內所：0237-28-3933　🌐 www.ginzanonsen.jp

Online Map

(攝影：詩人)

溫泉區內的 瀑布

22米高 白銀の滝 地圖 P.255

　　溫泉街的盡頭有白銀公園，公園內有條散步道，而位於散步道入口處的便是白銀の滝。這條瀑布高達22米，加上高處的紅色「せことい橋」，讓景色更見迷人。

◀白銀の滝在銀山散步道的入口處。(攝影：詩人)

Info

🏠 山形縣尾花沢市大字銀山新畑

Online Map

10.4

吃滋味米沢和牛

米澤市

米澤市(米沢市)於江戶時代為一代名將上杉謙信一族的城下町，由於地形屬盆地，夏天時非常炎熱，冬天時則成為豪雪地帶。這裏最有名的美食，就是日本三大和牛之一的米沢和牛，肉質鮮嫩，不少當地人或遊客都專程來到品嚐。

米澤觀光導覽：
www.yira-yonezawa.org/sightseeing/zh-tw

◖縣內主要城市 前往米澤市的交通：◗

1. 🚃 ━━ JR 奧羽本線 ┊ 約 45 分鐘 ┊ ￥860(HK$59) ━━▶ 🚉
   JR 山形站 (山形市)   JR 米沢站

2. 🚃 ━━ JR 陸羽西線 ━━ 🚉 ━━ JR 新幹線 ━━▶ 🚉
   JR 古口站 (最上郡)   JR 新庄站   JR 米沢站
   （全程）約 2 小時 7 分鐘 ┊ ￥4,420(HK$260)

3. 🚃 ━━ JR 新幹線 ┊ 約 1 小時 7 分鐘 ┊ ￥3,180(HK$187) ━━▶ 🚉
   JR 大石田站 (尾花澤市)   JR 米沢站

4. 🚃 ━━ JR 陸羽西線 ━━ 🚉 ━━ JR 新幹線 ━━▶ 🚉
   JR 酒田站 (酒田市)   JR 新庄站   JR 米沢站
   （全程）約 2 小時 38 分鐘 ┊ ￥5,190(HK$305)

註：上述車費大部分為自由席，如乘指定席車費會較昂貴。車費及時間謹供參考。

市內交通——循環巴士

要遊走米澤市，大部分遊客會選擇自駕遊或乘循環線巴士。循環巴士「ヨネザアド號」途經市內大部分景點，一日乘車券可於車內直接購買。

要留意ヨネザアド號分為右回線(藍車)與左回線(黃車)，由不同方向發車，千萬別上錯車！

以JR「米沢」站前往大町一丁目站為例，乘左回線前往約35分鐘，乘右回線則10分鐘；返程回JR方面，由大町一丁目站乘左回線約12分鐘，乘右回線約32分鐘。建議去程乘右回線，返程乘左回線。

◀圖中的為左回線(黃車)的循環巴士，車頭有顯示屏告知乘客它是左回還是右回線。

循環巴士主要車站班次：

發車站	右回線 (藍車)		左回線 (黃車)	
	班次	冬季班次 12/3-3/31	班次	冬季班次 12/3-3/31
JR「米沢」站 (米沢駅前站)	07:00、08:07、09:15、10:35、11:35、12:45、13:45、15:20、16:25、17:30、19:00	06:40、08:07、09:35、11:00、12:25、13:50、15:15、16:40、18:05、19:35	07:00、08:07、09:30、10:40、12:15、13:25、14:30、15:45、16:55、18:10、19:35	06:40、08:07、09:40、11:10、12:40、14:10、15:40、17:05、18:30、20:05
大町一丁目站 (回 JR 站)	07:07、08:14、09:22、10:42、11:42、12:52、13:52、15:27、16:32、17:37、19:07	06:50、08:17、09:45、11:10、12:35、14:00、15:25、16:50、18:15、19:45	07:41、08:50、10:11、11:21、12:56、14:06、15:13、16:28、17:38、18:55、20:16	07:22、08:54、10:24、11:54、13:24、14:54、16:22、17:47、19:19、20:47
上杉神社前站 (回 JR 站)	07:09、08:16、09:24、10:44、11:44、12:54、13:54、15:29、16:34、17:39、19:09	06:52、08:19、09:47、11:12、12:37、14:02、15:27、16:52、18:17、19:47	07:39、08:48、10:09、11:19、12:54、14:04、15:11、16:26、17:36、18:53、20:14	07:20、08:52、10:22、11:52、13:22、14:52、16:20、17:45、19:17、20:45

巴士路線圖
www1.busnav.net/cgi-bin/d01_index.cgi?ecd=AH

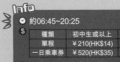

🕐 約06:45~20:25

種類	初中生或以上	小學生或以下
單程	¥210(HK$14)	¥110(HK$7)
一日乘車券	¥520(HK$35)	¥260(HK$18)

☎ 米澤市役所環境生活課：0238-22-5111
🌐 www.city.yonezawa.yamagata.jp/2559.html

青森線 岩手線 宮城線 秋田線 山形線 福島線 新潟線

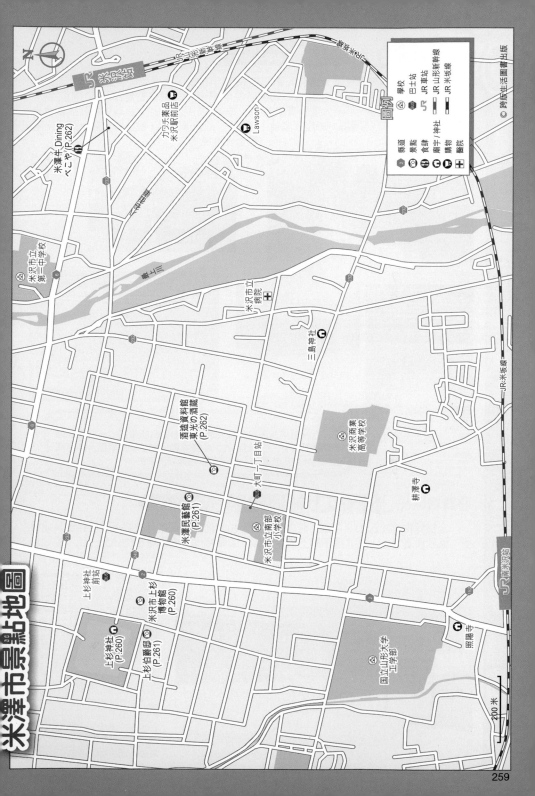

米澤市景點地圖

N

JR米沢站

米澤牛Dining べこや(P.262)

カワテ薬品
米沢駅前店

Lawson

米沢市立
第一中学校

最上川

米沢市立
病院

三島神社

JR山形新幹線

酒造資料館
東光の酒蔵
(P.262)

米沢商業
高等学校

大町一丁目站

耕澤寺

米澤民藝館(P.261)

米沢市立南部
小学校

上杉神社
前站

米沢市上杉
博物館(P.260)

上杉神社
(P.260)

上杉伯爵邸(P.261)

国立山形大学
工学部

照陽寺

JR米沢站

JR米坂線

200米

© 跨版生活圖書出版

圖例

縣道　景點
食肆　廟宇/神社
購物　醫院

巴士站
JR車站
JR山形新幹線
JR米坂線

浪漫雪燈祭 上杉神社 地圖 p.259

上杉神社本為米沢城本丸遺跡，最初在1601年建成，後遭火災燒毀，於大正12年 (1923年)再建，供奉名將上杉謙信，新年時為米澤市市民前往初詣(新年祈願)必到之處。神社內設寶物館，珍藏大量國寶級文物。每年2月第二個週六及日，神社內都會舉行上杉雪燈籠祭，以雪製成300座雪燈籠，同時有1,000個雪洞，晚上更會點上燭燈，場景十分浪漫！

◀上杉神社在1919年因火災燒毀，至1923年才重建完成。

▲稽照殿為上杉神社的寶物殿，內藏大量國寶級文物，如太刀銘一章、長尾上杉氏使用過的印等。

▲神社內有上杉謙信的銅像。

▲上杉神社外觀樸實無華。

Info

🏠 山形縣米沢市丸の内1-4-13
🚌 從JR「米沢」站乘ヨネザアド號循環巴士右回線 (藍車)，於「上杉神社前」站下車步行2分鐘，車程約11分鐘，回程乘左回線(黃車)，班次見P.258
🕐 神社：06:00~17:00，冬季07:00~17:00；稽照殿：4月至11月09:00~16:00
🚫 稽照殿：12月至3月(1月1日至3日及2月第2個週六除外)
💰 稽照殿：成人￥700(HK$41)，大學生及高中生￥400(HK$24)，中學生及小學生￥300(HK$18)
☎ 0238-22-3189
🌐 www.uesugi-jinja.or.jp

Online Map

Tips!

上杉謙信為日本越後國時期一位著名的領主，一生參加過不少重要戰爭，包括5次的川中島之戰，而且從未戰敗。後世稱他為越後之龍或軍神，甚至是戰國最強的武將。

國寶級展品 米沢市上杉博物館 地圖 p.259

上杉博物館於2001年開館，館內展出與上杉謙信家相關的歷史物品，包括國寶級展品：舊米澤藩藩主上杉家遺下的上杉家文書、江戶時代狩野派畫家的作品「紙本金地着色洛中洛外圖」等。

▲米沢市上杉博物館。

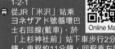
Online Map

Info

🏠 山形縣米沢市丸の内1-2-1
🚌 從JR「米沢」站乘ヨネザアド號循環巴士右回線(藍車)，於「上杉神社前」站下車步行2分鐘，車程約11分鐘，回程乘左回線(黃車)，班次見P.258
🕐 09:00~17:00
🚫 年末，4月至11月每月第4個週三，12月至3月逢週一，個別休館日詳見官網
💰 常設展：成人￥410(HK$29)，大學生及高中生￥210(HK$14)，初中生及小學生￥110(HK$7)
☎ 0238-26-8001
🌐 www.denkoku-no-mori.yonezawa.yamagata.jp/uesugi.htm

最後一任藩主宅邸 **上杉伯爵邸** 地圖 P.259

　　上杉伯爵邸是由米澤市最後一任藩主上杉茂憲，於明治29年(1896年)興建的宅邸。上杉茂憲曾被封為伯爵，所以此處稱為伯爵邸。建築在大正8年(1919年)因火災全毀，現時所看到的是大正14年(1925年)重建的建築物，並改建為提供米澤鄉土料理的餐廳。

◀宅邸的庭園免費開放予遊客參觀。

▲上杉伯爵邸現時為餐廳，但館內裝潢仍然保留着昔日風情。

▶外觀散發出濃濃的古典感覺。

Info

🏠 山形県米沢市丸の内1-3-60
🚌 從JR「米沢」站乘ヨネザアド號循環環巴士右回線(藍車)，於「上杉神社前」站下車步行5分鐘，車程約11分鐘，回程乘左回線(黃車)，班次見P.258
🕐 餐廳：11:00～20:00
　 茶房：10:00～16:00
🚫 4月至11月每月逢第二、四個週三，12月至3月逢週三
☎ 0238-21-5121
　 (09:00～17:00)
🌐 hakusyakutei.jp

以古代布料與編織為主題 **米澤民藝館** 地圖 P.259　MAPCODE 515 268 502

　　米澤民藝館是日本唯一一間以古代布料與編織為主題的資料館，由初代館長山村精研究不少歷史及資料整合而成。現時館內展出古人的服飾穿着、布匹及他們使用的織布機等。

Info

🏠 山形県米沢市門東町1-1-16
🚌 從JR「米沢」站乘ヨネザアド號循環環巴士右回線(藍車)，於「大町一丁目」站下車步行5分鐘，車程約10分鐘，回程乘左回線(黃車)，班次見P.258
🕐 10:00～12:00、13:00～16:00
🚫 年末年始
💲 成人￥500(HK$29)，初中生及小學生￥200 (HK$12)
🌐 gensifu.com/building/

▲米澤民藝館外觀為古民家風格。

Part
10

青森縣
岩手縣
宮城縣
秋田縣
新潟縣
山形縣
福島縣
新潟縣

品嘗三大和牛之一 米澤牛 Dining べこや 地圖 P.259 推介!

米澤市的和牛貴為日本三大和牛之一，來到這兒當然要一嘗極上米沢和牛的滋味！米澤牛Dining べこや距JR米沢站只需3分鐘路程，主要提供炭火烤肉料理，中午設有午市套餐（¥1,680起，HK$99），比起晚市較划算。

▲餐廳外觀為和式建築，走進去像在民家中用餐。

◀不知道米沢牛舌（¥2,700，HK$159）與仙台牛舌哪個更好吃？

▲特選霜降米沢牛（120克，¥5,200，HK$306）是米沢牛中的極品，看那油脂分佈得多均勻！

◀以炭火烤肉才能吃到牛肉的真味！

Info
- 🏠 山形県米沢市東3-2-34
- 🚃 從JR「米沢」站步行約3分鐘
- 🕐 午市11:15~14:30（週六、日及公眾假期延長至21:00），晚市17:00~21:00
- ☎ 0238-24-2788
- 🌐 www.yonezawagyudining.jp

Online Map

400多年老舖 酒造資料館 東光の酒蔵 地圖 P.259

「東光」為上杉謙信家的御用酒屋小嶋總本店旗下的品牌，自1597年於米澤市創業，至今已有400多年歷史。這間酒造資料館於昭和59年(1984年)開放予公眾參觀，裏面重現古時酒藏的模樣，同時展出多種製酒道具。

◀酒造資料館佔地約4,000平方米，其中一棟土藏（倉庫）達460平方米，為東北地區最大的倉庫。

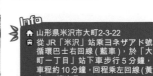

Info
- 🏠 山形県米沢市大町2-3-22
- 🚃 從JR「米沢」站乘ヨネザワド號循環巴士右回線（藍車），於「大町一丁目」站下車步行5分鐘，車程約10分鐘，回程乘左回線（黃車），班次見P.258
- 🕐 09:00~16:30
- 休 每年12月31日至翌年1月1日
- $ 成人¥350(HK$22)
  中學生¥250(HK$15)
  小學生¥150(HK$11)
- ☎ 0238-21-6601
- 🌐 www.sake-toko.co.jp

Online Map

10.5

《阿信的故事》重要拍攝場地

酒田市

酒田市位於山形縣西北面，人口約11萬人，為縣內人口第三多的城市。市內大部分地區為平坦地域，加上河川令附近的土壤肥沃，讓酒田市擁有豐富的農產與美麗的田園風景。市內最為人熟知的景點，非著名日劇《阿信的故事》的拍攝景點——山居倉庫莫屬了。

酒田觀光物產協會：
www.sakata-kankou.com

縣內主要城市 前往酒田市的交通：

1. JR 山形站 (山形市) ── JR 奧羽本線 ── JR 新庄站 ── JR 陸羽西線 ── JR 酒田站

（全程）約 2 小時 24 分鐘 ￥2,310(HK$167)

2. JR 古口站 (最上郡) ── JR 陸羽西線 44 分鐘 ￥770(HK$54) ── JR 酒田站

3. JR 大石田站 (尾花澤市) ── JR 奧羽本線 ── JR 新庄站 ── JR 陸羽西線 ── JR 酒田站

（全程）約 1 小時 38 分鐘 ￥1,520(HK$111)

4. JR 米沢站 (米澤市) ── JR 新幹線 ── JR 新庄站 ── JR 陸羽西線 ── JR 餘目站 ── JR 羽越本線 ── JR 酒田站

（全程）約 3 小時 10 分鐘 ￥5,710(HK$336)

註：上述車費大部分為自由席，如乘指定席車費會較昂貴。車費及時間謹供參考。

市內交通

從JR「酒田」站步行前往，或乘るんるん巴士。巴士分有市內循環線、酒田駅大学線等，班次見相關景點。

> **Info**
> るんるん巴士
> ⏚ bit.ly/48tKeno

Part
10

青森縣
岩手縣
宮城縣
秋田縣
山形縣
福島縣
新潟縣

《阿信的故事》取景地 山居倉庫 地圖 p.265 MAPCODE® 90 880 054

　　山居倉庫為酒田米穀的附屬倉庫，於1893年建成，是兩層高的木製貨倉，整個貨倉群建有9棟白壁與土藏。80年代著名日劇《阿信的故事》便以此為舞台展開拍攝，並成為日本史上最高收視的電視劇，後來在香港播放也大受歡迎。現時部分倉庫開放為物產館「酒田夢の倶楽」，倉庫外種有樹齡達150年以上、多達36棵的櫸樹，四季皆有不同的景色。

Info
- 🏠 山形縣酒田市山居町1-1-20
- 🚌 從JR「酒田」站乘「酒田駅大学線」的るんるん巴士，於「山居倉庫前」站下車，車程約8分鐘，班次見下：
  - JR「酒田」站(酒田駅前站)發車：
    07:00、08:10、10:10、11:50、13:15、14:35、16:00、17:45、19:35
  - 「山居倉庫前」站發車(回JR站)：
    07:49、09:29、11:09、12:49、14:14、15:39、17:24、19:14、20:24
- 🕐 3月至11月09:00~17:00，12月至2月09:00~16:30
- 休 酒田夢の倶楽：每年1月1日
- ☎ 酒田觀光物產協會：0234-22-1223

Online Map

▲山居倉庫為《阿信的故事》的拍攝地，現在仍有不少影迷特地前來朝聖。

▲倉庫外的並木道為取景拍照的好地方。

（相片由山形縣提供）

乘屋形船暢遊川流 酒田港屋形船 地圖 p.265 賞櫻

　　山居倉庫(見上)前可乘搭特色的屋形船暢遊新井田川。遊船全程約1小時，從山居倉庫對面的山居橋出發，沿新井田川經過新內橋、新井田橋等8座橋，再繞至酒田港一帶折返。乘客可自備飯盒，乘船時一邊享用便當，一邊欣賞美景，十分寫意！

◀春天時新井田川旁滿開櫻花，非常浪漫！

Info
- 🏠 上船位置：山居倉庫前的山居橋旁
- 🚌 從JR「酒田」站乘「酒田駅大学線」的るんるん巴士，於「山居倉庫前」站下車，車程約8分鐘(班次見「山居倉庫」交通)
- 💰 成人 ¥2,300(HK$139)，小童 ¥1,150(HK$69)
- ☎ 0234-21-8015

Online Map

▲沿着新井田川乘坐屋形船，以古樸的方式觀賞山居倉庫群。

（相片由酒田觀光物產協會提供）

古代富商之家 本間家旧本邸 地圖 p.265

　　本間家旧本邸建於1768年，本間家是日本古代數一數二的富商，亦是東北地區三大大地主之一，從本邸的建築規模及面積可見一斑。家族第三代傳人本間光丘，曾於這間古老的本陣宿迎接幕府巡使。

Info
- 🏠 山形縣酒田市2-12-13
- 🚶 從JR「酒田」站步行約15分鐘
- 🕐 3月至10月09:30~16:30
  11月至2月09:30~16:00
- 休 每年12月中旬至翌年1月下旬
- 💰 成人 ¥900(HK$53)，中學生 ¥300(HK$21)，小學生 ¥200(HK$14)；另有本間美術館共通券 ¥1,700(HK$100)
- ☎ 0234-22-3562
- 🌐 hommake.sakura.ne.jp

Online Map

山形縣的指定文化財。現時本間家旧本邸為

▲上座敷為接待上賓的房間。

（相片由山形縣提供）

古代珍貴文書 本間美術館  地圖 P.265

本間美術館本身為本間家的別莊清遠閣及庭園鶴舞園，館內大部分為本間家多年來收集的藝術品，當中包括國家級文化財，如平安時代初的日本歌物語《伊勢物語》，還有中世紀後期上杉家家臣市河氏遺下的書信集《市河文書》等。美術館不遠處的清遠閣為茶室「六明廬」，從2樓可細賞庭園美景，大正時期昭和天皇更於出巡時在此留宿。

▶ 配以鶴舞園的美術館甚有和風感覺。

 Info

- 🏠 山形縣酒田市御成町7-7
- 🚌 從JR「酒田」站步行約5分鐘
- 🕐 4月至10月09:00~17:00，11月至3月 09:00~16:30
- 🚫 年末年始，12月至2月逢週二及三，個別休館日詳見官網
- 💲 成人￥1,100(HK$65)，高中生或以上￥500(HK$29)，初中生或以下免費；另有本間家旧本邸共通券￥1,700(HK$100)
- ☎ 0234-24-4311
- 🌐 www.homma-museum.or.jp

Online Map

▶ 昭和天皇到酒田市出巡時曾於清遠閣留宿。

(相片由山形縣提供)

酒田市景點地圖

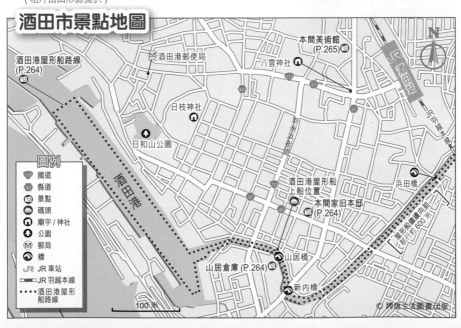

酒田港屋形船路線 (P.264)

本間美術館 (P.265)

八雲神社

☒ 酒田港郵便局

日枝神社

日和山公園

酒田港

酒田港屋形船上船位置

本間家旧本邸 (P.264)

浜田橋

尾形線鐵道向前 (步行約600米)

山居橋

山居倉庫 (P.264)

新內橋

圖例
- 🛣 國道
- 縣道
- 📍 景點
- 碼頭
- ⛩ 廟宇／神社
- ➕ 公園
- ☒ 郵局
- 橋
- JR JR車站
- ▬▬ JR羽越本線
- ••••• 酒田港屋形船路線

100 米

© 跨版生活圖書出版

Part 11 福島縣 fukushima

名產 水稻、蜜桃

　　福島縣位於日本東北地區以南，為日本第三大縣市，縣內著名觀光景點包括會津若松市、喜多方市、磐梯山等。當中會津若松市內有多個著名的歷史古跡，如鶴ケ城及白虎隊記念館等。由於天氣與地理條件，縣內的農產業非常發達，水稻及蜜桃就是福島縣的代表產品！在東日本大地震發生多年後，除了沿岸區域仍在復興階段外，其他內陸地區如會津若松及福島市等都恢復元氣，加上日本國內積極推行東北旅行，讓福島縣再度成為日本以至國外遊客都愛到的地區！

福島縣：
www.pref.fukushima.lg.jp

各區前往福島縣的交通(目的地以福島市的JR「福島」站為主)：

出發地	交通	車程	車費
JR「東京」站	JR 新幹線	約 1 小時 25 分鐘	￥9,110（HK$536）
JR「新潟」站	JR 新幹線	約 3 小時 10 分鐘	￥16,740（HK$985）
JR「仙台」站（宮城縣）	JR 新幹線	約 25 分鐘	￥3,210（HK$189）
JR「盛岡」站（岩手縣）	JR 新幹線	約 1 小時 15 分鐘	￥8,370（HK$492）
JR「山形」站	JR 新幹線	約 1 小時 15 分鐘	￥3,180（HK$187）
JR「秋田」站	JR 新幹線	約 2 小時 50 分鐘	￥12,450（HK$732）
JR「青森」站	JR 奧羽本線 +JR 新幹線	約 2 小時 48 分鐘	￥13,060（HK$768）

註：上述車費大部為指定席，如乘自由席車費會較便宜。車費及時間謹供參考。

福島市為福島縣縣廳所在，人口近30萬，江戶時代隨着福島城建立，周邊城下町開始出現頻繁的商業活動。至今，福島市仍是縣內最熱鬧城市之一。另外，市內的水果產量是日本第一，有「果物王國」的稱號！

福島旅遊指南：
www.f-kankou.jp

青森縣　岩手縣　宮城縣　秋田縣　山形縣　福島縣　新潟縣

縣內主要城市 前往福島市的交通：

1. JR 会津若松站（會津若松市）── JR 磐越西線快速 ── JR 郡山站 ── JR 新幹線 ── JR 福島站

（全程）約 1 小時 48 分鐘：￥2,860(HK$198)

2. JR 会津若松站 ── JR 磐越西線快速 ── JR 郡山站 ── JR 東北本線 ── JR 福島站

（全程）約 2 小時：￥1,980(HK$137)

3. JR 猪苗代站（耶麻郡）── JR 磐越西線 ── JR 郡山站 ── JR 新幹線 ── JR 福島站

（全程）約 1 小時 14 分鐘：￥2,400(HK$166)

4. JR 喜多方站（喜多方市）── JR 磐越西線 ── JR 会津若松站 ── JR 磐越西線快速 ── JR 郡山站 ── JR 新幹線 ── JR 福島站

（全程）約 2 小時 19 分鐘：￥3,190(HK$222)

註：上述車費大部分為自由席，如乘指定席車費會較昂貴。車費及時間謹供參考。

市內交通——巴士、電車

　　暢遊福島市，除了乘搭巴士，還可利用飯坂電車，而一些景點由JR站便可步行抵達，相當方便。

巴士

　　福島市內巴士由福島交通巴士營運，大部分景點都要使用巴士。

Info
$ 成人從￥100(HK$6)起，收費按距離計算
⊕ www.fukushima-koutu.co.jp/bus

飯坂電車

　　福島市設有福島交通飯坂線電車，又叫「飯坂電車」，同樣由福島交通營運，連接福島市至飯坂溫泉一帶，共有12個車站。

Info
● 運行時間從05:35~23:15
$ 成人從￥150(HK$10)起，按距離計算收費
⊕ ii-den.jp

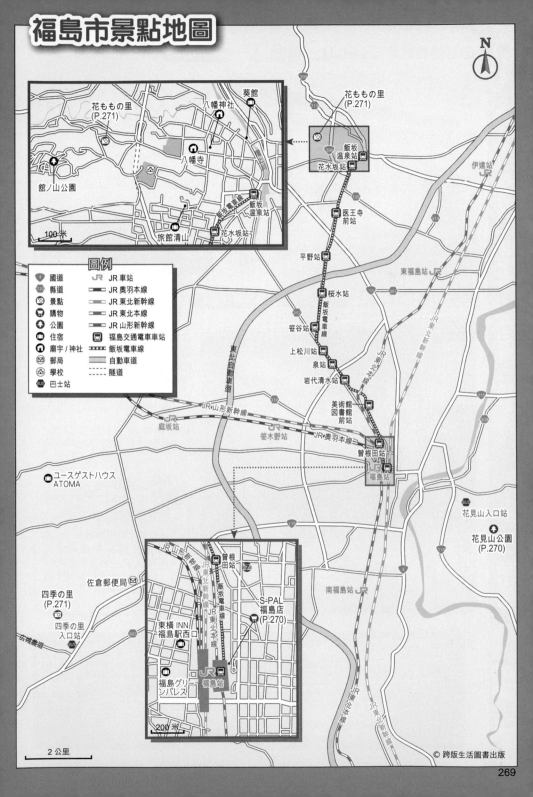

福島市景點地圖

N

花ももの里
(P.271)

圖例

國道	JR 車站
縣道	JR 奧羽本線
景點	JR 東北新幹線
購物	JR 東北本線
公園	JR 山形新幹線
住宿	福島交通電車車站
廟宇 / 神社	飯坂電車線
郵局	自動車道
學校	隧道
巴士站	

花ももの里
(P.271)

八幡神社
葵館

八幡寺

舘ノ山公園

旅館清山

飯坂溫泉站

花水坂站

100 米

飯坂溫泉站
花水坂站

伊達站 JR

医王寺前站

平野站

東福島站 JR

桜水站

飯坂電車線

笹谷站

上松川站

泉站

岩代清水站

美術館図書館前站

庭坂站

笹木野站

JR・山形新幹線

JR・奧羽本線

曽根田站

福島站

ユースゲストハウス
ATOMA

花見山入口站

花見山公園
(P.270)

JR 山形新幹線

曽根田站

佐倉郵便局

飯坂電車線

四季の里
(P.271)

四季の里
入口站

東横 INN
福島駅西口

S-PAL
福島店
(P.270)

福島グリーンパレス

福島站

南福島站 JR

200 米

2 公里

© 跨版生活圖書出版

青森縣
岩手縣
宮城縣
秋田縣
山形縣
福島縣
新潟縣

必逛購物熱點 S-PAL 福島店 地圖 P.269

S-PAL位於福島市的分店樓高6層，頂樓為庭園，免費開放予遊客休息及眺望福島市景色。購物方面，有為人熟悉的無印良品、JINS及ABC-MART等，地下亦有多間售賣土產的商店，方便遊客隨時購物。

◀ S-PAL 福島店
鄰近 JR 福島站。

Info
- 🏠 福島県福島市栄町1-1
- 🚃 從JR「福島」站步行約1分鐘
- 🕐 約10:00~20:00(各店營業時間不一)
- ☎ 024-524-2711
- 🌐 www.s-pal.jp/fukushima

Online Map

賞滿山櫻花海 花見山公園 地圖 P.269

MAPCODE 446 240 153

賞櫻

花見山公園為福島市園藝農家的私有地，位於渡利地區的丘陵地帶，免費開放予公眾參觀。每年4月春天，花見山山頭會開滿漫天櫻花，加上可遠眺市中心景色，是市內數一數二的賞櫻熱點。

◀漫山櫻花，絕對可用花海來形容！
(相片由福島縣觀光物產交流協會提供)

Tips!
櫻花季節限定巴士！

每逢櫻花季節，在JR福島站東口會有臨時巴士「花見山號」直接前往花見山，約15分鐘便可抵達。單程成人￥250(HK$18)，小童￥130(HK$9)。

Info
- 🏠 福島県福島市渡利字原17
- 🚃 從JR「福島」站東口乘「花見山入口経由渡利南回り」方向的福島交通巴士，於「花見山入口」站下車步行約25分鐘，車程約15~18分鐘

發車站	週一至五	週六、日及公眾假期
JR「福島」站 (福島駅東口站)	07:00、07:20、07:40、08:00、08:30、09:30、10:30、11:20、12:30、13:10、14:00、15:00、15:45、16:40、17:20、17:55、18:40、19:05、19:45、20:30、21:20	07:20、08:00、08:40、09:00、09:40、10:30、11:30、12:10、13:00、14:10、15:40、16:50、17:30、18:30、19:30、20:30
花見山入口站 (回JR站)	07:12、07:32、07:52、08:12、08:42、9:12、09:42、10:42、11:32、12:42、13:22、14:12、15:12、15:57、16:52、17:32、18:07、18:52、19:17、19:56、20:41、21:31	07:32、08:12、08:52、09:12、9:52、10:42、11:42、12:22、13:12、14:22、15:52、17:02、17:42、18:42、19:41、20:41

Online Map

- ☎ 024-522-3265、024-531-6428(福島市觀光案內所)
- 🌐 www.hanamiyama.net

東北桃花源 花ももの里  地圖 P.269

MAPCODE® 76 278 545

　　花ももの里位於飯坂溫泉的舘ノ山公園內，本為前宇都宮大學農學部教授吉田雅夫教授的私家地，現開放予公眾分享他多年研究桃花的成果。

　　每年4月上旬至5月中旬，佔地逾80公畝的花ももの里會開滿燦爛的桃花，品種約有40種，合共300棵。園內也會不定期舉辦祭典，有飯坂溫泉三味線與太鼓演奏，遊客更可品嘗到特色的飯坂溫泉餃子。

> **Info**
> 🏠 福島県福島市飯坂町舘ノ山
> 🚆 從JR「福島」站乘飯坂電車，於「飯坂溫泉」站下車步行約21分鐘
> 🌐 hirugamionsen.jp/hanamomo/hanamomo/
>
> Online Map

▶ 花ももの里。(相片由福島縣觀光物產交流協會提供)

賞花兼買土產 四季の里 地圖 P.269　　MAPCODE® 475 163 175

　　四季の里為位於市內西南方的一個農業綜合公園。園內設有賞花公園、香草園、玫瑰園、工藝館、農產品加工館等，遊客可在工藝館內參加玻璃飾物製作體驗。秋天時，在戶外會舉辦自由市場，讓農家直接把自家生產的農產品帶到園內出售。

▶ 四季の里一年四季皆有不同景色，5月份會滿開芝櫻。(相片由福島縣觀光物產交流協會提供)

> **Info**
> 🏠 福島県福島市荒井字上鸞西1-1
> 🚆 從JR「福島」站東口乘「土湯溫泉」方向的福島交通巴士，於「四季の里入口」站下車步行約6分鐘，車程約30分鐘

發車站	週一至五	週六、日及公眾假期
JR「福島」站 (福島駅東口站)	06:30、07:25、08:15、09:30、10:30、12:30、13:45、14:45、15:30、16:30、18:00、19:50	06:30、07:25、08:30、09:30、10:30、12:30、13:45、14:45、15:30、16:30、18:00、19:20、20:30
四季の里入口站 (回JR站)	06:38、07:08、07:43、08:43、09:33、10:28、11:28、13:28、14:53、15:58、16:58、17:48、19:03、20:27	07:08、07:43、08:38、09:38、10:28、11:28、13:28、14:43、15:58、16:53、17:48、18:58、20:17

Online Map

🕐 09:00~21:00　🛏 年末年始　💲 免費　☎ 024-593-0101　🌐 www.f-shikinosato.com

11.2

充滿悲壯色彩的歷史名城

會津若松市

會津地區包括17市町，較著名的有會津若松市(会津若松市)、猪苗代町、磐梯町及喜多方市等，當中會津若松市為會津地區的中心都市，亦是為人熟知的「會津之戰」的歷史要地。當時以會津藩各處來助陣的義勇軍組成了4支隊伍，當中白虎隊的成員共340名，主要是15至17歲的年輕男女。他們與新政府軍激戰後，大部分成員壯烈犧牲，其中20名受傷的成員更在飯盛山上一起自決，讓會津若松市更添悲壯色彩。

會津若松觀光：
t.samurai-city.jp

縣內主要城市 前往會津若松市的交通：

1. JR 福島站(福島市) ──[JR 新幹線]──▶ JR 郡山站 ──[JR 磐越西線]──▶ JR 会津若松站
（全程）約1小時43分鐘：￥2,860(HK$198)

2. JR 猪苗代站(耶麻郡) ──[JR 磐越西線快速：約30分鐘：￥510(HK$30)]──▶ JR 会津若松站

3. JR 喜多方站(喜多方市) ──[JR 磐越西線：約16分鐘：￥330(HK$27)]──▶ JR 会津若松站

註：上述車費大部分為自由席，如乘指定席車費會較昂貴。車費及時間謹供參考。

市內交通

要暢遊會津若松市，可乘觀光巴士、租單車或乘会津鉄道。

觀光巴士

　　市內有兩款觀光巴士：「ハイカラさん」與「あかべぇ」，來往JR「会津若松」站與各大景點，旅客可於JR站前的巴士案內所購買乘車券。注意，即使兩款巴士都會開往同一個站，但因路線不同，車程也不同，書內相關景點的交通會寫明巴士車程以供讀者參考。

▲ハイカラさん的外型十足古典汽車。

▲あかべぇ的車身為鮮艷的紅色。

觀光巴士

種類	成人	小童
單程	￥210(HK\$15)	￥110(HK\$8)
一日乗車券*	￥600(HK\$35)	￥300(HK\$18)

*憑一日乗車券可享市內部分景點購票優惠。

- ハイカラさん：08:00~17:30
  あかべぇ：09:15~16:15
- ☎ 0242-22-5555
- www.aizubus.com/rosen/machinaka-shuyu

「ハイカラさん」：
www.aizubus.com/rosen/pdf/20231201/01_haikarasan.pdf

「あかべぇ」：
www.aizubus.com/rosen/pdf/20231201/01_akabe.pdf

租借單車

　　市內亦設有租借單車服務，共有4個租借點，包括鶴ケ城觀光案內所、御薬園售票處等。單車租借及還車地點可以不同。

租借單車
- 4月至11月09:00~16:00
- \$ 每天￥600(HK\$35)
- www.tsurugajo.com/kankou/cycle.html

会津鉄道

　　個別景點還需在JR站乘会津鉄道前往。

　　另外，如前往大內宿(P.281)或湯野上温泉(P.280)的話，可購買「会津鉄道＆レトロバス猿游号」的共通券，於一天內免費乘搭会津鉄道及來往大內宿至湯野上温泉之間的猿游號巴士。

会津鉄道及猿游號共通券
- 販售地點：西若松站、芦ノ牧温泉站、湯野上温泉站或会津田島站等会津鉄道有人站內發售，亦可直接向猿游號的司機購買
- 販售期間：4月1日至11月30日
- \$ 成人￥2,200(HK\$161)，小童￥1,100(HK\$80)
- bit.ly/3T8B6Qp

会津鉄道
- \$ 單程成人￥150(HK\$10)起，按距離計算收費
- www.aizutetsudo.jp

會津若松市景點地圖

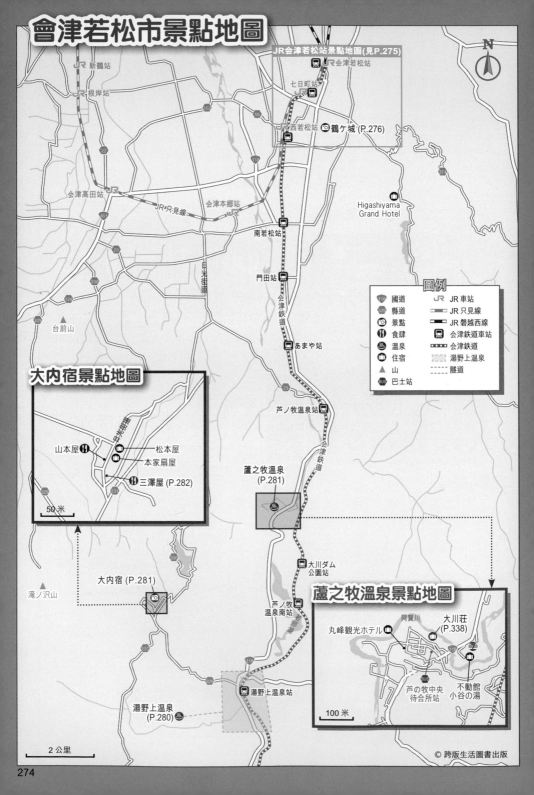

N

JR会津若松站景點地圖(見P.275)
JR 会津若松站
七日町站
西若松站
鶴ケ城 (P.276)

JR 新鶴站
JR 根岸站

会津高田站
JR 只見線
会津本郷站

南若松站

門田站

台前山

あまや站

Higashiyama
Grand Hotel

圖例

國道		JR 車站	
縣道		JR 只見線	
景點		JR 磐越西線	
食肆		会津鉄道車站	
溫泉		会津鉄道	
住宿		湯野上溫泉	
山		隧道	
巴士站			

大内宿景點地圖

山本屋
松本屋
本家扇屋
三澤屋 (P.282)

50 米

芦ノ牧溫泉站

蘆之牧溫泉
(P.281)

大内宿 (P.281)

滝ノ沢山

大川ダム
公園站

蘆之牧溫泉景點地圖

芦ノ牧
溫泉南站

丸峰観光ホテル

阿賀川

大川荘
(P.338)

芦の牧中央
待合所站

不動館
小谷の湯

100 米

湯野上溫泉站

湯野上溫泉
(P.280)

2 公里

© 跨版生活圖書出版

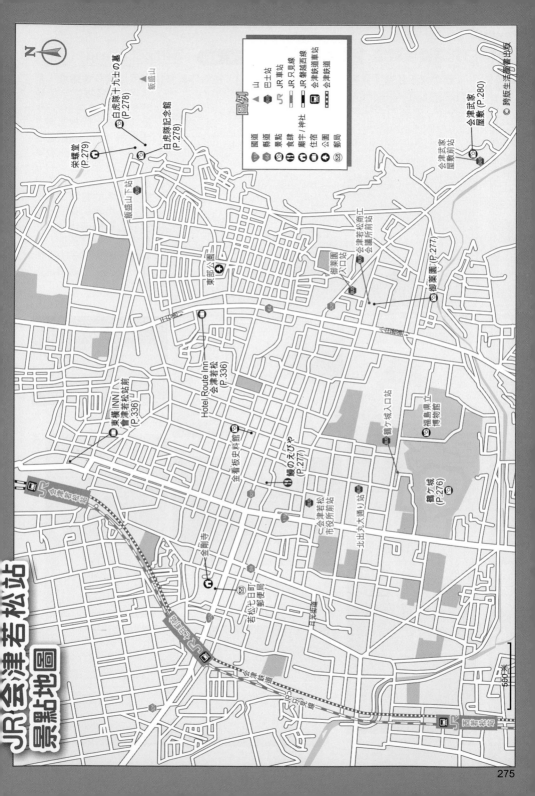

N

白虎隊十九士の墓 (P.278)

白虎隊記念館 (P.278)

栄螺堂 (P.279)

飯盛山

白虎隊士像 (P.278)

飯盛山下站

栗部公園

会津武家 屋敷 (P.280)

会津武家 屋敷前站

会津若松商工 会議所前站

御薬園 入口站

御薬園 (P.277)

Hotel Route Inn 会津若松 (P.336)

東横INN 會津若松站前 (P.336)

金看板史料館

鰻のえびや (P.277)

福島県立 博物館

鶴ヶ城入口站

会津若松 市役所前站

鶴ヶ城 (P.276)

会津若松站

金剛寺

若松七日町 郵便局

北出丸大通り站

会津若松 市役所前站

圖例

國道	山
縣道	巴士站
景點	JR車站
食肆	JR只見線
廟宇/神社	JR磐越車站
住宿	会津鐵道車站
公園	会津鐵道
郵局	

560米

西若松站

©初版生活創意書出版

青森縣
岩手縣
宮城縣
秋田縣
山形縣
福島縣
新潟縣

白虎隊最後戰場 鶴ケ城 地圖 P.274、275 MAPCODE 97 261 118 賞櫻

鶴ケ城正名為「會津若松城」(会津若松城)，古代亦曾被稱為黑川城及會津城，是日本100名城之一。現時的天守閣為1965年重建而成，開放為鄉土博物館。鶴ケ城最著名的歷史事蹟為幕末戰爭時，白虎隊曾在此死守至最後一刻，也就是歷史上著名的會津之戰。此外，這裏的茶室「麟閣」由戰國時代著名茶代宗師、有「茶聖」之稱的千利休之子少庵所建，現為福島縣指定重要文化財。

▲鶴ケ城是春天時賞櫻的熱門場所。(相片由福島縣觀光物產交流協會提供)

▲白色牆身的鶴ケ城背後有一段悲壯歷史。

▲登上天守，可從頂層遠眺會津若松城。

▲天守閣現為鄉土博物館，細說幕末時期的往事。

▲由日本女星綾瀨遙主演的大河劇《八重之櫻》，曾在會津若松市取景，因此城內展出相關的戲服與道具。

▲展示當年戰士的模型。

▲江戶時代的人平均身高為156cm，與現代人相差10cm！

Info

🏠 福島県会津若松市追手町1-1
🚌 從JR「会津若松」站乘ハイカラさん或あかべえ觀光巴士，於「鶴ケ城入口」站下車步行5分鐘，車程約20~25分鐘，班次見下：
  • 去程：JR「会津若松」站 (若松駅前站)，ハイカラさん巴士 09:00~18:05 逢00分開出，あかべえ巴士 07:30~16:30 逢 30 分開出
  • 回程：鶴ケ城入口站，ハイカラさん巴士 09:55~18:45 逢 55 分開出，あかべえ巴士 08:10~17:25 逢 25 分開出
🕐 08:30~17:00
💲 鶴ケ城天守閣：成人￥410(HK$29)，小童￥150(HK$11)；茶室麟閣：成人￥210(HK$14)；成人可買共通券￥520(HK$36)
☎ 会津若松観光ビューロー：0242-27-4005
🌐 www.tsurugajo.com/turugajo/shiro-top.html

Online Map

撲鼻炭烤鰻魚香 鰻のえびや 地圖 p.275　MAPCODE 97 292 241*42　推介！

▶鰻のえびや以炭火精製名的会津米。鰻魚飯，米飯更是使用著

▶店內備有和室座位。

蒲燒鰻魚店「鰻のえびや」於明治時代開業，至今由第四代掌門人經營，為會津城下町其中一間老店。甫進店內，便可聞到撲鼻而來的炭烤鰻魚香味，不禁令人食指大動！

▶鰻魚套餐（按照重量計）・「雪」（110克）(￥2,420・HK$142)，包括串燒鰻魚、白飯與鰻魚肝清湯。

Info

🏠 福島県会津若松市馬場町1-21
🚌 從JR「会津若松」站乘ハイカラさん（約需18分鐘）或あかべえ（約需40分鐘）觀光巴士，於「会津若松市役所前」站下車步行約3分鐘；回程時，乘ハイカラさん約需37分鐘，あかべえ約需20分鐘，班次見下：

Online Map

發車站	班次	
	ハイカラさん觀光巴士	あかべえ觀光巴士
JR「会津若松」站	09:00~19:05逢00分開出	06:45~16:30逢30分開出(06:45、08:45開出)
会津若松市役所前站(回JR站)	09:17~17:17逢17分開出	10:05~17:05逢05分開出(12:58開出、13:05除外)

🕐 11:00~14:30、16:00~21:30
☎ 0242-22-1288　🌐 unaginoebiya.co.jp

▲ 烤得香噴噴的鰻魚！

風光如畫 御藥園 地圖 p.275

　　御藥園位於鶴ケ城東面，是一個以心字形池塘為中心建成的回遊式庭園，亦是德川時代非常具代表性的日本山水庭園。園內種植各種藥草，於昭和7年(1932年)被定為國家名勝，四季風光如畫。

Info

🏠 福島県会津若松市花春町8-1
🚌 從JR「会津若松」站乘ハイカラさん觀光巴士，於「御藥園」站下車步行約3分鐘，車程約30分鐘；或乘あかべえ觀光巴士，於「会津若松商工会議所前」站下車，車程約20分鐘，班次見下：

Online Map

發車站	班次	
	ハイカラさん觀光巴士	あかべえ觀光巴士
JR「会津若松」站	09:00~19:05逢00分開出	06:45~16:30逢30分開出(06:45、08:45開出)
「御藥園」站	09:29~17:29逢29分開出	/
「会津若松商工会議所前」站	/	07:06、07:51、09:06、09:52~16:52逢52分開出

🕐 08:30~17:00
$ 成人 ￥330(HK$23)，高中生 ￥270(HK$19)，初中生及小學生 ￥160 (HK$11)
☎ 0242-27-2472　🌐 www.tsurugajo.com/oyakuen

▲ 御藥園於 1432 年由蘆名盛久（室町時期的武將）的別莊改建而成，至 1696 年改造為現時的庭園美景。（相片由福島縣觀光物產交流協會提供）

紀念年輕自決的部隊 白虎隊記念館 地圖 P.275

白虎隊二番隊為會津戰爭中一隊以少年組成的部隊，最年少的隊員只有13歲。於戊辰戰爭中戰敗時，白虎隊從戰場退陣至飯盛山，因看到鶴ケ城天守閣冒出黑煙，以為城池被攻陷，便決定追隨主君集體自決，20名成員中只有一人生還。記念館內記錄了白虎隊成員的資料及遺物，當中包括本屬白虎隊成員酒井峰治的親筆信。

▲白虎隊記念館展出白虎隊成員的歷史資料及遺物。

▲館外設白虎隊成員的銅像。

Info
- 🏠 福島縣会津若松市一箕町大字八幡字弁天下33
- 🚌 從JR「会津若松」站乘あかべえ觀光巴士，於「飯盛山下」站下車步行約3分鐘，車程約4分鐘；回程時乘ハイカラさん觀光巴士，車程約9分鐘，班次見下：

發車站	班次	
	ハイカラさん	あかべえ
JR「会津若松」站	前往「飯盛山下站」需時46分鐘，故去程不建議乘搭	06:45~16:30逢30分鐘開出(06:45、08:45開出)
飯盛山下站(回JR站)	09:46、10:46、11:40、12:46、13:40、14:46、15:46、16:46、17:46、18:38、19:38	回JR站需時40分鐘，故回程不建議乘搭

- 🕐 4月至10月08:00~17:00 11月至3月09:00~16:00
- ¥ 成人 ¥400(HK$28)，高中生 ¥300(HK$21)，初中生及小學生 ¥200(HK$14)
- 📞 0242-24-9170
- 🌐 www.byakkokinen.com

Online Map

悼念殉戰少年 白虎隊十九士の墓 地圖 P.275

MAPCODE 97 324 149

白虎隊二番隊20名成員於戊辰戰爭戰敗後，決定追隨主君於飯盛山上集體切腹自盡。除了倖存的飯沼貞吉一人，其餘19名戰士均葬於此地，每年春秋兩季，這裏都會舉辦慰靈祭悼念亡靈。

▲圖中樓梯下面，便是二番隊隊員當時集體自決之地。

▲19個基碑背後藏着一段悲壯的歷史故事。

Info
- 🏠 福島縣会津若松市一箕町八幡弁天下
- 🚌 交通方法參考「白虎隊記念館」(見上)

Online Map

穿過迴廊佛堂 栄螺堂 さざえ堂 地圖 P.275

　　栄螺堂採用了江戶時代後期，東北及關東地區一種獨特的佛堂建築方法，堂內以迴廊建成，沿路設置了三十三觀音或百觀音。這座栄螺堂建於1796年，以二重斜路構成，從正門順迴廊往上，再沿往下的迴廊從另一面離開，非常特別，在1995年被列為**國家重要文化財**。

▶沿着木製的迴廊拾級而上，感覺非常特別。

Info

🏠 福島県会津若松市一箕町八幡滝沢 155

🚉 交通方法參考「白虎隊記念館」(詳見左頁)，下車後步行約3分鐘

🕐 12 月至 3 月 09:00~16:00，4 月至 11 月 08:15 至日落

$ 成人 ￥400(HK$28)，大學生及高中生 ￥300(HK$21)，初中生及小學生 ￥200(HK$14)

🌐 www.sazaedo.jp

Online Map

▲出口就在正門另一邊，可見古代人的建築心思。

▲栄螺堂位於飯盛山下。

Part
11

青森縣
岩手縣
宮城縣
秋田縣
山形縣
福島縣
新潟縣

新玩歷史建築群 **会津武家屋敷** 地圖 P.275　MAPCODE 97 234 893

　　会津武家屋敷是野外博物館,以江戶時代會津藩家——西鄉賴母家族的屋敷為中心,配合周邊的茶室與商店所組成。館內有會津歷史資料館、以佛像畫作為主題的美術館等,亦有體驗工房及鄉土料理餐廳。

Info

🏠 福島県会津若松市東山町大字石山字院內1
🚌 從JR「会津若松」站乘ハイカラさん(約需35~40分鐘)或あかべえ(約需7分鐘)觀光巴士,於「会津武家屋敷前」站下車;回程返JR,乘ハイカラさん約需16分鐘,乘あかべえ約需42分鐘,班次見下:

發車站	班次	
	ハイカラさん觀光巴士	あかべえ觀光巴士
JR「会津若松」站	09:00~19:05逢00分開出	06:45~16:30逢30分開出(06:45~08:45開出)
会津武家屋敷前站(回JR站)	09:40、10:40、12:40、14:40、15:40、16:40、17:40、18:31、19:31	07:03、07:48、09:03、09:49、10:49、11:49、13:49、14:49、15:49、16:49

🕐 4月至11月08:30~17:00,12月至3月09:00~16:30　P 免費
💰 成人￥850(HK$60)、中學生￥550(HK$39)、小學生￥450(HK$32)
📞 0242-28-2525　🌐 bukeyashiki.com

Online Map

▲武家屋敷內有多項體驗活動,如古裝穿着體驗及自製會津名物「べこ」(牛)。「赤べこ」(赤牛)是會津地區自古流傳下來的鄉土玩具,大多為紅色,聽說有除魔的功勞!(相片由福島縣觀光物產交流協會提供)

沿大川溪而建 **湯野上温泉** 地圖 P.274　MAPCODE 433 468 402　泡湯

　　湯野上温泉位於南會津郡下鄉町,沿大川的溪谷旁建有18家溫泉旅館。相傳溫泉於奈良時代發現,共有5個泉源:安樂湯、箱湯、舟湯、猿湯及館湯。

　　由2013年起,每年2月下旬至3月上旬,溫泉會於雪地上舉辦盛大的火祭。

◀湯野上温泉大部分旅館均沿着大川溪而建,景色優美。

免費足湯

▲温泉街更設有免費足湯子遊客使用。

Info

🏠 福島県南会津郡下鄉町湯野上
🚌 從JR「会津若松」站乘会津鉄道,於「湯野上温泉」站下車即達
📞 0241-68-2818
🌐 www.yunokami.com
Online Map

(相片由福島縣觀光物產交流協會提供)

環山泡湯　蘆之牧溫泉 芦ノ牧温泉　地圖 P.274 賞楓 泡湯

MAPCODE 433 710 424

　　蘆之牧溫泉相傳於1,200年前開湯，傳說由旅行中的老僧人行基上人發現，泉質對肌肉痛與恢復疲勞特別有效。後在明治35年(1902年)開通道路後，沿阿賀川發展成溫泉鄉。溫泉街亦依山而建，在秋天時可賞美麗紅葉。

🏠 福島県会津若松市大戸町芦ノ牧1122番地
🚌 從 JR「会津若松」站乘「若松至芦の牧・大川発電所」的会津巴士，於「芦の牧中央待合所」站下車，車程約 50 分鐘，班次見下：

發車站	班次
JR「会津若松」站（若松駅前站）	07:10*、08:30、11:20、12:50、14:10、15:10*、15:50、16:35*、17:35、18:20、19:40**
芦の牧中央待合所站（回JR站）	07:53*、0 9:13、12:03、13:33、14:58、15:53*、16:38、17:23*、18:13、19:03、20:19**

*週日、假期、12/31~1/3停駛
**週六、日、假期、12/31~1/3停駛

☎ 0242-92-2336　　🌐 www.aizu-ashinomaki.jp

▲蘆之牧溫泉範圍不大，被群山圍繞，風景優美。

感受古代驛站氣氛　大内宿 地圖 P.274　MAPCODE 433 583 585

　　大内宿於江戶時代為「宿場」，即古代的驛站，至今仍保留了長達450米的舊貌，被指定為重要傳統建造物群保存地區。現時的民家主要經營土產店及食店，每年接待超過120萬名觀光客。為了保存大内宿景觀，這裏的居民對建築設立了三大憲章：不出售、不租賃、不破壞，並且沿用傳統修葺技術維修民家，令大内宿成為日本東北地區一個散發濃濃古代氣氛的觀光地點。

▲大内宿鄰近雪山，店家以雪山流下來的清水浸泡飲品，是天然的雪櫃！

▲長達 450 米的大内宿，兩旁是以茅葺屋根建成的房子，很有鄉土風情。

🏠 福島県南会津郡下郷町大内
☎ 0241-68-3611
🚌 從 JR「会津若松」站乘会津鉄道，於「湯野上温泉」站下車，轉乘猿游號巴士，於「大内宿入口」站下車，車程約 20 分鐘；猿游號巴士 4 月至 11 月每天運行，12 月至 3 月期間休息，或轉乘計程車前往。巴士班次見下：
• 会津鉄道「湯野上温泉」站發車：10:20、11:20、12:10、13:40、14:45
• 大内宿入口站（回会津鉄道站）發車：10:40、11:40、12:30、14:00、15:12
☎ 0241-68-3611
ouchi-juku.com

民家主要經營土產店及食店的地方，為路經於此的旅客提供休息，與昔日的驛站有異曲同工之效。

大内宿 精選美食

大葱作筷子？ 三澤屋

地圖 P.274　推介！

大内宿有一款名物「高遠そば」(高遠蕎麥麵)，以大葱當作筷子夾起蕎麥麵，非常有趣！三澤屋就是其中一家提供高遠蕎麥麵的店家。除了蕎麥麵，這裏的蛋料理亦非常出色，包括茶碗蒸、蛋卷等。

▲三澤屋的外型是傳統的茅屋。

▲店內全為和式座位，需在門口脫鞋再入內。

info

🏠 福島県南会津郡下郷町大内字山本 26-1

Online Map

🚃 由「大内宿入口」站步行約5分鐘

🕐 09:30~16:00，週三休息

☎ 0241-68-2927

🌐 www.misawaya.jp

▲店家為大内宿其中一家熱門食店，到步後不妨先取籌，等候期間可在附近閒逛消磨時間。

◀高遠蕎麥麵 (高遠そば，￥1,320、HK$76)。以大葱當作筷子，一邊吃麵一邊細咬大葱，讓口中的麵條充滿濃郁的大葱味道，吃起來很過癮！

▲前菜單有的煎蛋卷 (だし巻き玉子)。

▲之前餐單有的茶碗蒸 (茶碗蒸し，￥324、HK$23)。

◀前餐單有的現烤岩魚燒 (鮎の塩焼き)。

11.3
細菌學家出生地
耶麻郡

耶麻郡包括北塩原村、西会津町、磐梯町與猪苗代町，總人口近3萬，郡內的磐梯山與猪苗代均為東北地區的觀光勝地。而日元¥1,000紙鈔上的人物——細菌學家野口英世亦出身於猪苗代町，故町內有不少紀念館紀念這位醫學家。

猪苗代觀光協會：
www.bandaisan.or.jp

縣內主要城市 前往耶麻郡的交通：

1. JR 福島站 (福島市) ── JR 新幹線 ── JR 郡山站 ── JR 磐越西線 ── JR 猪苗代站
   (全程) 約 1 小時 13 分鐘 ¥2,400(HK$166)

2. JR 会津若松站 (會津若松市) ── JR 磐越西線：約 30 分鐘 ¥510(HK$30) ── JR 猪苗代站

3. JR 喜多方站 (喜多方市) ── JR 磐越西線 ── JR 会津若松站 ── JR 磐越西線快速 ── JR 猪苗代站
   (全程) 約 50 分鐘 ¥770(HK$54)

註：上述車費大部分為自由席，如乘指定席車費會較昂貴。車費及時間謹供參考。

郡內交通

大部分景點需由JR「猪苗代」站乘磐梯東都巴士前往。

Info
磐梯東都巴士
www.totobus.co.jp/bandai

耶麻郡景點地圖

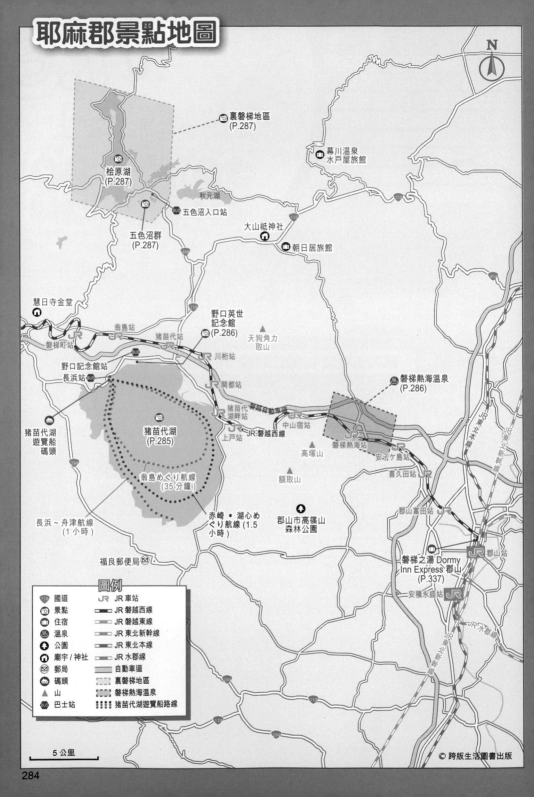

裏磐梯地區
(P.287)

幕川溫泉
水戶屋旅館

桧原湖
(P.287)

秋元湖

五色沼入口站

大山祇神社

五色沼群
(P.287)

朝日居旅館

慧日寺金堂

野口英世
記念館
(P.286)

天狗角力
取山

JR
磐梯町站

翁島站

猪苗代站

川桁站

野口記念館站

長浜站

關都站

磐梯熱海溫泉
(P.286)

猪苗代
湖畔站

猪苗代湖
遊覽船
碼頭

猪苗代湖
(P.285)

上戸站

磐梯自動車道

中山宿站

JR:磐越西線

磐梯熱海站

安子ケ島站

喜久田站

翁島めぐり航線
(35分鐘)

高塚山

郡山富田站

額取山

赤崎・湖心め
ぐり航線(1.5
小時)

郡山市高篠山
森林公園

長浜~舟津航線
(1小時)

福良郵便局

郡山站

磐梯之湯 Dormy
Inn Express 郡山
(P.337)

安積永盛站

圖例

國道		JR	JR車站
景點			JR磐越西線
住宿			JR磐越東線
溫泉			JR東北新幹線
公園			JR東北本線
廟宇/神社			JR水郡線
郵局			自動車道
碼頭			裏磐梯地區
山			磐梯熱海溫泉
巴士站			猪苗代湖遊覽船路線

5公里

© 跨版生活圖書出版

東北天鵝湖　猪苗代湖　地圖 P.284

　　猪苗代湖為日本第四大的湖泊，別名「天鏡湖」，並因每年都會有數千隻天鵝來此過冬，亦有「白鳥之湖」的稱號。猪苗代湖屬磐梯朝日國立公園一部分，湖岸有沙灘，夏天前來可泡泡湖水浴，冬天則可賞天鵝。

▲▶一望無際的猪苗代湖，不愧是全日本第四大的湖泊。

▲遊客可乘天鵝船暢遊猪苗代湖。

▲4月初春時份仍可在湖畔看到天鵝，是因為湖泊太美麗所以捨不得離開嗎？

Info

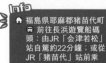

🏠 福島縣耶麻郡猪苗代町
🚌 前往長浜遊覽船碼頭：由JR「会津若松」站自駕約22分鐘；或從JR「猪苗代」站前乘「金の橋」方向的会津巴士，於「長浜」站下車，車程約9分鐘，班次見下：

Online Map

- JR「猪苗代」站發車：9:28、12:28、14:23*、15:13**、17:33**
- 「長浜」站發車(返JR站)：7:32**、10:24、13:14、15:14*、15:49**、18:14**

*週六、日、假期運行
**週六、日、假期、12/31~1/3停駛

猪苗代湖遊覽船　[MAPCODE]® 乘船碼頭：413 080 238

　　遊客還可乘搭猪苗代湖遊覽船輕鬆遊湖，由長浜的遊覽船碼頭出發。以下為遊船路線資料：

路線	時間	費用
翁島めぐり (長浜－翁島めぐり－長浜)	35分鐘(隨時出發)	成人 ￥1,500(HK$88) 小童 ￥750(HK$44)

Info

🚌 由巴士「長浜」站步行前往上船碼頭
🌐 i-kankousen.co.jp

紙鈔上的人像秘密? 野口英世記念館 地圖 P.284

不知道大家會否覺得野口英世博士相當面善?其實他就是印在日元￥1,000紙鈔上的名人!出生於豬苗代町的野口英世是日本著名細菌學家,一生貢獻於醫學研究中,因此町內有紀念館介紹他的一生。

▲館內展出建於1823年的野口祖家,還原了野口英世小時候的生活情景。

▲記念館內展出野口英世的生平資料,同時亦有實驗細菌培植遊戲,讓參觀者踏出研究的第一步!

▲￥1,000上的人像便是野口英世。

info
- 🏠 福島縣耶麻郡豬苗代町大字三ツ和字前田81
- 🚌 從JR「豬苗代」站乘「金の橋」方向的会津巴士,於「野口英世記念館」站下車,車程約6分鐘,班次見下:
  - JR「豬苗代」站發車:9:28、12:28、14:23*、15:13**、17:33**
  - 「野口英世記念館」站發車(回JR站):7:36**、10:28、13:18、15:18*、15:53**、18:18**
  *週六、日、假期運行
  **週六、日、假期、12/31~1/3停駛
- 🕐 4月至10月09:00~17:30、11月至3月09:00~16:30
- 🚫 12月29日至翌年1月3日
- 💲 成人￥800(HK$47)、初中生及小學生￥400(HK$24)
- ☎ 0242-85-7867
- 🌐 www.noguchihideyo.or.jp

Online Map

(記念館相片由福島縣觀光物產交流協會提供)

磐越三美人湯之一 磐梯熱海温泉 地圖 P.284 泡湯 賞楓

MAPCODE 377 227 357

磐梯熱海温泉位於郡山市,與月岡温泉及いわき湯本温泉合稱「磐越三美人湯」。

温泉在約800年前開湯,現時區內有逾20間温泉旅館,部分旅館沿五百川而建。這裏秋天時紅葉滿開,是賞楓勝地之一。

▲温泉街內有免費足湯,遊客逛累了隨時泡湯。
(相片由福島縣觀光物產交流協會提供)

info
- 🏠 福島縣郡山市熱海町
- 🚗 JR「磐梯熱海」站下車(由JR「福島」站前往約39~46分鐘)
- ☎ 磐梯熱海温泉旅館協同組合:024-984-2182(09:00~17:00)
- 🌐 www.bandaiatami.or.jp

Online Map

深山美湖 裏磐梯地區 地圖 P.284 ｜ MAPCODE 413 623 624 ｜ 賞楓

　　裏磐梯正名為磐梯高原，屬磐梯朝日國立公園一部分，區內被磐梯山、安達太良山與吾妻山所包圍，四季景色優美。區內擁有近300個湖泊，著名的有五色沼群、檜原湖等，並設有或短或長的步道讓遊客輕鬆遊覽此區，紅葉時期更是前往裏磐梯的最佳時刻。

◀磐梯山為日本100名山之一，更有「会津富士山」之稱。（相片由福島縣觀光物產交流協會提供）

▲在秋天，在裏磐梯地區隨時都可看到充滿秋色的湖畔美景。（相片由福島縣觀光物產交流協會提供）

檜原湖

▲檜原湖為裏磐梯地區最大的湖泊，夏天時遊客可在此乘搭遊覽船暢遊裏磐梯，冬天則可於結冰的湖上釣魚。如乘「島めぐり」遊船路線（由磐梯高原環繞湖中島嶼後折返），成人￥1,400(HK$82)。（相片由福島縣觀光物產交流協會提供）

▲划着艇暢遊五色沼群是個不錯選擇，毘沙門沼（沼澤）設有出租小艇服務。30分鐘￥700(HK$50)，1小時￥1,100(HK$80)。

五色沼群

Info

🏠 福島県耶麻郡北塩原村大字檜原字剣ケ峯1093

🚌 從JR「猪苗代」站前乘「裏磐梯」方向的磐梯東都巴士，於「五色沼入口」站下車，車程約30分鐘，班次見下：
- JR「猪苗代」站發車：8:20、10:20、12:20、13:10**、14:20*、15:20**、16:20*、16:30**、17:40*、18:20*、19:10*#
- 「五色沼入口」站發車（回JR站）：8:51、10:51、12:51*、13:41**、14:51*、15:51**、16:51*、17:01**、18:11**、18:51*、19:34*#

#週六、日、假期運行
**週六、日、假期、12/31~1/3停駛

☎ 裏磐梯觀光協會：0241-32-2349（09:00~16:30）

🌐 www.urabandai-inf.com
檜原湖遊船：www.lakeresort.jp/cruise/

▲五色沼群為磐梯山以北的湖沼群，在陽光折射下湖面透出不同程度的藍與綠，因此有五色沼之稱。

11.4

土藏林立
喜多方市

喜多方市位於會津地區以北，著名的喜多方拉麵更是日本三大拉麵之一。喜多方市至今仍保留許多傳統用作倉庫及保管庫之用的建築土藏，市內街道有多達4,200棟土藏林立，有「蔵の街」的美稱。還有每年10月舉行的熱氣球嘉年華，非常熱鬧。

 慶典
熱氣球嘉年華 (p.29)

喜多方觀光物產協會：
www.kitakata-kanko.jp

縣內主要城市 前往喜多方市的交通：

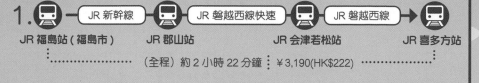

1. JR 福島站（福島市） — JR 新幹線 → JR 郡山站 — JR 磐越西線快速 → JR 会津若松站 — JR 磐越西線 → JR 喜多方站

（全程）約 2 小時 22 分鐘 ┊ ￥3,190(HK$222)

2. JR 会津若松站（會津若松市） — JR 磐越西線 ┊ 約 24 分鐘 ┊ ￥330(HK$23) → JR 喜多方站

3. JR 猪苗代站（耶麻郡） — JR 磐越西線 → JR 会津若松站 — JR 磐越西線 → JR 喜多方站

（全程）約 1 小時 26 分鐘 ┊ ￥770(HK$54)

註：上述車費大部分為自由席，如乘指定席車費會較昂貴。車費及時間謹供參考。

市內交通——巴士

遊覽市內，可乘搭会津巴士「喜多方市まちなか循環線」，以JR喜多方站為起點，在市內循環，再回到JR喜多方站。車費中學生以上￥200(HK$12)，小學生及以下￥100(HK$6)。

喜多方市まちなか循環線主要巴士站發車班次：

發車站	班次
喜多方駅前	去程：07:30、09:40、11:00、12:45、13:50、14:55、17:30 返程：08:23、10:33、11:53、13:38、14:43、15:48、18:23
コープあいづプラザ店前 （蔵の里附近車站）	去程：07:35、09:45、11:05、12:50、13:55、15:00、17:35 返程：08:16、10:26、11:46、13:31、14:36、15:41、18:16
押切川公園体育館前 （蔵の里附近車站）	去程：07:36、09:46、11:06、12:51、13:56、15:01、17:36 返程：08:15、10:25、11:45、13:30、14:35、15:40、18:15
旧甲斐家蔵住宅前	去程：07:48、09:58、11:18、13:03、14:08、15:13、17:48 返程：08:03、10:13、11:33、13:18、14:23、15:28、18:03

註：僅於平日行駛，週六日及假期、29/12~3/1 休運。

Info
会津巴士
www.aizubus.com

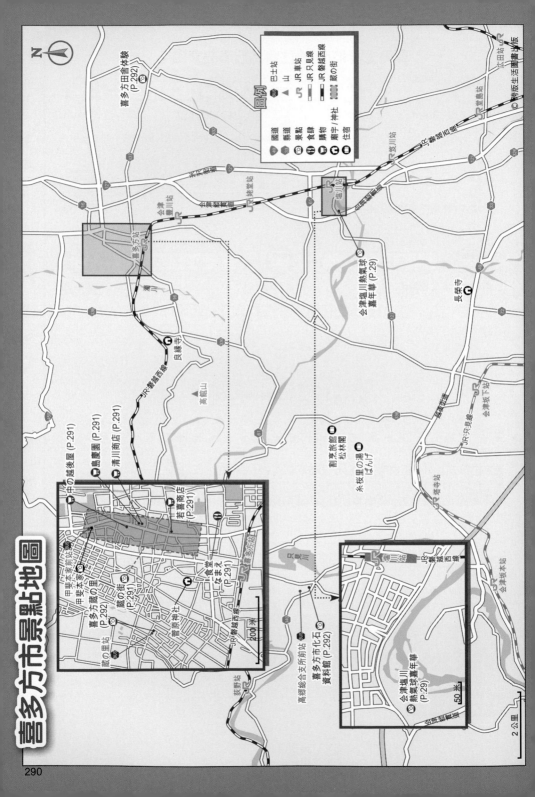

古代貨倉集中地 蔵の街 地圖 P.290 MAPCODE® 97 825 750

喜多方的土藏分佈於市內各處，現時大部分土藏已改建為商店，部分更開放予公眾
入內參觀。遊客可於
已登陸為國家有形文
化財的富商甲斐本家
出發，沿路閒逛，慢
慢尋找不同的土藏。

Info
- 福島縣喜多方市1丁目至3丁目
- 從JR「喜多方」站步行15分鐘；或乘会津巴士，特定日子於「旧甲斐家藏住宅前」站下車，車程約18分鐘
- 蔵のまち観光センター：0241-23-1230

Online Map

中の越後屋

▲中の越後屋現為味噌及醬油商店。(地址：喜多方市 1-4647)

清川商店

▲清川商店為明治時期的酒藏，現時免費開放。(地址：喜多方市 2-4659)

若喜商店

▲若喜商店為味噌及醬油藏，建於明治 38 年 (1905 年)，是國家有形文化財，現時免費開放。(地址：喜多方市 3-4786)

島慶園

▲建於昭和 5 年 (1930 年) 的島慶園是一家茶葉專賣店。(地址：喜多方市 2-4656-3)

品嘗有名的喜多方拉麵 食堂なまえ 地圖 P.290 推介！

喜多方市最有名的食物是日本三大拉麵之一的喜多方拉麵，市內有多家麵店烹調這
種拉麵，食堂なまえ便是
其中之一。相傳喜多方拉
麵源自中國拉麵，粗身的
手打麵條似乎更能證明這
種說法。食堂なまえ以自
家手打的「極太麵」(粗
麵)，配上醬油湯底，烹
調成出色的喜多方拉麵，
吸引許多遊客前來一嘗。

Info
- 福島縣喜多方市字永久 7693-3
- 從JR「喜多方」站步行約 10分鐘
- 10:00~18:00
- 0241-22-6294

Online Map

▲叉燒手打拉麵 (極太手打ちチャーシューメン，￥620、HK$44)。

倉庫博物館 喜多方蔵の里 地圖 P.290 MAPCODE 97 823 743

蔵の里佔地約4,500平方米，中庭處設有多棟遷移至此的店藏、味噌藏、穀物藏、藏坐敷等。「藏」(倉庫)於日本古代主要用作貯存物資，當中以釀造業及漆器業最常用，而且建築本身耐火，擁有一座土藏是不少男人一生的夢想！蔵の里現時共有9座建築，可讓遊客一次過遊覽各種土藏及古時日本的住宅。

▲從蔵の里正門入內，展開時光之旅。

▲旧猪俣家穀物藏，為喜多方地區典型的穀物倉庫(穀物藏)。

除了土藏可被觀外，島家住宅是福島縣重要文化財。還可參觀的舊猪俣家住宅。

🏠 福島県喜多方市字押切2-109
🚃 從JR「喜多方」站步行約20分鐘
🕐 09:30~18:00
🚫 12月29日至翌1月1日
💲 大學生或以上￥400 (HK$28)，高中生或以下￥200(HK$14)
☎ 0241-22-6592
🌐 www.furusatosinkou.co.jp/sato

Online Map

當一天農家人 喜多方田舎体験 地圖 P.290 MAPCODE 97 800 779

這個體驗活動由喜多方市グリーン・ツーリズム(Green Tourism)提供，遊客可在此參加多款農家體驗，包括收割農產品、擠牛奶、繪畫漆器等，價錢由￥300(HK$21)起。園內設有多家民宿，有興趣體驗日本鄉間農村生活的話，不妨預約住宿。所有農業體驗活動及民宿住宿，必須在5天前以電話預約。

▲9月底為蘋果收成期，這段期間可採摘又紅又大的蘋果。(相片由福島縣觀光物產交流協會提供)

🏠 福島県喜多方市熊倉町熊倉字大竹 1364
🚃 從JR「喜多方」站乘計程車或駕車約11分鐘
🕐 08:30~17:00
🚫 週六、日及公眾假期、12月29至1月3日
☎ 0241-24-4488
🌐 www.kitakata-gt.jp

Online Map

增進考古知識 喜多方市化石資料館 地圖 P.290
喜多方市カイギュウランドたかさと MAPCODE 97 631 661

喜多方市高郷町在2,300萬年前為深海，於800萬年前陸地化。自1970年起，專家陸續於町內發現鯊魚與海牛等海洋生物化石。現時資料館除了展出在高鄉町內出土的化石，還展示會津地區不同地層的分佈狀況。

▲資料館內設有4個展示室，展示地層分佈、化石等資料。

▲館內最珍貴的展品為已絕種的海牛化石。

🏠 福島県喜多方市高郷町西羽賀字和尚堂3163
🚃 從JR「喜多方」站乘計程車或駕車約7分鐘
🕐 09:00~16:30
🚫 週一、12月29日至翌1月3日
💲 成人￥250(HK$15)，初中生及小學生￥100(HK$7)
☎ 0241-44-2024
🌐 www.city.kitakata.fukushima.jp/site/kaigyuu-ibento/

Online Map

(相片由福島縣觀光物產交流協會提供)

新潟縣

　　有「雪國」之稱的新潟縣位於日本本州以北，面向日本海，現時人口約200多萬。雪國的稱號除了因為新潟縣為日本的豪雪地帶外，更大原因是日本首位諾貝爾文學獎得主川端康城的名作《雪國》就是以新潟縣為背景。縣內生產的越光米非常有名，當中以魚沼地區所種植的更屬極品，所以這裏出產的米類製品如米果、米酒等品質絕佳，廣受國內外人士喜愛。縣內觀光點除了有貫通新潟市的信濃川與一眾古蹟外，一海之隔的佐渡島亦相當受歡迎。另外，冬季時，可以到妙高高原滑雪場滑雪度假。

新潟縣公式觀光情報：
www.niigata-kankou.or.jp

各區前往新潟縣的交通(目的地以新潟市的JR「新潟」站為主)：

出發地	交通	車程	車費
JR「東京」站	JR 新幹線	約 2 小時	¥10,230(HK$601)
JR「福島」站	JR 新幹線	3 小時 10 分鐘	¥16,740(HK$985)
JR「仙台」站（宮城縣）	JR 新幹線	3 小時	¥19,040(HK$1,120)
JR「盛岡」站（岩手縣）	JR 新幹線	3 小時 40 分鐘	¥21,320(HK$1,254)
JR「山形」站	JR 奧羽本線+JR 新幹線	4 小時 30 分鐘	¥19,080(HK$1,122)
JR「秋田」站	JR 特急列車	3 小時 30 分鐘	¥6,820(HK$401)
JR「青森」站	JR 奧羽本線+JR 新幹線	4 小時 45 分鐘	¥23,230(HK$1,366)

註：上述車費大部分為指定席，如乘自由席車費會較便宜。車費及時間謹供參考。

名產
越光米、米果、米酒

12.1

美麗水都與鮮味海產

新潟市

新潟市為新潟縣縣廳所在，人口約有80多萬。有「水之都」之稱的新潟市，中央區域被信濃川分隔，水陸交通發達，為幕末時代《日美條約》中對外開放的5個港口之一，現時市內仍保留許多具西方色彩的建築。許多近代名漫畫家均出身自新潟市，包括《犬夜叉》作者高橋留美子、《死亡筆記》小畑健、《阿松》赤塚不二夫等，可謂人材輩出！

新潟市県観光協会：
niigata-kankou.or.jp

縣內主要城市 前往新潟市的交通：

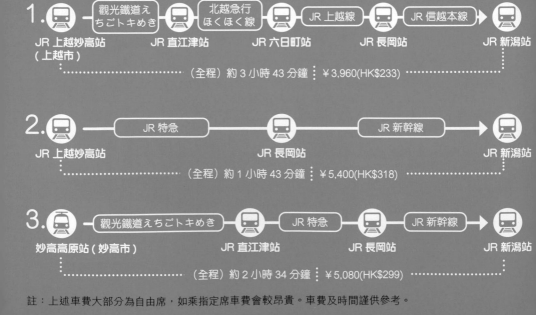

1. JR 上越妙高站（上越市）─ 觀光鐵道えちごトキめき ─ JR 直江津站 ─ 北越急行ほくほく線 ─ JR 六日町站 ─ JR 上越線 ─ JR 長岡站 ─ JR 信越本線 ─ JR 新潟站

（全程）約 3 小時 43 分鐘｜￥3,960(HK$233)

2. JR 上越妙高站 ─ JR 特急 ─ JR 長岡站 ─ JR 新幹線 ─ JR 新潟站

（全程）約 1 小時 43 分鐘｜￥5,400(HK$318)

3. 妙高高原站 (妙高市) ─ 觀光鐵道えちごトキめき ─ JR 直江津站 ─ JR 特急 ─ JR 長岡站 ─ JR 新幹線 ─ JR 新潟站

（全程）約 2 小時 34 分鐘｜￥5,080(HK$299)

註：上述車費大部分為自由席，如乘指定席車費會較昂貴。車費及時間謹供參考。

市內交通——巴士

I. 循環觀光巴士

　　市內的循環觀光巴士接載遊客來往 JR 新潟站至各大景點，繞行一圈約 1 小時。巴士單向行駛，大部分時間約半小時一班，夏季部分日子會增至 15 分鐘一班，下表顯示部分班次。請注意，冬季時 (11 月 1 日至 3 月 31 日) 尾班車開出時間為下午 4 點正。乘客可購買一日乘車券，憑乘車券可享指定景點門票優惠，方便划算。

▶ 這輛循環觀光巴士上有《犬夜叉》的漫畫人物。

▲ 兩條路線方向相反，上車前要留意！

去使用當天日期便可。　車券於車上購買一日乘車券後，利用硬幣刮

Info

循環觀光巴士

種類	成人	小童
單程	¥260(HK\$15)	¥130(HK\$8)
一日乘車券	¥500(HK\$37)	¥250(HK\$19)

☎ 025-246-6333

循環觀光巴士部分班次 (詳細班次可參考官網)

發車站	發車時間表																
(1)新潟驛前站	09:30	10:00	10:30	11:00	11:30	12:00	12:30	13:00	13:30	14:00	14:30	15:00	15:30	16:00	16:30	17:00
(2)万代シティ站	09:34	10:04	10:34	11:04	11:34	12:04	12:34	13:04	13:34	14:04	14:34	15:04	15:34	16:04	16:34	17:04
(3)本町站	09:36	10:06	10:36	11:06	11:36	12:06	12:36	13:06	13:36	14:06	14:36	15:06	15:36	16:06	16:36	17:06
(4)東堀通六番町站 (マンガの家入口)	09:38	10:08	10:38	11:08	11:38	12:08	12:38	13:08	13:38	14:08	14:38	15:08	15:38	16:08	16:38	17:08
(5)白山公園前站	09:41	10:11	10:41	11:11	11:41	12:11	12:41	13:11	13:41	14:11	14:41	15:11	15:41	16:11	16:41	17:11
(6)新津記念館前站	09:43	10:13	10:43	11:13	11:43	12:13	12:43	13:13	13:43	14:13	14:43	15:13	15:43	16:13	16:43	17:13
(7)護国神社入口站	09:46	10:16	10:46	11:16	11:46	12:16	12:46	13:16	13:46	14:16	14:46	15:16	15:46	16:16	16:46	17:16
(8)水族館前站	09:51	10:21	10:51	11:21	11:51	12:21	12:51	13:21	13:51	14:21	14:51	15:21	15:51	16:21	16:51	17:21
(9)西大畑坂上站 (砂丘館入口)	09:55	10:25	10:55	11:25	11:55	12:25	12:55	13:25	13:55	14:25	14:55	15:25	15:55	16:25	16:55	17:25
(10)北方文化博物館新潟分館前站	09:57	10:27	10:57	11:27	11:57	12:27	12:57	13:27	13:57	14:27	14:57	15:27	15:57	16:27	16:57	17:27
(11)古町花街入口站	09:59	10:29	10:59	11:29	11:59	12:29	12:59	13:29	13:59	14:29	14:59	15:29	15:59	14:29	16:59	17:29
(12)旧小澤家住宅入口站	10:03	10:33	11:03	11:33	12:03	12:33	13:03	13:33	14:03	14:33	15:03	15:33	16:03	16:33	17:03	17:33
(13)歷史博物館前站	10:09	10:39	11:09	11:39	12:09	12:39	13:09	13:39	14:09	14:39	15:09	15:39	16:09	16:39	17:09	17:39
(14)ピア Bandai站	10:15	10:45	11:15	11:45	12:15	12:45	13:15	13:45	14:15	14:45	15:15	15:45	16:15	16:45	17:15	17:45
(15)新潟日報メディアシップ站	10:19	10:49	11:19	11:49	12:19	12:49	13:19	13:49	14:19	14:49	15:19	15:49	16:19	16:49	17:19	17:49
(1)新潟驛前站	10:23	10:53	11:23	11:53	12:23	12:53	13:23	13:53	14:23	14:53	15:23	15:53	16:23	16:53	17:23	17:53

註：循環觀光巴士於年末年始停駛，7 月～8 月運行時刻表不同，請參閱網站。

2. 新潟交通巴士常用線

要前往較遠的景點便需要乘搭新潟交通巴士，以下為常用路線主要巴士站的簡略班次(詳細班次可參考官網)。

Info
新潟交通巴士
Ⓢ 成人 ¥120(HK$7)起，小童 ¥60(HK$4)起
🌐 www.niigata-kotsu.co.jp

女池線 (S51、S52號) 常用站班次

常用站	班次	
	星期一至五	星期六、日及公眾假期
JR「新潟」站南口(新潟駅南口站)→鳥屋野潟公園前站	07:45、08:00、08:50、09:45	——
JR「新潟」站南口(新潟駅南口站)→野球場科學館前站	06:30~21:50，每小時約有1~4班車	07:05~21:05，每小時約有1~2班車
鳥屋野潟公園前站(回JR站)	10:33、13:53、16:49、18:29	——
野球場科學館前站(回JR站)	05:57~21:21，每小時約有2~3班車	06:41~20:41，每小時約有1~2班車

味方線 (W80號) 常用站班次

常用站	班次	
	星期一至五	星期六、日及公眾假期
青山站(會經下面各站)	08:55、12:50、14:00、15:15、16:00、16:55、18:05、19:10、20:40	09:00、14:25、17:45
白根中站(回JR站)	06:47、07:02、07:35、08:22、09:57、13:27、14:26、15:02、15:47、16:58、17:33	07:12、09:57、16:27
笹川邸入口站(回JR站)	06:51、07:06、07:39、08:26、10:01、13:31、14:30、15:06、15:51、17:02、17:37	07:16、10:01、16:31
新潟ふるさと村站(回JR站)	07:22、07:38、08:19、08:57、10:31、14:03、15:03、15:45、16:27、17:36、18:08	07:47、10:29、16:59

大野 • 白根線 (W70、W70快、W70D、W70M、W71、W72、W73、W74急) 常用站班次

常用站	班次	
	星期一至五	星期六、日及公眾假期
前往「新潟ふるさと村」站		
青山站	11:05、12:20、14:10、16:25、17:15、17:45、18:40	07:30、08:30、09:40、16:35、19:05、20:30
JR「新潟」站前(新潟站前站)	06:55~22:25，每小時約有1~2班車	09:00~22:25，約每小時1班
JR「新潟」站南口(新潟駅南口站)	16:15、17:40、18:30	11:50
由「新潟ふるさと村」站回JR站		
返青山站	05:52~21:05，每小時約有1~2班車	06:11~20:53，每小時約有1~3班車
返JR「新潟」站前(新潟站前站)	05:52~18:17，每小時約有1~2班車	06:41~18:53，每小時約有1~3班車
返JR「新潟」站南口(新潟駅南口站)	07:24、17:02	07:55

龜田 • 橫越線 (S94、S95號) 常用站班次

常用站	班次	
	星期一至五	星期六、日及公眾假期
JR「新潟」站(新潟駅前站)	07:08、08:23、09:53、11:08、14:48、17:03、18:09、20:08	09:38、12:33、16:18
上沢海博物館前站(回JR站)	07:09、08:43、12:50、13:57、16:04、16:47、18:02、19:07	11:33、15:05、17:05

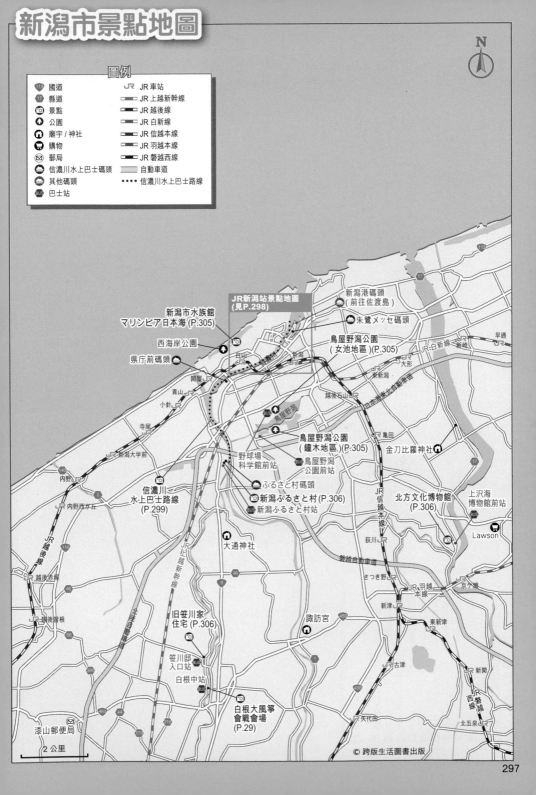

新潟市景點地圖

N

圖例

國道		JR 車站	
縣道		JR 上越新幹線	
景點		JR 越後線	
公園		JR 白新線	
廟宇 / 神社		JR 信越本線	
購物		JR 羽越本線	
郵局		JR 磐越西線	
信濃川水上巴士碼頭		自動車道	
其他碼頭		信濃川水上巴士路線	
巴士站			

JR新潟站景點地圖
(見P.298)

新潟港碼頭
(前往佐渡島)

新潟市水族館
マリンピア日本海 (P.305)

朱鷺メッセ碼頭

西海岸公園

鳥屋野潟公園
(女池地區)(P.305)

縣庁前碼頭

鳥屋野潟公園
(鐘木地區) (P.305)

金刀比羅神社

野球場
科学館前站

鳥屋野潟
公園前站

ふるさと村碼頭

新潟ぶるさと村 (P.306)

新潟ふるさと村站

信濃川
水上巴士路線
(P.299)

北方文化博物館
(P.306)

上沢海
博物館前站

Lawson

大通神社

旧笹川家
住宅 (P.306)

諏訪宮

笹川邸
入口站

白根中站

白根大風箏
會戰會場
(P.29)

漆山郵便局

2 公里

© 跨版生活圖書出版

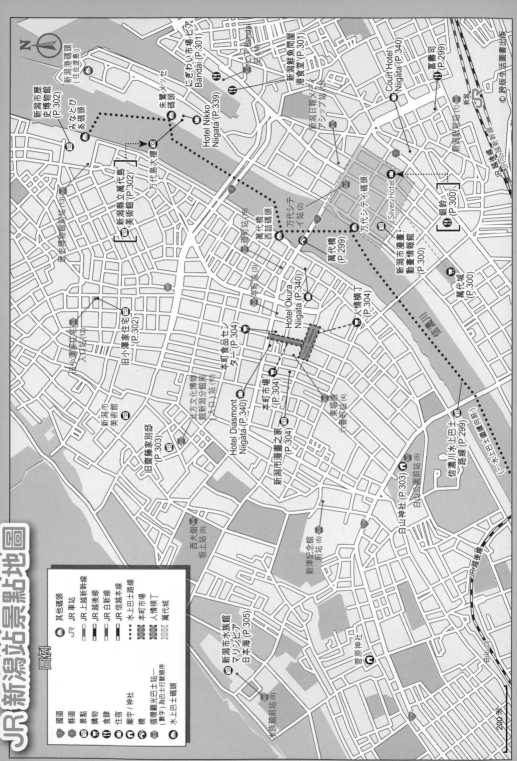

JR新潟站景點地圖

© 跨版生活圖書出版

298

縣內人氣連鎖壽司店 富壽司 富寿し （地圖 P.298）人氣！

富壽司於 1954 年創業，分店共有 7 間，當中 6 間位於新潟縣。餐廳全部壽司均以新潟縣生產的壽司米，加上由獨家秘方製成的米醋調味，相當受當地人喜愛。除了新潟駅前店，萬代城 (P.300) 內亦設有分店，喜歡壽司的朋友不要錯過。

▶富壽司。

▶星鰻 (穴子) 壽司 (￥450，HK$34)。

▶店內還有新潟鄉土料理名物「のっぺ」：以雞丁、貝柱、銀杏、香菇、筍等煮成的冷盤 (￥500，HK$37)。

▲海膽壽司 (￥400，HK$30)，日本有種說法是「美味的壽司會發亮」，你能從相片中看到那道光芒嗎？

Info
- 🏠 新潟県新潟市中央区東大通 1-2-5
- 🚃 JR「新潟站」步行約2分鐘
- 🕐 11:00~22:00
- 休 1月1日
- ☎ 025-242-1212
- www.tomizushi.com/shop/tomizushi/niigata-ekimae

Online Map

國家主要文化村 萬代橋 （地圖 P.298）

建於 1929 年的萬代橋連接新潟市中心南北地帶，橫跨信濃川，2004 年被指定為**國家重要文化財**，是市內地標之一。現時的萬代橋為第三代，橋長 306.9 米，共有 4 條行車線，是昭和時代最大規模的工程之一。

▲萬代橋在新潟市民心目中有不可代替的地位。

Info
- 🏠 新潟県新潟市中央区万代
- 🚃 JR「新潟」站步行約 15 分鐘；或乘循環觀光巴士於「万代シティ」站下車步行約 5 分鐘，車程約 4 分鐘

Online Map

乘遊船漫遊日本最長河流 信濃川水上巴士 （地圖 P.297、298）
信濃川ウォーターシャトル

信濃川是日本最長的河流，流經長野及新潟兩縣大部分地區。想飽覽這第一大河的風光，可乘搭信濃川水上巴士，從新潟市歷史博物館 (P.302) 前的棧橋 (みなとぴあ碼頭) 出發，終點為ふるさと村碼頭，全程約 1 小時，途中會經過川上架設的 6 連拱橋。水上巴士途經萬代橋 (見上)、萬代城 (P.300) 等熱門觀光點，購買一日乘船券的遊客可於不同碼頭自由上落，非常方便。

▲遠看水上巴士，很有太空船的感覺！（相片由新潟市觀光會議協會提供）

Info
- 🏠 上船碼頭(みなとぴあ碼頭)：新潟県新潟市中央区柳島町 2-10
- 🚃 前往みなとぴあ碼頭：JR「新潟」站乘循環觀光巴士於「歷史博物館前」站下車，車程約25分鐘
- 🕐 約10:00~17:30，每天出發時間不同，詳見官網
- 💲 全程成人￥1,200(HK$82)，在中途碼頭下船約￥500(HK$27)起，小童半價
- ☎ 025-227-5200
- www.watershuttle.co.jp

Online Map

方便購物熱點 萬代城 万代シテイ 地圖 P.298

萬代城為新潟市內最大型的購物區,當中包括伊勢丹百貨、Love La Bandai、Billboard Place、新潟 AITA 等商店或商場。同時萬代巴士總站亦位於此處,是市內最方便及集中的購物熱點。

▲萬代巴士總站 (バスセンター) 位於購物區。

▲老牌百貨店伊勢丹亦位於萬代城內。

Info

🏠 新潟県新潟市中央区万代 1-6-1
🚃 JR「新潟」站步行約 10 分鐘;或乘循環觀光巴士於「万代シテイ」站下車,車程約 4 分鐘
🕙 約 10:00~20:00(各店營業時間不一)
☎ 025-246-6424
🌐 www.bandaicity.com
Online Map

萬代城內 精選店家

傳統皇室料理 銀鈴 地圖 P.298

銀鈴位於萬代城內的 Silver Hotel,提供新潟特色日本菜,會因應不同季節,以時令食材推出不同菜單。餐廳在午市時間,會推出限定 20 份的日式御膳 (傳統日本皇室享用的套餐),外觀及食材都很豪華,每客 ¥3,300(HK$194),有興趣嘗嘗的遊客不妨早點來到,體驗一下皇室滋味。

▲店門外。

◀每日不同的「日替午餐」(¥1,430,HK$84),筆者到訪當天是炸蝦定食!

Info

🏠 新潟県新潟市中央区万代 1-3-30 (萬代城內 Silver Hotel 3F)
🕙 午餐 11:00~14:30;晚餐 17:30~20:30
☎ 025-245-5618
🌐 www.silverhotel.co.jp/restaurant-ginrei
Online Map

動漫迷朝聖地 新潟市漫畫・動畫情報館 地圖 P.298

新潟市マンガ・アニメ情報館

不少著名的日本漫畫家均生於新潟縣,因此市內特設新潟市漫畫・動畫情報館,並經常舉行聯合展,一些熱播動漫如《飆速宅男》及《刀劍神域》等均曾於此舉行特別展覽,吸引不少動漫迷朝聖。

◀情報館經常舉行不同主題的原畫展,要留意展覽收費各有不同。

▲店內更有 1:1 的模型!

▲館側設有大型遊戲機中心。

Info
🏠 新潟県新潟市中央区八千代 2-5-7(萬代城 BP2 1F)
🕙 星期一至五 11:00~19:00,星期六、日及公眾假期 10:00~19:00
🚫 1月1日
💰 成人 ¥200(HK$15),中學生 ¥100 (HK$7),小學生 ¥50 (HK$4);逢星期六、日及公眾假期,初中生及小學生免費
☎ 025-240-4311
🌐 museum.n mam.jp
Online Map

每日新鮮海產料理 新潟鮮魚問屋 港食堂 地圖 P.298

新潟鮮魚問屋 港食堂於明治 37 年 (1904 年) 創業，由新潟中央水產市場株式會社營運，每天提供從日本海捕獲的新鮮海產料理，最受歡迎的是海鮮丼 (￥1,485，HK$87)。另外，店家每日都會以不同種類的鮮魚提供煮魚或海產定食 (￥1,210，HK$71)，還附送迷你刺身拼盤。

▲燒鯖魚定食 (￥1,210，HK$71)，以當造鮮魚製成。

> **Tips!**
>
> **何謂「雪室熟成」？**
>
> 「雪室熟成」是新潟縣特有的低溫熟成方法，除了令到食物的水份和鮮味不易流失，更會產生低溫熟成效果。(文字：嚴潔盈)

Info

🏠 新潟縣新潟市中央区万代島 2
🚌 乘循環觀光巴士於「ピア Bandai」站下車
🕐 11:00~15:00、17:00~21:00
☎ 025-248-8655
🌐 www.sakana-bandai.com/shokudo

▲新潟鮮魚問屋 港食堂。

▲這裏可吃到新潟醬汁豬排飯 (￥1,045，HK$61)，豬排以「雪室熟成」的豚肉製成。

吃在新潟廚房 にぎわい市場 ピア Bandai 地圖 P.298

ピア Bandai 為日本海側最大型的市場，集合了新潟縣出產的新鮮食材，市場內設有多家食肆，為遊客提供最地道的新潟料理。除了每天從日本海捕獲的海鮮，亦出售各種新鮮蔬果與特產，把這裏稱為「新潟的台所 (廚房)」也不為過。

▲ピア Bandai 位於信濃川側，為日本海側最大型的市場。

▶尚未買手信的朋友，於物產市場入手也不錯，部分產品設有試吃。

▶壽司與刺身令人花多眼亂，價錢從￥680(HK$51)起，非常便宜！

▲市場分為產直市場與鮮魚中心，出售縣內新鮮物產。

Info

🏠 新潟縣新潟市中央区万代島 2
🚌 乘循環觀光巴士於「ピア Bandai」站下車
🕐 約 09:00~22:00 (各店營業時間不一)
☎ 025-249-2560
🌐 www.bandai-nigiwai.jp

▶市場內有多間人氣食肆，其中壽司店「佐渡迴轉寿司 弁慶」於日本著名食評網 Tabelog 獲得極高評價，喜歡壽司的朋友不要錯過。

新潟市　上越市　妙高市　佐渡島

青森縣
岩手縣
宮城縣
秋田縣
山形縣
福島縣
新潟縣

新古典風格建築群 新潟市歷史博物館 地圖 p.298 賞櫻

新潟市歷史博物館為綜合觀光設施，包括博物館本館、舊第四銀行住吉町支店及舊新潟稅關廳舍。博物館原先為新潟二代廳舍，館內展出新潟市發展的歷史，亦可參觀古代和船的實物模型。**舊第四銀行**以新古典主義風格於 1927 年建成，2005 年登陸為有形文化財，免費開放予遊客參觀。而**舊新潟稅關廳舍**，則為幕末時代對外開放的 5 個港口的現存唯一一個稅關遺跡。現時為國家重要文化財，同樣免費開放。

◀夏天時博物館一帶可欣賞茂盛的紫藤。

▶舊新潟稅關廳舍為紅瓦建築，配上櫻花格外美麗。盡顯洋式建築風格，

Info
- 🏠 新潟縣新潟市中央区柳島町2-10
- 🚌 乘循環觀光巴士於「歷史博物館前」站下車
- 🕐 **建築外廣場**24小時；**博物館本館及舊稅關廳舍**4月至9月09:30~18:00，10月至3月09:30~17:00；**舊第四銀行住吉町支店**09:30~21:00
- 🚫 星期一、12月28日至翌年1月3日，大清洗期間
- 💲 **博物館本館**成人￥300(HK\$22)，大學生及高中生￥200(HK\$15)，初中生及小學生￥100(HK\$7)；逢星期六、日及公眾假期，初中生及小學生免費
- ☎ 025-225-6111
- 🌐 www.nchm.jp

Online Map

(相片由新潟市觀光會議協會提供)

觀賞近代美術品 新潟縣立萬代島美術館 地圖 p.298

新潟縣立萬代島美術館為新潟縣第二大城市長岡市的縣立美術館的分館，於 2003 年 7 月開館，以展出近代美術品為主。美術館經常與不同藝術家合作舉行特別展，如執導吉卜力動畫《夢幻街少女》的近藤喜文就曾於此舉行展覽。

◀美術館位於万代島大樓5樓。

Info
- 🏠 新潟縣新潟市中央区万代島 5-1(万代島ビル 5F)
- 🚌 乘循環觀光巴士於「ピアBandai」站下車，步約10分鐘
- 🕐 10:00~18:00　🚫 星期一，年末年始
- 💲 成人￥310(HK\$23)，大學生與高中生￥150(HK\$11)，初中生或以下免費
- ☎ 025-290-6655
- 🅿 每 20 分鐘￥100(HK\$7)
- 🌐 banbi.pref.niigata.lg.jp

Online Map

昔日富豪之家 旧小澤家住宅 地圖 p.298 MAPCODE® 524 036 157*57

小澤家本為江戶時代後期活躍於新潟町的米商，旧小澤家住宅是小澤家的故居與商店，連主屋及各個藏，共有 7 棟建築物，2002 年時轉贈給市政府並列為市文化財。

參觀旧小澤家住宅，可從中認識一代富商於江戶時代的生活狀況。

Info
- 🏠 新潟縣新潟市中央区上大川前通 12 番町 2733
- 🚌 JR「新潟」站乘循環觀光巴士，於「旧小澤家住宅入口」站下車，車程約28~33分鐘
- 🕐 09:30~17:00　🚫 星期一、12月28日至翌年1月3日
- 💲 成人￥200(HK\$15)，中、小學生￥100 (HK\$7)；與旧齋藤家別邸 (P.303) 的共通券「北前船の記憶～みなとまち豪商の館めぐり」成人￥400(HK\$30)，中、小學生￥160(HK\$12)
- ☎ 025-222-0300
- 🌐 www.nchm.jp/ozawake

Online Map

▲小澤家原為米商，為新潟市內其中一位富豪。
(相片由新潟市觀光會議協會提供)

國家名勝 旧齋藤家別邸 〜 地圖 P.298 | MAPCODE 524 005 666 | 賞楓

旧齋藤家別邸為富商齋藤喜十郎於 1918 年建設的別邸，佔地超過 4,550 平方米，裏面包括主屋、茶屋、兩座土藏等。回遊式庭園利用天然沙丘地形設計，加上近代和風建築，於 2015 年被列為國家名勝。

▲ 大部分房間都可賞庭園美景。

▶ 旧齋藤家別邸門口。

▲ 回遊式庭園依地形建成。秋天來到旧齋藤家別邸，可欣賞紅楓美景，拍攝的每幅照片都像明信片般漂亮。

Info
🏠 新潟県新潟市中央区西大畑町 576 番地行形亭側
🚌 JR「新潟」站乘循環觀光巴士，於「北方文化博物館新潟分館前」站下車，車程約 28~33 分鐘，步行約 2 分鐘；班次見 P.295
🕐 10 月至 3 月 09:30~17:00，4 月至 9 月 09:30~18:00
🚫 星期一及公眾假期翌日，12 月 28 日至翌年 1 月 3 日
💲 成人 ¥300(HK$22)、中、小學生 ¥100(HK$7)；逢星期六、日及公眾假期免費；與旧小澤家住宅 (P.302) 的共通券「北前船の記憶～みなとまち豪商の館めぐり」成人 ¥400(HK$30)，中、小學生 ¥160(HK$12)
☎ 025-210-8350
🌐 saitouke.jp

祈求良緣到臨 白山神社 〜 地圖 P.298 | MAPCODE 32 874 476

白山神社為新潟市的總鎮守 (神社本廳)，亦是縣內最具代表性的神社。神社主祭神為主結緣的菊理媛大神、眾神之首伊邪那岐大神，以及伊邪那美大神。白山神社每年正月都會舉行白山祭，吸引多達 18 萬人前往祈福，非常熱鬧。

▲ 連御守也有 Hello Kitty 的蹤影，更有趣的是中間那個是保護牙齒的御守！(¥800，HK$60)

▲ 看到朱紅色的大鳥居，就知道神社已近在咫尺。

▶ 祈求結緣的繪馬上印有甚受歡迎的 Hello Kitty!

▲ 不少學生都會前來神社祈求學業進步。

Info
🏠 新潟県新潟市中央区一番堀通町1-1
🚌 JR「新潟」站乘循環觀光巴士於「白山公園前」站下車步行約 5 分鐘，車程約 12 分鐘
☎ 025-228-2963
🌐 www.niigatahakusanjinja.or.jp

Tips!
白山祭
日本人每年 1 月 1 日都會到神社參拜，並稱為「初詣」，意即新一年最初的參拜儀式，以多謝神明過去一年的保佑及祈求新一年平安順利。白山神社舉行的初詣稱為「白山祭」。屆時神社除了設有多個攤檔，舉行盛大的祭典外，還會擊鼓迎接新一年的來臨，並有巫女的舞蹈表演，場面非常熱鬧！

青森縣
岩手縣
宮城縣
秋田縣
山形縣
福島縣
新潟縣

掌握最新動漫情報 新潟市漫畫之家 新潟市マンガの家 地圖 P.298

新潟市除了有新潟市漫畫·動畫情報館 (P.300)，還有漫畫之家免費開放予遊客參觀。2 樓展示了新潟縣出身的漫畫家作品，地面那層則有各漫畫家的看板介紹，並有限量精品出售。遊客可親身體驗製作漫畫。

▲新潟市漫畫之家。

裏面設置了小遊戲，只要擺出《阿松》中的角色井矢見的招牌姿勢，系統便會自動把你化身成漫畫中一員。

Info

- 🏠 新潟縣新潟市中央區古町通6-971-7
- 🚌 JR「新潟」站乘循環觀光巴士於「東堀通六番町」站下車步行約 3 分鐘，車程約 9 分鐘
- 🕐 11:00~19:00
- 🚫 星期三，12月29日至翌年1月3日
- ☎ 025-201-8923
- 🌐 house.nmam.jp

Online Map

新鮮食材集中地 本町市場 地圖 P.298

本町市場亦稱為「本町通」，位於本町第六商店街，長約 150 米，共有接近 40 間店鋪，大部分都是出售新鮮食材的蔬果及海產店鋪，因此亦有「庶民之台所」之稱。街上的本町食品中心，售賣各種食材之餘亦有多間食店，不少遊客均會到此覓食一番。

▲本町市場擁有日本商店街的獨特建築風格：圓拱形屋頂。

▲本町食品中心 (本町食品センター)。

Info

- 🏠 新潟縣新潟市中央區本町通 6-1105
- 🚌 JR「新潟」站乘循環觀光巴士於「本町」站下車步行約 3 分鐘，車程約 7 分鐘
- 🕐 約 09:00~18:00(各店營業時間不一)
- ☎ 025-222-4790
- 🌐 www.honcho6.com

Online Map

尋找昭和風味老店 人情橫丁 地圖 P.298

就在本町市場旁的人情橫丁於 1951 年創立，自新津屋小路延伸約 160 米，沿路有約 40 家店鋪，以出售食材及雜貨為主。現時人情橫丁依舊充滿昭和風味，許多小店均是經營數十年的老店，遊客可於此邊買買吃吃，邊感受一下日本舊日情懷。

▲人情橫丁至今依然保留許多老店。

▲阿部鮮魚店提供現烤海鮮，燒魚每條 ¥700(HK$52)。

Info

- 🏠 新潟縣新潟市中央區上大川前通 6-1202
- 🚌 JR「新潟」站乘循環觀光巴士於「本町」站下車步行約 3 分鐘，車程約 7 分鐘
- 🕐 約10:00~17:00(各店營業時間不一)
- ☎ 025-222-0303
- 🌐 www.ninjo-yokocho.com

Online Map

(相片由新潟市觀光會議協會提供)

逾 2 萬隻海洋生物 新潟市水族館 マリンピア日本海

地圖 P.297、298　**MAPCODE®** 524 003 443

　　新潟市水族館於 1964 年開業，至
1990 年遷移至現址，並於 2002 年擴建，
成為本州日本海側最大型的水族館。現
時館內飼養了 450 種、超過 2 萬隻海洋
生物，同時積極繁殖漢波
德企鵝，並於館內設
置企鵝專區，為喜愛
海洋生物人士必到之
處。

▲水族館曾於 2013
年重新裝修。

▶紀念品店位於
水族館出入口位
置，不少更是限
定的精品。

▲企鵝區內飼養了
許多可愛的企鵝！

▶職員介紹巨型的海獅，還有即場餵飼環節。

▲水母如在水中跳舞一樣，看了讓人心情愉快。

Info

🏠 新潟県新潟
市中央区
西船見町
5932-445

Online Map

🚌 JR「新潟」
站乘循環觀光巴士於
「水族館前」站下車，
車程約22 分鐘

🕐 09:00~17:00

❌ 3 月第一個星期四及五，
12 月 29 日至翌年 1 月
1 日

💲 成人 ¥1,500 (HK\$112)，
初中生及小學生 ¥600
(HK\$45)，4 歲或以上小
童 ¥200(HK\$15)，3 歲
或以下免費

☎ 025-222-7500

🌐 www.marinepia.or.jp

▲水族館內有多個大型魚缸及養殖缸，喜歡海洋生物的朋友來這裏就最適合不過。

◀海底隧道令遊客猶如置身水底一樣。

賞櫻觀鳥 鳥屋野潟公園　地圖 P.297　賞櫻

MAPCODE® 鐘木地區：32 755 098　　**MAPCODE®** 女池地區：32 786 612

　　鳥屋野潟公園分為女池地區與鐘木地區兩個區域。女池地區包括縣立圖書館與自
然科學館，並設展望台讓遊客飽覽潟湖，湖畔種有櫻花樹，為春天賞櫻勝地。鐘木地
區同樣可賞櫻，而且它更是觀鳥的好去處，從觀鳥台可清楚欣賞湖區內的各種候鳥，
冬天時更可見到天鵝與雁！注意，園區範圍很大，前往女池及鐘木需在不同站下車。

Info

	女池地區	鐘木地區
🏠	新潟県新潟市中央区女池南 3-1-3　**Online Map**	新潟県新潟市中央区鐘木 451 番地　**Online Map**
🚌	JR「新潟」站南口乘女池線 S51 號或 S52 號的新潟交通巴士，於「野球場科學館前」站下車，步行約 8 分鐘，車程約 15 分鐘 (班次見 P.296)	JR「新潟」站南口乘女池線 S52 號的新潟交通巴士，於「鳥屋野潟公園前」站下車，車程約 28 分鐘 (班次見 P.296)
🕐	08:30~20:00（個別日子開放時間參考官網）	星期一至五 05:00~22:00
☎	025-285-1604	025-284-472
🌐	www.toyanogata-park.com	

▲鐘木地區的園區內種有多達 700 棵櫻
花樹，為新潟市內著名的賞櫻勝地。(相
片由新潟市觀光會議協會提供)

可欣賞鬱金香花海的休息站 新潟ふるさと村 地圖 P.297

MAPCODE 32 692 564

　　新潟ふるさと村本為縣內駕駛考試中心，於 1991 年改建成集結觀光與遊樂設施於一身的「道の駅」(休息站)。村內主要分為 3 部分：出售物產的バザール館、提供觀光情報的時之旅人館，以及設有歷史體感設施的アピール館。アピール館內展出明治至大正時期的街景，明治時期街道更不時會利用製雪機營造下雪效果。

▲ 春天時鬱金香滿開，形成一片花海。(相片由新潟市觀光會議協會提供)

🏠 新潟県新潟市西区山田2307
🚌 1. JR「青山」站乘味方線(W80 號)，或JR「青山」站、JR「新潟站前」或JR「新潟站南口」乘大野 • 白根線的新潟交通巴士，在「新潟ふるさと村」站下車；青山站發車約需10 分鐘，新潟站前約35 分鐘，南口約50 分鐘，班次見P.296
2. 從新潟市歷史博物館外的みなとぴあ碼頭乘信濃川水上巴士(P.299)，於「ふるさと村」碼頭下船

景點	開放時間
バザール館	09:30~17:30
アピール館	09:00~17:00(7月 20 日至 8 月 31 日 18:00 閉館)
時之旅人館	09:00~17:00(12月 31 日至翌年 1 月 1 日休館)

📞 025-230-3030　🌐 furusatomura.pref.niigata.jp

一代豪農宅邸 北方文化博物館 地圖 P.297

MAPCODE 32 588 169　賞楓

　　北方文化博物館 (Northern Culture Museum) 本為豪農伊藤文吉的宅邸，主要建築物共 26 棟，全部建於 1882 至 1889 年間，現時登陸為國家指定文化財。除了展示宅邸的建築間隔，還展示了各種珍貴的美術工藝品與考古資料，當中包括鎌倉時代的重要文化財《雪村友梅 墨跡 梅花詩》。

▲北方文化博物館擁有偌大的日本庭園，為秋天賞楓的好去處。(相片由新潟市觀光會議協會提供)

🏠 新潟県新潟市南区沢海 2-15-25
🚌 JR「新潟」站乘亀田 • 横越線(S94 或S95 號) 的新潟交通巴士，於「上沢海博物館前」站下車步行約2 分鐘，車程約45 分鐘(班次見P.296)
🕐 4月至11月09:00~17:00，12月至3月 09:00~16:30
💰 成人 ￥800(HK$60)，初中生及小學生 ￥400 (HK$30)
📞 025-385-2001　🌐 www.hoppou-bunka.com

佔地 14,000 平方米的文化財 旧笹川家住宅 地圖 P.297

MAPCODE 32 361 737

　　旧笹川家住宅通稱為「笹川邸」，為江戶時代初期村上藩「味方組」(其中一組領主的稱號)笹川家的故居，笹川家曾負責管轄 8 個村落。笹川邸佔地超過 14,000 平方米，連同主屋共有 11 棟建築物，現時為國家重要指定文化財。(因地震目前休館中。)

◀笹川邸佔地甚廣，遊客可在此慢慢參觀。(相片由新潟市觀光會議協會提供)

🏠 新潟県新潟市南区味方 216
🚌 JR「青山」站乘味方線(W80 號) 的新潟交通巴士，於「笹川邸入口」站下車，步行約3 分鐘，車程約50 分鐘(班次見P.296)
🕐 09:00~17:00
🚫 星期一，12月28日至翌年1月3日
💰 高中生或以上成人 ￥500(HK$37)，初中生及小學生 ￥300(HK$22)；逢星期六、日及公眾假期，初中生及小學生免費
📞 025-372-3006　🅿 免費
🌐 www.city.niigata.lg.jp/kanko/bunka/rekishi/bunkazai/shokai/sasagawatei.html

12.2
昔日風光山城
上越市

位於新潟縣西南邊的上越市，是縣內人口第三多的城市。日本古代著名大將上杉謙信與上越地區甚為有緣，曾在此建立繁盛一時的春日山城與城下町，因此每年 8 月這裏都會舉辦謙信公祭，近年更請來人氣歌手 GACKT 扮演謙信，刺激當地觀光業。

Tips!
上、中、下越地區？

新潟縣在古時稱為「越後國」，地區分為「上」、「中」、「下」：靠近「上方」(當時的京都)的就稱為「上越後」(新潟縣西南部)，上越市和妙高市同位於上越後地區。此外還有「中越後」和「下越後」地區。(文字：嚴潔盈)

上越觀光情報：
www.joetsu-kanko.net

縣內主要城市 前往上越市的交通：

1. JR 新潟站(新潟市) —— JR 特急信越本線 + 越後心跳鐵道妙高はねうまライン —→ JR 上越妙高站
（全程）約 2 小時 ┊ ￥4,790(HK$281)

2. JR 新潟站 — JR 上越新幹線 — JR 長岡站 — JR 信越本線 — JR 直江津站 — 越後心跳鐵道妙高はねうまライン —→ JR 上越妙高站
（全程）約 2 小時 58 分鐘 ┊ ￥4,520(HK$266)

3. 妙高高原站 — 越後心跳鐵道妙高はねうまライン ┊ 約 36 分鐘 ┊ ￥670(HK$39) —→ 上越妙高站

註：以上車費為自由席，乘搭指定席車費較貴。車費及時間僅供參考。

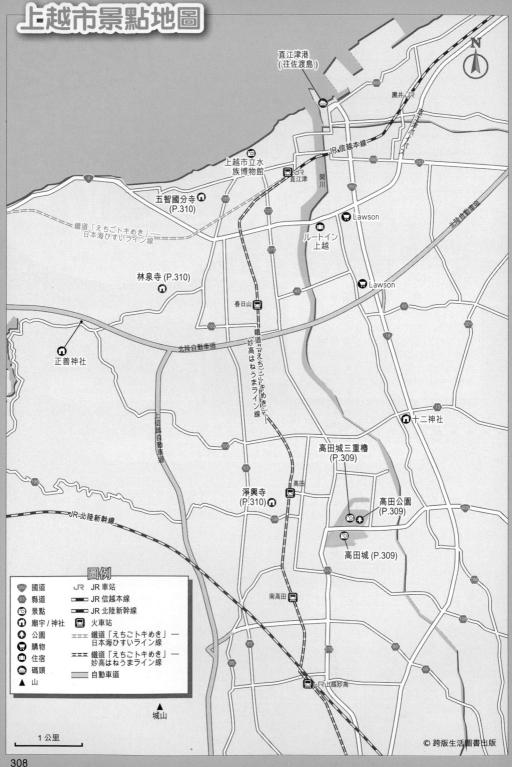

上越市景點地圖

直江津港
(往佐渡島)

黑井 JR

JR 信越本線

上越市立水
族博物館

JR
直江津

関川

Lawson

五智國分寺
(P.310)

ルートイン
上越

鐵道「えちごトキめき」
日本海ひすいライン線

Lawson

林泉寺 (P.310)

春日山

北陸自動車道

正善神社

北陸自動車道

鐵道「えちごトキめき」妙高はねうまライン線

十二神社

高田城三重櫓
(P.309)

淨興寺
(P.310)

高田

高田公園
(P.309)

高田城 (P.309)

JR-北陸新幹線

南高田

圖例

國道		JR	JR 車站
縣道			JR 信越本線
景點			JR 北陸新幹線
廟宇 / 神社			火車站
公園			鐵道「えちごトキめき」—日本海ひすいライン線
購物			鐵道「えちごトキめき」—妙高はねうまライン線
住宿			自動車道
碼頭			
山			

JR上越妙高

1 公里

城山

© 跨版生活圖書出版

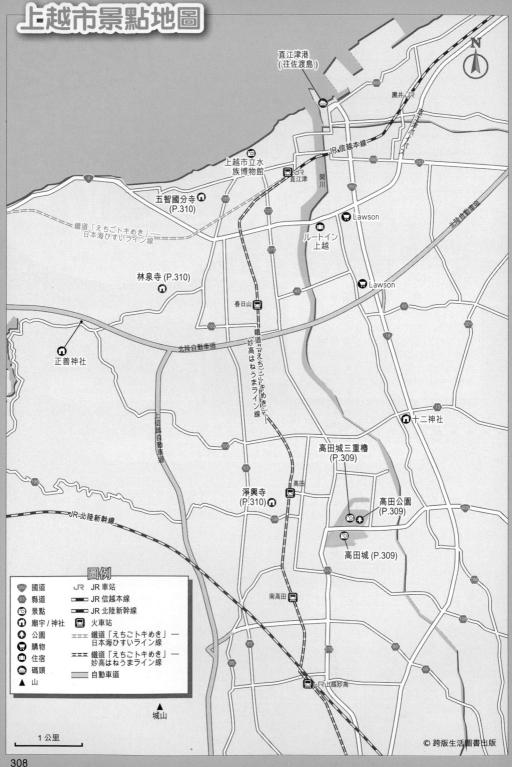

市內交通

市內交通以「えちごトキめき鉄道」(越後心跳鐵道) 及路線巴士為主。「えちごトキめき鉄道」提供兩條路線:「日本海ひすいライン」與「妙高はねうまライン」。遊覽本書上越市景點,主要乘搭越後心跳鐵道、JR 或計程車便可。

Info

「越後心跳鐵道」

種類	成人	小童
單程	￥190(HK$11) 起	￥100(HK$6) 起
1 日乘車券	￥500(HK$29)	￥250(HK$15)

www.echigo-tokimeki.co.jp

CNN 嚴選全球 5 大賞花名所 高田公園　地圖 P.308　

MAPCODE 126 375 777

高田公園本為高田城 (見下) 的一部分,在 1909 年為慶祝日本陸軍的甲種師團第 13 師團入城,在園內種植了 2,200 棵櫻花樹,現今已增至 4,000 棵,成為日本三大賞夜櫻場所之一,2012 年更獲 CNN 選為世界五大賞花名所之一。除了櫻花,高田公園的蓮花亦甚為有名,夏天會舉辦蓮花祭典,而蓮花盛開時吸引許多攝影發燒友前來拍攝。

◀密密麻麻的蓮花。

Info

🏠 新潟縣上越市本城町6-1
🚃 JR「上越妙高」站乘計程車約 15 分鐘,約 ￥1,180(HK$88)
☎ 025-526-5111
🌐 www.city.joetsu.niigata.jp/soshiki/toshiseibi/takada-castle-site-park.html

Online Map

(相片由新潟市觀光會議協會提供)

▲春天來到上越市,必定要來看看這個世界知名的櫻花名所。

飽覽高田美景 高田城　地圖 P.308

MAPCODE 126 376 635　賞櫻

高田城由德川家康第 6 名兒子松平忠輝建造,總監督為名將伊達政宗,於 1614 年建成,後在 1871 年廢城。明治時代由陸軍拆去本丸,現時的三重櫓建於 1993 年,地下及 2 樓為展示室,內裏展出與高田城相關的歷史資料,3 樓則為展望室,可飽覽高田城一帶的美景。

▶現時的高田城為復原建築。(相片由新潟市觀光會議協會提供)

Info

高田城三重櫓
🏠 新潟縣上越市本城町6-1
🚃 JR「上越妙高」站乘計程車約15 分鐘,約 ￥1,180(HK$84)
🕐 09:00~17:00　☎ 025-526-5915
🚫 星期一(遇假期改為翌日),假期翌日,12月29日至1月3日
💰 成人 ￥300(HK$22)、中、小學生 ￥150(HK$11)
🌐 www.city.joetsu.niigata.jp/soshiki/toshiseibi/takada-castle-site-park.html#a04

Online Map

400 多年的古老建築 五智國分寺　地圖 P.308　MAPCODE® 126 582 761

五智國分寺於 1562 年由上杉謙信移至現址，本堂於 1988 年燒毀，至 1997 年重建。本堂前的三重塔是上越地方唯一高塔，於 1865 年建成，現為縣指定文化財。國分寺內的經藏是市內最古老的建築物，於 1693 年建成，至今已有 400 多年歷史，為上越市指定文化財，值得參觀。

info
🏠 新潟縣上越市五智 3-20-21
🚃 JR「直江津」站步行約 20 分鐘
☎ 025-543-3069
🌐 www5c.biglobe.ne.jp/~etigo

Online Map

▲五智國分寺的塔面有十二干支的雕刻。

▲聖武天皇在 1,200 年前為了和平與繁榮，下令建成五智國分寺。

（相片由新潟市觀光會議協會提供）

歷史悠久的寺院 淨興寺　地圖 P.308　MAPCODE® 126 403 116

淨興寺創建於 1214 年，但在 1263 年因小田泰知之亂而燒毀，後至 1679 年於現址建成本堂，現時為國家指定重要文化財。寺院面積達 3.3 萬平方米，包括本堂、鐘樓、經藏、太子堂、御殿、書院、食堂、庫裏、惣門、中雀門、親鸞廟，當中以本堂最為珍貴，為縣內具代表性的佛教建築。

info

◀親鸞廟又稱本廟，內裏安放了親鸞聖人的骸骨。（相片由新潟市觀光會議協會提供）

🏠 新潟縣上越市寺町2-6-45
🚃 JR「上越妙高」站乘えちごトキめき鐵道的妙高はねうまライン線，於「高田」站下車，步行約8 分鐘
☎ 025-524-5970
🌐 www.johkohji.com

Online Map

春日山城唯一現存建築 林泉寺　地圖 P.308　MAPCODE® 126 521 573

一代名將上杉謙信與長尾氏均曾於春日山城居住。春日山城別稱「鉢峰城」，推斷約於 958 年建成，現時只剩下城跡，而林泉寺原本建於市內春日山城山麓，後來於江戶時代初遷移至現址，是春日山城唯一現存建築。1925 年，寺廟為慶祝上杉謙信誕生 400 年再建山門，並由出身自直江津市的雕刻家滝川美堂製成一座高達 4 米的仁王像。

info

🏠 新潟縣上越市中門前 1-1-1
🕐 10:00~16:00　☎ 025-524-5846
🚃 JR「上越妙高」站乘えちごトキめき鐵道的妙高はねうまライン線，於「春日山」站下車，再步行約20 分鐘；或乘計程車前往，車程約5 分鐘，車費約￥3,520(HK$249)
💲 成人￥500(HK$37)，初中生及小學生￥250(HK$19)
🌐 www.valley.ne.jp/~rinsenji

Online Map

▲山門為慶祝上杉謙信誕生而建。(相片由新潟市觀光會議協會提供)

妙高市位於新潟縣西南邊，與長野縣接壤，為日本少數豪雪地帶。這裏最為人熟悉的，必定是妙高高原的大自然美景。高原上有多達9個滑雪場，冬季時遊客絡繹不絕，夏天則變身成著名避暑勝地，加上接通來往東京的新幹線，讓妙高市成為新興的度假景點。

妙高市觀光協會：
www.myoko.tv

縣內主要城市 前往妙高市的交通：

1. JR 新潟站 (新潟市) ─ JR 上越新幹線 ─ JR 長岡站 ─ JR 特急信越本線 ─ JR 直江津站 ─ 越後心跳鐵道妙高はねうまライン ─ 妙高高原站

(全程) 3 小時 24 分鐘　¥ 5,080(HK$299)

2. JR 上越妙高站 (上越市) ─ 越後心跳鐵道妙高はねうまライン ─ 妙高高原站

(全程) 約 32 分鐘　¥ 670(HK$39)

3. JR 東京站 (東京都) ─ JR 北陸新幹線 ─ JR 長野站 ─ 信濃鐵道北しなの線 ─ 妙高高原站

(全程) 2 小時 31 分鐘　¥ 8,990(HK$529)

註：以上車費為自由席，乘搭指定席車費較貴。車費及時間僅供參考。

市內交通

主要為乘搭「越後心跳鐵道」至「妙高高原」站，再步行或轉乘計程車前往景點。

欣賞壯麗風景 觀光鐵道えちごトキめき雪月花號

雪月花號於 2016 年春天開始運行，行走妙高高原至系魚川，最特別之處是擁有日本最大型的展望車廂，可讓遊客可 180 度欣賞妙高山及日本海等的壯麗風光。列車分為兩節，共可接載 45 名乘客，全為指定席，二號車更設計成餐車，可點新潟縣出產的高級餐點，當中包括餐湯、三層便當及甜品，另外還有列車限定精品，令旅程更錦上添花呢！

Info

⏱ 運行日期：大部分星期六、日及公眾假期運行，個別運行日子請參考網頁

運行班次：

上越妙高	關山	二本木	妙高高原	直江津	筒石	糸魚川
10:35 開出	/	10:56 到達 /11:03 開出	11:23 到達 /11:28 開出	12:10 到達 /12:24 開出	12:44 到達 /12:56 開出	13:16 到達
10:35 開出	/	10:51 到達 /11:03 開出	11:23 到達 /11:28 開出	12:10 到達 /12:21 開出	12:39 到達 /12:46 開出	13:14 到達
16:45 到達	/	15: 29 到達 /15:40 開出	16:00 到達 /16:15 開出	14:57 到達 /14:49 開出	14:18 到達 /14:27 開出	13:59 開出
16:45 到達	16:22 到達 /16:26 開出	15:29 到達 /15:40 開出	16:00 到達 /16:15 開出	14:57 到達 /14:49 開出	14:18 到達 /14:27 開出	13:59 開出

💲 每天午前和午後兩班的收費都是每位￥24,800(HK$1,377)，大小同價，都包一杯飲品和餐點，
午前的餐點是西餐，午後的餐點則是日式料理。
乘客可另加￥15,000(HK$1,095)預約二號車的展望專用空間，可供3至4人共同使用。

🌐 www.echigo-tokimeki.co.jp/setsugekka

© 跨版生活圖書出版

妙高高原大範圍地圖

妙高高原景點地圖

妙高山

関山站

妙高高原 (P.313)

10 公里

© 跨版生活圖書出版

妙高高原景點地圖

N

不動滝 (P.313)

関温泉站

光明滝

妙高山

白滝

山頂站

赤倉溫泉

圖例

- 國道
- 縣道
- 景點
- 滑雪場
- 溫泉
- 山
- 巴士站
- 纜車站
- •••• 妙高高原纜車線
- JR 飯山線
- JR 北陸新幹線
- 火車站
- 鐵道「えちごトキめき」— 妙高はねうまライン線
- しなの鐵道北しなの線
- 赤倉溫泉
- 妙高高原
- 自動車道

山麓站

妙高高原纜車 (P.313)

いもり池 (P.313)

妙高杉ノ原滑雪場 (P.313)

妙高高原站

苗名滝 (P.313)

1 公里

© 跨版生活圖書出版

溫泉、滑雪場齊集 妙高高原 地圖 P.312 〔MAPCODE〕妙高高原纜車站：469 201 049

　　妙高高原屬上信越高原國立公園的一部分，位於妙高山東面山麓的平原地帶，有豐富的溫泉源流，所以圍繞高原有多達 8 個溫泉鄉，包括赤倉溫泉、新赤倉溫泉、池之平溫泉、杉野澤溫泉、妙高溫泉、關溫泉、燕溫泉和松峰溫泉。不過，更多人喜歡於冬天造訪，因為妙高高原會成為滑雪勝地，高原一帶有多達 9 個滑雪場，吸引不少遊客每年前來一展身手。

▲いもり池位於池之平，標高 2,454 米，天氣晴朗時可看到妙高山的倒影。

　　另外，若想好好欣賞妙高高原的風光，可以乘搭纜車約 11 分鐘到妙高山山頂賞景，再經山路或乘搭纜車返回赤倉溫泉。

Info

🏠 新潟縣妙高市田切 216
🚌 在えちごトキめき鉄道妙高はねうまライン線的「妙高高原」站，轉乘計程車前往纜車站，車程約 7 分鐘
🕐 7 月中旬至 11 月上旬每日運行，星期一至五 08:00～16:00，星期六、日及公眾假期 08:00～16:30，暑假提早至 07:30 營運（詳細日子請參考網站）
💲

種類	初中生或以上	小學生
單程	¥1,400(HK$97)	¥800(HK$52)
來回	¥2,000(HK$134)	¥1,000(HK$67)

📞 0255-87-2503
🌐 www.akr-sky.com

(相片由新潟市觀光會議協會提供)

▲妙高杉ノ原滑雪場由大王子飯店營運，擁有 8.5 公里長的滑雪道。

日本 100 滝之一 苗名滝 地圖 P.312 〔MAPCODE〕469 048 496

　　苗名滝位於新潟縣與長野縣交界，在關川上流位置，高度達 55 米，為日本 100 滝之一。夏季時，瀑布周邊甚為涼快，是避暑好去處；而 10 月中旬開始四周紅葉滿載，與不動滝(見下)同為市內賞楓熱點。

Info

🏠 新潟縣妙高市杉野沢
🚌 由えちごトキめき鉄道妙高はねうまライン線的「妙高高原」站，乘計程車前往，車程約 15 分鐘，約 ¥2,800(HK$209)

▶苗名滝高度達 55 米！(相片由新潟市觀光會議協會提供)

溪谷美景 不動滝 地圖 P.312 〔MAPCODE〕469 259 119

　　不動滝又稱為大滝，位於關溫泉(関温泉)的溪谷間的不動大橋之下，高度達 20 米。秋天紅葉期間，四周溪谷會染成一片紅黃顏色，是市內著名的賞楓勝地。

Info

🏠 新潟縣妙高市関温泉　📞 0255-86-3911
🚌 由えちごトキめき鉄道的「妙高高原」站乘妙高はねうまライン線，於「関山」站下車，再轉乘市營巴士の関・燕温泉線至「関温泉」站下車，車程約 15 分鐘，步行約 15 分鐘，巴士班次見下：
• 関山站發車 06:14、07:43、09:03、10:40、13:34、15:40、17:22
• 温泉站發車(回関山站) 06:37、08:15、09:40、11:35、14:30、16:20、18:03
註：紅字班次為星期六、日、公眾假期及 12 月 31 日至翌年 1 月 3 日停駛

▶紅葉季節，許多遊客都會來到不動滝賞楓。(相片由新潟市觀光會議協會提供)

12.4
舊時日本最大金礦
佐渡島

佐渡島是日本第六大島嶼，於 1601 年更因發現全日本最大的金礦而成為江戶時代三大金山之一，亦是世上持續發掘壽命最長的金山。在古時，佐渡島是流放貴族之地，因此不少原住民均為貴族後代。

建議自駕

佐渡市公式觀光情報：
www.visitsado.com

前往佐渡島的交通：

前往佐渡島需乘搭佐渡汽船，可從新潟縣 2 個不同地點上船 (新潟港、直江津港)，前往佐渡島不同碼頭 (両津港、小木港)，而本部分的的交通方法均以両津港出發前往各大景點。部分往佐渡島的汽船設載車服務，自駕遊的旅客可直接登島遊覽，非常方便。汽船中以 Car Ferry 比較大型，共有六層，可載車，裏面還有樓梯，很有商場的感覺，而 Jetfoil 看上去像由香港往澳門的船。

Info
佐渡汽船
0570-200-310
www.sadokisen.co.jp

▲購買船票後，跟著人們登船。

▲高速船 Jetfoil。

Info

新潟港
- 🏠 新潟県新潟市中央区万代島 9-1
- ☎ 025-245-5111
- 🚌 從JR「新潟」站万代口乘搭巴士朱鷺メッセ・佐渡汽船線於總站下車即達，車程約15分鐘
- 💲 新潟港←→兩津港的船票

船種	ジェットフオイル (Jetfoil)	カーフエリー(Car Ferry)
票價	單　程　¥7,050(HK$415)，來回 ¥13,490(HK$794)；於網上提前預訂及付款可享單程票價折扣	包廂 ¥16,510(HK$971)，特等 ¥7,300(HK$429)，一等 ¥5,020(HK$295)，二等 ¥2,960(HK$174)
船程	1 小時 5 分鐘	2 小時 30 分鐘

- 🚌 註：以上票價為成人票價，小童可享半價
- 🚌 前往新潟港巴士班次：www.niigata-kotsu.co.jp/~noriai/route-bus/sadoferry/

Info

直江津港
- 🏠 新潟県上越市港町 1-9-1
- ☎ 025-543-3791
- 🚌 從JR「直江津」站乘搭巴士前往直江津港約需15分鐘，車費 ¥180(HK$13)
- 💲 乘搭高速カーフェリー (Fast Car Ferry) 來往「直江津港—小木港」的船票：成人一等單程 ¥5,020 (HK$295)，二等單程 ¥3,170(HK$186)，小童半價；船程約 1 小時 30 分鐘

佐渡島島內交通

　　遊覽佐渡島主要以「新潟交通佐渡」的路線巴士及自駕遊為主，巴士路線共有 15 條。如果怕景點太分散，可考慮於両津港的觀光案內所預約觀光計程車包車服務，節省時間。

Info

🌐 佐渡巴士：www.sado-bus.com/route

I. 觀光計程車／小型巴士

　　遊客可以利用觀光計程車(可載5人)或小型巴士(可載9人)，留意行程都是指定的。

行程	中型計程車	小型巴士	時間	行程路線
金山と朱鷺コース	¥25,500(HK$1,500)	¥18,600(HK$1,094)	3小時	両津港→佐渡金山→トキの森公園→両津港
史跡と朱鷺コース	¥25,500(HK$1,500)	¥18,600(HK$1,094)	3小時	両津港→妙宣寺→真野御陵→トキの森公園→両津港
金山・尖閣湾コース	¥42,500(HK$2,500)	¥31,000(HK$1,823)	5小時	両津港→佐渡金山→尖閣湾→七浦海岸→妙宣寺→両津港
小木散策とたらい舟コース	¥42,500(HK$2,500)	¥31,000(HK$1,823)	5小時	両津港→蓮華峰寺→たらい舟→宿根木集落→両津港

另外，亦可以選擇出租汽車和小型巴士，以下收費：

時間	小型巴士 (9 人)	汽車 (4~5 人)
3小時	¥29,100(HK$1,712)	¥21,000(HK$1,235)
4小時	¥38,800(HK$2,282)	¥28,000(HK$1,647)
5小時	¥48,500 (HK$2,852)	¥35,000(HK$2,058)

2. 相川週遊巴士 (相川周遊バス)

為了方便遊客遊覽佐渡金山，佐渡市營運名為「相川週遊巴士」的旅遊巴士，而且是免費乘搭。

途經地點：きらりうむ佐渡→相川 (佐渡市相川支所) →相川博物館前（北沢浮遊選鉱場跡）→佐渡版画村（佐渡奉行所跡）→佐渡金山

營運日子：2024 年 4 月 26 日～2024 年 10 月 31 日期間

往佐渡金山					
きらりうむ佐度	10:00	11:00	12:30	13:30	14:30
相川(佐渡市相川支所)	10:05	11:05	12:35	13:35	14:35
相川博物館前(北沢浮遊選鉱場跡)	10:07	11:07	12:37	13:37	14:37
佐渡版画村(佐渡奉行所跡)	10:09	11:09	12:39	13:39	14:39
佐渡金山	10:13	11:13	12:43	13:43	14:43

往きらりうむ佐渡					
佐渡金山	10:20	11:20	12:50	13:50	14:50
佐渡版画村(佐渡奉行所跡)	10:23	11:23	12:53	13:53	14:53
相川博物館前(北沢浮遊選鉱場跡)	10:24	11:24	12:54	13:54	14:54
相川(佐渡市相川支所)	10:30	11:30	13:00	14:00	15:00
きらりうむ佐渡	10:32	11:32	13:02	14:02	15:02

佐渡島交通券

佐渡新潟通票 (Sado Nigata Pass)

凡是已購買 JR 東日本鐵路週遊券或日本鐵路週遊券的旅客在新潟站萬代口觀光案內所或佐渡汽船新潟港詢問處出示週遊券均可購買，價錢為 ￥8,000(HK$471)。通票內容包括：

新潟市觀光循環巴士一日乘車券	可遊覽新潟市內多個景點，使用時售票櫃檯將優惠券兌換為實際的車票。
接駁車來回車票	新潟站台萬代口和新潟港之間的接駁車，車程為 15 分鐘。剪下週遊券上相關部分作為車票。
汽車渡輪二等艙來回乘船兌換券	新潟站～佐渡汽船新潟港往返 1 次，使用時售票櫃檯將優惠券兌換為實際的船票。
佐渡島內公車	從使用日期起連續 3 天，可自由乘搭佐渡內所有巴士路線。

另外，在佐渡觀光案內所出示佐渡新潟通票，租借電動單車時可以獲免首 2 小時 ￥500(HK$29) 的基本費用。

Info

新潟站萬代口觀光案內所
🕐 09:00~19:00
☎ 025-241-7914

佐渡汽船新潟港詢問處
🕐 08:00~16:00
☎ 025-245-1234
🌐 sado-niigata.com/pass/

佐渡島景點地圖

圖例

- 49 國道
- 45 縣道
- 景點
- 住宿
- 廟宇 / 神社
- 機場
- 郵局
- 碼頭
- 山
- 巴士站
- ···· 両津港 ←→ 新潟港航線
- ···· 小木港 ←→ 直江津港航線

N

二ツ亀 みなと屋
（佐渡島）

鷺崎郵便局

▲ 椎ノ木平山

▲ 三度倉山

浦川郵便局

羽黒神社

ドンデン山荘

佐渡島

湖畔の宿 吉田家
（P.339）

両津港

両津港 ←→ 新潟港

佐渡海鮮市場
かもこ觀光中心
（P.319）

佐渡版画村
美術館

佐渡空港

加茂湖

秋津東站

佐渡金山
（P.321）

朱鷺之森公園
（P.320）

相川站

トキの森
公園站

新潟縣來往佐渡島地圖

N

両津港

両津港 ←→ 新潟港

新潟港

新潟市

小木港碼頭

直
江
津
港

小
木
港

小布勢ダム

西三川站

長岡市

佐渡西三川黄金公園
（P.318）

直江津港

宿根木集落
（P.320）

佐渡木盆船
（P.319）

上越市 © 跨版生活圖書出版

20 公里

宿根木站

赤泊港

小木港碼頭

2 公里

© 跨版生活圖書出版

體驗淘金滋味 佐渡西三川黃金公園
佐渡西三川ゴールドパーク

地圖 P.317　　MAPCODE® 278 215 357

▲資料館門口站着閃閃發亮的大黑天財神！

西三川砂金山雖未有確實記錄於何時發現，但據歷史記載很可能自平安時代已存在，即至今已超過 1,000 年，為佐渡最古老的金山。佐渡西三川黃金公園內的資料館，除了展出與黃金有關的展品，最有趣的莫過於可親身體驗淘金！公園的入場費已包括淘金體驗費用，限時 30 分鐘，遊客可按照職員指示淘出金片，再付費加工成卡片或電話繩等。

◀淘得的金片不多的話，可以 ¥500(HK$37) 製成卡片收藏，亦可將淘到的小金片製成電話繩，加工費 ¥1,500(HK$112) 起。

淘金五步曲

▶觀看短片

Step 1 把膠盆帶有圓孔的那邊轉向自己。

Step 2 膠盆面向外，向下連砂帶水挖起來。

Step 3 把膠盆左右快速旋轉，撇除較重的砂石。

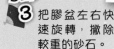

Step 4 在剩餘的砂石中找尋小金片。

Step 5 把找到的金片放入膠瓶中帶回家，或將它製成紀念品。

▲每年限量發售的金箔芝士蛋糕 (¥980，HK$73)。

Info

🏠 新潟県佐渡市西三川 835-1

🚌 由佐渡島両津港佐渡汽船巴士站乘本線的路線巴士，於「佐和田BS」站下車，轉乘小木線的路線巴士，於「ゴールドパーク」站下車，步行約3分鐘，連轉車車程約1小時30分鐘或以上

由ゴールドパーク站返回佐和田BS站的班次為：10:29、11:54、12:44、14:14、15:54、17:14、17:44

其餘本線、小木線發車班次請參考巴士官網

🕐 3月至4月及9月至11月 08:30~17:00，5月至8月 08:30~17:30，12月至2月 09:00~16:30

💲 初中生或以上 ¥1,200(HK$71)，小學生 ¥1,000(HK$59)

☎ 0259-58-2021

🌐 www.e-sadonet.tv/~goldpark

Online Map

乘坐《千與千尋》的洗衣木盆 佐渡木盆船 たらい舟

地圖 P.317 **MAPCODE** 木盆船上船位置 782 228 388

　　佐渡島獨有的木盆船是遊客來到必玩項目之一。木盆船始於明治時期，由洗衣木盆改良，由於小木海岸一帶有許多不容易看見的岩礁，大部分時間都風平浪靜，因此小船可穩定前進及捕魚，船程約 7~8 分鐘。或許你會覺得木盆船似曾相識，其實在宮崎駿電影《千與千尋》中，小千就曾乘坐過小木盆。

▲ 乘搭木盆船的碼頭。

駕船的姨姨會讓乘客試撐一會兒！

Info

- 🏠 新潟縣佐渡郡小木町大字小木町 184
- 🚌 由上越市的直江津港乘汽船(P.315) 至小木港；或從佐渡島兩津港佐渡汽船巴士站乘新潟交通佐渡的本線路線巴士，於「佐和田 BS」站下車，轉乘小木線的路線巴士，於「小木港佐渡汽船」站下車，總車程約 2 小時或以上
- 🕐 3 月至 8 月 10 日、8 月 17 日至 10 月 25 日 08:30~17:00，8 月 11 日至 16 日 08:00~17:00，10 月 26 日至 11 月 25 日 08:30~16:40，11 月 26 日至 2 月 09:00~16:00
- 💲 初中生或以上 ¥700(HK$11)，4 歲至小學生 ¥400(HK$24)
- ☎ 0259-86-3153
- 🌐 park19.wakwak.com/~rikiya kankou

Online Map

▲ 每隻木盆船最多可載 3 名成人。

品嘗海鮮盛宴 佐渡海鮮市場 かもこ觀光中心 地圖 P.317

MAPCODE 278 890 193

　　佐渡島盛產海鮮，想吃海鮮可來到佐渡海鮮市場 かもこ觀光中心，距兩津港只需 10 分鐘車程。除了 2 樓的餐廳，在地面那層的市場亦可買到即食的包裝海鮮，如佐渡特產「一夜干し」(魷魚乾)，冬季時則可吃到當地盛產的甜蝦，20 隻甜蝦刺身只售 ¥156(HK$11)！市場內有超級市場，除了一般家用品，也有佐渡土產及手信。

Info

- 🏠 新潟縣佐渡市加茂歌代 448
- 🚌 由兩津港乘本線的佐渡巴士，於「秋津東」站下車，步行約 2 分鐘
- 🕐 地面層市場夏季期間 08:00~17:00，2 樓餐廳夏季期間 10:00~14:00
- ☎ 0259-23-4100

Online Map

▲ 來到佐渡島，當然要到海鮮市場逛一圈！

▲ 以佐渡島兩大特產：魷魚及海藻製成的米果 (¥400，HK$30)，作為手信相當不錯。

縣內唯一傳統建造物群保存區 宿根木集落 `地圖 P.317`

MAPCODE® 782 194 376

青森縣
岩手縣
宮城縣
秋田縣
山形縣
福島縣

新潟縣

宿根木集落位於佐渡島最南端，為江戶寬文期間造船工聚居之地。集落沿狹窄的地形建成一棟棟木房子，極具特色，2015 年被選為新潟縣唯一傳統建造物群保存地區。JR 東日本公司為了宣傳新潟縣，曾邀請著名女星吉永小百合到宿根木拍攝宣傳短片與海報，吸引不少遊客特地前來！

▲參觀集落前，記得先投下保存協力費（￥100，HK$7）給案內所。

◀部分房屋以造船剩餘的木板建成，這些木板稱為「腰板」，每塊達 36mm 厚，可防蟲，耐久度可達數年。

▲集落面積不大，木房子加上彎彎曲曲的小路，成為宿根木一大特色。

▲從不同角度看出去都能看到不一樣的景色。

Info

🏠 新潟縣佐渡市宿根木
🚌 由佐渡島小木港佐渡汽船巴士站乘宿根木線的路線巴士，在「宿根木」站下車，步行約10分鐘，車程約12分鐘，班次見下：

小木港佐渡汽船站	10:40、12:10、13:51
宿根木站（回小木港）	12:05、13:35、15:15

從兩津港乘本線的路線巴士於「佐和田 BS」站下車，轉乘小木港的路線巴士於「小木港佐渡汽船」站下車，再轉乘宿根木線的佐渡巴士，於「宿根木」下車，步行約10分鐘，連轉乘車車程約2 小時以上
💰 町並保全協力費：￥100(HK$7)
🏢 宿根木體驗學習館：
☎ 0259-86-2077
🌐 shukunegi.com

Online Map

難得一見的野生縣鳥 朱鷺之森公園 トキの森公園 `地圖 P.317`

MAPCODE® 278 741 120

朱鷺為新潟縣的縣鳥，屬於瀕臨絕種的鳥類，現時全球數量只剩 2,000 多隻，而野生的更只有 1,000 隻。除了中國陝西省，佐渡島是日本唯一有野生朱鷺棲息的地方，在朱鷺之森公園就有約 70 隻，遊客可在此觀看這種罕見的鳥類。

◀朱鷺之公園距両津港碼頭約 15 分鐘車程。

◀朱鷺天生膽小，只能遠觀，且要保持安靜，所以遊客

Info

🏠 新潟縣佐渡市新穗長畝 383-2
🚌 由佐渡島兩津港佐渡汽船巴士站乘南線的路線巴士，於「トキの森公園」站下車，車程約20 分鐘
🕐 08:30～17:00
🚫 星期一(3月至11月無休)，年末年始
💰 協力費高中生或以上￥400(HK$30)，初中生及小學生￥100 (HK$7)
☎ 0259-22-4123
🌐 www.city.sado.niigata.jp/site/tokinomori/

Online Map

新潟交通佐渡巴士班次

曾是全球最大金礦 佐渡金山 〔地圖 p.317〕 〔MAPCODE〕® 278 721 614

　　佐渡金山為日本最大金礦，來到島上當然要參觀一下這個金礦史跡。金山最先於 1601 年由鶴子銀山的山師 3 人發現，並歸納為德川家康領地，成為江戶時代幕府政權的重要財產來源。最高峰時每年生產 400 公斤黃金，成為當時世界上最大的金礦。至 1967 年，這裏被列為佐渡金山遺跡，並於 1989 年停止發掘。

▶ 舊日採礦輸送車。

▲ 宗太夫坑內的模型重現舊日工人採礦時的情景。部分機械模型會動起來，沒有心理準備的話會隨時被嚇一跳。

〔道遊坑〕
▶ 坑道保留完整，更有保留輸送車軌道，走在其中很有冒險氣氛。

▲ 金山設有商店。商店上層為第一和第二展示室，展出淘金的歷史資料。

▲ 紀念品商店內有各式各樣與黃金有關的精品，包括這款食用金箔（￥1,000，HK\$75），買一包頓時覺得變富有了！

〔宗太夫坑〕
▲ 道遊坑出口可連接到宗太夫坑。

▲ 利用放大鏡可見到金子埋藏於金礦的夾縫中。

Info
- 新潟県佐渡市下相川 1305 番地
- 由佐渡島兩津港佐渡汽船巴士站乘本線的路線巴士，於「相川」站下車，轉乘七浦海岸線的路線巴士，於「佐渡金山前」站下車，連轉乘車程約2個半小時以上
- 4月至10月08:00~17:30，11月至3月08:30~17:00
- 0259-74-2389
- www.sado-kinzan.com

Online Map

Tips! 深入金山 感受昔日輝煌！

　　遊客可參加多條導賞路線深入坑道，其中「明治官營礦山路線」及「江戶金山繪卷路線」同為國家史跡。坑道內設多組模型，重現舊日發掘金坑時的情景。

路線	成人	初中生、小學生	時間及備註
1. 江戶金山繪卷（宗太夫坑）路線	￥1,000（HK\$59）	￥500（HK\$29）	全程約 30 分鐘
2. 明治官營礦山（道遊坑）路線	￥1,000（HK\$59）	￥500（HK\$29）	全程約 40 分鐘
3. 世界遺產團 * 有導賞員	￥3,000（HK\$176）	￥2,550（HK\$150）	• 4月至11月 09:00、10:00、11:00、14:00、15:00、16:00 出發，全程約 30 分鐘 • 出發前一天預約
4. 山師考察團（江戶坑道探險路線）* 有導賞員	￥2,500（HK\$147）	初中生 ￥2,500（HK\$147）（不接受小學生）	• 4月至11月 10:00、14:00 出發，全程約 50 分鐘 • 每團最多 10 人，出發前一天預約

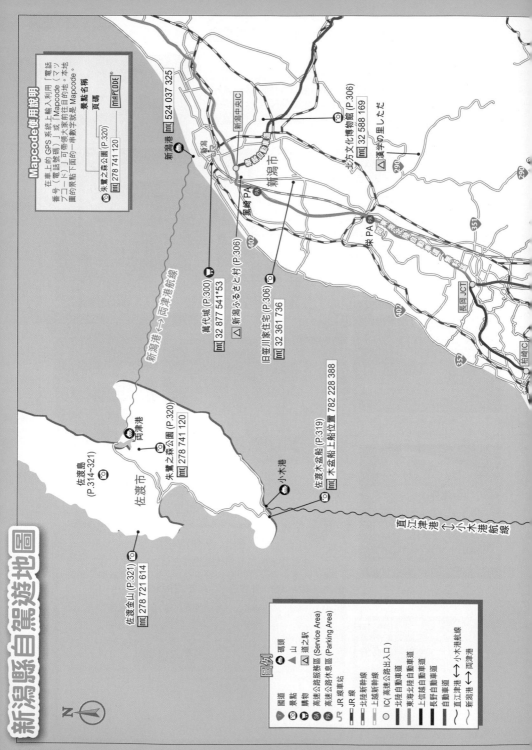

新潟縣自駕遊地圖

Mapcode使用說明

在車上的GPS系統上輸入利用「電話號碼（電話號碼）」或「Mapcode（マプコード）」可帶領大家前往目的地。本地圖的景點下面的串數字就是Mapcode。

景點名稱 —— 頁碼

◎ 朱鷺之森公園 (P.320)
🄼 278 741 120 —— MAPCODE®

新潟港 🄼 524 037 325

新潟

新潟中央IC

北方文化博物館 (P.306)
🄼 32 588 169

🔺漢字の里しただ

新潟市

黑崎PA

萬代城 (P.300)
🄼 32 877 541*53

🔺新潟ふるさと村 (P.306)

旧笹川家住宅 (P.306)
🄼 32 361 736

朱鷺 PA

新潟港 ↔ 両津港航線

長岡 JCT

佐渡島
(P.314~321)

両津港

佐渡市

朱鷺之森公園 (P.320)
🄼 278 741 120

小木港

佐渡木盆船 (P.319)
🄼 木盆船上船位置 782 228 388

佐渡金山 (P.321)
🄼 278 721 614

直江津港 ↔ 小木港航線

圖例

- 🔻 國道
- ● 景點
- ● 購物
- 🄢 高速公路服務區 (Service Area)
- 🄟 高速公路休息區 (Parking Area)
- 🔻 碼頭
- 🔺 山
- 🔺 道之驛 (Service Area)

JR JR線車站

━━ JR線
━━ 北陸新幹線
━━ 上越新幹線

- ○ IC (高速公路出入口)
- ━━ 北陸自動車道
- ━━ 東海北陸自動車道
- ━━ 上信越自動車道
- ━━ 長野自動車道
- ━━ 自動車道
- 〜〜 直江津港 ↔ 小木港航線
- 〜〜 新潟港 ↔ 両津港航線

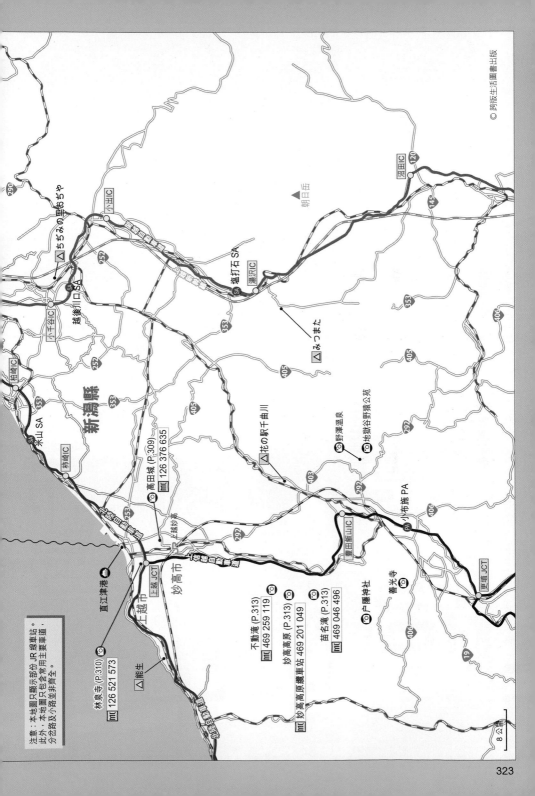

© 跨版生活圖書出版

朝日岳

越後川口 SA

越後川口IC

小出IC

塩打石 SA

湯沢IC

小千谷IC

△ちぢみの里おぢや

柏崎IC

△みつまた

新潟縣

米山 SA

柿崎IC

△花の駅千曲川

野澤温泉

△地獄谷野猿公苑

高田城 (P.309)
☎ 126 376 635

小布施 PA

豊田飯山IC

豊田飯山IC

戶隱神社

善光寺

須坂 JCT

妙高市

上越 JCT

直江津港

林泉寺 (P.310)
☎ 126 521 573

△能生

上越市

不動滝 (P.313)
☎ 469 259 119

妙高高原 (P.313)
☎

妙高高原車站 469 201 049

苗名滝 (P.313)
☎ 469 046 496

8 公里

注意：本地圖只顯示部分 JR 線車站。
此外，本地圖只包含各常用主要車道；
分公路及小路並非齊全。

Part 13

精選住宿

預訂酒店

推薦預訂酒店網站

若計劃自行上網預訂住宿,可先瀏覽酒店的官方網站及各大旅行網站,比較同一家酒店的住宿價錢及提供的服務(如包早餐、接送、溫泉等),有時或會發現更優惠的價格!另外,透過網站訂房後,記得把確認訂房信列印出來。以下提供數個常用的訂房網站,當然旅客也可以透過住宿官方網站訂房。

● 樂天

日本最大的旅遊網站,現已提供中文版供海外遊客使用,從此到日本旅行有更多酒店選擇了!

🌐 travel.rakuten.com.hk

● Jalan

先前Jalan只提供日文版面,讓不懂日文的朋友較難使用,現時Jalan也加入了中文版面。

🌐 www.jalan.net/tn/japan_hotels_ryokan

● 其他連鎖酒店

東橫INN:www.toyoko-inn.com　　　Super Hotel:www.superhotel.co.jp
Dormy Inn:dormy-hotels.com/zh-TW/dormyinn/

如何成為 Jalan 會員

如果有興趣成為Jalan會員儲積分,且不用每次訂房都要重新輸入個人資料,可參考以下步驟。旅客只能透過Jalan的日文網站登記做會員。(文字:Him)

成為 Jalan 訂房網站會員的示範 (限日文網站)

Jalan 日文網址:www.jalan.net

按「ログイン」

按「新規会員登録(無料)」

按此同意使用條款

輸入你的電郵地址。在電子郵箱會收到確認信,按最上面的連結繼續註冊

1. 密碼(6~20位英文及數字)
2. 別名(中英皆可)
3. 漢字姓名
4. 姓名的片假名寫法 (可到 dokochina.com/katakana.php 輸入自己的漢字名字,然後複製系統所譯出來的片假名)
5. 生日日期
6. 性別
7. 郵便番號 (輸入 000-0000 便可)
8. 都道府縣 (選「その他」)
9. 住所地址 (用中文輸入)
10. 電話 (家中或手提電話)
11. 選「海外」
12. 選擇是否自動登入
13. 選擇是否收取宣傳電郵,如不想收取,則不在空格內打剔

STEP 5

Jalan 系統會立即傳送確認電郵至你剛輸入的電郵地址。打開電郵內的超連結 (此連結有效時間為 24 小時),需要填寫個人資料,並按確認 (藍色按鈕)。之後再檢查全部已輸入資料,如全部正確,按確認 (藍色按鈕)便完成登記。

宿在青森縣

精選住宿

欣賞著名版畫家作品 椿館

地圖 p.88 MAPCODE 99 809 183 泡湯

☑免費溫泉

▲椿館的外觀不算特別起眼,但服務和環境的質素都非常高。

◀青森縣出身的棟方志功是日本 20 世紀著名版畫家,與椿館結下不解之緣,曾於椿館休養及創作版畫,更在館內留下許多珍貴畫作。

椿館是浅虫溫泉地區一家歷史悠久的溫泉旅館,曾連續5年獲得人氣溫泉旅館250選的五星榮譽,連明治天皇及著名版畫家棟方志功也曾於此留宿,可見這家小小的旅館來頭不小!館內的溫泉來自旅館自家泉源,食物方面提供青森風味的鄉土料理。

◀旅館早餐提供青森著名的鄉土料理「ホタテ貝燒き味噌」:在帆立貝殼上加入上湯、帆立貝、雞蛋、大葱及味噌煮成,非常美味!

◀洗手間環境乾淨。注意,部分房間不設浴室。

info

🏠 青森県青森市浅虫内野14
🚃 從 JR「浅虫溫泉」站步行約6分鐘
🕐 Check In / Out:15:00 / 10:00
💲 一泊二食單人約 ¥20,900(HK$1,229)起
☎ 017-752-3341 🅿 免費
🌐 www.810215.com

美麗海景 南部屋・海扇閣

地圖 p.88 MAPCODE 99 808 383 泡湯

◀南部屋・海扇閣所有房間均面向大海。

南部屋・海扇閣距JR浅虫溫泉站只需3分鐘路程,除了全部房間均設有獨立洗手間與浴室外,還可欣賞到美麗的海景。酒店每晚8點半於1樓大堂更設有免費津輕三味線表演,為旅客的旅程留下美好回憶。另外,頂樓設有浴場,可邊欣賞動人景色邊泡湯(泡湯時間為05:00~10:00、12:00~00:00)。

▲雖然為日式旅館,但餐點的賣相相當西化。

▲既然住進日式旅館,當然要睡榻榻米才有味道!

info

🏠 青森県青森市浅虫蛍谷31
🚃 從 JR「浅虫溫泉」站步行約3分鐘
🕐 Check In / Out:15:00 / 10:00
💲 一泊二食約 ¥23,100(HK$1,359)起
☎ 017-752-1031
🌐 www.kaisenkaku.com

(攝影:詩人)

質素有保證 Super Hotel 弘前

スーパーホテル弘前 地圖 p.102 MAPCODE 71 042 346

☑免費早餐　☑免費溫泉

經常在日本自遊行的朋友,應該不會對Super Hotel感到陌生。除了價錢親民,住宿環境亦有保證,酒店還於2014年奪得日本顧客滿足度指數冠軍。Super Hotel弘前與其他分店一樣提供免費大浴場泡湯及早餐,是許多背包客的首選。

▲ Super Hotel 弘前。

info

🏠 青森県弘前市土手町148
🚃 從JR「弘前」站中央口步行約12分鐘
💲 單人房約 ¥8,900(HK$524)起
🌐 www.superhotel.co.jp/s_hotels/hirosaki

🕐 Check In / Out:15:00 / 10:00
☎ 0172-35-9000
🅿 每天 ¥500(HK$35)

(價錢只供參考,以酒店公佈為準)

房間空間充足 **Hotel Hyper Hills 弘前** 〔地圖 P.102〕

ホテルハイパーヒルズ弘前 〔MAPCODE® 71 042 855〕

☑免費早餐

Hotel Hyper Hills弘前為BBH集團旗下的酒店，距JR弘前站約10分鐘步程，共有70間客房。酒店房間空間大，而且大堂提供免費電腦及咖啡，夏天時更有免費單車租借服務，讓遊客以單車(腳踏車)遊遍弘前市。

Info
- 🏠 青森縣弘前市北瓦ケ町26-1
- 🚇 從JR「弘前」站中央口步行約10分鐘
- ⏰ Check In / Out：15:00 / 10:00
- 💲 單人房約￥6,900(HK$406)起，雙人房約￥12,600(HK$741)起
- ☎ 0172-39-6653
- 🌐 http://breezbay-group.com/hirosaki

▲房間空間比起一般商務酒店寬敞得多。(攝影：詩人)

離 JR 站 2 分鐘步程 **Comfort Hotel 八戶** 〔地圖 P.128〕

コンフォートホテル八戶 〔MAPCODE® 84 022 823〕

☑免費早餐

連鎖商務酒店Comfort Hotel在青森縣八戶市的分店，距JR八戶站只需2分鐘路程，交通非常方便。客房整潔舒適，酒店提供免費咖啡及早餐，讓住客能先飽吃一頓再出發前往目的地。

Info
- 🏠 青森縣八戶市尻內町館田2-16
- 🚇 從JR「八戶」站東口步行約2分鐘
- ⏰ Check In / Out：15:00 / 10:00
- 💲 單人房約￥6,600(HK$388)起，雙人房約￥7,900(HK$465)起
- ☎ 0178-70-4811
- 🌐 www.choice-hotels.jp/hotel/hachinohe
- 🅿 每天15:00至翌日10:00收費￥520(HK$37)

▲酒店部分房間可遠眺 JR 八戶站。

▲ Comfort Hotel 各間分店均能保持水準，房間非常整潔。

宿在岩手縣

坐落群山之中 **佳松園** 〔地圖 P.167〕 〔MAPCODE® 626 143 054〕 〔泡湯〕〔賞楓〕

☑免費溫泉

佳松園建於群山之中，位於花卷溫泉較高地區，佔地甚廣。旅館共有50間客房，除了大浴場，還有男女露天溫泉。迴廊圍繞旅館大堂中庭，在早上，住客可在大堂一邊享用咖啡，一邊欣賞庭園美景，秋天時更可看見漫山紅葉。

◀浴室備有檜木浴缸，別具一番風味。

▲佳松園為傳統日式溫泉旅館。

(價錢只供參考，以酒店公佈為準)

◀旅館中央庭園被日式迴廊包圍。

▲旅館大部分房間都是和室，亦有較經濟的洋室選擇。

▶ 和室房間非常寬闊，而且乾淨舒適。

△ 部分房間可看到窗外茂盛的樹林。

△ 女湯內設有洗髮精吧，女士可選擇自己喜歡的洗髮精。

△ 室外溫泉，冬天時還可賞雪景。

佳松園
🏠 岩手県花巻市湯本1-125
🚍 從JR「新花巻」站乘計程車約20分鐘；或乘酒店免費接駁巴士，車程約30分鐘(住客需登入網址預約接駁巴士：www.hanamakionsen.co.jp/kashoen/access/)
🕐 Check In / Out：15:00 / 11:00
💲 一泊二食單人￥46,000(HK$2,706)起
☎ 0198-37-2111
🌐 www.hanamakionsen.co.jp/kashoen　Ⓟ 免費

佳松園 特色美食

佳松園的膳食相當特別，食材會隨季節而不同。訂房時不妨選擇一泊二食。

▶ 前沢牛是盛岡名物，在旅館可一嘗它的好滋味。

▶ 席上提供新鮮山葵，食客親手將其磨成芥末，讓

▶ 飯後甜品有水果，還有芝士蛋糕！

▶ 傳統的日式早餐，連前菜都非常精緻。

△ 香濃的芝士大蝦！

貼心之選 Hotel Route Inn 盛岡駅前 　地圖 P.146

ホテルルートイン盛岡駅前　[MAPCODE] 81 707 661

☑免費早餐　☑免費溫泉

Route Inn為日本一家連鎖商務酒店，位於JR盛岡站前，共有281間客房，距車站只有1分鐘路程，房間比東橫Inn及Super Hotel寬敞，而且全部提供備有加濕功能的空氣清新機，非常貼心，為不少旅遊及商務客的出遊之選。

△ Route Inn 於不少 JR 站旁都設有分店。

Info
🏠 岩手県盛岡市盛岡駅前通3-25
🚍 從JR「盛岡」站南口步行約1分鐘
🕐 Check In / Out：15:00 / 10:00
💲 單人房約￥8,500(HK$500)起，雙人房約￥18,000(HK$1,059)起
☎ 019-604-3100
🌐 www.route-inn.co.jp/search/hotel/index_hotel_id_239
Ⓟ 每天￥1,000(HK$59)

（價錢只供參考，以旅館公佈為準）

覓食方便 Art 酒店盛岡 アートホテル盛岡 地圖 P.146

MAPCODE 81 737 105

Art酒店盛岡距JR車站約5分鐘路程，共有205間客房，房內空間感十足。酒店對面為商場Cross Terrace，商場內食肆營業至深夜，夜貓子若要覓食也方便。

Info
- 岩手縣盛岡市大通3-3-18
- 從JR「盛岡」站南口步行約5分鐘
- Check In / Out：14:00 / 11:00
- 單人房約￥8,300(HK$488)起
  雙人房約￥14,560(HK$856)起
- 019-625-2131
- art-morioka.com

▶ Art 酒店盛岡為 HOTEL MYSTAYS 集團旗下一員。

以傳統服務裝迎接客人 加賀助 地圖 P.153 MAPCODE 626 756 871 泡湯

加賀助位於鶯宿溫泉街一帶，共有39間客房，它是溫泉區內唯一以傳統服裝「雫石あねっこ」迎接客人的旅館。旅館每天13:00~17:00提供日歸溫泉(只泡湯不過夜)服務，每次收費￥600(HK$35)，讓到鶯宿觀光的旅客即使不留宿也可享受泡湯樂趣。

▶加賀助位於鶯宿溫泉，從巴士總站步行約10分鐘即達。

▲雖然溫泉不設露天風呂，但檜木造的風呂同樣吸引。

▶和室的裝潢非常典雅。

Info
- 岩手縣岩手郡雫石町鶯宿溫泉7-47
- 從JR「盛岡」站或「雫石」站乘計程車，車程分別約40分鐘及15分鐘；或從JR「盛岡」站乘「繫·鶯宿線」的岩手縣交通巴士，於「鶯宿溫泉」站下車，車程約50分鐘(班次見P.157「鶯宿溫泉」)；飯店還提供免費接駁巴士由JR「盛岡」站開出，時間為15:00，必須於入住3天前預約
- Check In / Out：15:00 / 10:00
- 一泊二食房間￥7,700(HK$562)起　P 免費
- 019-695-2216　www.kagasuke.com

(相片由加賀助提供)

觀賞不同表演 ホテル森の風 鶯宿 地圖 P.153 MAPCODE 626 787 221

☑免費溫泉

ホテル森の風為鶯宿溫泉內最大的酒店，位於鶯宿溫泉鄉較高地區，設和風及西式(洋風)溫泉。溫泉廣場區內每晚都有不同表演，包括太鼓、民謠及搗麻糬等，不容錯過。

▲秋天時，酒店一帶風光特別壯麗。

▶酒店每晚都有不同精彩表演。

▲酒店樓梯間有多個以童話作家宮澤賢治作品為主題的人形玩偶。

Info
- 岩手縣岩手郡雫石町鶯宿 10-64-1
- 1. JR「盛岡」站西口 29 號巴士站乘免費接駁巴士至酒店，車程約 30 分鐘；JR「盛岡」站發車：09:40、11:20、14:50、16:50；酒店發車 (回JR 站)：08:50、10:30、14:00、16:00
  2. JR「盛岡」站 10 號巴士站乘「繫·鶯宿線」的岩手縣交通巴士，於「森の風入口」站下車，車程約 45 分鐘；JR「盛岡」站發車：10:55、12:55、14:55、17:55；「森の風入口」站發車 (回 JR 站)：07:12、10:12、12:12、16:10
- Check In / Out：15:00 / 10:00
- 一泊二食雙人房約 ￥22,000 (HK$1,294) 起
- 0120-489-166　P 免費
- www.morinokaze.com

(價錢只供參考，以酒店公佈為準)

宿在宮城縣

鄰近JR站 Dormy Inn 仙台駅前 地圖 P.188 MAPCODE® 21 645 329 泡湯

天然溫泉 萩の湯 ドーミーイン仙台駅前

☑免費溫泉 ☑免費拉麵

Dormy Inn為日本的連鎖酒店，每家酒店除了設溫泉浴場外，晚上更會提供免費拉麵給住客作宵夜！鄰近JR仙台站的Dormy Inn分店於2007年開業，共有148間客房。

▲ Dormy Inn 鄰近 JR 站，交通方便。

▲ Dormy Inn 設洋室與和洋室客房。圖中為洋室客房。

Info
- 宮城縣仙台市青葉区本町1-5-38
- 從JR「仙台」站西口步行約4分鐘
- Check In / Out：15:00 / 11:00
- 單人房約￥10,620(HK$625)起
  雙人房約￥12,870(HK$757)起
- 022-715-5489
- bit.ly/3OT2aAW
- 每天￥1,800(HK$106)

寬敞舒適 Sendai Kokusai Hotel 仙台国際ホテル 地圖 P.188

MAPCODE® 21 615 442

Sendai Kokusai Hotel(仙台國際飯店)共有234間客房，距JR仙台站約5分鐘步程。作為4星級飯店收費尚算親民，房間比一般商務旅店寬敞，且鄰近多間便利店，晚上想買宵夜或地道手信都方便。

▲ 仙台國際飯店樓高 12層，是仙台市其中一間大型飯店。

▲ 房間比一般商務旅店寬敞。

Info
- 宮城縣仙台市青葉区中央4-6-1
- 從JR「仙台」站西口步行約5分鐘
- Check In / Out：15:00 / 11:00
- 包早餐單人房約￥11,550(HK$679)起，雙人房約￥23,100(HK$1,359)起
- 022-268-1111
- www.tobu-skh.co.jp
- 每天￥1,500(HK$109)

出入方便 Hotel Metropolitan Sendai

ホテルメトロポリタン仙台 地圖 P.188

MAPCODE® 21 616 604

Hotel Metropolitan Sendai(仙台大都會大飯店)與JR仙台站2樓直接連結，從仙台站2樓沿天橋便可抵達酒店，可謂四通八達。酒店樓高21層，共有295間客房，為大都會集團旗下的一家高級酒店。

◀仙台大都會大飯店可直達 JR 仙台站，無論出入或購物都非常方便！

Info
- 宮城縣仙台市青葉区中央1-1-1
- 從JR「仙台」站西口下車再步行約1分鐘
- Check In / Out：15:00 / 12:00
- 單人房約21,000(HK$1,235)起
  雙人房約￥28,000(HK$1,647)起
- 022-267-2246
- sendai.metropolitan.jp
- ￥1,500(HK$88)

(價錢只供參考，以酒店公佈為準)

舒適睡一晚 Comfort Hotel Sendai West 地圖 P.188

コンフォートホテル仙台西D　**MAPCODE** 21 615 713

☑免費早餐

▲酒店的官網。

Comfort Hotel Sendai West距JR仙台站約3分鐘路程，共有307間客房，提供免費Wi-Fi與早餐服務。Comfort Hotel於仙台市共有兩間分店，本文介紹的位於西口，另一間則位於東口，同樣舒適方便。

Info
- 🏠 宮城縣仙台市青葉区中央3-5-11
- 🚉 從JR「仙台」站西口下車再步行約3分鐘
- ⏱ Check In / Out：15:00 / 10:00
- 💲 單人房約￥8,600(HK$506)起 雙人房約￥14,300(HK$841)起
- ☎ 022-217-7112
- 🌐 www.choice-hotels.jp/hotel/sendai-w

附近有大型購物站 Hotel Jal City Sendai 地圖 P.188

ホテルJALシティ 仙台　**MAPCODE** 21 646 246

▲酒店的官網。

Hotel Jal City Sensai(仙台日航都市飯店)離JR仙台站約3分鐘路程，共有238間客房。酒店房間為獨立空調系統，同時提供設有加濕功能的空氣清新機。飯店附近有商店街與大型商場Parco，晚上不愁沒有活動！

Info
- 🏠 宮城縣仙台市青葉区花京院1-2-12
- 🚉 從JR「仙台」站西口下車再步行約3分鐘
- ⏱ Check In / Out：14:00 / 11:00
- 💲 客房約￥7,700(HK$453)起
- ☎ 022-711-2580
- 🌐 sendai.jalcity.co.jp

宿在秋田縣

夏天吃免費刨冰 Dormy Inn 秋田 地圖 P.213

中通温泉 こまちの湯 ドーミーイン秋田　**MAPCODE** 303 750 698

☑免費溫泉　☑免費拉麵

Dormy Inn秋田於2006年開業，共有297間客房。與其他分店一樣，位於秋田市的Dormy Inn設有溫泉浴場及提供拉麵予住客當宵夜。夏天祭典期間，酒店會於大堂設置免費刨冰機，讓旅客可以消暑！

▶和洋室空間寬敞，還有按摩椅助你消去一天疲勞。

▲ Dormy Inn 秋田距 JR 站只需 5 分鐘步程。

Info
- 🏠 秋田縣秋田市中通2-3-1
- 🚉 從JR「秋田」站西口步行約5分鐘
- ⏱ Check In / Out：15:00 / 11:00
- 💲 單人房約￥6,300(HK$317)起，雙人房約￥8,100(HK$476)起
- ☎ 018-835-6777
- 🌐 bit.ly/3T6GbsL
- Ⓟ 每天(15:00至翌日11:00)￥700(HK$41)

(價錢只供參考，以酒店公佈為準)

價錢合理、交通方便 Comfort Hotel Akita 地圖 P.213

コンフォートホテル秋田 MAPCODE® 303 750 738

☑免費早餐

分店多多的Comfort Hotel於秋田亦設有分店，而且距JR秋田站只需2分鐘路程。酒店共有159間客房，大堂24小時提供免費咖啡及茶等飲料，早上還有免費早餐。價錢方面，秋田店與其他分店一樣非常優惠。

◀這是 Comfort Hotel 位於秋田的分店。

Info
- 🏠 秋田県秋田市千秋久保田町3-23
- 🚇 從JR「秋田」站西口下車再步行約2分鐘
- 🕐 Check In / Out：15:00 / 10:00
- 💲 單人房約￥9,800(HK$576)起 雙人房約￥14,500(HK$853)起
- ☎ 018-825-5611
- 🌐 www.choice-hotels.jp/hotel/akita
- Ⓟ ￥550(HK$37)

溫暖舒適 Akita Castle Hotel 地圖 P.213 MAPCODE® 88 179 716

秋田キャッスルホテル

Akita Castle Hotel(秋田城堡飯店)距JR秋田站約7分鐘路程，共有150間客房，1~2樓為餐廳及商場，同時還有24小時營業的便利店。酒店房間溫暖舒適，而且空間感足。

◀秋田城堡飯店位於千秋公園對面。

Info
- 🏠 秋田県秋田市中通1-3-5
- 🚇 從JR「秋田」站西口下車再步行約7分鐘
- 🕐 Check In / Out：15:00 / 11:00
- 💲 客房約￥7,700(HK$453)起
- ☎ 0120-834-117
- 🌐 www.castle-hotel.jp
- Ⓟ ￥700(HK$42)

高級酒店 ANA 皇冠廣場假日酒店 地圖 P.213

MAPCODE® 303 750 677

ANA皇冠廣場假日酒店為IHG旗下酒店，距離JR秋田站只有3分鐘路程，可從酒店直達西武百貨。酒店12樓有中式、和洋混合料理餐廳及空中燒烤自助餐廳，提供各種特色菜餚，6樓還有酒吧俱樂部，提供簡單餐點外，入夜後還會有雞尾酒。另外還有健身室、共享辦公空間和小型會議室，享受旅程之餘，亦可顧及工作上的突發事務。

◀酒店交通方便，而且附近擁有多間商店與餐廳。

Info
- 🏠 秋田県秋田市中通2-6-1
- 🚇 搭乘秋田新幹線在JR秋田車站下車，從西口步行約3分鐘
- 🕐 Check In / Out：15:00/11:00
- 💲 單人房8,000(HK$471)起，雙床房14,850(HK$874)起
- ☎ 018-832-1111
- 🌐 www.anacpakita.jp
- Ⓟ 停車要到後面的秋田市公營駐車場，首小時￥200(HK$12)，之後每30分鐘￥100(HK$6)，夜間泊車(16:00~10:30)￥600(HK$35)

(撰文：HEI)
(價錢只供參考，以酒店公佈為準)

人氣溫泉酒店 妙乃湯 地圖 P.220 | MAPCODE® 435 486 003 | 泡湯 賞楓

☑ 免費溫泉

　　乳頭溫泉鄉內共有7家溫泉旅館，妙乃湯是其中一間人氣之選。酒店只有17間客房，讓客人可享受寧靜時光及貴賓式招待。旅館設有男女露天溫泉各一，另有男女混浴的露天溫泉。料理方面，旅館提供秋田鄉土料理，讓人盡嘗產自秋田的新鮮食材。要留意旅館房間不設浴室，而部分房間亦不設洗手間。

▶露天風呂旁設有斗笠，遇上較大的雨雪可戴着泡湯。

▲房間內的茶具相當雅致。

▲冬天時，職員會預先在房內準備好暖桌。

妙見の湯

▲要留意妙乃湯設有混浴「妙見の湯」，部分時間只開放予女住客使用。
春天可賞山櫻，夏天賞新綠，秋天賞紅葉，冬天則賞白雪景色。

Info

- 🏠 秋田県仙北市田沢湖生保内字駒ケ岳2-1
- 🚌 從JR「田沢湖」站乘「乳頭線」的羽後交通巴士，於「妙乃湯溫泉」站下車，車程約45分鐘(班次見P.225)
- 🕐 Check In / Out：15:00 / 10:00
- 💲 一泊二食單人房約￥23,000 (HK$1,352)起，雙人房約￥36,000(HK$2,118)起
- ☎ 0187-46-2740
- 🌐 www.taenoyu.com
- 🅿 免費

(價錢只供參考，以旅館公佈為準)

▲甜點是草莓和冰淇淋。

▲晚餐有秋田縣名物米棒鍋！

宿在山形縣

連當地人也稱讚 Super Hotel 山形駅西口天然溫泉

スーパーホテル山形駅西口天然溫泉　地圖 P.242　MAPCODE 273 594 243

☑免費早餐　☑免費溫泉

以環保作為口號的Super Hotel曾在2014年奪得日本顧客滿足度指數冠軍，可見連日本國內遊客也對這間酒店讚不絕口。Super Hotel提供免費大浴場及早餐，是預算有限的遊客的住宿好選擇。

Info
🏠 山形県山形市双葉町1-10-18
🚋 從JR「山形」站西口步行約9分鐘
🕐 Check In / Out：15:00 / 10:00
💲 單人房￥7,200(HK$424)起
　 雙人房￥12,100(HK$712)起
☎ 023-647-9000
🌐 www.superhotel.co.jp/s_hotels/yamagata
🅿 每天(15:00至翌日10:00)￥600(HK$42)

▲ Super Hotel 山形駅西口設有天然溫泉。

▲酒店房間比東京分店的房間更大。

較高質素 Richmond Hotel 山形駅前 リッチモンドホテル山形駅前

地圖 P.242　MAPCODE 273 594 430

Richmond Hotel位於山形的分店於2008年開業，共有220間客房。Richmond為日本高檔次的連鎖商務酒店集團，房間及服務質素均比一般商務酒店高，例如房間提供萬用電話充電器及2樓設有免費飲料亭等，若預算較寬鬆的話可考慮入住一試。

◀ Richmond 旗下的酒店最重視環境乾淨與服務。

Info
🏠 山形県山形市双葉町1-3-11
🚋 從JR「山形」站西口下車再步行約5分鐘
🕐 Check In / Out：14:00 / 11:00
💲 單人房￥13,000(HK$765)起，雙人房
　 ￥18,000(HK$1,059)起
☎ 023-647-6277
🌐 richmondhotel.jp/yamagata　🅿 ￥600(HK$42)

小童可免房租 Hotel Metropolitan Yamagata　地圖 P.242

ホテルメトロポリタン山形　MAPCODE 273 594 411

Hotel Metropolitan Yamagata(山形大都會大飯店)為大都會集團旗下一員，樓高11層，共有116間客房。酒店與車站直接連結，更可直通車站旁的商場S-Pal。另外若一家三口出遊的話，小童更可免房租！

Info
🏠 山形県山形市香澄町1-1-1
🚋 從JR「山形」站東口下車再步行約1分鐘
🕐 Check In / Out：14:00 / 11:00
💲 單人房￥15,000(HK$882)起
　 雙人房￥22,000(HK$1,294)起
☎ 023-628-1111
🌐 yamagata.metropolitan.jp
🅿 ￥700(HK$50)

◀大都會集團旗下飯店與車站距離非常近，位於山形的分店也不例外。

(價錢只供參考，以酒店公佈為準)

在 300 年旅館嘆名物 深山莊 高見屋 地圖 P.242

☑免費溫泉 **MAPCODE®** 569 573 814

　　深山莊 高見屋位於蔵王溫泉街高處，開館近300年，為溫泉區一家歷史悠久的旅館，建築風格為和風古典木建築。旅館的溫泉「長寿の湯」於享保時代創立，有治療腸胃病、眼疾及美肌的效用。料理方面，旅館獨創的名物「すきしゃぶ鍋」一天限定供應4組，住客還可享用壽喜燒與火鍋，以及蔵王不能少的名物——蔵王牛！

Info
- 🏠 山形県山形市蔵王溫泉54
- 🚌 從JR「山形」站乘「蔵王溫泉」方向的山交巴士，於「蔵王溫泉バスターミナル」總站下車步行約10分鐘，車程約35分鐘(班次見P.245)
- 🕐 Check In / Out：15:00 / 10:00
- 💲 一泊二食雙人房￥55,000(HK$3,235)起
- ☎ 023-694-9333
- 🌐 www.zao.co.jp/takamiya　🅿 免費

▲旅館共有 22 間客房，大部分為古色古香的和室。

▲高見屋已有 300 多年歷史，外觀甚有氣勢。

▲館內以原木建成的樓梯四通八達，走在其中如同化身歷史人物一樣。

▲新鮮的魚生是溫泉料理的必備美食。

(價錢只供參考，以旅館公佈為準)

すきしゃぶ鍋

▲高見屋名物「すきしゃぶ鍋」，中間有甜甜的壽喜燒，而外圍是開水，用來燙熟美味的蔵王牛，一物二食。

精選住宿

得獎建築外型 藤屋  地圖 P.255 MAPCODE 720 829 873

☑免費溫泉

藤屋位於銀山溫泉街中心地帶,只有8間客房,確保每個客人都可享受到賓至如歸

的服務。旅館以木材加上玻璃製成外牆,獨特設計曾獲世界建築獎項。館內有5個「貸切」(獨立)風呂,客人可免費預約,在私人空間隨心泡浴。

▲和式房間帶有一點現代風格。

◀外型獨特的藤屋在溫泉街上別具一格。

Info
- 🏠 山形県尾花沢市銀山新畑443
- 🚌 從JR「大石田」站乘「銀山溫泉」方向的はなが さ路線巴士,於「銀山溫泉」站下車,車程約35分鐘(班次見P.256)
- ◷ Check In / Out:15:00 / 10:00
- 💲 一泊二食雙人房約¥72,000(HK$4,235)
- ☎ 0237-28-2141
- 🌐 www.fujiya-ginzan.com
- 🅿 免費

(攝影:詩人)

宿在福島縣

大型停車場 Hotel Route Inn 会津若松 ホテルルートイン会津若松

☑免費早餐 ☑免費溫泉 地圖 P.275 MAPCODE 97 293 643

Route Inn是日本的連鎖商務酒店集團,在不少JR站附近都有分店。在JR会津若松站附近的Route Inn有152間客房,除了免費泊車服務,更提供免費早餐及大浴場。

Info
- 🏠 福島県会津若松市平安町1-5
- 🚶 從JR「会津若松」站步行約20分鐘
- ◷ Check In / Out:15:00 / 10:00
- 💲 單人房¥7,900(HK$465)起
  雙人房¥12,800(HK$753)起
- ☎ 0242-28-3370
- 🌐 www.route-inn.co.jp/search/hotel/index_hotel_id_233
- 🅿 免費

▲酒店設有大型停車場,免費提供予住客使用。

▲酒店房間尚算寬敞。

背包客之選 東橫 INN 會津若松站前 東横イン INN 会津若松駅前

地圖 P.275 MAPCODE 97 322 577

為港台旅客喜愛的連鎖旅館品牌東橫INN,在會津若松市的分店距JR站只需約2分鐘路程,質素有保證。房間內提供免費有線及無線上網,房價不會太貴,屬商務人士或背包客之選。

Info
- 🏠 福島県会津若松市白虎町222-1
- 🚶 從JR「会津若松」站步行約2分鐘
- ◷ Check In / Out:16:00 / 10:00
- 💲 單人房¥8,900(HK$524)起
  雙人房¥9,200(HK$541)起
- ☎ 0242-32-1045
- 🌐 www.toyoko-inn.com/search/detail/00177
- 🅿 每天¥300(HK$21)

▲東橫 INN 会津若松駅前的網頁。

(價錢只供參考,以酒店公佈為準)

享泡湯之樂 磐梯之湯 Dormy Inn Express 郡山

磐梯の湯 ドーミーイン EXPRESS 郡山　地圖 P.284　MAPCODE® 61 827 781

☑免費拉麵

　　磐梯之湯 Dormy Inn Express郡山於2009年開業，共有198間客房，設人工大浴場讓住客享受泡湯之樂，亦提供Dormy Inn的招牌服務──免費宵夜拉麵！

▶酒店與 JR 郡山站只相距 5 分鐘步程。

▶房間整潔乾淨。

▲ Dormy Inn 每家分店均提供免費浴場給住客使用。

▲為住客提供的免費拉麵，免費的宵夜格外好吃！

Info

- 🏠 福島県郡山市大町2-18-1
- 🚃 從JR「郡山」站西口步行約5分鐘
- 🕐 Check In / Out：15:00 / 10:00
- 💲 單人房 ¥9,090(HK\$672)起
  雙人房 ¥11,390(HK\$831)起
- ☎ 024-935-5489
- 🌐 bit.ly/3uIJltm
- 🅿 每天 ¥900(HK\$64)

（價錢只供參考，以酒店公佈為準）

▶酒店設付費洗衣機，方便長途旅行的客人。

欣賞幽谷美景 大川莊

地圖 P.274　MAPCODE 433 710 544　 泡湯　 賞楓

☑ 免費溫泉

大川莊位於蘆之牧溫泉內，有110間客房，大部分均可眺望阿賀川的景色，秋天時山谷更會開滿紅葉，為蘆之牧溫泉絕景之一。旅館設有室內及露天溫泉，男女可分開浸泡，露天溫泉以棚田形式建成，3段溫泉設有不同溫度，住客可一邊泡湯一邊眺望幽谷美景。

▲旅館坐落蘆之牧溫泉的阿賀川旁。

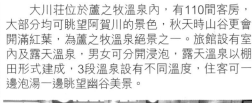

▲所有客房均為和室。

▲特定時段會有「女將」於旅館大堂演奏三味線。所謂「女將」（おかみ），日本傳統住宿設施都以女性接待旅客，這些女性都被稱為女將。

阿賀川
▲從客房欣賞阿賀川絕景。

▲除了溫泉料理，住客亦可選自助晚餐，全部蔬果均由農家直送到旅館，保證新鮮。

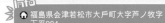

Info

🏠 福島県会津若松市大戸町大字芦ノ牧字下平984
🚃 從JR「会津若松」站乘往「芦の牧・大川発電所」方向的会津巴士，於「芦の牧中央待合所」站下車步行約3分鐘，車程約40分鐘(班次見P.281)；或從JR「会津若松」站乘酒店免費接駁巴士前往(需在入住前一天致電預約)，每日一班，15:30從JR站開出，10:00從酒店開出，車程約30分鐘
🕐 Check In / Out：15:00 / 10:00
💲 一泊二食雙人房￥35,200(HK$2,071)起
☎ 0242-92-2111
🌐 www.ookawaso.co.jp
🅿 免費

（價錢只供參考，以旅館公佈為準）

湖光美景 湖畔の宿 吉田家 　地圖 P.317　MAPCODE® 278 892 693

　　這家旅館鄰近両津港碼頭，面對加茂湖，部分房間可眺望湖光美景。旅館內有男女分浴的室內及室外溫泉各一，室外溫泉位於旅館6樓(16:00~22:30)，可飽覽加茂湖周邊的風光。

Info
- 新潟縣佐渡市両津夷261-1
- 從佐渡島両津港碼頭步行約15分鐘
- Check In / Out：15:00 / 10:00
- 一泊二食雙人房￥37,400 (HK$2,200)起
- 0259-27-2151
- yosidaya.com
- 免費

◀▲旅館房間全為和室風格，極具日本風情。

▲旅館位於佐渡島加茂湖側。

▶在旅館的紀念品店可買到這款柿子慕絲。￥220，工K$14)! 上層是啫喱，下層是慕絲。

柿の妖精（バラ売）
￥220

▲浴室亦很有日本澡堂風味。

▲旅館的女將每晚都會表演佐渡島的傳統舞蹈。

細看信濃川旁新潟夜景 Hotel Nikko Niigata ホテル日航新潟

　地圖 P.298　MAPCODE® 524 007 615

　　Hotel Nikko Niigata(新潟日航酒店)位於萬代島上，鄰近前往佐渡島的新潟港碼頭，並提供免費接駁巴士來往JR新潟站，不少計劃前往佐渡島的遊客都會選擇在這裏過夜。酒店設備完善、環境整潔，房間位於22~29樓，晚上可欣賞信濃川旁新潟市的夜景。

Info
- 新潟縣新潟市中央区万代島5-1
- 1. 從JR「新潟」站万代口步行約20分鐘
  2. 於JR「新潟」站万代口前乘酒店的免費接駁巴士前往，車程約10分鐘，班次見下：
     • JR站(新潟駅前站)發車06:10~23:10逢10及40分開出；酒店發車06:00~23:00逢00及30分開出；留意7~8月班次稍有不同
- Check In / Out：15:00 / 10:00
- 單人房￥8,455(HK$497)起，雙人房￥16,182(HK$952)起
- 025-240-1888
- www.nikkoniigata.com
- 14:00至翌日11:00收費￥1,000(HK$71)

(價錢只供參考，以酒店公佈為準)

▶ Hotel Nikko Niigata。酒店旁邊是用作舉行大型展覽會的朱鷺展覽館，因此常有來自國外的參加者此留宿。

▲洗手間比一般商務酒店寬敞！

▲房間整潔。

面對萬代橋 Hotel Okura Niigata 地圖 p.298 MAPCODE 524 006 045
ホテルオークラ新潟

Hotel Okura Niigata為Okura酒店集團其中一員，屬高級酒店，酒店共有265間客房，面向著名的萬代橋。從酒店步向礎町一帶只需5分鐘路程，可隨時逛盡商店街與品嘗美食。

Info
- 🏠 新潟県新潟市中央区川端町6-53
- 🚇 從JR「新潟」站万代口下車再步行約15分鐘
- 🕐 Check In：14:00 / 11:00
- 💲 包早餐單人房￥8,819(HK$519)起，雙人房￥12,600(HK$759)起
- ☎ 025-224-6123
- 🌐 www.okura-niigata.co.jp
- 🅿 每30分鐘￥230(HK$17)

▲ Hotel Okura Niigata 規模頗大，屬高級酒店。

坐落本町商店街一帶 Hotel Diasmont Niigata 地圖 p.298
ホテルディアモント新潟

MAPCODE 524 005 209

Hotel Diasmont Niigata位於本町市場旁，共有101間客房，雖然離JR車站有一段距離，但附近即為循環巴士的上落點，前往各大景點都非常方便。

另外，酒店位於本町商店街一帶，無論購物或尋找新潟名物都應有盡有。

◀ Hotel Diasmont 於新潟市設有兩間分店，另一家分店位於新潟ふるさと村附近。

Info
- 🏠 新潟県新潟市中央区本町通6-1099
- 🚇 從JR「新潟」站乘搭觀光循環巴士「みなと循環線」，至「本町」站下車再步行約1分鐘
- 🕐 Check In / Out：14:00 / 11:00
- 💲 單人房￥6,800(HK$400)起，雙人房￥11,000(HK$647)起
- ☎ 025-223-1122
- 🌐 www.diasmont.co.jp/niigata
- 🅿 ￥1,000(HK$59)

不時推出特價優惠 Court Hotel Niigata コートホテル新潟

地圖 p.298 MAPCODE 32 877 369

Court Hotel Niigata距JR「新潟」站只需6分鐘路程，步行至萬代城只需2分鐘，地理位置方便。酒店裝潢與一般商務酒店差不多，環境整潔。酒店會不時推出客房特價優惠，預訂時可留意。

Info
- 🏠 新潟県新潟市中央区弁天2-3-35
- 🚇 從JR「新潟」站万代口步行約6分鐘
- 🕐 Check In / Out：15:00 / 11:00
- 💲 單人房￥5,130(HK$302)起，雙人房￥6,156(HK$362)起
- ☎ 025-247-0505
- 🌐 www.courthotels.co.jp/niigata
- 🅿 14:00至翌日10:00 ￥1,200(HK$81)

▲酒店位於小街內，環境清靜。
▶酒店的單人房價錢相宜。
▲洗手間空間與一般商務酒店的差不多，空間不算大。

（價錢只供參考，以酒店公佈為準）

・全港各大書店及便利店有售
・網上88折免郵費訂購http://www.crossborderbook.net

跨版生活圖書推介

Easy Go! 旅遊系列

韓國

巷弄滋味市場尋寶
Easy GO!──首爾美食街

作者：Cyrus
頁數：368頁全彩
書價：HK$88、NT$350

絕色奇觀清新遊
Easy GO!──京畿道

作者：陳瑋詩
頁數：360頁全彩
書價：HK$88、NT$350

韓風魅力新意遊
Easy GO!──首爾仁川

作者：陳瑋詩(위시)
頁數：264頁全彩
書價：HK$98、NT$390

熱情海港爽吃遊
Easy GO!──釜山

作者：林芳菲
頁數：312頁全彩
書價：HK$98、NT$390

澈藍海島繽紛遊
Easy GO!──濟州

作者：車建恩
頁數：248頁全彩
書價：HK$98、NT$390

台灣

熱玩盛宴豐味遊
Easy GO!──台北新北

作者：Lammay
頁數：416頁全彩
書價：HK$98、NT$350

放空逍遙滋味遊
Easy GO!──中台灣澎湖

作者：次女、一哥、關茵
頁數：388頁全彩
書價：HK$88、NT$350

陽光美饌山海奔放
Easy GO!──南台灣

作者：宋維哲、Lammay
頁數：400頁全彩
書價：HK$88、NT$350

山海尋秘慢活
Easy GO!──東台灣

作者：宋維哲、陳奕祺
頁數：336頁全彩
書價：HK$88、NT$350

遊城走鄉環台好時光
Easy GO!──台灣環島

作者：Lammay
頁數：376頁全彩
書價：HK$98、NT$390

東南亞及其他系列

邂逅純樸新派之美
Easy GO!──越南

作者：車建恩
頁數：240頁全彩
書價：HK$88、NT$390

Hea玩潮遊嘆世界
Easy GO!──曼谷

作者：Tom Mark
頁數：336頁全彩
書價：HK$108、NT$450

泰北淳樸愜意遊
Easy GO!──清邁

作者：車建恩
頁數：232頁全彩
書價：HK$88、NT$350

動感觸目精華遊
Easy GO!──新加坡

作者：高俊權
頁數：264頁全彩
書價：HK$98、NT$390

異國滋味獨家風情
Easy GO!──澳門

作者：高俊權、宋維哲等
頁數：240頁全彩
書價：HK$88、NT$390

魅力情懷潮爆遊
Easy GO!──香港

作者：沙米、李雪熒等
頁數：336頁全彩
書價：HK$88、NT$350

婀娜風情耀眼之都
Easy GO!──上海

作者：Li、次女
頁數：280頁全彩
書價：HK$88、NT$350

SMART GO! 系列

台灣單車環島遊

作者：智富
頁數：216頁全彩
書價：HK$78、NT$290

日本ACG動漫聖地巡遊

作者：Li
頁數：200頁全彩
書價：HK$98、NT$390

跨版生活Facebook專頁 f www.facebook.com/crossborderbook/

港台各大書局有售

Easy Go!® 旅遊系列

日本

經典新玩幸福嘆名物
Easy GO!──大阪

作者：Him
頁數：352頁全彩
書價：HK$108、NT$450

玩味泡湯親自然
Easy GO!──九州

作者：Li
頁數：432頁全彩
書價：HK$118、NT$480

藍天碧海琉球風情
Easy GO!──沖繩

作者：Li
頁數：416頁全彩
書價：HK$118、NT$480

香飄雪飛趣玩尋食
Easy GO!──北海道青森

作者：Li
頁數：368頁全彩
書價：HK$108、NT$450

暖暖樂土清爽醉遊
Easy GO!──日本東北

作者：Li
頁數：344頁全彩
書價：HK$108、NT$450

秘境神遊新鮮嘗
Easy GO!──鳥取廣島

作者：Li
頁數：456頁全彩
書價：HK$108、NT$450

環抱晴朗慢走島國
Easy GO!──四國瀨戶內海

作者：黃穎宜、Gigi
頁數：352頁全彩
書價：HK$108、NT$450

紅楓粉櫻古意漫遊
Easy GO!──京阪神關西

作者：Him
頁數：488頁全彩
書價：HK$118、NT$480

北陸古韻峻美山城
Easy GO!──名古屋日本中部

作者：Li
頁數：496頁全彩
書價：HK$128、NT$490

頂尖流行掃貨嘗鮮
Easy GO!──東京

作者：Him
頁數：496頁全彩
書價：HK$118、NT$480

歐美、澳洲

海島秘境深度遊
Easy GO!──石垣宮古

作者：跨版生活編輯部
頁數：200頁全彩
書價：HK$98、NT$390

沉醉夢幻國度
Easy GO!──法國瑞士

作者：Chole
頁數：288頁全彩
書價：HK$98、NT$350

豪情闖蕩自然探奇
Easy GO!──澳洲

作者：黃穎宜
頁數：248頁全彩
書價：HK$98、NT$350

Classic貴氣典雅迷人
Easy GO!──英國

作者：沙發衝浪客
頁數：272頁全彩
書價：HK$118、NT$480

出走近關五湖北關西
Easy GO!──東京周邊

作者：沙發衝浪客
頁數：368頁全彩
書價：HK$118、NT$480

熱情都會壯麗絕景
Easy GO!──美國西岸

作者：嚴潔盈
頁數：248頁全彩
書價：HK$128、NT$490

遨遊11國省錢品味遊
Easy GO!──歐洲

作者：黃穎宜
頁數：304頁全彩
書價：HK$118、NT$480

殿堂都會華麗濱岸
Easy GO!──美國東岸

作者：Lammay
頁數：328頁全彩
書價：HK$88、NT$350

網上訂購請瀏覽 http://www.crossborderbook.net/

《暖暖樂土清爽醉遊 Easy GO! ——日本東北》

作者：Li
責任編輯：陳奕祺、高家華、劉希穎
版面設計：吳碧琪
協力：蔡嘉昕、梁詠欣、嚴潔盈、鍾漪琪、賴艷君、麥碧心、區嘉倩
攝影鳴謝：青森縣觀光連盟、公益社団法人弘前觀光コンベンシヨン協会、弘前市、
　　　　　岩手縣觀光協會、福島縣觀光物產交流協會、宮城縣觀光科、瑞巌寺、ホ
　　　　　テル加賀助、秋田縣觀光聯盟、酒田觀光物産協會、男鹿觀光協會、山
　　　　　形縣、新潟市觀光會議協會、新潟縣觀光協会、詩人、Vivian、Hikaru、
　　　　　Tina&Fai(排名不分先後)

出版：跨版生活圖書出版
地址：荃灣沙咀道11-19號達貿中心910室
電話：3153-5574　　傳真：3162-7223
專頁：http://www.facebook.com/crossborderbook
網站：http://www.crossborderbook.net
電郵：crossborderbook@yahoo.com.hk

發行：泛華發行代理有限公司
地址：香港將軍澳工業村駿昌街7號2樓
電話：2798-2220　　傳真：2796-5471
網頁：http://www.gccd.com.hk
電郵：gccd@singtaonewscorp.com

海外總經銷：大風文創股份有限公司
電話：886-2-2218 0701　　傳真：886-2-2218 0704

出版日期：2024年7月第3次印刷
定價：HK$108　NT$450
ISBN：978-988-75024-5-6

出版社法律顧問：勞潔儀律師行

©版權所有 翻印必究

本書所刊載之網頁畫面和商標的版權均屬各該公司所有，書中只用作輔助説明之用。本書內容屬於作者個人觀點和意見，不代表本出版社立場。跨版生活圖書出版（Cross Border Publishing Company）擁有本書及本書所刊載的文字、插圖、相片、版面、封面及所有其他部分的版權，未經授權，不得以印刷、電子或任何其他形式轉載、複製或翻印，本公司保留一切法律追究的權利。

免責聲明

跨版生活圖書出版社和本書作者已盡力確保圖文資料準確，但資料只供一般參考用途，對於有關資料在任何特定情況下使用時的準確性或可靠性，本社並沒有作出任何明示或隱含的陳述、申述、保證或擔保。本社一概不會就因本書資料之任何不確、遺漏或過時而引致之任何損失或損害承擔任何責任或法律責任。

（我們力求每本圖書的資訊都是正確無誤，且每次更新都會努力檢查資料是否最新，但如讀者發現任何紕漏或錯誤之處，歡迎以電郵或電話告訴我們！）